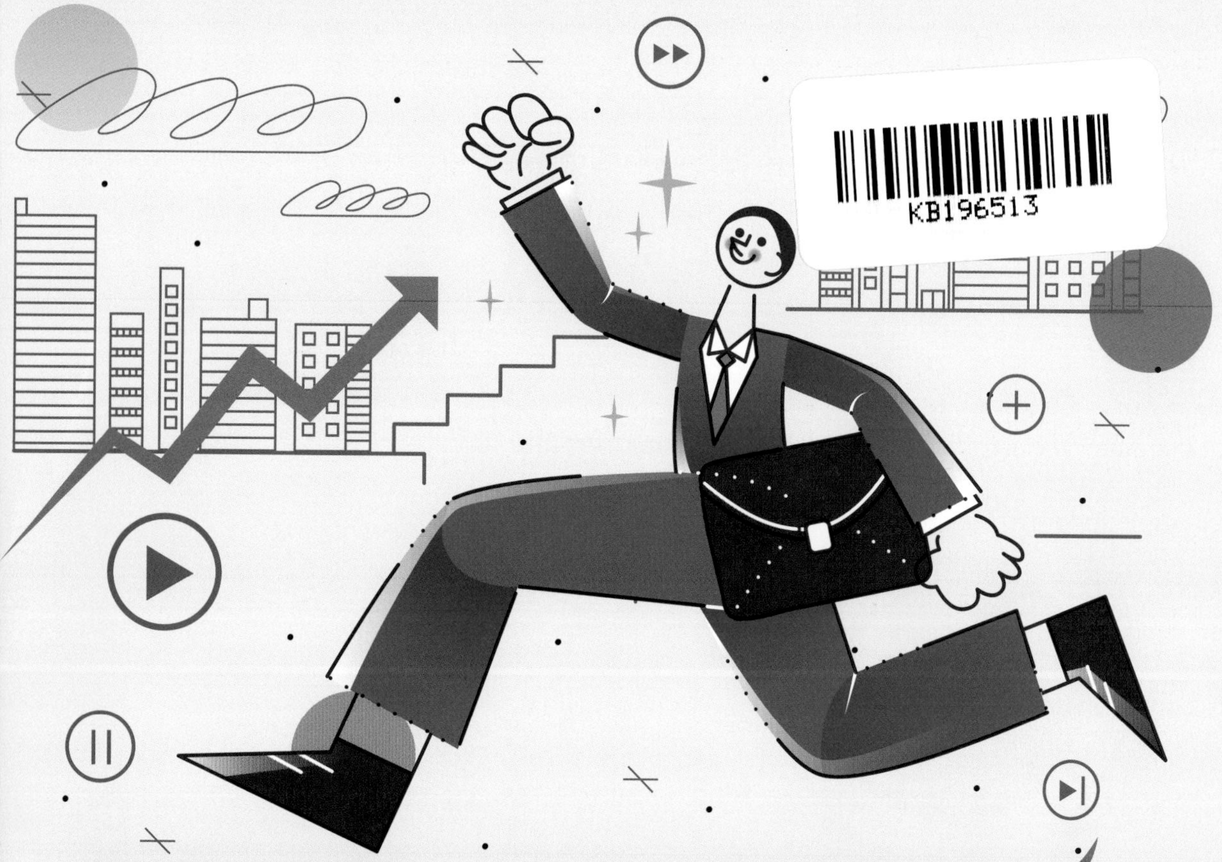

"어렵고 지루한 금융강의는 가라~ 머리에 쏙쏙 들어오는 기막힌 강의가 온다"

국내 최강의 금융교수진과 함께하는 증권투자권유자문인력

족집게 동영상 강의

핵심을 짚어주는
막힘없는 강의

방대한 이론을
명쾌하게 정리

머리에 쏙 들어오는
친절한 해설

nadoogong.com

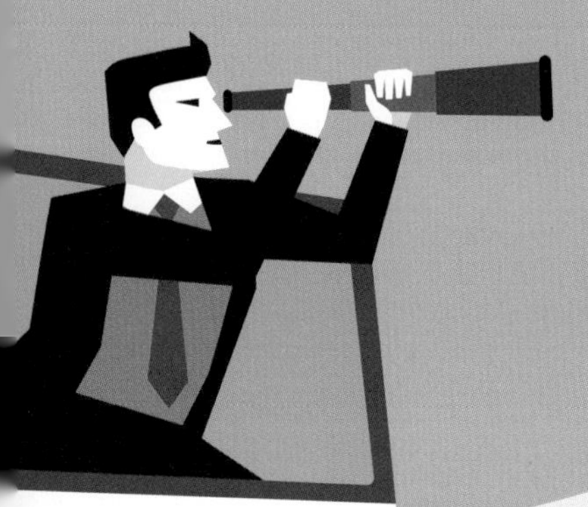

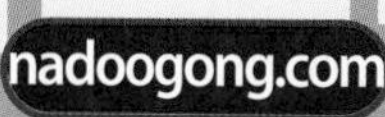

문제로 정리하는 증권투자권유자문인력

동영상 강의 커리큘럼

1과목 증권분석

1강	경기분석 (1)
2강	경기분석 (2)
3강	경기분석 (3)
4강	기본적 분석 (1)
5강	기본적 분석 (2)
6강	기본적 분석 (3)
7강	기술적 분석 (1)
8강	기술적 분석 (2)

2과목 증권시장

9강	유가증권시장 (1)
10강	유가증권시장 (2)
11강	유가증권시장 (3)
12강	코스닥시장
13강	채권시장 (1)
14강	채권시장 (2)
15강	기타 증권시장

▦ 강의 커리큘럼은 사정에 따라 변경될 수 있습니다. 자세한 내용은 나두공(시스컴) 홈페이지를 참조하시기 바랍니다.

2025

증권투자권유자문인력

대표유형+실전문제

김일영 · 이진

2025

증권투자권유자문인력

대표유형+실전문제

인쇄일 2025년 1월 1일 8판 1쇄 인쇄
발행일 2025년 1월 5일 8판 1쇄 발행
등 록 제17-269호
판 권 시스컴2025

ISBN 979-11-6941-536-1 13320
정 가 24,000원

발행처 시스컴 출판사
발행인 송인식
지은이 김일영, 이진

주소 서울시 금천구 가산디지털1로 225, 514호(가산포휴) | **홈페이지** www.nadoogong.com
E-mail siscombooks@naver.com | **전화** 02)866-9311 | **Fax** 02)866-9312

발간 이후 발견된 정오 사항은 나두공(시스컴) 홈페이지 도서 정오표에서 알려드립니다(홈페이지→자격증→도서정오표).

머리말

증권투자권유자문인력은 사전교육 + 인증시험으로 이루어져 있습니다. 따라서 투자자 보호 관련 집합교육을 의무 이수한 후 인증시험 합격자에게만 증권투자권유(판매) · 투자자문자격을 부여합니다.

또한 증권투자권유대행인 시험에 합격하였더라도 금융투자회사에 입사 후 판매관련 업무에 종사할 경우에는 추가로 투자권유인력 적격성 인증시험을 치러야 하오니 시험 준비 전에 직무에 적합한지 꼭 확인하셔야 합니다.

증권투자권유자문인력은 주로 금융기관에서 활동하게 되며 은행, 증권사, PB센터 등에 취업할 수 있고 금융권 종사자의 인사고과에 반영되기도 합니다. 그러므로 증권투자권유자문인력은 판매 업무를 겸하는 금융권 종사자들을 위한 필수 자격증이라고 볼 수 있습니다.

시대에 발맞추어 보다 전문적이고 합리적인 증권투자권유자문인력의 역할이 그 어느 때보다 필요합니다. 이 책에는 각 과목 장별로 해당 부분의 학습에 필요한 기초이론과 출제 가능성이 높은 문제들을 수록하여 문제풀이와 관련 이론학습으로 정리할 수 있도록 구성하였습니다. 또한 최신 기출유형을 반영한 FINAL 실전모의고사 3회분을 전격 수록하였고, 각 과목별 출제범위 변동 등을 고려하여 수험생으로 하여금 시행착오를 겪지 않도록 보다 충실히 내용을 담고자 노력했습니다.

이 책이 증권투자권유자문인력 적격성 인증시험을 준비하는 수험생 여러분의 많은 도움이 되기를 바라며 건투를 빕니다.

시험 정보

① 시험 주관

- 금융투자협회(http://www.kofia.or.kr)

② 응시 접수

- 금융투자협회 자격시험접수센터
  홈페이지 (http://license.kofia.or.kr)에서 작성 및 접수
  ※ 인터넷(온라인) 접수만 가능함
  ※ 접수 후 시험의 연기 및 고사장 변경은 불가능함
  ※ 기타 접수에 관한 공지사항이 있을 시 홈페이지에 공지함

③ 응시서 교부

- 접수 시 응시자가 PC에서 직접 출력함

④ 문제 형식

- 객관식 4지선다형

⑤ 시험시간

- 120분

⑥ 합격 기준

- 응시과목별 정답비율이 50% 이상인 자 중에서 응시 과목의 전체 정답 비율이 70%(70문항) 이상인 자

⑦ 시험과목 및 문항 수

시험과목		세부과목	문항 수	문항 수	
				총	과락
1과목	증권분석	경기분석	6	15	8
		기본적 분석	5		
		기술적 분석	4		
2과목	증권시장	유가증권시장	8	20	10
		코스닥시장	3		
		채권시장	7		
		기타 증권시장	2		
3과목	금융상품 및 직무윤리	금융상품분석 · 투자전략	13	30	15
		영업실무	5		
		직무윤리 · 투자자분쟁예방	12		
4과목	법규 및 세제	자본시장과 금융투자업에 관한 법률	11	35	18
		금융위원회규정	9		
		한국금융투자협회규정	4		
		회사법	6		
		증권세제	5		

⑧ 합격자 발표

- 금융투자협회 자격시험접수센터(http://license.kofia.or.kr)에 로그인 후 「합격확인」에서 합격자 확인

⑨ 응시 제한 대상(응시 부적격자)

- 동일시험 기합격자
- 『금융투자전문인력과 자격시험에 관한 규정』 제3-13조 및 제3-15조의 자격제재에 따라 응시가 제한된 자
- 『금융투자전문인력과 자격시험에 관한 규정』 제4-21조 제3항 및 제4항에 따라 부정행위 등으로 시험응시가 제한된 자
- 투자권유자문인력 적격성 인증 시험의 경우 『금융투자전문인력과 자격시험에 관한규정』 제5-2조에 따라 투자자 보호 교육의 수강 대상이 아니거나, 해당 교육을 수료하지 못한 자

※ 상기 응시 부적격자는 응시할 수 없으며, 합격하더라도 추후 응시 부적격자로 판명되는 경우 합격 무효 처리함. 또한 3년의 범위 내에서 본회 주관 시험응시를 제한함

※ 상기 시험은 시험 접수 시 해당 시험 관련 투자자 보호 교육 이수 여부를 확인하며, 이에 부적합할 시 시험접수가 제한됨

⑩ 유의사항

- 답안 마킹용 펜이 지급되지 않으므로 검정색 필기구(연필제외)를 꼭 지참해야 함
- 시험당일에 응시표, 신분증(규정신분증 참고) 및 계산기를 반드시 지참해야 함[단, 전자수첩 및 휴대전화(PDA 포함)는 사용 불가하며, 재무용 · 공학용 계산기는 감독관의 초기화 후 사용가능]

※ 규정신분증

구분	규정신분증	대체 가능 신분증
일반인 또는 대학생	주민등록증, 운전면허증, 여권	주민등록증 발급신청 확인서
주민등록증 미발급자 (초 · 중 · 고등학생)		신분확인증명서, 재학증명서, 학생증, 청소년증
공무원		공무원증
군인		장교/부사관 신분증, 군복무확인서, 신분확인증명서
외국인	외국인등록증 또는 여권	재외국민국내거소신고증

※ 모든 신분증, 증명서에는 사진이 부착되어 있으며, 발급기관장의 직인이 찍혀있어야 신분증으로 인정 가능

• 시험시작 20분 전까지 입실 완료하여야 하며 시험 종료 40분 전까지 퇴실 금지
 – 시험시작 이후 고사장 입실 및 응시 불가

• 대리응시, 메모(답안 등) 작성 및 전달, 메모(답안 등) 수령 및 기재, 문제지와 답안지 유출행위 등 시험부정행위, 감독관의 정당한 지시에 불응하는 행위, 시험 진행 방해 등으로 인해 시험응시 무효 또는 0점 처리될 수 있음

• 자격시험 신청서의 허위기재 및 기타 부정한 방법으로 시험에 합격한 경우 합격을 취소하며, 응시무효 및 합격취소자의 경우 상기 사유가 발생한 날로부터 3년 이내의 범위에서 금융투자협회 주관 시험 응시가 제한됨

• 본인의 응시번호를 답안지에 정확히 마킹하지 않은 경우 0점 처리됨

구성 및 특징

대표 유형 문제

각 장별로 빈출 기출문제의 유형을 분석하여 가장 대표적인 유형의 문제를 엄선하였습니다.

1장 경기분석

대표 유형 문제

다음 중 경기확산지수(DI)와 경기종합지수(CI)에 대한 설명으로 틀

① DI는 경기국면 및 전환점 파악에 사용하고, CI는 경기국면의 파악 및
② CI는 경기전환점(기준순환일)에 따라 선행종합지수, 동행종합지수
③ DI는 50을 기준으로 50 이하이면 경기확장을, 50 이상이면 경기수
④ CI는 현재 경기분석은 물론 향후 경기예측에도 도움이 된다.

동 중 가장 긴 것이 일반적이다.
④ 1번 파동은 추세가 전환되는 시점으로서 이제까지의 추세가 일단 는 출발점이다.

정답해설 1번, 3번, 5번, a, c파동이 전체시장의 움직임과 같은 방향으로 형성되 이 전체시장의 움직임과 반대방향으로 형성되는 조정파동이 된다.

대표 유형 문제 알아 보기

엘리어트 파동의 구성

• 상승국면의 파동

1번 파동	– 새로운 추세가 시작되는 추세전환점으로, 5개의 파동 중 가장 짧다. – 충격파동이므로 5개의 파동으로 구성되어야 한다.
2번 파동	– 1번 파동과 반대방향으로 형성되는 조정파동이다. – 조정파동이므로 3개의 파동으로 구성되어야 한다.
	– 5개 파동 중 가장 강력한 상승추세를 가진 파동으로, 거래량도 증가하

정답 해설

유사문제에서 오답을 확실히 피할 수 있도록 문제의 요지에 초점을 맞추어, 해당 선택지가 문제의 정답이 되는 이유를 논리적이고 명확하게 설명하였습니다.

오답 해설

유사문제뿐만 아니라 응용문제까지도 폭넓게 대처할 수 있도록 하며, 다른 선택지들이 오답이 되는 이유를 상세하게 설명하고, 경우에 따라 필요한 부가 설명을 제시하였습니다.

① PER은 PBR보다 일반적으로 높은 경향이 있다.
② PER은 내재가치를, PBR은 자산가치를 고려하여 주가를 측정한
③ PER은 수익의 질적 측면, PBR은 자산의 질적 측면이 반영된 지
④ PER은 주식의 시장가격의 자산가치에 대한 과대 · 과소평가의 정 가에 대한 과대 · 과소평가의 정도를 판단할 때 유용하다.

정답해설 PER은 어떤 주식의 주가가 과대평가 또는 과소평가되었는지를 판단 가격이 자산가치에 대해 어느 정도 과대평가 또는 과소평가되었는지를

오답해설 ① PBR은 본래 대차대조표상에 보통주 한 주에 귀속되는 주당 순자산 되면 1이 되어야 하나, 시간성, 집합성, 자산 · 부채의 인식기준에서 서 PER이 PBR보다 일반적으로 높은 경향이 있다.
② PER은 내재가치를, PBR은 자산가치를 고려하여 주가를 측정한다.
③ PER은 현재주가를 주당이익으로 나눈 것으로 수익력의 질적 측면 을 발행주식수로 나눈 것으로 기업의 마진, 부채레버리지, 자산의 질

1 경기변동(경기순환)의 이해

개념 확인 문제

01 경기의 확장국면과 수축국면에서 경기의 저점에서 정점을 지나 다
점을 지나 다음 정점까지의 기간을 ( ), 순환의 강도를 의미
차이를 ( )라고 한다.
① 순환주기, 순환심도 ② 순환심도, 순환

02 우리나라는 경제성장속도가 상대적으로 빨라 주요 선진국과 달리
경기상승과 하락의 기복현상이 나타나는 ( )을 보인다.
① 주글라 순환 ② 성장순환

개념 확인 문제

주요 이론의 핵심 포인트를 추려, 가장 효과적으로 개념을 학습할 수 있도록 문제로 구성하였습니다.

실전 확인 문제

최근 시험의 경향 분석을 바탕으로 출제 가능성이 높은 문제들을 수록하여 응용력을 향상할 수 있도록 하였습니다.

실전 확인 문제

▶ 다음 경기순환의 주기에 관한 설명 중 틀린 것은?
① 콘드라티에프 순환은 50~60년 주기의 장기순환으로 기술혁신
타난다.
② 주글라 순환은 10년 주기의 중기순환으로 설비투자의 내용연수
③ 키친 순환은 2~6년 주기의 단기순환으로 통화공급이나 물가변
④ 비교적 뚜렷하게 인식되는 것이 중기순환이어서 일반적으로 경

정답해설 각 나라의 경험 등 비교적 뚜렷하게 인식되는 것이 단기순환이어서 일반적

개념 짚어 보기

경기순환의 개념
- 총체적인 경제활동(거시경제지표)이 경제의 장기적인 성장추세선을 중심으로 상승(
현상

개념 짚어 보기

경기순환의 개념
- 총체적인 경제활동(거시경제지표)이 경제의 장기적인 성장추세선을 중심으로 상승(
현상

경기순환의 주요용어
- **기준순환일(reference date)** : 경기의 정점 또는 저점이 발생한 구체적 시점(경기전
- **순환주기** : 경기의 확장국면과 수축국면에서 저점에서 다음 저점까지 또는 정점에서
- **순환진폭(순환심도)** : 순환의 강도를 의미하는 정점과 저점 간의 차이

경기순환의 주기

단기순환(2~6년 주기)	• 키친 순환(kitchen cycles) • 통화공급, 금리변동, 물가변동, 생산업자나 판매업자의
중기순환(10년 전후의 주기)	• 주글라 순환(juglar cycles) • 기술혁신, 설비투자의 내용연수와 관련되어 나타나는
장기순환(50~60년 주기)	• 콘드라티에프 순환(kondratiev cycles) • 기술혁신, 자원의 개발 등에 의해 나타나는 순환

개념 짚어 보기

문제와 관련 있는 이론 범위의 주요 개념 등을 한 단계 더 깊이 있게 학습할 수 있도록, 해당 문제의 포인트를 면밀히 분석하고 그와 가장 밀접한 부분의 핵심 내용을 정리하였습니다.

목 차

3과목
금융상품 및 직무윤리

4과목
법규 및 세제

FINAL
실전모의고사

Study Plan

과목		학습예상일	학습일	학습시간
1과목 증권분석	경기분석			
	기본적 분석			
	기술적 분석			
2과목 증권시장	유가증권시장			
	코스닥시장			
	채권시장			
	기타 증권시장			
3과목 금융상품 및 직무윤리	금융상품분석 · 투자전략			
	영업실무			
	직무윤리 · 투자자분쟁예방			
4과목 법규 및 세제	자본시장과 금융투자업에 관한 법률 / 금융위원회규정			
	한국금융투자협회규정			
	회사법			
	증권세제			
FINAL 실전모의고사	1회 / 2회 / 3회			

1과목

증권분석

1장 경기분석

대표 유형 문제

다음 중 경기확산지수(DI)와 경기종합지수(CI)에 대한 설명으로 틀린 것은?

① DI는 경기국면 및 전환점 파악에 사용하고, CI는 경기국면의 파악 및 경기수준의 측정에 사용한다.
② CI는 경기전환점(기준순환일)에 따라 선행종합지수, 동행종합지수, 후행종합지수로 구분된다.
③ DI는 50을 기준으로 50 이하이면 경기확장을, 50 이상이면 경기수축을 의미한다.
④ CI는 현재 경기분석은 물론 향후 경기예측에도 도움이 된다.

정답해설 DI가 기준선인 50 이상이면 경기는 확장국면에, 50 이하이면 경기는 수축국면에, 50이면 경기전환점이 되는 시점으로 판단한다.

오답해설 ① DI는 경기변동이 경제의 특정부문으로부터 시작되어 점차 경제 전체부문으로 확산 · 파급되는 과정을 경제부문을 대표하는 각 지표들을 통해 파악하고자 하는 지표로 경기국면 및 경기전환점 파악에 사용한다. CI는 장래의 경기를 예측하기 위하여 사용하는 경기지수로 경기변동의 방향, 경기국면 및 전환점은 물론 경기수준의 측정에 사용한다.
② CI는 개별 구성지표의 경기전환점에 대한 일치성 정도에 따라 선행종합지수 · 동행종합지수 · 후행종합지수로 나눈다.
④ CI는 과거의 경기순환의 움직임 및 현재의 경기상태를 분석하는 데 이용하며, 경기변동의 단기적 예측에 유용하다.

대표 유형 문제 알아 보기

경기확산지수(DI : Diffusion Index)의 해석

DI＝전월대비 증가지표수＋(0.5×보합지표수)/구성지표수×100

DI지수	경기판단
0＜DI＜50	수축국면
DI＝50	경기전환점(정점 또는 저점)
50＜DI＜100	확장국면

경기종합지수(CI : Composite Index)의 구성지표

선행종합지수(9)	구인구직비율, 재고순환지표, 소비자기대지수, 기계류내수출하지수, 건설수주액(실질), 코스피지수, 장단기금리차, 수출입물가비율, 국제원자재가격지수
동행종합지수(7)	비농림어업취업지수, 광공업생산지수, 서비스업생산지수, 소매업판매액지수, 내수출하지수, 수입액(실질), 건설기성액(실질)
후행종합지수(5)	상용근로자수, 생산자제품재고지수, 도시가계소비지출(실질), 소비재수입액(실질), 회사채유통수익률

[대표 유형 문제 정답] ③

1 경기변동(경기순환)의 이해

개념 확인 문제

01 경기의 확장국면과 수축국면에서 경기의 저점에서 정점을 지나 다음 저점까지 또는 정점에서 저점을 지나 다음 정점까지의 기간을 ( ), 순환의 강도를 의미하는 것으로 정점과 저점 간의 차이를 ( )라고 한다.

① 순환주기, 순환심도 ② 순환심도, 순환주기

02 우리나라는 경제성장속도가 상대적으로 빨라 주요 선진국과 달리 장기적 성장추세선을 중심으로 경기상승과 하락의 기복현상이 나타나는 ( )을 보인다.

① 주글라 순환 ② 성장순환

실전 확인 문제

▶ 다음 경기순환의 주기에 관한 설명 중 틀린 것은?

① 콘드라티에프 순환은 50~60년 주기의 장기순환으로 기술혁신이나 신자원개발 등에 의해 나타난다.
② 주글라 순환은 10년 주기의 중기순환으로 설비투자의 내용연수와 관련해서 나타난다.
③ 키친 순환은 2~6년 주기의 단기순환으로 통화공급이나 물가변동 등에 의해 나타난다.
④ 비교적 뚜렷하게 인식되는 것이 중기순환이어서 일반적으로 경기순환은 중기순환을 의미한다.

정답해설 각 나라의 경험 등 비교적 뚜렷하게 인식되는 것이 단기순환이어서 일반적으로 경기순환은 단기순환을 의미한다.

개념 짚어 보기

경기순환의 개념

- 총제적인 경제활동(거시경제지표)이 경제의 장기적인 성장추세선을 중심으로 상승(경기확장)과 하강(경기수축)을 반복하는 현상

경기순환의 주요용어

- 기준순환일(reference date) : 경기의 정점 또는 저점이 발생한 구체적 시점(경기전환점)
- 순환주기 : 경기의 확장국면과 수축국면에서 저점에서 다음 저점까지 또는 정점에서 다음 정점까지의 기간
- 순환진폭(순환심도) : 순환의 강도를 의미하는 정점과 저점 간의 차이

경기순환의 주기

구분	내용
단기순환(2~6년 주기)	• 키친 순환(kitchen cycles) • 통화공급, 금리변동, 물가변동, 생산업자나 판매업자의 재고변동 등에 따른 순환
중기순환(10년 전후의 주기)	• 주글라 순환(juglar cycles) • 기술혁신, 설비투자의 내용연수와 관련되어 나타나는 순환
장기순환(50~60년 주기)	• 콘드라티에프 순환(kondratiev cycles) • 기술혁신, 자원의 개발 등에 의해 나타나는 순환

[개념 확인 문제 정답] 01 ① 02 ② [실전 확인 문제 정답] ④

2 시계열 통계분석

개념 확인 문제

01 대부분의 경제시계열은 추세변동, (   ), 계절변동, (   )의 4가지 변동요소로 구성되어 있다.

① 순환변동, 불규칙변동　　② 반복변동, 규칙변동

02 (   )은 비교적 장기에 걸쳐 일정한 주기를 갖고 추세선을 중심으로 완만한 진폭을 보이는 것으로, 통상 경기변동이라고 한다.

① 순환변동　　② 추세변동

03 계절변동의 조정방법으로는 이동평균법, (   ), (   ), X-12 ARIMA모형 등의 4가지 방법이 주로 사용된다.

① 최소자승법, 장기이동평균법　　② 단순평균법, 전년동기대비 증감률

실전 확인 문제

▶ 다음 중 경제시계열에 대한 설명으로 옳은 것은?

① 추세변동이란 단기간 빠르게 움직이는 변동을 말한다.
② 순환변동은 추세선을 중심으로 가파른 진폭을 보인다.
③ 계절변동은 매년 반복적으로 발생하는 단기적 변동이다.
④ 불규칙변동은 장기적이고 반복적인 변동을 말한다.

정답해설 계절변동은 계절적 변화 등에 따라 1년을 주기로 매년 반복적으로 발생하는 단기적 변동을 말한다.
① 추세변동은 10년 이상(장기간) 상승 또는 하강으로 꾸준히 움직이는 변동이다.
② 순환변동은 추세선을 중심으로 완만한 진폭을 보인다.
④ 불규칙변동은 단기적이고 비반복적인 변동을 말한다.

개념 짚어 보기

시계열의 변동요인

추세변동	• 경제성장, 인구증가 등에 따라 10년 이상 상승 방향 또는 하강 방향으로 움직이는 변동 • 추세선 진폭이 없는 직선 또는 곡선의 형태를 보임
순환변동	• 일반적으로 경기변동이라고 하며, 경기예측의 연구대상이 됨 • 비교적 장기에 걸쳐 일정한 주기를 가지고 추세선을 중심으로 완만한 진폭을 보임
계절변동	• 계절적 변화, 사회적 관습, 제도 등에 따라 1년을 주기로 하여 반복적으로 나타나는 단기적 변동 • 연말연시, 추석 등에 경제활동이 활발해지거나 감퇴하는 것 등
불규칙변동	• 천재지변, 전쟁, 파업 등 돌발적 · 우연적 요인이나 급격한 경제환경의 변화에 의해 나타나는 변동 • 극히 단기적이고 비반복적임

[개념 확인 문제 정답] 01 ① 02 ① 03 ② [실전 확인 문제 정답] ③

3 거시경제지표

개념 확인 문제

01 (   )는 명목 GDP와 실질 GDP 간의 비율로 국민경제 전체의 물가압력을 측정하는 지수로 사용된다.

① 경상 GDP ② GDP 디플레이터

02 국내시장에 출하되는 모든 재화와 서비스를 조사대상으로 하여, 전반적인 상품의 수급동향을 반영한 물가지수를 (   )라고 한다.

① 생산자물가지수 ② 소비자물가지수

03 통화지표 가운데 협의통화(M1)는 지급수단으로서의 화폐의 기능을 중시한 통화지표로, (   )와 요구불예금, (   )과 같은 저축성예금으로 구성된다.

① 금융채, 시장형 상품 ② 현금통화, 수시입출식예금(MMDA)

실전 확인 문제

▶ 다음 중 주요 거시경제지표에 대한 설명으로 옳지 않은 것은?

① GDP란 일정기간 내에 국내에 거주하는 모든 경제주체가 생산한 부가가치를 시장가격으로 평가한 합계를 말하며, 수출이 차지하는 비중이 가장 높다.

② 통화량 변화의 실물부문과 물가부문에 대해 미치는 파급효과의 크기는 경제구조, 경기상황 등에 따라 달라진다.

③ 통화유통속도는 통화 한 단위가 일정기간 동안 몇 번 유통되어 명목 GDP에 해당하는 만큼의 거래를 뒷받침했는지를 보여준다.

④ 금리는 자금의 배분 기능을 수행하며, 현재소득과 미래소득의 교환비율, 장기적인 명목성장률, 자금시장의 수급상황을 반영하는 지표이다.

정답해설 GDP는 소비가 차지하는 비중이 가장 높다.

개념 짚어 보기

주요 거시경제지표

- **실물경제지표** : 국민소득계정, 국제수지(BOP)
- **물가지수** : 소비자물가지수(CPI : Consumer Price Index), 생산자물가지수(PPI : Producer Price Index), GDP 디플레이터(GDP Deflator)
- **통화량** : 협의통화(M1), 광의통화(M2), 금융기관유동성(Lf), 광의유동성(L)
- **통화유통속도(velocity of money)** : 명목 GDP / 통화량
- **금리** : 원금을 빌린 대가로 지급하는 것으로, 원금에 대한 비율을 의미함

[개념 확인 문제 정답] 01 ② 02 ① 03 ② [실전 확인 문제 정답] ①

4 경기변동이론

개념 확인 문제

01 (　　　)은/는 일정기간 동안 한 나라가 다른 나라와 행한 모든 경제적 거래를 총괄하여 나타내는 지표로서, 우리나라는 미국 달러화를 기준으로 한국은행이 추계하는 경제지표를 말한다.

① 국제수지　　② 국내총생산(GDP)

02 (　　　)은 경기변동이 생산성 향상, 기술충격과 같은 요인에 의해 유발된다고 보는 경기변동이론이다.

① 케인즈학파의 경기변동이론　　② 실물적 경기변동이론

03 케인즈학파는 경기순환의 주원인을 (　　　)로/으로 파악하였다.

① 통화공급의 불안정성　　② 독립투자 및 내구소비재에 대한 불안정한 지출

실전 확인 문제

▶ 다음 중 경기변동이론을 잘못 설명한 것은?

① 고전학파에 의하면 경기변동은 오직 경제 외적인 여건에 의해서 유발된다.
② 고전학파는 비자발적 실업률이 증가하는 것을 총수요의 부족으로 인식하였다.
③ 케인즈학파는 재정투자의 확대로 경기침체를 해소할 수 있다고 주장하였다.
④ 피구와 케인즈는 경기변동이 사람들의 사회에 대한 비관, 낙관이라는 심리에 기인하는 것으로 보았다.

정답해설 케인즈학파는 비자발적 실업률이 증가하는 것을 총수요의 부족으로 인식하였다.

개념 짚어 보기

경기변동이론

- **고전학파** : 애덤스미스에 의해 시작된 것으로, '보이지 않는 손'의 작용을 거쳐 사회의 번영과 발전으로 이어진다고 보았다.(경제대공황의 초공급형 모형)
- **케인즈학파** : 경기변동의 내적인 요인을 강조하면서 경기순환의 원인을 기업가의 투자심리에 의한 총수요변동, 독립투자, 소비자의 불안정한 내구소비재 지출로 보았다.
- **통화주의자** : 불안정한 통화공급을 경기변동의 주원인으로 파악하였고, 적응적 기대로 경기를 예상하였다. 정부의 자의적인 통화량정책을 반대하면서, 정부가 준칙에 입각한 금융정책을 실시할 것을 요구하였다.
- **새고전학파**
  - 화폐적 경기변동이론 : 루카스(R. Lucas)가 제시한 것으로, 합리적 기대를 하는 경제주체들이 불완전 정보상황에서 상대적인 가격변화와 일반적인 물가수준 변화를 구별하지 못하기 때문에 경기변동이 발생할 수 있다는 이론이다.
  - 실물적 경기변동이론 : 키들랜드(F. Kydland)와 프레스컷(E. Prescott)은 경기변동을 유발하는 요인을 생산성과 기술변화와 같은 실물적 요인이라고 보았다.
- **새케인즈학파** : 경기변동을 생산물시장, 노동시장, 신용대부시장 등에서 나타나는 불완전한 시장구조 때문이라고 보았다.

[개념 확인 문제 정답] 01 ① 02 ② 03 ② [실전 확인 문제 정답] ②

5 경기순환의 원인 및 특징

개념 확인 문제

01 경기순환의 특징으로는 확장국면과 수축국면이 진행되는 (　　　), 경기지표들이 서로 영향을 받고 움직이는 (　　　), 경기의 상승과 하락을 반복하는 (　　　)이 있다.

① 지속성, 공행성, 변동성　　② 불규칙성, 비대칭성, 누진성

02 우리나라가 겪은 경기순환의 전 기간을 통하여 가장 큰 영향을 미친 요인은 (　　　)이다.

① 농업생산　　② 건설투자

03 우리나라는 1970년 초 이후 경기순환과정에서 평균 (　　　)이 평균 (　　　)보다 약 1년 반 정도 길게 나타났다.

① 확장기간, 수축기간　　② 수축기간, 확장기간

실전 확인 문제

▶ 다음 중 우리나라의 외환 · 금융위기의 직접적인 원인이 아닌 것은?

① 국제금리의 하락
② 실물부문과 금융부문의 부실
③ 대만, 태국과 인도네시아 등 동아시아의 금융위기
④ 자본자유화 과정에서의 외채누적과 취약한 외채구조

정답해설 국제금리의 하락, 달러가치의 하락, 국제원유가격의 하락의 3저 현상은 1980년대 중반 우리나라 경제가 높은 수출증가율과 함께 고도성장을 이루는 데 대외적인 요인으로 작용하였다.

개념 짚어 보기

우리나라 경기순환의 특징

- **경기순환의 요인** : 건설투자, 해외부문, 농업생산
- **경기순환의 특징** : 지속성, 변동성, 공행성
- **우리나라 금융위기의 원인**
  - 대외적인 요인 : 태국과 인도네시아 등 동아시아의 금융위기
  - 대기업의 잇따른 도산에 따른 상업부실과 금융부실
  - 정부의 금융시장 개입으로 인한 사업과 금융부분의 도덕적 해이 문제 발생
  - 자본자유화 과정에서의 자본유입에 따른 외채의 누적과 취약한 외채구조

[개념 확인 문제 정답] 01 ① 02 ② 03 ① [실전 확인 문제 정답] ①

6 통화정책

개념 확인 문제

01 (　　　)은 내부시차가 길고 외부시차가 짧은 반면에, (　　　)은 내부시차가 짧고 외부시차가 길며 가변적이다.

① 재정정책, 통화정책　　② 통화정책, 재정정책

02 (　　　)란 주식시장에서 평가된 기업의 시장가치를 자본의 대체비용으로 나눈 비율로, 금리인하로 인해 주가가 상승하면 이 비율도 상승한다.

① 주가수익비율　　② 토빈의 q

실전 확인 문제

▶ 다음 중 통화정책의 파급경로에 대한 설명으로 적절하지 않은 것은?

① 통화당국에 의해 시행된 통화정책이 금융시장의 각종 가격 및 수량변수의 변동을 일으켜 최종적으로 물가, 성장 등의 실물경제활동에 영향을 미치게 하는 과정을 말한다.

② 자산가격경로에 의하면 통화정책은 부동산 또는 주식과 같은 자산가격을 변화시켜 실물경제에 영향을 미친다.

③ 환율경로에 의하면 환율의 상승은 원화로 표시한 수입품 가격을 상승시켜 수출이 늘어나게 한다.

④ 통화정책의 파급경로는 금융자유화에 따른 은행 자금조달방식의 다양화로 인해 그 중요성이 더욱 증대되고 있다.

정답해설 통화정책의 파급경로는 금융자유화에 따른 은행의 자금조달방식의 다양화로 인해 그 중요성이 점차 줄어들고 있다.

개념 짚어 보기

경기안정화정책

- **통화정책** : 통화당국(중앙은행)이 통화량이나 이자율변경 등의 정책결정을 하면 즉각 시행을 할 수 있어 내부시차는 짧지만, 여러 가지 전파경로를 통해 경제에 영향을 미치게 되므로 외부시차가 길고 가변적이다.
- **재정정책** : 정부지출, 조세 등의 입법과정에서 국회의 동의가 필요하기 때문에 내부시차는 길지만, 총공급에는 영향이 없이 총수요에만 즉각 반영되어 경제에 직접적인 영향을 미칠 수 있으므로 외부시차가 짧다.

통화정책의 파급경로

- 통화당국에 의해 시행된 통화정책이 금융시장의 각종 가격 및 수량변수의 변동을 일으켜 최종적으로 물가, 성장 등의 실물경제활동에 영향을 미치게 하는 과정
- 금융자유화에 따라 은행의 자금조달방식이 다양화되어 통화정책 파급경로는 그 중요성이 점차 줄어들고 있다.
- 통화정책이 실물경제에 파급되는 경로에는 금리경로, 환율경로, 신용경로, 자산가격경로가 있다.

[개념 확인 문제 정답] 01 ① 02 ② [실전 확인 문제 정답] ④

7 경기안정화정책

개념 확인 문제

01 프리드만을 비롯한 대부분의 통화주의자들은 중앙은행이 통화증가율을 일정하게 유지하는 (   )에 의한 통화정책을 주장하였다.

① 준칙　　② 재량

02 1998년 도입된 우리나라의 통화정책 운용방식인 (   )는 인플레이션을 일정수준으로 유지하는 것을 중앙은행 통화신용정책의 최종목표로 명시적으로 설정하고 공개시장조작 등 각종 수단을 통해 이를 달성하고자 하는 정책운용방식이다.

① 물가안정목표제(Inflation Targeting)　　② 통화량중간목표관리제

실전 확인 문제

▶ 다음 경기안정화정책에 대한 학파별 견해 중 적절하지 않은 것은?

① 통화주의자는 정부의 적극적인 정책개입으로 불안정요인을 제거할 수 있다고 보았다.
② 합리적기대론자는 경기변동이 정보의 불완전성에 기인하므로 정책적 개입이 불필요하다고 주장한다.
③ 케인즈학파는 안정화정책이 총수요에 영향을 주어 경기변동을 완화시키고, 경제후생을 증진시킨다고 주장한다.
④ 실물적 경기변동이론가들에 의하면 경기변동은 경제주체의 효율적 대응의 결과이므로 정책적 개입은 경제후생을 감소시킨다고 주장한다.

정답해설 통화주의자는 경제불안정의 원인은 경제활동의 가변성에 있는 것이 아니라 통화당국의 지나친 경제개입에 있다고 진단한다.

개념 짚어 보기

준칙과 재량

- 통화주의자의 준칙정책
  - 통화당국의 지나친 경제개입에 경제불안정의 원인이 있다고 진단한다.
  - 민간경제활동의 불안정성을 보정한다는 명목으로 정부가 경제에 재량껏 개입하면 경제의 불안정성이 축소되는 것이 아니라 오히려 확대되므로 재량적 통화정책보다는 시장경제가 불안정한대로 통화증가율을 일정하게 유지하는 준칙을 따라야 한다고 주장하였다.
- 케인즈학파의 재량정책
  - 시장경제는 불안정하기 때문에 자연생산량과 총수요의 차이를 재량적인 안정화정책으로 메워주는 것이 필요하고, 경제의 불안정성을 교정하기 위하여 정부는 장기에는 물론 단기에도 경제에 적절히 개입해야 한다고 보았다.
  - 정책당국이 경제상황을 예의주시하여 경제안정화정책을 써야 하며, 확대재정정책이 국민소득을 크게 증가시키기 때문에 안정화정책으로서 강력한 효과를 발휘한다고 보았다.

[개념 확인 문제 정답] 01 ① 02 ①　[실전 확인 문제 정답] ①

8 경기예측방법(1) – 경기지표에 의한 경기예측

개념 확인 문제

01 선행지수의 증가율을 이용한 경기전환점 예측방법 중 확정적 방법에 해당하는 것으로, ( ) 은 매월 선행지수를 이용한 예측을 실시하여 그 결과를 '경기국면에 변화가 없다(NC)', '정점이 다가온다(P)', '저점이 다가온다(T)' 등으로 구분하는 경기예측방법이다.

① 네프치(Neftci)의 방법　　② 하이만즈(Hymans)의 법칙

02 ( )는 경제통계지표 간의 변화방향만을 종합하여 지수화한 것으로, 경기국면의 판단과 향후 경기예측, 경기전환점을 파악하기 위한 경기지표를 말한다.

① 경기확산지수(DI)　　② 경기종합지수(CI)

실전 확인 문제

▶ 다음 중 경기종합지수(CI)에 대한 설명으로 가장 타당한 것은?

① 기업가의 심리변화과정이 반영되어 있다.
② 현재의 경기분석에는 유용하지만 향후 경기예측에는 별 도움이 되지 않는다.
③ 50을 기준으로 50보다 크면 경기확장을, 50보다 작으면 경기수축을 나타낸다.
④ 경기변동의 진폭파악 및 각 순환기별 비교가 가능하다.

정답해설 CI는 향후 경기국면의 파악, 경기변동의 방향과 경기수준의 측정에 이용하기 위한 경기지표이다.
① 기업경기실사지수(BSI : Business Survey Index)에 대한 설명이다.
② 경기확산지수(DI)에 대한 설명이다. DI는 과거의 경기순환의 움직임 및 현재의 경기상태를 분석하는 데 이용하며, 경기변동의 단기적 예측에 유용하다.
③ 경기종합지수의 전월대비 증가율이 양(+)인 경우 경기상승을, 경기종합지수의 전월대비 증가율이 음(–)인 경우 경기하락을 나타낸다.

개념 짚어 보기

경기확산지수(DI)와 경기종합지수(CI)의 비교

구분	경기확산지수(DI)	경기종합지수(CI)
작성목적 및 작성방법	• 경기국면의 판단, 예측, 경기전환점의 식별 • 총경제지표수에서 차지하는 증가지표수와 보합지표수의 비율로 작성	• 경기예측과 경기동향의 판단 • 각 지표의 전월대비 변화율을 종합 · 가공하여 산출
지수의 해석	• 0<DI<50 : 경기수축국면 • DI=50 경기전환점 • 50<DI<100 경기확장국면	• 정점 ~ 저점 : 경기수축국면 • 저점 ~ 정점 : 경기확장국면

[개념 확인 문제 정답] 01 ② 02 ① [실전 확인 문제 정답] ④

9 경기예측방법(2) – 설문조사에 의한 경기예측

개념 확인 문제

01 ( )는 설문조사를 통해 기업활동 및 경기동향 등에 대한 기업가의 판단, 전망 등을 조사·분석하여 수치화함으로써 전반적인 경기동향을 파악하고자 하는 경기예측수단이다.

① 소비자태도지수(CSI) ② 기업경기실사지수(BSI)

02 전 분기, 이번 분기, 다음 분기의 BSI가 90 → 100 → 110으로 나타났을 때 현재의 경기상황은 ( )이다.

① 경기전환점 ② 경기확장국면

03 CSI는 소비자가 보는 경제의 전반적인 상황, 물가와 구매조건 등을 설문조사하여 지수화한 것으로 지수가 ( )이면 경기가 호전될 것으로 보는 소비자가 많다는 것을 의미한다.

① 100 이상 ② 50 이하

실전 확인 문제

▶ 경기상황을 판단하는 설문조사의 하나인 소비자태도지수(CSI)에 관한 설명 중 옳은 것은?

① 지수의 값은 0에서 100까지의 범위이다.
② 지수가 50을 넘으면 소비자가 향후 경기를 긍정적으로 본다.
③ 지수가 50이면 소비자가 경기를 부정적으로 본다.
④ 지수가 100을 넘는다는 것은 통계적인 오류이다.

정답해설 소비자태도지수(CSI)는 0~200까지 범위의 값을 가지며, 지수가 100 이상인 경우는 경기확장국면으로 경기를 긍정적으로 보는 소비자수가 경기를 부정적으로 보는 소비자수보다 많다는 것을 의미한다. 해당 지수가 100 이하인 경우는 경기수축국면으로 경기를 부정적으로 보는 소비자수보다 경기를 긍정적으로 보는 소비자수가 많다는 것을 의미한다.

개념 짚어 보기

소비자태도지수(CSI)에 의한 경기예측

해당 지수가 100 이상이면 경기가 호전될 것으로 보는 소비자가 많다는 것을 의미하고, 해당 지수가 100 이하이면 경기를 부정적으로 보는 소비자수가 경기를 긍정적으로 보는 소비자수보다 많다는 것을 의미한다.

기업경기실사지수(BSI)에 의한 경기예측

$$BSI = \frac{(\text{긍정적 응답업체수} - \text{부정적 응답업체수})}{\text{전체 응답업체수}} \times 100 + 100$$

- 0 < BSI < 100 : 경기수축국면
- BSI = 100 : 경기전환점
- 100 < BSI < 200 : 경기확장국면

[개념 확인 문제 정답] 01 ② 02 ② 03 ① **[실전 확인 문제 정답]** ③

10 경기예측방법(3) – 시계열모형에 의한 경기예측

개념 확인 문제

01 단순외삽모형은 장기적인 추세변동을 추정하고 예측하는 데 사용되는 시계열모형으로, ( ) 만을 사용하여 변화방향을 예측한다.

① 확률변수 ② 시간변수

02 교란항 또는 백색잡음과정을 따르는 확률변수만을 이용하는 모형을 ( )이라 하며, 동 시계열의 과거 관측치만을 이용하는 모형을 ( )이라 한다.

① 이동평균(MA)모형, 자기회귀(AR)모형 ② 자기회귀(AR)모형, 이동평균(MA)모형

03 ARIMA모형은 모형의 ( ) → 모형의 모수추정 → 모형의 정확성에 대한 ( ) → 예측의 단계를 거쳐 구축된다.

① 식별, 진단검증 ② 진단검증, 식별

실전 확인 문제

▶ 다음 중 ARIMA모형에 대한 설명으로 옳지 않은 것은?

① 시계열의 특성을 가장 적은 모수의 수로써 표현할 수 있는 모형이다.
② 새로운 자료가 추가되면 모형의 모수치가 크게 변화한다.
③ 예측치는 최소평균평방오차 개념에 의해 도출되므로 자료가 불충분한 경우 보간법이나 외삽법을 통해 시계열의 연속성을 유지할 수 있으며, 시계열의 움직임을 반영한다.
④ 다른 설명변수의 도입 없이 변수 과거치와 교란항만을 가지고 시계열에 적합한 모형을 설정할 수 있는 방법이다.

정답해설 시계열에 새로운 자료가 추가된다 하더라도 모형의 모수치에는 큰 변화가 없다.

개념 짚어 보기

경제모형을 이용한 경기예측

- **단순외삽모형** : 시간변수만을 이용하여 미래의 변화방향을 예측하는 모형으로, 주로 시계열자료의 장기적 추세변동을 추정하고 예측하는 데 사용된다.
- **자기회귀(AR)모형** : 동 시계열의 과거 관측치만을 이용하는 모형
- **이동평균(MA)모형** : 교란항 또는 백색잡음과정을 따르는 확률변수만을 이용하는 모형
- **자기회귀–이동평균(ARMA)모형** : 자기회귀(AR)모형과 이동평균(MA)모형이 혼합된 모형
- **ARIMA모형** : 자기회귀(AR), 적분(Integration), 이동평균(MA)의 세 가지 필터를 사용해 시계열로부터 예측 가능한 움직임을 추출해내는 방법으로, 모형의 식별–모형의 모수추정–모형의 정확성에 대한 진단검증–예측의 단계를 거쳐 구축된다.

[개념 확인 문제 정답] 01 ② 02 ① 03 ① [실전 확인 문제 정답] ②

11 경기예측방법(4) – 거시경제계량모형

개념 확인 문제

01 하나의 거시경제계량모형을 만들기 위해서는 규정 → (　　　) → 검증 → (　　　)의 절차를 반복하게 된다.

① 추정, 시뮬레이션　　② 시뮬레이션, 추정

02 거시경제계량모형의 추정과정에서는 관찰치와 회귀선 사이의 수직 편차의 자승합이 최소가 되도록 계수를 설정하는 (　　　)을 이용한다.

① 단순평균법　　② 최소자승법

03 거시경제계량모형에서 시뮬레이션 분석은 분석기간에 대한 각 내생변수에 대한 해를 구하는 과정으로, 내생변수의 장래치 예측, 정책효과의 분석, (　　　)하는 데 목적이 있다.

① 모형의 적합도를 평가　　② 모형을 식별

실전 확인 문제

▶ 다음 중 거시경제계량모형에 관한 설명으로 틀린 것은?

① 계량모형은 다수의 방정식을 연립방정식으로 해서 만들어진 식이다.
② 계량모형은 규정, 추정, 검증, 시뮬레이션의 절차를 반복하게 된다.
③ 모형에 표기된 방정식 수에 따라 단일방정식 모형과 연립방정식 모형으로 구분된다.
④ 모형의 경제적 · 이론적 근거가 빈약하여 오차에 대한 통계학적 관리가 어렵다.

정답해설 모형 자체가 기존의 정립된 이론적 근거를 기준으로 하고 있어 모형의 오차에 대한 통계학적 관리가 용이하다.

개념 짚어 보기

거시경제계량모형의 장단점

구분	내용
장점	• 경제구조의 전체를 파악하는 데 주요 경제변수들 간의 일관성과 동시성을 유지할 수 있다. • 모형 자체가 기존의 정립된 이론적 근거를 기준으로 하고 있어 오차에 대한 통계학적 관리가 용이하다.
단점	• 현실경제에 작용하는 모든 요인을 변수화할 수 없으므로, 오차의 발생이 필연적이다. • 전쟁 또는 천재지변 등과 같은 모형에 포함되지 않은 변수에 의한 외부 영향이 발생할 경우 모형의 신뢰성이 저하된다.

[개념 확인 문제 정답] 01 ① 02 ② 03 ①　[실전 확인 문제 정답] ④

핵심플러스

OX 문제

01 연간시계열을 이용하는 경우에는 계절변동 요인을 제거하기 위한 계절조정이 필요하다. ( )

02 1970년부터 최근까지 우리나라의 GNP는 단기적이고 불규칙적인 성장추세를 보이고 있다. ( )

03 국제수지표상 투자소득과 여행 항목은 자본수지에 해당한다. ( )

04 통화유통속도는 경기변화 및 인플레이션 압력 등을 예측하는 데 유용하다. ( )

05 통화유통속도는 통화 한 단위가 일정기간(통상 1년) 동안 각종 거래를 매개하기 위해 몇 번 유통되었는지를 나타내주는 지표이다. ( )

06 통화주의자들에 따르면 경기변동은 불안정하고 자의적인 통화정책이 주요 경기변동 원인이다. ( )

07 화폐적 경기변동이론은 경제주체들이 통화량 변화와 같은 불규칙적인 충격에 따라 상대가격에 대해 착오를 일으킬 수 있다고 보았다. ( )

08 실물적 경기변동이론은 경기변동을 불균형 현상으로 파악한다는 측면에서 케인즈 학파와 관점을 같이 한다. ( )

09 1970년대 초 이후 우리나라가 겪은 경기순환에 가장 큰 영향을 미친 요인은 농업이다. ( )

10 조세수입에서 정부의 이전지출을 공제한 순조세는 경기역행적이다. ( )

11 재량에 의한 통화정책은 장기적으로 인플레이션을 통한 경제성장과 물가안정 효과에 영향을 준다. ( )

해설

01 계절변동은 기후, 사회관습 등에 따라 12개월을 주기로 반복하여 나타나기 때문에 연간시계열을 이용하는 경우에는 계절조정이 필요없다. 다만, 월별 또는 분기별 시계열자료를 이용할 경우에는 계절조정이 필요하다.

02 1970년대부터 최근까지의 실질 GDP(국내총생산)를 보면 상승과 하락이 반복되는 장기적이고 지속적인 성장추세를 보이고 있다. GNP는 국민총생산을 나타내는 용어이다.

03 국제수지표상 투자소득과 여행 항목은 경상수지에 해당한다.

04 사후적으로만 추계가 가능하므로 경기변화 및 인플레이션 압력 등을 예측하기는 어렵다.

08 실물적 경기변동이론은 경기변동을 균형 현상으로 파악한다는 측면에서 화폐적 경기변동이론의 관점과 부합한다.

09 건설투자가 우리나라가 겪은 경기순환의 전 기간을 통하여 가장 큰 영향을 미친 요인이다.

10 재정정책의 경우 경제가 호황일 경우에는 조세수입이 증가하고 실업지출 등이 감소하게 되어 경기과열을 억제하는 효과가 있다. 이와 반대로 경제가 불황일 경우에는 조세수입이 감소하고 실업수당 등 이전지출이 증가하여 경제회복을 부양시키는 효과를 가져온다.

11 재량적 통화정책은 중앙은행이 경제상황에 따라 자율적으로 수행하는 것으로 급변하는 경제상황에 대한 단기적인 대응이 이루어지는 데 도움이 된다.

[정답] 01 × 02 × 03 × 04 × 05 ○ 06 ○ 07 ○ 08 × 09 × 10 × 11 ×

핵심플러스

OX 문제

12 일반적으로 경제지표는 경기수축기에는 증가방향으로 경기확장기에는 감소방향으로 역방향의 움직임을 보인다. (   )

13 경기변동지수는 경기변동의 양적 크기의 변화를 파악할 수 있어 경기변동의 파급도를 알 수 있다. (   )

14 네프치의 방법에 의한 경기전환점 판단은 경제지표를 이용하여 경제를 현실적으로, 확률적으로 판단하게 된다. (   )

15 주로 선행지수의 변동치를 이용하여 현재의 경기국면의 전환점을 판단한다. (   )

16 일반적으로 지표가 3개월 이상 연속 현재까지와 반대방향으로 움직이면 이 시점을 경기전환점, 경기전환발생시점으로 추정한다. (   )

17 경기종합지수의 구성지표 중 선행구성지표에는 비농림어업취업지수, 광공업생산지수, 수입액 등이 있다. (   )

18 실제 경기순환에 후행하여 변동하는 개별지표를 가공 · 종합하여 만든 지표로 경기의 사후 확인에 이용되는 것을 선행종합지수, 실제 경기변동에 앞서 변동하는 개별지표를 가공 · 종합하여 만든 지수로 향후 경기변동의 단기예측에 이용되는 것을 후행종합지수라고 한다. (   )

19 ARIMA모형은 자기회귀, 적분, 이동평균의 필터를 사용하여 시계열을 특징짓는 몇 개의 요인을 추출하며 적정 정보가 추출되면 종료한다. (   )

20 거시경제계량모형은 경제이론을 바탕으로 하기 때문에 측정시 오차가 거의 발생하지 않는다. (   )

해설

12 경제지표는 경기수축기에는 감소방향으로 경기확장기에는 증가방향으로 움직인다.

13 경기확산지수에 대한 설명이다.

15 주로 동행지수의 순환변동치를 이용하여 경기국면과 전환점을 판단한다.

17 동행구성지표의 종류에 해당한다. 선행구성지표에는 구인구직비율, 소비자기대지수, 기계류내수출하지수, 건설수주액(실질), 장단기금리차 등이 있다.

18 실제 경기순환에 후행하여 변동하는 개별지표를 가공 · 종합하여 만든 지표로 경기의 사후 확인에 이용되는 것을 후행종합지수, 실제 경기변동에 앞서 변동하는 개별지표를 가공 · 종합하여 만든 지수로 향후 경기변동의 단기예측에 이용되는 것을 선행종합지수라고 한다. 공급측면의 생산지수, 수입액 등과 같이 실제 경기순환과 함께 변동하는 개별지표를 가공 · 종합하여 만든 지수로 현재 경기의 상황과 판단에 이용되는 지수를 동행종합지수라고 한다.

19 ARIMA모형은 정보가 추출되지 않을 때까지 반복한다.

20 경제이론을 바탕으로 현실경제를 축약시킨 모형으로 필연적으로 오차가 발생하며, 모형에 표기되지 않은 변수가 발생하는 경우 큰 오차가 발생할 수 있다.

[정답] 12 × 13 × 14 ○ 15 × 16 ○ 17 × 18 × 19 × 20 ×

2장 기본적 분석

대표 유형 문제

다음은 PER과 PBR을 비교하여 설명한 것이다. 옳지 않은 것은?

① PER은 PBR보다 일반적으로 높은 경향이 있다.
② PER은 내재가치를, PBR은 자산가치를 고려하여 주가를 측정한다.
③ PER은 수익의 질적 측면, PBR은 자산의 질적 측면이 반영된 지표이다.
④ PER은 주식의 시장가격의 자산가치에 대한 과대 · 과소평가의 정도를, PBR은 어떤 주식의 주가에 대한 과대 · 과소평가의 정도를 판단할 때 유용하다.

정답해설 PER은 어떤 주식의 주가가 과대평가 또는 과소평가되었는지를 판단할 때 유용하며, PBR은 주식의 시장가격이 자산가치에 대해 어느 정도 과대평가 또는 과소평가되었는지를 판단할 때 유용한 지표이다.

오답해설 ① PBR은 본래 대차대조표상에 보통주 한 주에 귀속되는 주당 순자산가치가 실질적 가치를 정확하게 반영되면 1이 되어야 하나, 시간성, 집합성, 자산 · 부채의 인식기준에서 차이가 있기 때문에 1이 아니다. 따라서 PER이 PBR보다 일반적으로 높은 경향이 있다.
② PER은 내재가치를, PBR은 자산가치를 고려하여 주가를 측정한다.
③ PER은 현재주가를 주당이익으로 나눈 것으로 수익력의 질적 측면이 반영된 지표이고, PBR은 순자산을 발행주식수로 나눈 것으로 기업의 마진, 부채레버리지, 자산의 질적 측면 등이 반영된 지표이다.

대표 유형 문제 알아 보기

시장가치비율분석

• 주가수익비율(PER : Price Earning Ratio)
  - PER=주가/주당순이익(EPS)
  - 이 비율을 통해 시장에서 평가되고 있는 기업의 위치와 성장성 및 수익성을 파악할 수 있다.
  - 주당순이익은 평균수준인데 주가가 높을 경우 해당 기업의 주가가 시장에서 높게 평가되고 있기에 미래 성장 가능성이 있음을 의미하고, 주가는 평균수준인데 주당순이익이 매우 낮은 경우라면 현재 기업의 수익성이 좋지 못함을 나타낸다.
  - 다른 조건이 동일하다면 기대되는 배당성향이 클수록 커지고, 기대되는 이익성장률이 클수록 커지고, 기대수익률이 클수록 작아진다.

• 주가순자산비율(PBR : Price Book-value Ratio)
  - PBR=주가/주당순자산=주당시장가치/주당장부가치
  - 1주당 순자산이 주가(기업가치)를 몇 배 창출했는가를 나타내므로, 이 비율이 높다는 것은 높은 성장 가능성이 있음을 의미한다.
  - PBR이 낮은 기업은 주식시장에서 주가가 낮게 평가되었다고 볼 수 있다.

[대표 유형 문제 정답] ④

1 기본적 분석의 이해

개념 확인 문제

01 기업가치의 기본적 분석단계에서 (   ) 방식은 기업분석 → 산업분석 → 경제분석의 순으로 분석하는 3단계 분석과정을 말한다.

① bottom-up　　② top-down

02 기본적 분석은 기업의 본질가치를 찾으려는 객관적인 방법으로 시장가격이 본질가치보다 크면 (   )된 것으로 본다.

① 저평가　　② 고평가

실전 확인 문제

▶ **다음 중 기본적 분석에 대한 설명으로 옳지 않은 것은?**

① 증권의 내재가치를 발견하고 이 내재가치와 시장가격을 비교함으로써 적절한 투자전략을 구사하려는 분석방법이다.

② 회사 주식의 내재가치를 판단하는 것은 투자자마다 견해가 다를 수 있기 때문에 동일한 내재가치로 인식하기에는 무리가 있다.

③ 어느 회계처리기준을 사용했느냐에 따라 재무제표가 달라질 수 있어 처리방법을 달리한다면 내재가치 평가를 위한 기본자료인 재무제표의 적정성이 떨어진다.

④ 분석에 소요되는 시간이 짧아 단시간에 기업의 가치를 파악하는 데 유용하다.

정답해설 수시변동하는 주식가격과 새로운 정보의 탄생 등의 요인으로 인해 기업의 진정한 가치를 파악하는 데 시간소요가 많다.

개념 짚어 보기

기본적 분석의 특징 및 한계점

- 특징
  - 증권의 내재가치를 발견하고 이 내재가치와 시장가격을 비교함으로써 적절한 투자전략을 구사하려는 분석방법이다.
  - 주식의 시장가격은 해당 주식을 발행한 기업의 가치에 의해 결정된다고 보고 기업가치에 영향을 미치는 여러 요인의 거시경제변수와 산업변수, 기업변수들을 살펴본다.
  - 기업의 내재적 가치와 시장가격이 같이 움직인다는 사실에 초점을 두고, 기업의 본질가치인 수익획득 가능성을 파악하고자 한다.
  - 증권의 내재가치가 시장가격보다 높을 경우 그 증권을 매입하는 전략을 세우게 되며, 증권의 내재가치가 시장가격보다 낮을 경우 그 증권을 매도하는 전략을 세우게 된다.
- **한계점** : 내재가치의 다양성 여부, 내재가치의 적정성 여부, 분석에 소요되는 시간(분석의 장기성)

[개념 확인 문제 정답] 01 ① 02 ② [실전 확인 문제 정답] ④

2 경제분석(1) – 경제변수

개념 확인 문제

01 통화공급량의 확대는 단기적으로는 금리를 하락시키고 금리하락에 따라 기업의 투자가 증가하게 되어 국내총생산을 (　　　)시킨다.

① 감소　　② 증가

02 소득의 증가에 따른 화폐수요의 증가는 이자율을 높이는 작용을 하는데 이를 (　　　)라고 한다.

① 소득효과　　② 피셔효과

실전 확인 문제

▶ **다음 중 경제변수에 의한 분석으로 적절하지 않은 것은?**

① 이자율이 하락하면 기업의 금융부담이 줄어들고 설비투자 및 경영성과가 호전되어 주가가 상승한다.

② 일반적으로 원화가 평가절하되어 환율이 인상되면 기업의 수출은 증가하고 주가는 상승한다.

③ 국제수지 흑자폭이 증가한 결과로 나타나는 환율하락은 주가에 부정적인 영향을 미친다.

④ 경기호황이 예상되면 투자가 증가하여 생산은 증가되고 재고는 감소되어 수익성이 향상되므로 주가는 상승한다.

정답해설 환율하락은 주가에 부정적인 영향을 미치지만, 국제수지 흑자폭이 증가한 결과로 나타나는 환율하락의 경우에는 주가에 긍정적인 영향을 미친다.

개념 짚어 보기

거시경제변수와 주가의 관계

- **통화량과 주가의 관계**
  - 기업부문 : 통화량 증가 → 자금 확보 → 시설 투자 → 수익성 향상 → 주가상승
  - 민간부문 : 통화량 증가 → 자금 확보 → 주식 매입 → 증시 활황 → 주가상승
- **금리와 주가의 관계**
  - 이자율 상승 → 자금조달 축소 → 설비투자 축소 → 수익성 악화 → 주가하락
  - 이자율 하락 → 자금조달 확대 → 설비투자 확대 → 수익성 향상 → 주가상승
- **물가와 주가의 관계**
  - 완만한 물가상승 : 실물경기상승 → 기업수지개선(판매이윤증가) → 주가상승
  - 급격한 물가상승 : 금융자산회피 → 실물자산선호 → 주가하락
  - 디스인플레이션 : 저물가 · 저금리 → 금융자산선호 → 주가상승
  - 스태그플레이션 : 비용 증가 및 구매력 감소 → 기업수지악화 → 주가하락
- **환율과 주가의 관계**
  - 환율인하(평가절상) : 수출 감소, 수입 증가 → 수익성 악화 → 주가하락
  - 환율인상(평가절하) : 수출 증가, 수입 감소 → 수익성 향상 → 주가상승

[개념 확인 문제 정답] 01 ② 02 ① [실전 확인 문제 정답] ③

3 경제분석(2) – 거시경제변수와 주가의 관계

개념 확인 문제

01 국제원자재가격이 상승할 경우에는 원자재의 수입액이 증가하게 되어 (　　　)를 악화시키고 물가를 (　　　)시키는 요인이 된다.

① 경상수지, 하락　　　② 국제수지, 상승

02 외국인 투자자는 주가와 환율을 고려하여 국내주식에 투자하는데 국내의 환율인상률이 주가상승률을 (　　　)할 경우에는 주식을 매입하지 않으며, 국내의 환율인하율이 주가하락률을 (　　　) 할 경우에는 주식을 매입한다.

① 초과, 상회　　　② 상회, 초과

03 외국인 투자자는 주가의 상승이 환율의 상승보다 높다고 판단되면 투자하게 되는데 외국인 투자자가 환율하락세를 예상할 때 투자금액이 늘어나게 되고, 이는 주가의 (　　　)요인으로 작용하게 된다.

① 하락　　　② 상승

실전 확인 문제

▶ **다음 중 거시경제변수와 주가의 관계를 설명한 것으로 타당하지 않은 것은?**

① 원자재가격의 하락은 주가에 긍정적이나 금리의 하락은 주가에 부정적인 영향을 미친다.
② 국내 투자자는 주가변화를 중시하고 외국인 투자자는 주가변화 외에 환율변화도 중시한다.
③ 각 국가 간 자본시장의 자유화로 세계 증시의 동조화현상이 발생한다.
④ 외국인의 주식투자의 증가는 주가상승의 요인이 된다.

정답해설 원자재가격과 주가, 금리와 주가는 각각 역의 상관관계를 가진다. 원자재가격의 상승은 주가하락으로 이어지며, 금리의 하락은 주가상승의 원인이 된다.

개념 짚어 보기

국제원자재가격과 주가의 관계

- **국제원자재의 가격상승** : 국내제품 가격상승(국제수지 악화, 물가상승) → 판매저조(가격경쟁력 약화, 기업채산성 악화) → 주가하락
- **국제원자재의 가격하락** : 국내제품 가격하락 → 판매증대 → 주가상승

외국인 투자자와 주가의 관계

- 외국인 투자자의 자금이 주식매입 → 국내 증권시장에 유입 → 매입수요 증대 → 주가의 상승
- 외국인 투자자의 주식매도 증가 → 해외로 유출 → 매도물량 증가 → 주가의 하락

[개념 확인 문제 정답] 01 ② 02 ① 03 ② **[실전 확인 문제 정답]** ①

4 경제분석(3) – 경기전망과 주가의 관계

개념 확인 문제

01 경기가 상승하는 경우에는 기업의 투자와 생산규모가 확대되고 그에 따라 투자수요가 증가하게 되므로 자금의 수요 또한 증가하게 된다. 그 결과 금리가 (   )하게 된다. 즉, 금리와 경기는 (   )으로 움직이게 된다.

① 하락, 반대 방향　　② 상승, 같은 방향

02 경기가 상승하면 고점에 이르고 경기가 하락하면 저점에 이르게 되는데 이러한 경제활동에 따라 경기변동의 순환주기를 회복기, 활황기, 후퇴기, (   )의 4단계로 구분한다.

① 확장기　　② 침체기

실전 확인 문제

▶ 경제분석에 관한 설명으로 옳지 않은 것은?

① 경제분석을 통해 투자자산배분의 예측자료로 활용한다.
② 일반적으로 환율이 상승하면 수입의 증가로 인해 금리가 상승한다.
③ 거시적 관점에서 경기, 금리, 통화량, 물가, 환율 등이 주가에 영향을 미치는 요인들을 분석하는 것이다.
④ 경기호황이 예상되면 투자자들의 투자가 증가하여 생산은 증가되고 재고는 감소되어 수익성이 향상되므로 주가는 상승한다.

정답해설 일반적으로 환율이 상승하면 수출의 증가로 인해 금리가 하락한다.
① 경제분석을 통해 경제전체의 활동수준을 파악할 수 있으며 투자자가 주식투자의 시기를 판단할 수 있다.
③ 거시적 관점에서 경기동향, 이자율, 통화 그리고 환율과 국제수지 등의 경제요인을 분석함으로써 경제 및 주가흐름을 판단하는 것을 말한다.
④ 경기호황이 예상되면 투자자들의 투자가 증가하게 되어 수요가 늘어나게 되고 재고감소와 동시에 생산은 증가되므로 이는 주가의 상승으로 이어지게 된다.

개념 짚어 보기

경기전망

- 시장경기는 주가와 밀접하게 관련되어 있어, 주가는 경기변동 전에 미리 시장상황을 반영한다.
- 경기전망은 거시적 관점에서 경기, 금리, 물가, 환율 등이 주가에 미치는 요인들을 분석하는 것이라고 할 수 있다.
- 실물경기가 최고조에 이르기 전에 주식시장이 이를 반영하므로 주가는 최고조를 보이며, 실물경기 상황이 악화되었다가 점차상승세를 보이면 주가는 상승국면을 타게 된다. 그러나 주가는 실물경기 외에 다른 모든 변수에 의해서도 영향을 받기 때문에 항상 시장경기보다 먼저 움직이지는 않는다.

[개념 확인 문제 정답] 01 ② 02 ② [실전 확인 문제 정답] ②

5 기업분석(1) – 재무제표분석

개념 확인 문제

01 ( )는 일정시점에 있어서의 기업의 재무상태를 나타내는 재무제표로서 현재의 총자산과 부채 및 자본을 한 표에 기재한 것을 말한다.

① 대차대조표 ② 현금흐름표

02 손익계산서는 기업의 경영성과를 명확하게 표시하기 위하여 일정기간에 있어서의 모든 수익과 비용을 나타낸 재무제표로서 모든 수익과 비용은 그것이 발생한 기간에 정당하게 배분되도록 처리한다. 수익은 실현시기를 기준으로 계상하고 그 발생원천에 따라 분류하며, 미실현수익은 이익계산에 ( ).

① 산입한다 ② 산입하지 않는다

실전 확인 문제

▶ **기업분석의 기본적인 설명으로 적절하지 않은 것은?**

① 기업분석은 크게 질적 분석과 양적 분석으로 나눌 수 있다.
② 기업의 재무제표는 질적 분석에 해당한다.
③ 보스턴 컨설팅 그룹의 분류는 질적 분석의 한 방법이다.
④ 해당 기업의 자산을 파악하기 위해서는 양적 분석이 더 유용하다.

정답해설 기업의 재무제표는 양적 분석에 해당한다. 양적 분석은 기업의 재무제표를 이용하여 계량적으로 분석하는 것으로 경영성과의 향상, 자산파악 등에 유용하다.

개념 짚어 보기

재무제표

- **의의** : 기업의 외부 이해관계자에 대하여 그들의 경제적 의사결정에 기여하는 정보를 제공하기 위하여 기업의 영업실적이나 재무상태를 측정 · 기록하여 분류 · 요약 · 작성한 재무보고의 한 형태로 기업과 그 밖의 경제주체들이 경제활동을 하는데 있어서 효율적인 의사결정을 할 수 있도록 기업의 현금흐름을 제공한다.
- **작성원칙** : 역사적 원가주의 원칙, 수익인식의 원칙, 대응의 원칙
- **종류**
  - 대차대조표(B/S : Balance Sheet) : 일정시점(결산일)에 있어서의 기업의 재무상태를 나타내는 재무제표로서 현재의 총자산, 부채 및 자본을 한 표에 기재한 것(차변 : 자산운용, 대변 : 자본조달, 부채)
  - 손익계산서(P/L : Profit and Loss Statement) : 기업의 경영성과를 명확하게 표시하기 위하여 일정기간에 있어서의 모든 수익과 비용을 나타낸 재무제표(구성요소 : 매출총손익, 영업손익, 경상손익, 법인세비용차감전손익, 법인세비용, 단기순손익)
  - 이익잉여금 처분계산서 : 당해 기업의 당기순이익의 사용용도를 나타낸 재무제표
  - 현금흐름표 : 일정기간 동안 기업이 영업활동에 필요한 자금을 어떻게 조달했고, 어떻게 사용하였는지 현금의 변동내용을 보고하기 위하여 당해 회계기간에 속하는 현금의 유출입 내용을 표시한 재무제표

[개념 확인 문제 정답] 01 ① 02 ② [실전 확인 문제 정답] ②

6 기업분석(2) – 재무비율분석

개념 확인 문제

01 납입자본이익률, 총자본이익률, 자기자본이익률, 매출액순이익률은 (　　　)에 해당하고, 매출액증가율, 총자산증가율, 영업이익증가율은 (　　　)에 해당한다.

① 수익성 지표, 성장성 지표　　② 활동성 지표, 안전성 지표

02 (　　　)은 단기채무능력을 알아보고자 하는 것으로 유동자산을 유동부채로 나누어 계산하며, (　　　) 이상이 이상적인 수준이다.

① 부채비율, 100%　　② 유동비율, 200%

03 재고자산회전율은 재고자산의 판매활동 여부를 알아볼 수 있는 지표로, 재고자산회전율이 (　　　) 적은 재고자산으로 생산 및 판매활동을 효율적으로 하는 것으로 판단된다.

① 낮을수록　　② 높을수록

실전 확인 문제

▶ 재무비율분석에 대한 설명 중 틀린 것은?

① 기업경영의 측면에서는 지나치게 높은 유동비율은 바람직하지 않다.
② 토빈의 q는 회사의 부채 및 자기자본의 시장가치를 보유자산의 대체비용으로 나눈 비율이다.
③ 부채비율은 재무안전성의 지표로, 100% 이상이면 바람직한 것으로 본다.
④ 고정(비유동)비율은 비유동자산을 자기자본으로 나눈 비율이다.

정답해설 부채비율은 기업 자본구성의 건전성을 파악하는 것으로, 자본의 구성 중 타인자본과 자기자본이 차지하는 비율이 얼마인지를 알아보기 위해 타인자본을 자기자본으로 나눈 비율을 말한다. 당좌비율은 재무안정성의 지표로 100% 이상이면 안전하다고 평가한다.

개념 짚어 보기

재무비율분석의 한계

- 재무제표의 기본 목적이 기업의 미래이익을 예측하기 위한 것인데, 재무비율분석은 과거의 회계정보에 의존한다.
- 재무제표가 일정시점이나 일정기간을 중심으로 작성되어 있어서 회계기간 동안의 계절적 변화를 나타내지 못하고, 결산기가 다른 기업과의 상호 비교가 곤란하다.
- 합리적 경영을 하고 있는 동종 산업에 속하는 기업들 사이에 경영방침이나 기업의 성격에 따라 재무비율에 큰 차이가 있는 점을 감안하지 않았다.
- 재무비율 상호 간에 연관성이 없어, 표준비율 설정에 어려움이 따른다.

[개념 확인 문제 정답] 01 ① 02 ② 03 ② [실전 확인 문제 정답] ③

7 기업분석(3) – 시장가치비율분석

개념 확인 문제

01 (　　　)은 순이익이 발생하고 있지 않은 기업이나 신생기업들에 대한 상대적 주가수준 파악 시 유용하다.

① 주가수익비율　　② 주가매출액비율

02 PER의 수치가 작다는 것은 (　　　)되었다는 의미이고 기대수익률이 (　　　) 작아진다.

① 고평가, 작을수록　　② 저평가, 클수록

03 (　　　)은/는 주식시장에 평가된 기업의 부채 및 자기자본의 시장가치를 기업 보유자산의 대체비용으로 나눈 비율이다. 이 비율이 1보다 작으면 자산의 시장가치가 대체비용보다 낮다는 것을 의미하므로 기업합병(M&A)의 대상이 되고, 이 비율이 1보다 크면 자본설비가 그 자산의 대체비용보다 더 큰 가치를 지니고 있다는 것을 의미하므로 기업이 투자자들로부터 조달된 자본을 잘 운영하여 기업가치가 증가한다는 것을 나타낸다.

① 토빈의 q　　② 주가매출액비율

실전 확인 문제

▶ 시장가치비율분석에 대한 설명으로 옳지 않은 것은?

① 수익성 측면 이외의 다른 측면이 동일하다고 가정할 때, 어떤 기업의 PER이 비교대상 기업보다 낮으면 그 기업의 주가가 상대적으로 낮게 평가되었다고 판단한다.
② 다른 조건들이 동일한 경우, PBR이 낮은 기업은 주식시장에서 주가가 낮게 평가되었다고 판단한다.
③ PER이 낮은 경우에 PCR이 높다면 현 주가가 낮다고 할 수 있다.
④ 주당순이익을 사용하는 PER은 당해 연도에 수익이 나지 않고 이익이 음(−)인 경우에는 비율을 구할 수 없으며, 이익이 너무 높거나 낮으면 주가수익비율을 통해 올바른 분석을 할 수 없다.

정답해설 PCR이 낮으면 기업의 재무안전성이 저평가되어 있으며, PER이 높은 경우도 PCR이 낮으면 해당 주식에 대한 현재의 주가가 낮으나, PER이 낮은 경우에 PCR이 높다면 현 주가가 낮다고 할 수 없다.

개념 짚어 보기

시장가치비율분석

- 주당순손익(EPS)=당기순손익/발행주식수
- 배당성향(%)=현금배당/단기순손익×100
- 배당률=주당배당률/액면가×100
- 배당수익률=주당수익률×주가×100
- 주가현금흐름비율(PCR)=주가/주당현금흐름
- 주가매출액비율(PSR)=주가/주당매출액
- 토빈의 q=자산의 시장가치/추정 대체비용
  - q가 1보다 크면 투자대상
  - q가 1보다 작으면 M&A(기업합병)대상

[개념 확인 문제 정답] 01 ② 02 ② 03 ① [실전 확인 문제 정답] ③

8 기업분석(4) – 레버리지분석

개념 확인 문제

01 재무레버리지도(DFL)는 영업이익의 변화율에 대한 주당순이익의 변화율의 비를 말하는 것으로, 영업이익이 (   ), 고정재무비용이 (   ) 작게 나타난다.

① 클수록, 작을수록 ② 작을수록, 클수록

02 (   )는 매출액의 변화율에 대한 주당순이익의 변화율의 비를 말하는 것으로, 이 비율이 커지면 커질수록 기업의 위험도 함께 커진다.

① 결합레버리지도(DCL) ② 영업레버리지도(DOL)

03 영업레버리지도(DOL)는 매출액의 변화율에 대한 영업이익의 변화율의 비를 말하는 것으로, 일반적으로 (   )가 클수록, 매출량이 작을수록, 판매단가가 낮을수록, (   )이/가 클수록 크게 나타난다.

① 변동영업비, 매출액 변화율 ② 고정영업비, 단위당 변동비

실전 확인 문제

▶ **다음 중 레버리지비율에 관한 설명으로 옳지 않은 것은?**

① 결합레버리지도가 작을수록 위험은 커진다.
② 영업이익이 클수록, 이자가 작을수록 재무레버리지는 작게 나타난다.
③ 결합레버리지분석은 고정비용이 매출액의 변동에 따라 순이익에 어떤 영향을 미치는가를 분석하는 것이다.
④ 재무레버리지효과는 타인자본을 사용할 경우 이자부담이 발생하여 주주에게 돌아가는 순이익이 영업이익이 변할 때 영업이익의 변동률보다 확대되는 것을 말한다.

정답해설 결합레버리지도가 커지면 커질수록 위험도 함께 커진다.

개념 짚어 보기

레버리지분석 유형

- 영업레버지리도(DOL) $= \dfrac{\text{영업이익변화율}}{\text{매출량변화율}} = \dfrac{\text{매출액}-\text{변동비용}}{\text{매출액}-\text{변동영업비}-\text{고정영업비}}$
- 재무레버리지도(DFL) $= \dfrac{\text{주당순이익변화율}}{\text{영업이익의 변화율}} = \dfrac{\text{영업이익}}{\text{영업이익}-\text{이자}}$
- 결합레버리지도(DCL) $= \dfrac{\text{주당순이익변화율}}{\text{매출량변화율}} = \dfrac{\text{매출액}-\text{변동비용}}{\text{매출액}-\text{변동비용}-\text{고정비용}-\text{이자비용}}$

[개념 확인 문제 정답] 01 ① 02 ① 03 ② [실전 확인 문제 정답] ①

9 주식의 가격결정모형(1) – 배당평가모형

개념 확인 문제

01 항상성장모형은 기업의 이익과 배당이 매년 g%만큼 일정하게 성장한다고 가정할 경우 주식의 이론적 가치를 나타낸 것으로, 요구수익률이 클수록 주가는 (　　　)하며, 배당성장률이 클수록 주가는 (　　　)한다.

① 상승, 하락　　② 하락, 상승

02 배당성장률은 사내에 유보된 자금을 바탕으로 재투자가 이루어지기 때문에 배당성장률은 사내유보율과 (　　　)의 곱으로 이루어진다.

① 자기자본수익률(ROE)　　② 총자본이익률(ROI)

03 주식의 배당평가모형에서 주식의 (　　　)는 영속적 미래배당흐름을 요구수익률로 각각 할인한 (　　　)로 표시된다.

① 내재가치, 현재가치　　② 현재가치, 내재가치

실전 확인 문제

▶ 다음 중 주식의 배당평가모형 중 항상성장 배당모형에 의한 적정주가의 결정요인이 아닌 것은?

① 재투자수익률이 일정하다.
② 성장자금을 내부자금으로만 조달한다.
③ 기업의 이익, 배당이 일정한 비율로 성장한다.
④ 요구수익률이 일정하며, 요구수익률이 성장률보다 작다.

정답해설 요구수익률은 일정하되 배당성장률보다는 크다.

개념 짚어 보기

항상성장 배당모형의 가정(성장이 일정한 경우)

$$P_0 = \frac{D_1}{k-g} = \frac{D_0(1+g)}{k-g}$$

- P_0 : 주식가격
- k : 요구수익률
- g : 성장률
- D_0 : 당기 주당배당금
- D_1 : 차기 무당배당금

- 기업의 이익과 배당이 매년 일정한 비율(g%)로 계속 성장한다.
- 요구수익률(할인율, 무위험수익률+위험효과)은 일정하되, 성장률보다는 크다.(r>g)
- 사내유보율, 배당성향, 재투자수익률이 일정하다.
- 성장에 필요한 자금을 내부자금만으로 조달하며, 이 경우 성장률은 변함이 없다.

[개념 확인 문제 정답] 01 ② 02 ① 03 ① [실전 확인 문제 정답] ④

10 PER 평가모형

개념 확인 문제

01 (　　　)은 주가를 주당순이익으로 나눈 값으로, 기업수익력의 성장성, 기업의 단위당 수익력에 대한 상대적 주가수준, 위험 등 질적 측면이 총체적으로 반영된 지표이다.

① 주가수익비율(PER)　　② 주가순자산비율(PBR)

02 다른 조건이 동일하다면 주가수익비율은 기대되는 배당성향이 (　　　) 커지고, 기대되는 이익 성장률이 클수록 커지고, 기대수익률이 (　　　) 작아진다.

① 작을수록, 클수록　　② 클수록, 클수록

03 A기업의 PER=10, B기업의 PER=20인 경우 A기업이 상대적으로 (　　　)되어 있고, B기업에 대해 성장성이 (　　　)고 할 수 있다.

① 저평가, 낮다　　② 고평가, 높다

실전 확인 문제

▶ 투자결정방법에서 주가수익비율(PER)을 이용할 때 이용상의 문제점으로 옳지 않은 것은?

① 주당이익계산 시 특별손익을 제외한 경상이익만을 이용한다.
② 분모의 이익계산 시 다음 기에 예측된 주당이익을 사용한다.
③ 주당이익계산 시 발행주식수에는 희석화되는 주식수를 포함시킬 수 있다.
④ 분자의 주가지표로 회계연도 마지막 날의 종가를 사용하는 것이 주당이익의 정보를 정확히 반영한다.

정답해설 이익발표 직전 일정기간의 주가평균을 사용하는 것이 분모의 주당이익의 정보를 비교적 정확히 반영한다.

개념 짚어 보기

PER(주가수익비율)

$$PER=\frac{주가}{주당순이익}=\frac{배당성향(1+이익성장률)}{기대수익률-이익성장률}$$

- 배당성향은 순이익(1−유보율)이다.
- PER은 다른 조건이 동일하다면 배당성향과 이익성장률은 높을수록, 기대수익률이 낮을수록 커진다.

[개념 확인 문제 정답] 01 ① 02 ② 03 ① [실전 확인 문제 정답] ④

11 PBR 평가모형

개념 확인 문제

01 PBR은 주가를 주당순자산 또는 (　　　)로/으로 나눈 값으로, 주가가 (　　　)의 몇 배인가를 나타낸다. 이때 (　　　)은 기업의 순자산(총자산－총부채)액을 발행주식수로 나눈 값을 말한다.

① 주당시장가치　　② 주당장부가치

02 PBR은 기업의 청산을 전제로 한 청산가치를 추정할 경우에는 기업의 자산가치를 근거로 한 보통주의 가치를 평가하는 기준이 될 수는 있으나, (　　　)을 반영하지 못하기 때문에 계속기업을 전제로 한 평가기준이 되지 못한다.

① 미래의 수익발생능력　　② 세후순영업이익

03 PBR은 대차대조표를 기반으로 산정하여 주당 순자산가치가 실질적 가치를 정확히 반영하게 되면 1이 되어야 하나 (　　　)의 차이, 회계관습상의 제약 등으로 인해 실질적으로 그렇지 못하다.

① 집합성과 시간성　　② 수익비용과 인식기준

실전 확인 문제

▶ 주가순자산비율(PBR)에 대한 설명으로 옳지 않은 것은?

① 기업의 청산가치를 추정할 때 유용한 가치평가의 기준이 된다.
② PBR가 1이라면 특정 시점의 주가와 기업의 1주당 순자산이 같은 경우이며, 이 수치가 낮으면 낮을수록 해당 기업의 자산가치가 저평가되고 있다고 볼 수 있다.
③ 기업의 마진, 활동성, 부채레버리지와 함께 기업수익력의 질적 측면인 PER이 반영된 지표이다.
④ 자산가치에 대한 평가에는 유용하나 수익가치에 대한 정보는 반영되지 않는다.

정답해설 PBR은 자산가치에 대한 평가뿐만 아니라 수익가치에 대한 포괄적인 정보도 반영하고 있어, 기업의 성장성을 나타내는 중요한 지표로서 활용된다.

개념 짚어 보기

PBR≠1인 이유

PBR＝주가(P)/주당순자산(BPS)＝주당시장가치/주당장부가치

- **집합성의 차이** : 주가는 기업의 총체적 가치를 나타내지만 순자산은 자산과 순부채의 합계에 불과하다.
- **시간성의 차이** : 주가는 미래현금흐름의 현재가치를 나타내므로 미래지향적이나 주당순자산은 역사적 취득원가로 나타내고 있어 과거지향적이여서 인식시점에 차이가 있다.
- **자산 · 부채의 인식기준 차이** : 자산 및 부채의 인식 등 회계관습에 차이가 있다.

[개념 확인 문제 정답] 01 ② 02 ① 03 ① [실전 확인 문제 정답] ④

12 EVA(Economic Value Added)

개념 확인 문제

01 EVA는 기업의 영업이익에서 세금과 자본비용을 차감한 값으로, 계산과정에서 타인자본비용과 자기자본비용의 사용에 따른 기회비용을 모두 고려하여 기업의 경영성과를 측정하는 지표로서 해당 기업이 투하자본과 자기자본비용으로 얼마의 이익을 창출했는가를 나타내며 이 값이 (　　　) 기업의 투자가치가 높다고 할 수 있다.

① 작을수록　　② 클수록

02 A기업의 총투하자본이 140억 원이고 세후순영업이익이 30억 원이며, 가중평균자본비용이 6%일 때 이 기업의 EVA는 (　　　)이다.

① 19.4억 원　　② 21.6억 원

실전 확인 문제

▶ 다음은 EVA(경제적 부가가치)에 대한 설명이다. 옳지 않은 것은?

① 기업의 재무상태를 나타내주는 지표이기는 하나 기업의 내부평가와 성장성에 대해서는 알 수 없다.
② 자본비용이란 기업이 영업활동을 위해 조달한 비용을 의미한다.
③ 일정기간 동안의 기업의 세후순영업이익에서 자본비용을 차감한 잔액을 의미하는 것으로, 기업의 경영성과 측정 시 사용되는 지표이다.
④ 기업의 수익성을 주주의 관점에서 평가하는 지표로 사용된다.

정답해설 자본비용이란 주주 · 채권자 등 투자자가 제공한 자본에 대한 비용이며, 외부차입에 의한 타인자본비용과 주주 등의 이해관계자가 제공한 자기자본비용의 가중평균값을 말한다.

개념 짚어 보기

EVA

• 계산과정에서 타인자본비용과 자기자본사용에 따른 기회비용을 모두 고려하여 기업의 진정한 경영성과를 측정하는 지표

EVA＝영업상이익－투자자본비용
＝세후순영업이익－[투하자본×가중평균자본비용(WACC)]
＝투하자본×(ROIC－WACC)

• ROIC : 재투자수익률
• WACC : 타인자본비용×부채비중＋자기자본비용×자기자본비중

[개념 확인 문제 정답] 01 ② 02 ② [실전 확인 문제 정답] ②

13 EV/EBITDA

개념 확인 문제

01 EV/EBITDA는 EV를 EBITDA로 나눈 값, 즉 "기업가치/세금 · 이자지급전이익"이라는 뜻으로 기업가치를, 세금과 이자를 내지 않고 감가상각도 하지 않은 상태에서의 이익으로 나눈 값으로 해당 기업의 (　　　)와 기업가치를 비교하는 투자지표이다.

① 내재가치　　　② 장부가치

02 EV/EBITDA는 기업가치가 순수한 영업활동을 통한 이익의 몇 배인가를 알려주는 지표로, 그 비율이 낮다면 회사의 주가가 기업가치에 비해 (　　　)되었다고 볼 수 있다.

① 고평가　　　② 저평가

실전 확인 문제

▶ **다음 중 EV/EBITDA 비율에 대한 설명으로 틀린 것은?**

① 기업이 영업활동을 통해 벌어들인 현금의 창출능력을 나타낸다.
② 업종 및 시계열지표를 비교하여 주가수준을 판단하며, 이 비율이 높을수록 주가의 가치를 높게 평가한다.
③ 수익성지표인 주가순자산비율(PBR)과 현금흐름을 나타내는 지표인 주가현금흐름비율(PCR)을 보완하는 새로운 지표로 이용된다.
④ EV/EBITDA가 2배라면 해당 기업을 시장가격(EV)으로 매수했을 때 그 기업이 벌어들인 이익(EBITDA)을 2년간 합산하면 투자원금을 회수할 수 있다는 의미로 볼 수 있다.

정답해설 EV/EBITDA 비율은 수익성지표인 주가수익비율(PER)과 현금흐름을 나타내는 지표인 주가현금흐름비율(PCR)을 보완하는 새로운 지표로 이용된다.

개념 짚어 보기

EV/EBITDA

- 업체의 내재가치(수익가치)와 기업가치를 비교하는 투자지표
- EV(Enterprise Value)=시가총액+순차입금(총차입금−현금 및 투자유가증권)
- EBITDA(Earning Before Interest, Tax, Depreciation & Amortization)=이자비용, 법인세비용, 유 · 무형자산 감가상각비 차감 전 순이익(세전영업이익+비현금비용)

[개념 확인 문제 정답] 01 ① 02 ② **[실전 확인 문제 정답]** ③

핵심플러스

OX 문제

01 돈의 유통량을 통화량이라고 하며 이를 측정하는 통화지표에는 협의의 통화와 광의의 통화가 있다. (　　)

02 화폐공급과 통화량 증가에 따라 단기적으로 이자율이 하락하는 현상을 유동성효과라고 한다. (　　)

03 이자율이 낮으면 기업들은 낮은 비용으로 자금을 조달할 수 있으므로 투자가 증가하게 되고 국내총생산이 증가하게 된다. (　　)

04 환율이 하락하면 구매자 입장에서는 상품 구입 시 지불금액이 줄어들게 되므로 미국 상품의 가치가 하락한 것으로 볼 수 있다. (　　)

05 시중에 이자율이 높으면 기업의 수익성은 높아지고 주식가격도 상승하게 된다. (　　)

06 환율과 주가는 환율하락과, 경제성장율 등의 요인으로 서로 상승과 하락의 상반되는 양상을 보인다. (　　)

07 어떤 산업에 속한 제품의 이윤 변동성이 크다면 이 산업의 안전성은 높다고 할 수 있다. (　　)

08 산업에 진입장벽이 존재하면 사업위험도가 높아 높은 수익성을 기대할 수 없다. (　　)

09 특정산업이 생산해내는 상품을 대체할 수 있는 상품을 생산하는 산업이 성장하게 되더라도 기존 특정산업은 수익성에 변함이 없다. (　　)

10 양적분석에 의한 기업의 비교는 기업별로 회계기준이 다른 경우에는 적절하지 않다. (　　)

해설

01 협의통화(M1), 광의통화(M2), 총유동성(M3)의 3가지의 통화지표를 사용하고 있다.

05 시중에 이자율이 높으면 기업의 수익성이 낮아지게 되고 주식의 가격이 상승하게 된다.

06 환율과 주가는 국가의 경제상황에 따라 결정되기 때문에 환율하락은 주가상승을 동반하게 된다. 일반적으로 환율변동은 주가에 후행하는 양상을 보인다.

07 제품의 수요가 제품의 가격변화에 따라 크게 변하고 매출이나 이에 따른 이윤의 변동성이 크다면 산업의 안정성이 낮다.

08 산업에 진입장벽이 존재하면 독점적 이윤 확보도 가능할 뿐만 아니라 이윤을 지속시킬 수 있어 높은 수익성을 기대할 수 있다.

09 특정산업이 생산해내는 상품을 대체할 수 있는 상품을 생산하는 산업이 성장하게 되면 기존 특정산업은 수익성과 안정성이 하락하게 된다.

[정답] 01 × 02 ○ 03 ○ 04 ○ 05 × 06 × 07 × 08 × 09 × 10 ○

핵심플러스

OX 문제

11 대차대조표 작성 시 자산의 크기는 부채와 자본의 합계와 일치해야 한다. ( )

12 대차대조표는 2년 단위 기준으로 작성하며, 오른쪽에 부채와 자본을 기록하고, 왼쪽에 자산을 기록한다. ( )

13 매출총손익은 제품 또는 상품의 순수 매출액으로 매출원가는 산입되지 않는다. ( )

14 총자산회전율은 기업의 영업활동과 기업의 자산활용 정도를 알아보고자 측정하는 비율로서 총자산을 매출액으로 나누어 계산한다. ( )

15 매출액이 불확실한 상황에서는 레버리지도가 크면 영업이익의 변화폭이 커지며 그만큼 위험도 커진다. ( )

16 토빈의 q는 기업의 시장가치를 기업이 보유한 자산의 대체비용으로 나눈 값으로 주식시장에서는 일반적으로 q값이 1보다 클 경우 기업의 자산가치가 과대평가되어 있고, q값이 1보다 작을 경우 자산가치가 과소평가되어 있다고 본다. ( )

17 주가수익비율(PER)에 의한 주식의 평가절차는 1년 후 또는 그 이후에 기대되는 기업의 주당순이익을 추정하고 기업의 정상적 PER을 추정한 후에 그들의 종합하여 미래주가를 산정한다. ( )

18 주가수익비율(PER)이 높다는 것은 순이익이 불안정적이고 기대수익률이 현저히 낮다는 것을 의미한다. ( )

19 주가순자산비율(PBR)은 주가를 주당순자산가치로 나눈 비율로 주가와 1주당 순자산을 비교한 수치인 동시에 주가가 1주당 순자산의 몇 배로 매매되고 있는가를 나타낸다. ( )

20 기업의 이익성장률이 높을수록 주가수익비율(PBR)은 작아진다. ( )

해설

12 대차대조표는 연말시점 해당기업의 재무상태를 나타내는 것이므로 회계기간을 1년으로 보아 1년 단위 기준으로 작성한다.

13 매출총손익은 매출액에서 매출원가를 차감하여 표시하며 매출액은 상품 또는 제품의 총매출액에서 매출할인과 환입을 차감한 금액을 말한다.

14 총자산회전율은 매출액을 총자산으로 나누어 계산하며, 이 비율이 높을수록 기업의 영업활동을 높이 평가할 수 있다.

17 주가수익비율(PER)에 의한 주식의 평가절차는 1년 후 또는 그 이후에 기대되는 기업의 주당순이익을 추정하고 기업의 정상적 PER을 추정한 후에 앞서 추정된 주당순이익과 정상적인 주가수익비율을 곱해 미래주가를 산정한다.

18 주가수익비율(PER)이 높다는 것은 순이익이 비교적 안정적이어서 기대수익률이 낮다는 것을 의미한다.

20 기업의 이익성장률이 높을수록 주가수익비율(PBR)도 커진다.

[정답] 11 ○ 12 × 13 × 14 × 15 ○ 16 ○ 17 × 18 × 19 ○ 20 ×

3장 기술적 분석

대표 유형 문제

다음 중 엘리어트 파동이론에 관한 설명으로 옳지 않은 것은?

① 엘리어트가 발견한 가격변동의 법칙은 5번의 상승파동과 3번의 하락파동으로 구성된다는 것이다.
② 1번, 3번, 5번, b파동이 충격파동이 되고, 2번, 4번, a, c파동이 조정파동이 된다.
③ 3번 파동은 5개의 파동 중에서 가장 강력하고 가격변동도 활발하게 일어나는 파동으로 5개의 파동 중 가장 긴 것이 일반적이다.
④ 1번 파동은 추세가 전환되는 시점으로서 이제까지의 추세가 일단 끝나고 새로운 추세가 시작되는 출발점이다.

정답해설 1번, 3번, 5번, a, c파동이 전체시장의 움직임과 같은 방향으로 형성되는 충격파동이 되고, 2번, 4번, b파동이 전체시장의 움직임과 반대방향으로 형성되는 조정파동이 된다.

대표 유형 문제 알아 보기

엘리어트 파동의 구성

• 상승국면의 파동

1번 파동	– 새로운 추세가 시작되는 추세전환점으로, 5개의 파동 중 가장 짧다. – 충격파동이므로 5개의 파동으로 구성되어야 한다.
2번 파동	– 1번 파동과 반대방향으로 형성되는 조정파동이다. – 조정파동이므로 3개의 파동으로 구성되어야 한다.
3번 파동	– 5개 파동 중 가장 강력한 상승추세를 가진 파동으로, 거래량도 증가하고 갭(돌파갭이나 계속갭)이 나타나기도 한다. – 충격파동이므로 5개의 파동으로 구성되어야 한다.
4번 파동	– 3번 파동에 대한 추세반전의 성격이 강한 조정파동이다. – 조정파동이므로 3개의 파동으로 구성되어야 한다.
5번 파동	– 추세의 마지막 파동으로 가격이나 거래량이 3번 파동에 비해 적게 형성된다. – 충격파동이므로 5개의 파동으로 구성되어야 한다.

• 하락국면의 파동

a파동	– 1번 파동에서 5번 파동까지의 상승추세와 반대방향의 새로운 추세가 시작되는 파동이다. – 충격파동이므로 5개의 파동으로 구성되어야 한다.
b파동	– 하락국면에 대한 일시적인 반등현상이 나타나는 장세로 거래량은 많지 않다. – 조정파동이므로 3개의 파동으로 구성되어야 한다.
c파동	– 하락국면의 마지막 단계로 일반투자자들의 실망매물이 대거 출회된다. – 충격파동이므로 5개의 파동으로 구성되어야 한다.

[대표 유형 문제 정답] ②

1 기술적 분석의 이해 – 도표(chart)의 종류

개념 확인 문제

01 기본적 분석은 주식의 내재가치 산출을 중시해 매매주식 선택에 활용하는 반면, 기술적 분석은 주식의 (　　　)을/를 중시해 매매시점 포착에 활용한다.

① 가치평가　　② 과거흐름 관찰

02 (　　　)는 하루의 주가변동을 고가, 저가, 종가, 시가의 네 가지 방법으로 표시하는 것으로, 시가보다 종가가 하락할 경우를 음선, 시가보다 종가가 상승할 경우를 양선이라 구분짓는다.

① 미국식 차트　　② 일본식 차트

03 매일의 주가변동이 아니라 가격변동의 일정한 폭을 정해 두고 기준폭 이상으로 변동할 경우 특정 기호로서 가격변동의 방향 및 크기를 나타내는 도표를 (　　　)라 한다.

① 점수도표　　② 봉도표

실전 확인 문제

▶ 다음 중 기술적 분석의 기본가정이 아닌 것은?

① 도표에 나타나는 몇 가지 주가변동패턴은 스스로 반복한다.
② 추세변화는 수요와 공급 이외의 개별요인에 의하여 결정된다.
③ 주가는 추세에 따라 상당기간 동안 움직이는 경향이 있다.
④ 수요와 공급의 변동은 그 발생이유에 상관없이 시장의 움직임을 나타내는 도표로 추적될 수 있다.

정답해설 추세변화는 수요와 공급의 변동에 의해 일어난다.

개념 짚어 보기

기술적 분석의 기본가정

- 증권의 시장가치(주가)는 그 증권의 수요와 공급의 원리에 따라 결정된다.
- 주가는 지속되는 추세에 따라 상당기간 동안 움직임을 지속하려는 경향이 있다.
- 추세변화는 수요와 공급의 변동에 의해 일어난다.
- 수요와 공급은 무수히 많은 이성적 · 비이성적 요인에 의해 지배되고 있다.
- 수요와 공급의 변동은 그 발생이유에 상관없이 시장의 움직임을 나타내는 도표상에 나타난다.
- 도표상에 나타나는 모든 형태의 주가모형은 스스로 반복하려는 경향을 가진다.

[개념 확인 문제 정답] 01 ② 02 ② 03 ① [실전 확인 문제 정답] ②

2 기술적 분석의 이론(1) – 다우이론

개념 확인 문제

01 다우이론의 일반원칙에서 평균주가는 전체주가의 흐름을 정확히 반영하며, 추세전환시점까지는 강세추세 또는 약세추세가 지속되며 보합국면에서 주가가 추세선을 이탈과 함께 상향돌파하면 (　　　)이다.

① 상승신호　　② 하락신호

02 (　　　)에서는 일반투자자들의 투매현상으로 시간이 지날수록 주가는 하락하지만 시간이 지날수록 주가의 낙폭은 작아진다.

① 매집국면　　② 침체국면

03 전문투자자는 공포심을 갖는 반면 일반투자자는 확신을 갖는 국면은 (　　　)이다.

① 약세 제1국면, 약세 제2국면　　② 강세 제2국면, 강세 제3국면

실전 확인 문제

▶ 다우이론의 응용 및 한계에 대한 설명 중 적절하지 않은 것은?

① 그랜빌은 다우이론을 통해 일반투자자들과 전문투자자들은 강세시장과 약세시장에서 서로 반대의 매도 · 매수계획을 세운다고 보았다.
② 전문투자자는 강세시장 제1 · 2국면과 약세시장 제3국면에서 공포심을 갖고, 강세시장 제3국면과 약세시장 제1 · 2국면에서 확신을 갖는다.
③ 다우이론은 주추세에 역점을 두고 중기추세는 주추세의 흐름을 확인하는 보조적 추세로 파악함으로써, 중기추세를 이용하고자 하는 투자자의 투자전략에 큰 도움을 주지 못한다.
④ 다우이론에 의한 기술적 분석은 분석자의 능력이나 경험에 따라 달라질 수 있고, 하나의 결론을 가지고 다양한 해석이 나타나기 때문에 정반대의 결과가 유추될 수 있다.

정답해설 전문투자자는 강세시장 제1 · 2국면과 약세시장 제3국면에서 확신을 갖고, 강세시장 제3국면과 약세시장 제1 · 2국면에서 공포심을 갖는다.

개념 짚어 보기

투자자의 투자심리와 투자행위

시장국면 / 투자자	강세시장			약세시장		
	제1국면(매집)	제2국면(상승)	제3국면(과열)	제1국면(분산)	제2국면(공포)	제3국면(침체)
일반투자자	공포	공포	확신	확신	확신	공포
전문투자자	확신	확신	공포	공포	공포	확신
투자전략	–	점차 매도	매도	–	점차 매수	매수

[개념 확인 문제 정답] 01 ① 02 ② 03 ① **[실전 확인 문제 정답]** ②

3 기술적 분석의 이론(2) – 엘리어트 파동이론

개념 확인 문제

01 엘리어트 파동은 전체시장의 움직임과 같은 방향으로 형성되는 (　　　)과 전체시장의 움직임과 반대방향으로 형성되는 (　　　)으로 구성된다. 전자에는 1, 3, 5번 파동과 a, c파동이 해당하며, 후자에는 2, 4번 파동과 b파동이 해당한다.

① 충격파동, 조정파동　　　② 조정파동, 충격파동

02 엘리어트 이론에서는 (　　　)에서 가격변동이 활발하고 거래량도 가장 많이 나타난다.

① 3번 파동　　　② 5번 파동

실전 확인 문제

▶ 엘리어트 파동의 구성에 관한 설명 중 틀린 것은?

① 대파동 하나의 사이클(상승 1파동과 하락 1파동)은 소파동의 상승 5파동과 하락 3파동으로 구성된다.
② 소파동의 1파동은 더욱 작은 파동의 상승 5파동과 하락 3파동으로 구성된다.
③ 상승 1, 3, 5번 파동과 하락 a, c파동이 충격파동에 해당된다.
④ 전체시장의 움직임과 같은 방향으로 형성되는 파동으로 상승 2, 4번 파동과 하락 b파동이 있다.

정답해설 전체시장의 움직임과 반대방향으로 형성되는 파동으로 상승 2, 4번 파동과 하락 b파동이 있다.

개념 짚어 보기

엘리어트 파동이론의 기본법칙

- 절대불가침의 법칙
  - 2번 파동의 저점이 1번 파동의 저점보다 반드시 높아야 한다.
  - 3번 파동이 1번, 3번, 5번 파동 중 가장 짧은 파동이 될 수 없다.
  - 4번 파동의 저점은 1번 파동의 고점과 겹칠 수 없다.
- 4번 파동의 법칙 : 4번 파동은 3번 파동을 5개의 하부 파동으로 나누었을 때 4번째 파동과 일치하거나, 3번 파동의 38.2% 만큼 되돌리는 경향이 있다.
- 파동변화와 균등의 법칙
  - 2번 파동과 4번 파동은 서로 다른 모양을 형성하고, a파동과 b파동이 지그재그나 플랫 중 교대로 올 가능성이 크다.
  - 2번 파동이 복잡한 형태를 가질 때 4번 파동은 단순한 형태를 갖는다.
  - 1번 파동이나 3번 파동이 연장되지 않으면 5번 파동이 연장될 가능성이 높고, 1번이나 3번 파동 중 하나가 연장되면 5번 파동은 연장되지 않는다.
  - 3번 파동이 연장될 경우 5번 파동은 1번 파동과 같거나 1번 파동의 61.8%를 형성한다.

[개념 확인 문제 정답] 01 ① 02 ①　[실전 확인 문제 정답] ④

4 사께다 전법

개념 확인 문제

01 (　　　)은 주가가 일정폭 이상 상승한 고가권에서 대량거래를 수반한 세 개의 음선이 연속해서 나타나는 패턴으로, 주가가 큰 폭으로 상승한 이후 이것이 출현하게 되면 앞으로 큰 폭으로 주가가 하락할 가능성이 매우 높다.

① 적삼병　　　② 흑삼병

02 (　　　)는 매도시점 또는 매수시점의 포착을 위한 관망을 의미하는 것으로, 매도와 매수과정에서의 휴식을 강조하며 주가하락 시와 주가상승 시에 나타난다.

① 삼산　　　② 삼법

실전 확인 문제

▶ 다음 중 사께다 전법에 대한 설명으로 거리가 먼 것은?

① 삼산모형이 형성된 이후에는 주가가 대체로 하락한다.
② 이중천장형의 두 번째 고점에서 흑삼병이 출현하면 주가가 상승으로 이어질 가능성이 크다.
③ 바닥권에서 적삼병이 출현하면 주가는 상승추세 전환으로 볼 수 있다.
④ 삼공은 갭을 연속 3회 만드는 경우로 단선삼공과 복선삼공이 있다.

정답해설 이중천장형의 두 번째 고점에서 흑삼병이 출현하면 주가가 하락으로 이어질 가능성이 크다.

개념 짚어 보기

사께다 전법

- **삼공(三空)** : 주가가 일정기간 상승 시 과열되어 갭(Gap)을 3회 연속적으로 형성하는 경우를 말하는 것으로, 그래프상에서 공간이 3개 연속되는 형태로 단선삼공과 복선삼공이 있다.
- **삼병(三兵)**
  - 적삼병(赤三兵) : 장기간의 바닥권에서 횡보하던 주가가 단기간에 양선 3개가 연이어 출현하는 상승반전의 주가패턴이다. 바닥권에 있는 주가가 서서히 상승시세로 진입하는 첫 단계의 주가흐름으로 본다.
  - 흑삼병(黑三兵) : 주가가 이미 높은 상태에서 음선 3개가 연이어 출현하는 하락반전의 주가패턴이다. 고가권에서 나타날 경우 주가폭락의 양상을 띠게 될 확률이 높다.
- **삼산(三山)** : 주가가 크게 상승한 후 매수세력이 계속되는 가운데 매물이 나와 더 이상 상승하지 못하고 하락세로 반전되는 형태로, 보통 1년에 한 번 정도 나타나며, 형성시기는 약 1개월 정도이다.
- **삼천(三川)** : 삼산과 반대의 형태로, 주가가 하락세를 타는 도중 매수세력에 의해 다시 상승세로 반전되는 형태이다. 대세바닥을 형성하는 주요 선으로, 대체적으로 수개월에 걸쳐 하락하여 발생한다.
- **삼법(三法)** : 주가의 상승 또는 하락 시 매수 · 매도시점을 포착하기 위한 관망형태로, 매매시점의 포착을 위한 적극적인 휴식기간을 의미한다.

[개념 확인 문제 정답] 01 ② 02 ② [실전 확인 문제 정답] ②

5 캔들차트 분석

개념 확인 문제

01 세 개 이상의 캔들차트로 구성된 것은 샛별형, (　　　), 까마귀형이다.

① 먹구름형　　② 석별형

02 반격형은 (　　　)와 (　　　)가 일치하는 패턴으로, 장악형이나 관통형보다 신뢰도가 낮다.

① 전일 종가, 당일 종가　　② 전일 시가, 당일 시가

03 행잉맨형(교수형)과 유성형은 (　　　)을 암시한다.

① 주가상승　　② 주가하락

실전 확인 문제

▶ 다음 중 캔들차트 분석에 대한 설명으로 옳은 것은?

① 유성형은 하락국면에서 상승전환 신호를 나타낸다.
② 장악형은 세 개의 캔들차트로 구성된다.
③ 우산형은 몸통이 길고 꼬리가 짧은 것이 특징이다.
④ 행잉맨형이 천장권에서 발생하면 주가는 하락할 가능성이 높다.

정답해설 행잉맨형(교수형)은 과도한 매수상태로 인해 주가가 하락추세로 변할 가능성(주가하락 암시)이 많고, 양선보다는 음선의 경우에 신뢰도가 높다.
① 유성형은 상승추세가 한계에 이르러 추세의 하락반전을 예고한다.
② 장악형은 두 개의 캔들차트로 구성된다.
③ 우산형은 꼬리가 몸체의 두 배 이상이다.

개념 짚어 보기

캔들차트의 유형

- **한 개의 캔들차트** : 우산형(해머형, 교수형), 샅바형, 십자형, 유성형, 역전된 해머형
- **두 개의 캔들차트** : 장악형, 먹구름형, 관통형, 잉태형, 반격형
- **세 개의 캔들차트** : 샛별형, 석별형, 까마귀형

캔들차트의 분석

- **상승반전신호** : 해머형, 역전된 해머형, 상승샅바형, 상승장악형, 상승잉태형, 관통형, 상승반격형, 하락쐐기형
- **하락반전신호** : 교수형, 유성형, 하락샅바형, 하락장악형, 하락잉태형, 먹구름형, 하락반격형, 석별형, 까마귀형, 상승쐐기형

[개념 확인 문제 정답] 01 ② 02 ① 03 ② [실전 확인 문제 정답] ④

6 추세분석

개념 확인 문제

01 추세분석이란 일정기간 동안 일정 방향으로 움직이려고 하는 주가의 성질을 이용하여, (　　　) 을 포착하고 주가를 분석하고자 하는 기법이다.

① 주식흐름의 전환시점　　　② 주식의 매매시점

02 추세선이란 주가운동 과정에서 발생한 고점과 저점 중 의미있는 두 고점 또는 저점을 연결한 직선으로, 상승추세선과 평행추세선은 (　　　)끼리 연결하고 하락추세선은 (　　　)끼리 연결한다.

① 저점, 고점　　　② 고점, 저점

03 (　　　)은 주가의 상승세를 저지시키는 높은 주가수준을 의미하는 것으로 주가파동의 상한점을 연결한 선을 말하며, (　　　)은 주가의 하락세를 저지시키는 낮은 주가수준을 의미하는 것으로 주가파동의 하한점을 연결한 선을 말한다.

① 저항선, 지지선　　　② 지지선, 저항선

실전 확인 문제

▶ 다음 중 추세분석의 장점에 대한 설명으로 옳지 않은 것은?

① 사후성을 지니고 있다.
② 주관적 판단의 개입이 적어 패턴분석기법보다 객관적이다.
③ 분석의 오류 등을 방지할 수 있어 기술적 분석가들에게 심리적 안정감을 준다.
④ 추세가 큰 폭으로 전환될 경우 시장의 흐름을 잘 탄다면 큰 폭의 거래이익을 얻을 수 있다.

정답해설 사후성을 지니는 것은 추세분석의 단점에 해당한다.

개념 짚어 보기

추세분석의 장단점

구분	내용
장점	• 패턴분석과 달리 객관적이며, 기술적 분석가들에게 심리적인 안정감을 준다. • 시장의 흐름만 올바르게 탄다면 시장가격의 추세가 큰 폭으로 전환되더라도 이익의 폭이 커지며 안정적인 거래가 가능하다.
단점	• 사후성을 지닌다. • 과거의 성공이 미래의 성공을 반드시 보장해 주지는 않는다. • 보합국면과 같이 추세의 움직임이 크지 않은 시장에서는 예측의 신뢰도가 낮다.

[개념 확인 문제 정답] 01 ② 02 ① 03 ① [실전 확인 문제 정답] ①

7 패턴분석

개념 확인 문제

01 반전형 패턴분석은 시세의 천장권과 바닥권에서 일어나는 주가패턴을 분석하여 매매시점을 찾는 것으로, 삼봉형, 원형모형, (　　　), 확대형이 있다. 지속형 패턴분석은 시세의 상승 또는 하락과정 중에 주가모형의 변화를 분석하는 방법으로, 삼각형모형, 깃대형, (　　　), 쐐기형이 있다.

① V자모형, 다이아몬드형　　② 직사각형모형, V자모형

02 쐐기형은 지지선과 저항선의 기울기 경사에 따라 상승쐐기형과 하락쐐기형으로 나뉘며, 상승쐐기형은 (　　　)을, 하락쐐기형은 (　　　)을 의미한다.

① 주가하락, 주가상승　　② 주가상승, 주가하락

03 트라이던트 시스템은 주된 추세에는 반드시 되돌림 움직임이 있다는 것을 이용하는 거래기법으로, 추세의 움직임과 (　　　)의 포지션을 만든다는 특징이 있다.

① 반대 방향　　② 같은 방향

실전 확인 문제

▶ 다음 패턴분석에 대한 설명 중 옳은 것은?

① 깃대형은 주가 급등 시에는 나타나지 않는다.
② 삼봉천장형은 왼쪽어깨 부분의 거래량이 머리부분보다 더 많다.
③ 확대형은 일반적으로 주가가 바닥권일 때 나타난다.
④ 상승쐐기형이 완성되면 주가가 상승반전할 가능성이 높다.

정답해설 삼봉천장형은 반전형 중 가장 신뢰할 수 있는 전환패턴으로 상승과 하락이 세 번 반복해서 일어나며, 일반적으로 두 번째 정상(머리부분)이 다른 좌우의 정상(어깨)보다 높다.
① 상승깃대형은 주가가 큰 폭으로 상승한 후에 나타나며, 하락깃대형은 주가가 크게 하락한 뒤에 일시적으로 나타난다.
③ 확대형은 바닥권에서는 나타나지 않으며, 천장권에서 형성되는 경향이 있다.
④ 상승쐐기형은 주가의 하락반전을, 하락쐐기형은 주가의 상승반전 가능성을 시사한다.

개념 짚어 보기

패턴분석의 종류

구분	내용
반전형 패턴	• 현 추세가 반전되어 새로운 추세가 나타날 것을 암시하는 패턴 • 삼봉형, 원형모형, V자모형, 확대형
지속형 패턴	• 현 추세의 진행과정 속에서 일시적인 조정의 결과로 나타나는 패턴 • 삼각형모형, 깃대형, 다이아몬드형, 쐐기형, 직사각형모형

[개념 확인 문제 정답] 01 ① 02 ① 03 ② [실전 확인 문제 정답] ②

8 이동평균선

개념 확인 문제

01 주가이동평균선은 일정기간 동안의 주가를 산술평균한 값인 주가이동평균을 차례로 연결해 만든 선으로, 해당 시점에서 시장의 전반적인 주가흐름을 판단하고 향후 주가추이를 전망하는 데 사용된다. 주가이동평균선은 주가가 이동평균선을 (　　　)이/가 매매시점이 된다.

① 돌파하기 직전　　　② 돌파할 때

02 단기이동평균선이 장기이동평균선을 상향돌파할 경우를 (　　　)라 하고, 단기이동평균선이 장기이동평균선을 하향돌파할 경우를 (　　　)라 한다.

① 골든 크로스, 데드 크로스　　　② 데드 크로스, 골든 크로스

03 주가가 이동평균선을 돌파할 때가 매수 또는 매도할 때인데 기준기간이 짧은 단기이동평균선이 장기이동평균선을 상향돌파할 경우 (　　　)이 되고, 하향돌파할 경우 (　　　)이 된다.

① 매수시점, 매도시점　　　② 매도시점, 매수시점

실전 확인 문제

▶ **거래량과 이동평균선에 대한 설명으로 옳은 것은?**

① 감소추세였던 거래량이 증가추세로 전환하면 향후 주가는 하락할 것으로 예상된다.
② 증가추세였던 거래량이 감소추세로 전환하면 향후 주가는 상승할 것으로 예상된다.
③ 주가가 천장국면에 진입하면 주가가 상승함에도 불구하고 거래량은 감소한다.
④ 주가가 바닥국면에 진입하면 주가가 하락하면서 거래량도 급속하게 감소한다.

정답해설 ① 거래량이 감소추세에서 증가추세로 전환하면 앞으로 주가는 상승할 것으로 예상된다.
② 거래량이 증가추세에서 감소추세로 전환하면 앞으로 주가는 하락할 것으로 예상된다.
④ 주가가 바닥국면에 진입하면 주가가 하락함에도 불구하고 거래량은 증가한다.

개념 짚어 보기

이동평균선을 이용한 매매방법

- **한 가지 이동평균선의 이용** : 주가가 이동평균선을 상향돌파하면 매수하고, 하향돌파하면 매도하는 방법
- **두 가지 이동평균선의 이용** : 장기이동평균선과 단기이동평균선이 교차하는 시점을 매매시점으로 보거나, 주가가 장 · 단기 이동평균선 위에 있을 경우를 매수시점, 그 반대의 경우를 매도시점으로 보는 방법
- **세 가지 이동평균선의 이용** : 상승추세 시 단기이동평균선이 중 · 장기이동평균선을 상향돌파할 때를 매수신호, 하락추세 시 단기이동평균선이 중 · 장기이동평균선을 하향돌파할 때를 매도신호로 보는 방법

[개념 확인 문제 정답] 01 ② 02 ① 03 ① **[실전 확인 문제 정답]** ③

9 지표분석(1)－OBV(On Balance Volume)

개념 확인 문제

01 **OBV선은 그랜빌에 의해 고안된 것으로, 거래량이 항상 주가에 선행한다는 것을 전제로 거래량 분석을 통해 주가를 분석하는 기법이다. 기준일 이후의 주가가 전일에 비해 상승한 날의 거래량은 전일의 OBV에서 (　　　)하고, 기준일 이후의 주가가 전일에 비해 하락한 날의 거래량은 전일의 OBV에서 (　　　)하여 매일의 누적량을 집계하여 구한다.**

① 차감, 가산　　　② 가산, 차감

02 **OBV선이 장기적 상향추세선에서 저항선을 상향돌파하는 경우 강세장을, 장기적 하향추세선을 하향돌파하는 경우에는 약세장을 예고한다. 이 경우 강세장의 OBV선은 (　　　)로, 약세장의 OBV선은 (　　　)로 표시한다.**

① U마크(up), D마크(down)　　　② D마크(down), U마크(up)

실전 확인 문제

▶ **OBV에 대한 설명이다. 옳지 않은 것은?**

① 거래량이 주가에 후행한다는 전제하에 거래량 누계를 집계하는 방법이다.
② OBV선의 상승은 매입세력의 집중을 나타낸다.
③ 주가가 하락하더라도 OBV선이 상승하고 있으면 조만간 주가상승이 예상된다.
④ 강세장에서는 OBV선의 고점이 이전 고점보다 높게 형성된다.

정답해설 OBV는 거래량이 주가에 선행한다는 전제하에 거래량 누계를 집계한다.

개념 짚어 보기

OBV선 분석의 기본법칙

- 강세장에서는 OBV선의 고점이 이전의 고점보다 높고, 약세장에서는 OBV선의 저점이 이전의 저점보다 낮다.
- 강세장의 OBV선은 U마크(up)로, 약세장의 OBV선은 D마크(down)로 표시한다.
- OBV선의 상승은 매입세력의 집중을 의미하고, OBV선의 하락은 분산을 의미한다.
- OBV선이 장기적 상향추세선에서 저항선을 상향돌파하는 경우 강세장을, 장기적 하향추세선에서 저항선을 하향돌파하는 경우에는 약세장을 예고한다.
- 주가가 하락하더라도 OBV선이 상승하고 있으면 조만간 주가상승이 예상되고, 주가가 하락하더라도 OBV선이 하락하고 있으면 조만간 주가하락이 예상된다.

[개념 확인 문제 정답] 01 ② 02 ①　[실전 확인 문제 정답] ①

10 VR(Volume Ratio)

개념 확인 문제

01 VR은 OBV선이 주가시세를 판단할 때 과거의 수치와 비교하는 것이 불가능하다는 단점을 보완하기 위하여 거래량의 (　　　)로 분석한 지표이다.

① 비율　　　② 누적차

02 VR은 (　　　)에서 유용한 지표로, 주식시세가 (　　　)일 때 신뢰도가 높게 나타난다.

① 천장권　　　② 바닥권

03 VR은 150% 내외가 일반적인 수준이며, 450%를 초과할 경우에는 천장권으로 판단하여 단기적으로 주가의 경계신호로 보고, (　　　) 이하이면 바닥권으로 판단하여 단기매수시점으로 본다.

① 50%　　　② 70%

실전 확인 문제

▶ 다음 중 VR에 의한 분석에 대한 설명으로 틀린 것은?

① 천장권보다는 바닥권을 판단하는 데 신뢰도가 더 높다.
② 주가가 변동하지 않은 날의 거래량의 반은 하락일에, 나머지 반은 상승일의 거래량 합계에 차감하여 계산한다.
③ 일반적으로 주가가 강세일 때는 주가상승일의 거래량 합계가 주가하락일의 거래량 합계보다 많다.
④ 보통 일정기간(주로 20거래일)의 거래량을 기준으로, 주가상승일의 거래량과 주가하락일의 거래량 간의 비율을 나타낸 것을 말한다.

정답해설 주가가 변동하지 않은 날의 거래량의 반은 하락일에, 나머지 반은 상승일의 거래량 합계에 더하여 계산한다.

개념 짚어 보기

VR의 계산

$$VR(\%) = \frac{\text{주가상승일의 거래량 합계} + \text{변동이 없는 날의 거래량 합계} \times 1/2}{\text{주가하락일의 거래량 합계} + \text{변동이 없는 날의 거래량 합계} \times 1/2} \times 100$$

- VR > 450% : 단기적으로 주가의 경계신호(과열권)
- VR = 150% : 보통수준
- VR < 70% : 단기매수시점(바닥권)
- VR에 의한 분석
  - 주가가 변동하지 않은 날의 거래량의 반은 주가상승일에, 나머지 반은 주가하락일의 거래량 합계에 더하여 계산한다.
  - 일반적으로 주가가 강세일 때는 주가상승일의 거래량 합계가 주가하락일의 거래량 합계보다 많다.
  - 주가가 천장권일 때보다는 바닥권일 때 신뢰도가 더 높다.

[개념 확인 문제 정답] 01 ① 02 ② 03 ② [실전 확인 문제 정답] ②

11 등락주선(ADL : Advance Decline Line)

개념 확인 문제

01 ADL은 시장의 내부세력을 측정하는 데 가장 널리 사용되는 지표로, 당일의 주가가 상승한 종목수와 하락한 종목수를 집계하여 (　　　) 매일 누계된 수치를 도표화한 것이다.

① 상승종목수를 하락종목수로 나누어
② 상승종목수는 가산하고 하락종목수는 차감하여

02 ADL선이 상승하는데도 종합주가지수가 하락할 경우에는 장세가 (　　　)과정에 있다고 본다.

① 상승　　　　　② 하락

실전 확인 문제

▶ **다음 중 ADL(등락주선)과 주가와의 관계를 잘못 설명한 것은?**

① 종합주가지수가 상승하고 있더라도 ADL선이 하락하고 있으면 시장은 곧 하락세로 전환하게 된다.
② 종합주가지수가 상승으로 반전한 경우의 상승폭과 기간은 종합주가지수와 반대 방향으로 움직이고 있는 ADL의 폭과 지속기간에 따라 결정된다.
③ ADL만으로는 상승 또는 하락이 예상되는 지점을 정확히 파악해낼 수는 없으며, 단지 가까운 장래의 상승 또는 하락을 예상할 수 있을 뿐이다.
④ 종합주가지수가 이전의 최고치에 접근하고 있을 때 ADL선이 그 이전의 최고치보다 높으면 장세는 약세국면이다.

정답해설 종합주가지수가 이전의 최고치에 접근하고 있을 때 ADL선이 그 이전의 최고치보다 낮으면 장세는 약세국면이다.

개념 짚어 보기

등락주선과 주가의 움직임

- 종합주가지수가 상승하고 있더라도 ADL이 하락하고 있으면 시장은 곧 하락세로 전환하게 된다.
- 종합주가지수가 하락하고 있더라도 ADL이 상승하고 있으면 시장은 곧 상승세로 전환하게 된다.
- 종합주가지수가 상승(하락)으로 반전한 경우의 상승(하락)폭과 기간은 종합주가지수와 반대 방향으로 움직이고 있는 ADL의 폭과 지속기간에 따라 결정된다.
- 종합주가지수가 이전의 최고치에 접근하고 있을 때 ADL선이 그 이전의 최고치보다 낮을 경우 장세는 약세국면이다.
- 종합주가지수가 이전의 바닥권에 접근하고 있을 때 ADL선이 그 이전의 바닥권보다 월등히 상회하고 있을 경우 장세는 강세국면이다.
- 종합주가지수와 ADL이 모두 상승할 경우, 장세는 대폭 상승할 가능성이 높다.
- 종합주가지수와 ADL이 모두 하락할 경우, 장세는 붕괴될 가능성이 높다.

[개념 확인 문제 정답] 01 ② 02 ① **[실전 확인 문제 정답]** ④

12 등락비율(ADR : Advance Decline Ratio)

개념 확인 문제

01 ADR은 종합주가지수의 추이분석에 이용되는 기술적 지표로, 일정기간 상승종목수를 하락종목수로 나누어 백분비를 구하고 그것을 (　　　)하여 도표화한 것이다.

① 종목 평균　　② 종목 누계

02 우리나라는 (　　　) 단위로 주가를 산출하므로 주로 20일 이동평균을 사용하여 등락비율을 산출하고 있다.

① 1개월　　② 3개월

실전 확인 문제

▶ **다음 중 ADR(등락비율)에 대한 설명으로 옳지 않은 것은?**

① 등락종목의 비율로 시장을 분석하는 기법으로, ADL의 보조지표로 이용된다.
② 일정기간 상승종목수를 하락종목수로 나누어 백분비를 구하고 그것을 종목 평균하여 도표화한 것이다.
③ 등락비율이 80~100%에 속할 때 과열양상, 매도시점으로 해석할 수 있다.
④ 등락종목수를 대비시켜 비율을 산출함으로써, 종합주가지수의 변동내용이 얼마나 강력한가를 알아보는 데 유용하다.

정답해설 등락비율이 120~125%에 속할 때 과열양상, 경계지대, 매도시점으로 파악할 수 있다.
① 등락주선이 시세의 상승국면에서 투자대상 집중화경향, 배당락, 권리락 등이 반영되지 않는다는 약점이 있어 누계방법을 사용하는 등락주선과 함께 비율을 사용한 등락비율방식이 병용되고 있다.
② 등락비율은 일정기간 동안의 등락종목 비율을 파악해 시장기조를 분석하고자 하는 기술적 지표이다.
④ 등락비율은 분석대상기간 동안의 상승종목수를 하락종목수로 나누어 산출하는 방법으로 종합주가지수의 추이를 분석하는 데 쓰이고 있다.

개념 짚어 보기

등락비율의 계산과 분석

$$ADR(\%) = \frac{\text{분석대상기간 동안의 상승종목수}}{\text{분석대상기간 동안의 하락종목수}} \times 100$$

- 등락비율 120~125% : 과열양상, 경계지대, 매도시점으로 파악
- 등락비율 70~75% : 침체양상, 안정지대, 매수시점으로 파악

[개념 확인 문제 정답] 01 ① 02 ①　[실전 확인 문제 정답] ③

13 삼선전환도

개념 확인 문제

01 삼선전환도는 주가의 상승 또는 하락으로의 전환시점을 파악해 매매시점을 포착할 수 있는 기법으로 주가가 (   )만 선을 그린다.

① 주가가 일정 범위를 벗어날 때　　② 새로운 고가나 저가를 기록할 때

02 상승신호가 지속되다가 하락음선이 발생하면 (   )신호로 간주하고, 하락신호가 지속되다가 상승양선이 발생하는 경우에는 (   )신호로 해석한다.

① 매도, 매수　　② 매수, 매도

03 (   )은 삼선전환도의 단점을 보완하기 위해 이용되는 지표로, 삼선전환도와 달리 큰 폭의 상승국면 또는 하락국면이 발생할 때 적중률이 높다.

① P&F　　② 10% 플랜 병용법

실전 확인 문제

▶ 삼선전환도의 신호내용과 한계점에 대해 설명한 것으로 옳지 않은 것은?

① 주가상승이 이전의 하락선 3개를 전환 · 돌파하는 경우에 상승선을 그리고 이를 상승신호로 본다.
② 단기간에 주가등락이 소폭으로 반복되는 경우에는 적합하지 않다.
③ 상승선이 그려질 때를 상승전환 또는 양(+)전환이라 하여 매도신호로 본다.
④ 직전의 전환신호가 길게 나타날 때는 다음의 전환신호가 잘 나타나지 않는다.

정답해설 상승선이 그려질 때를 상승전환 또는 양(+)전환이라 하여 매수신호로 본다.

개념 짚어 보기

삼선전환도의 한계

- 단기간에 주가등락이 반복되는 경우와 상한가 또는 하한가를 보이며 주가가 지속적으로 큰 폭으로 변동하는 경우에는 유용성이 떨어진다.
- 직전의 전환신호가 길게 나타날 때는 다음 전환신호가 잘 나타나지 않는다.
- 3개의 전환에 의해서만 그려지기 때문에 매매시점을 놓치는 경우가 빈번하다.

10% 플랜 병용법

- 삼선전환도의 한계를 보완하기 위한 보조지표로 활용되며, 주가가 상승할 때 최고가(천장권)에서 10% 이상 하락하면 하락전환이 나타나지 않아도 매도하고, 주가가 하락할 때 최저가(바닥권)에서 10% 이상 상승하면 상승전환이 나타나지 않아도 매수하는 방법이다.
- 삼선전환도와 달리 큰 폭의 상승국면 또는 하락국면이 발생할 때 적중률이 높으며, 주가의 속성에 따라 3%, 5%, 7% 등을 활용하여 적중률을 극대화할 수 있다.

[개념 확인 문제 정답] 01 ② 02 ① 03 ② [실전 확인 문제 정답] ③

14 P&F차트(Point and Figure Chart)

개념 확인 문제

01 P&F차트는 그래프에 매일의 주가를 표시하는 것이 아니라, 일정한 가격변동의 폭을 정해 놓고 주가가 이 범위를 벗어나는 경우에만 일정한 기호로 가격변동의 방향과 크기를 표시한 도표로, 주가의 (　　　)을/를 파악하고자 하는 투자기법이다.

① 단기간 주가등락　　② 장기추세

02 P&F차트 작성 시 시간요소와 사소한 주가변화는 무시하고, 주가가 상승할 경우에는 (　　　), 주가가 하락할 경우에는 (　　　)로 표시한다.

① ○, ×　　② ×, ○

실전 확인 문제

▶ 다음 중 P&F차트의 특징이 아닌 것은?

① 사소한 주가변화와 시간소요는 무시된다.
② 엘리어트 파동이론과 함께 목표치 계산이 가능하다.
③ 상한가 또는 하한가를 보이며 주가가 지속적으로 큰 폭으로 변동하는 경우에는 적합하지 않다.
④ 차트작성 시 X축이 절약되어 좁은 지면에도 주가의 장기간 변화량 기록이 가능하다.

정답해설 삼선전환도는 단기간에 주가등락이 반복되는 경우, 상한가 또는 하한가를 보이며 주가가 지속적으로 큰 폭으로 변동하는 경우에는 부적합하다. ③은 삼선전환도의 단점이다.

개념 짚어 보기

점수도표의 작성방법

- 점수(point)라고 불리는 일정한 가격변동폭을 설정하여 주가가 정해진 점수 이상으로 변동할 때마다 일정한 기호(○, ×)로 가격변동방향과 크기를 그려나간다.
- 주가가 계속 상승하는 경우에는 ×표만을 표시하고, 계속 하락하는 경우에는 ○표만을 Y축에 표시한다.
- 주가가 상승에서 하락으로 반전될 때는 줄을 바꾸어 ×표를 ○표로 표시하고, 하락에서 상승으로 반전될 때는 한 칸 위에 ○표를 ×표로 바꾸어 표시한다.
- 행을 바꾸어 ×표를 ○표 또는 ○표를 ×표로 바꾸어 표시하기 위해 3포인트 가격변화를 사용하는 경우에는 가격변화만큼의 변화가 필요하다.

[개념 확인 문제 정답] 01 ② 02 ② **[실전 확인 문제 정답]** ③

15 역시계곡선(주가 – 거래량 곡선)

개념 확인 문제

01 역시계곡선은 주가와 거래량의 상관곡선으로 세로축에 20일 ( ), 가로축에 20일 ( )을/를 나타내어 매일매일의 교차점을 선으로 연결한 곡선으로, 곡선방향이 시계 반대 방향으로 움직여 역시계곡선이라 한다.

① 이동평균거래량, 이동평균주가 ② 이동평균주가, 이동평균거래량

02 역시계곡선은 거래량이 증가하고 주가가 바닥수준일 때를 ( )신호로 해석한다.

① 상승전환 ② 하락전환

실전 확인 문제

▶ 다음 중 역시계곡선의 특징에 대한 설명으로 옳은 것은?

① 시간의 흐름을 무시하고 시장가격이 움직이는 방향만을 중시한다는 점에서 P&F차트나 삼선전환도의 원리와 유사하다.

② 상승전환신호, 매수신호, 매수지속신호, 매수유보신호, 하락경계신호, 매도신호, 매도계속신호, 매도유보신호의 8국면으로 나뉜다.

③ 시장가격은 특정의 추세중심선을 사이에 두고 한정된 범위에서 사이클을 그리며 움직인다는 가정을 전제로 하고 있다.

④ 시간요소를 무시하고 주가가 새로운 고점이나 저점을 기록하는 경우에만 작성한다.

정답해설 ①은 스윙차트의 특징, ③은 엔빌로프의 특징, ④는 삼선전환도의 특징에 해당한다.

개념 짚어 보기

역시계곡선에 의한 분석(8국면 신호)

- **상승전환신호** : 주가가 바닥수준에 있고 거래량이 서서히 증가하면 하향에서 상승으로의 전환신호이다.
- **매수신호** : 거래량이 증가하고 주가도 상승하는 경우에는 매수신호이다.
- **매수지속신호** : 거래량은 변동하지 않으나 주가가 계속 상승하는 경우에는 계속 매수해도 좋다는 신호이다.
- **매수유보신호** : 거래량이 줄기 시작하고 주가만 상승할 경우에는 신규매수를 유보해야 하는 신호이다.
- **하락경계신호** : 거래량이 큰 폭으로 감소하고 주가가 더 이상 상승하지 않을 경우에는 상승에서 하락으로의 전환이 예상된다.
- **매도신호** : 거래량도 감소하고 주가도 하락하는 경우에는 매도신호이다.
- **매도지속신호** : 거래량은 변화가 없으나 주가가 계속 하락할 경우에는 계속 매도해도 좋다는 신호이다.
- **매도유보신호** : 주가는 계속 하락하나 거래량이 서서히 증가한다면 매도는 일단 중지하고 주가의 움직임을 지켜본다.

[개념 확인 문제 정답] 01 ② 02 ① [실전 확인 문제 정답] ②

16 엔빌로프(Envelope)

개념 확인 문제

01 엔빌로프는 주가의 움직임이 특정 추세중심선을 사이에 두고 일정한 범위 내에서 움직인다고 전제하며, 이동평균선이 (　　　)의 역할을 한다는 점을 이용하여 추세의 움직임과 가격을 예측하는 기법이다.

① 상한선 또는 하한선　　② 지지선 또는 저항선

02 엔빌로프의 작성 시 이동평균선을 중심으로 하여 위아래로 이동평균선과 나란한 n%선을 그려 각각 저항선과 지지선으로 간주하며, 일반적으로 20일 이동평균선에 위아래 (　　　)의 비율로 만든다.

① 10%　　② 20%

실전 확인 문제

▶ **엔빌로프(Envelope)에 대한 설명으로 옳지 않은 것은?**

① 엔빌로프를 활용하면 향후 추세의 움직임을 예측할 수 있고, 현재의 주가 흐름이 정상적 상태인지 비정상적 상태인지 판단이 가능하다.
② 두 개의 이동평균선으로 구성되며, 위쪽의 이동평균선은 저항선의 역할을 하고 아래쪽의 이동평균선은 지지선의 역할을 한다.
③ 지지선 부근에서 매도하고, 저항선 부근에서 매수하는 거래기법을 취한다.
④ 단기적 거래의 경우에는 엔빌로프를 벗어난 시장가격이 다시 엔빌로프에 접근할 때가 최적의 거래시점이 된다.

정답해설 지지선 부근에서 매수하고, 저항선 부근에서 매도하는 거래기법을 취한다.

개념 짚어 보기

엔빌로프(Envelope)의 작성 및 분석

상한선=(n일의 이동평균)×(1+k)
하한선=(n일의 이동평균)×(1−k)

• 추세중심선 : n일의 이동평균　　• k : 상 · 하한폭의 비율

- 지지선 부근에서 매수하고, 저항선 부근에서 매도하는 거래방법이다.
- 추세중심선 바로 위에서 매수하고, 이동평균선의 바로 아래에서 매도한다.
- 단기거래에서는 엔빌로프(가격범위대)를 벗어난 주가가 다시 엔빌로프에 접근할 때가 최적의 거래시점이 된다.

[개념 확인 문제 정답] 01 ② 02 ① [실전 확인 문제 정답] ③

17 지표분석(2) – 상대강도지수(RSI : Relative Strength Index)

개념 확인 문제

01 상대강도지수는 일정기간 동안 개별 종목이나 업종의 주가변화율을 (　　　)의 변화율과 대비하여 산출하는 것으로, 종목별 상대강도지수와 업종별 상대강도지수를 구하는 방법이 있다.

① 기업경기실사지수　　② 종합주가지수

02 상대강도지수는 주가가 상승추세일 때는 얼마나 강세장인지, 주가가 하락추세일 때는 얼마나 약세장인지를 나타내는 지표로, 일반적으로 (　　　)간의 움직임을 검증한 결과를 이용한다.

① 14일　　② 20일

실전 확인 문제

▶ 상대강도지수(RSI)에 대한 설명이다. 바르게 설명된 것은?

① RSI는 75% 수준이면 하한선을 나타내는 경계신호이다.
② 주가지수가 상승추세임에도 불구하고 RSI가 하향추세이면 상승을 예고하는 신호이다.
③ RSI의 값은 최소 0에서 최대 100의 값 사이에서 움직인다.
④ 시장가격이 기간 중 일시적으로 비정상적인 움직임을 보이면 분석이 곤란하다.

정답해설 RSI의 값은 주가변동에 따라 0~100까지의 값을 가진다.
① RSI는 75% 수준이면 상한선을 나타내는 경계신호, 25% 수준이면 하한선을 나타내는 경계신호이다.
② 주가지수가 상승추세임에도 불구하고 RSI가 하향추세이면 하락을 예고하는 신호, 주가지수가 하락추세인데도 RSI가 상향추세이면 상승을 예고하는 신호이다.
④ 상승폭과 하락폭을 모두 평균값으로 구하기 때문에 주가지수가 이 기간 중에 일시적으로 비정상적인 움직임을 보여도 전체적인 분석에 큰 영향을 주지 못한다.

개념 짚어 보기

상대강도지수의 계산

$$RSI(\%) = \frac{\text{n일간의 주가상승폭 합계}}{\text{n일간 주가상승폭 합계} + \text{n일간 주가하락폭 합계}} \times 100$$

- 기간 설정에 있어서는 14일간의 주가지수 움직임을 검증한 결과가 가장 효과적인 것으로 나타났다.
- RSI가 75%(70~80%) 수준이면 상한선을 나타내는 경계신호로 판단하고 매도전략을 취한다.
- RSI가 25%(20~30%) 수준이면 하한선을 나타내는 경계신호로 판단하고 매수전략을 취한다.

[개념 확인 문제 정답] 01 ② 02 ① [실전 확인 문제 정답] ③

18 MACD 오실레이터(Moving Average Convergence & Divergence Oscillator)

개념 확인 문제

01 MACD 오실레이터는 단기이동평균선과 장기이동평균선 사이의 관계를 보여주는 지표로서 두 이동평균선이 가장 크게 멀어지게 되는 시점을 찾고자 하며, 장 · 단기이동평균선의 (　　　)의 속성을 이용한다.

① 수렴(Covergence)과 확산(Divergence) ② 상승(up)과 하락(down)

02 MACD 오실레이터는 단순 이동평균선의 큰 문제점인 후행성을 해결하기 위해 최근 주가에 더 큰 가중치를 두는 지수이동평균법을 이용하여 후행성을 극복한 지표로 (　　　)을 항상 동반한다.

① 신호선　　　② 추세선

실전 확인 문제

▶ MACD에 대한 설명이다. 다음 중 적절하지 않은 것은?

① %K선과 %D선의 교차를 이용하여 매매신호를 찾는다.
② MACD가 음(－)에서 0선을 상향돌파하여 양(＋)으로 변하면 상승전환을 의미한다.
③ MACD가 양(＋)에서 0선을 하향돌파하여 음(－)으로 변하면 하락전환을 의미한다.
④ 장기 지수이동평균선과 단기 지수이동평균선의 차이를 산출하여 작성된 MACD 곡선과 이 MACD 곡선을 다시 지수이동평균으로 산출하여 작성한 시그널 곡선이 교차함으로써 발생되는 신호를 매매신호로 본다.

정답해설 %K선과 %D선을 이용하는 것은 스토캐스틱 기법에 대한 설명이다.

개념 짚어 보기

MACD－OSC의 분석

- 신호선 활용(신호선＝MACD 지표의 이동평균선)
  - 지표가 신호선 상향돌파 : 매수시점으로 판단
  - 지표가 신호선 하향돌파 : 매도시점으로 판단
- MACD 오실레이터 활용(기준선＝0)
  - MACD와 신호선(signal)의 거리를 표현하고 있으며 MACD가 신호선을 상향돌파(매수시점)하면 오실레이터는 기준선을 상향돌파하며, MACD가 신호선을 하향돌파(매도시점)하면 오실레이터는 기준선을 하향돌파한다.
  - MACD 오실레이터 값은 추세방향을 분석하는 데 좋은 지표로서, 주가 움직임을 미리 선도하는 경향이 크므로 전일의 움직임과 반대 방향으로 움직이면 매매신호로 보아야 한다.

[개념 확인 문제 정답] 01 ① 02 ① [실전 확인 문제 정답] ①

19 이큐-볼륨차트(Equi-Volume Chart)

개념 확인 문제

01 주가변화의 가장 큰 요인인 거래량과 주가만으로 향후 장세를 예측하는 기술적 분석방법으로, 그 크기를 (   )로/으로 나타낸다.

① 일정길이의 곡선　　② 일정크기의 상자

02 이큐-볼륨차트는 장기적 추세분석보다 단기적인 시장세력의 측정과 거래량과 주가를 같이 비교하므로 (   )의 파악에 용이하다.

① 매도시점보다는 매수시점　　② 매수시점보다는 매도시점

실전 확인 문제

▶ 다음 중 이큐 - 볼륨차트에 대한 설명으로 옳지 않은 것은?

① 주가의 고가, 저가, 거래량을 일정크기의 모형으로 나타낸 것을 말한다.
② 세로축에 주가를 표시하며 가로축에는 그날의 거래수준을 평균화 시킬 수 있는 임의의 기본 단위를 설정하여 나눈 값으로 표시한다.
③ 고가는 상자모양의 위쪽 선과 일치하게, 저가는 상자모양의 아래쪽 선과 일치하게, 거래량은 상자모양의 넓이와 일치하게 그린다.
④ 뚱보형은 매수세력과 매도세력 중 어느 한 쪽 세력만 강한 경우 상승 초기나 하락 중간에 나타나는 형태이다.

정답해설 뚱보형은 직사각형 모양으로 물량의 과잉공급 상태에 나타난다. 매수세력과 매도세력 중 어느 한 쪽 세력만 강한 경우 상승 초기나 하락 중간에 나타나는 형태는 키다리형이다.

개념 짚어 보기

이큐-볼륨차트의 형태

키다리형	• 매수세력과 매도세력 중 어느 한 쪽 세력만 강한 경우 상승 초기나 하락 중간에 나타나는 형태 • 가격변동폭이 크고, 주가가 어느 한 방향으로 이동하기 쉬움
정사각형	• 매수세력과 매도세력이 팽팽한 양상을 이루고 있을 때 나타나는 형태 • 주가가 쉽게 움직이지 않아 상승과 하락이 일정한 범위에서 일어남
뚱보형	• 직사각형 모양으로 물량의 과잉공급 상태일 때 나타남(매도세>매수세) • 장세가 곧 하락할 것임을 암시하고, 바닥권에서 강력한 매집세력의 등장으로 나타나는 형태

[개념 확인 문제 정답] 01 ② 02 ①　[실전 확인 문제 정답] ④

20 스토캐스틱 기법(Stochastics)

개념 확인 문제

▶ **%K의 값이 15 이하로 나타나고 %K선과 %D선이 서로 교차하면 강력한 (　　　)이다.**

① 매수신호　　　② 매도신호

실전 확인 문제

▶ **다음 중 스토캐스틱 기법에 대한 설명이 아닌 것은?**

① %K이 85 이상이고 %K선과 %D선이 서로 교차하면 강력한 매도신호이다.
② %K선 및 %D선으로 주가를 예측하는 기법으로, %K선은 최근에 형성된 주가와 과거 5일 동안의 주가 변동폭과의 관계, %D선은 3일 동안의 이동평균선을 나타낸다.
③ %K값이 80 이상이면 상승추세이고, 30 이하이면 하락추세이다.
④ 현재의 주가수준이 주식수급 관계에 영향을 미치고, 이러한 영향이 새로운 주가를 형성하게 된다는 것을 배경으로 하는 장기적 후행지표이다.

정답해설 ④는 코포크지표에 대한 설명이다. 스토캐스틱 기법은 주가가 상승추세일 경우에는 매일의 종가가 최근의 가격변동폭 중 최고치 부근에서 형성될 가능성이 많고, 주가가 하락추세일 경우에는 매일의 종가가 최근의 가격변동폭 중 최저치 부근에서 형성될 가능성이 많다는 원리를 이용한 기법이다.

개념 짚어 보기

스토캐스틱 기법의 계산 및 분석

- %K선 산출방법

$$\%K(\%) = \frac{C - L5}{H5 - L5} \times 100$$

• C : 최근의 종가　• L5 : 과거 5일 동안 최저점　• H5 : 과거 5일 동안 최고점

- %K선 값의 해석
  - 20～30 이하 : 시장가격이 하락추세
  - 70～80 이상 : 시장가격이 상승추세
  - 0 : 최근의 종가가 5일간의 가격 중에서 최저수준
  - 100 : 최근의 종가가 5일간의 가격 중에서 최고수준
- %D선 산출방법

$$\%D = \frac{\%K_{t-2} + \%K_{t-1} + \%K_t}{3}$$

- %D선 값의 해석

%K선의 3일간의 이동평균선으로 %K선이 %D선을 아래로 돌파하는 순간을 매도신호로 보고, %K선이 %D선을 위쪽 방향으로 돌파하면 매수신호로 본다.

[개념 확인 문제 정답] ①　[실전 확인 문제 정답] ④

21 코포크지표

개념 확인 문제

01 코포크지표는 대체로 주가의 대세파악을 통한 ( )의 지표로 유용하다.

① 단기투자 ② 장기투자

02 코포크지표가 상향전환 시에는 ( )신호, 지표가 하향전환 시에는 ( )신호의 투자전략을 세우는 것이 바람직하다.

① 매수, 매도 ② 매도, 매수

실전 확인 문제

▶ 코포크지표에 대한 다음 설명 중 옳지 않은 것은?

① 선행성 지표로서 시점파악을 통한 단기투자자의 매매시점 포착에 유용하다.
② 지표가 하락추세에서 상승추세로 전환해서 상향돌파할 경우를 매수신호로 본다.
③ 지표가 (+)상태에서 하락으로 전환하면 일반적으로 0선을 하향돌파할 때까지 하락을 계속하게 된다.
④ 현재의 주가수준 자체는 주식의 수급관계에 영향을 미치며, 이러한 수급관계가 새로운 주가수준을 형성하도록 한다는 것을 이론적 배경으로 한다.

정답해설 코포크지표는 후행성 지표로서 단기매매시점 포착에는 한계가 있는 반면에 대세파악을 통하여 장기투자자의 매매시점을 포착하는 데 유용하게 사용된다.

개념 짚어 보기

코포크지표의 계산

$$코포크지표 = \frac{(Rt \times 10)[R(t-1) \times 9] + \cdots + [R(t-8) \times 2] + [R(t-9) \times 1]}{10}$$

* R : 월평균지수의 전년 동월대비 등락률

- 월중 평균주가의 전년 동월대비 등락률을 계산하여 과거 10개월간 각 월의 가중치를 등락률에 곱해서 더한 총합을 10으로 나눈다.
- 가중치는 가장 가까운 월의 영향력이 가장 크다고 생각해서 당해 월의 등락률에는 10을 곱하고 차례대로 가감하여 마지막 9개월 전의 등락률에는 1을 각각 곱한다.
- 코포크지표에 의한 분석
  - 지표가 상향으로 전환했을 때는 매수신호, 지표가 하향으로 전환했을 때는 매도신호이다.
  - 매도신호 : 지표가 (+)상태에서 하락으로 전환하면서 0선을 하향돌파하는 경우
  - 매수신호 : 지표가 (−)상태에서 상승으로 전환하면서 0선을 상향돌파하는 경우

[개념 확인 문제 정답] 01 ② 02 ① [실전 확인 문제 정답] ①

핵심플러스

OX 문제

01 기술적 분석은 주식의 과거흐름만으로는 주가의 변화방향과 매매시점을 포착하기가 쉽지 않다는 한계점을 안고 있다. (　　)

02 기술적 분석과 기본적 분석은 증권의 내재가치를 산출하는 데 초점을 맞추고 있다는 점에서 공통적이다. (　　)

03 점수도표는 매일매일의 주가변화를 기록하는 도표로 가격변동과 크기를 일정한 기호로서 나타낸다. (　　)

04 종가가 시가보다 상승할 경우를 양선, 종가가 시가보다 하락할 경우를 음선이라고 한다. (　　)

05 다우이론의 침체국면에서 전문투자자들은 경제활동 둔화를 감지하고 점진적으로 주식을 처분한다. (　　)

06 다우이론의 과열국면에서는 점진적인 매수전략이 필요하다. (　　)

07 엘리어트 파동이론은 파동분석에 있어서 융통성이 많아 분석가에 따라 파동에 대한 해석이 다를 수 있다. (　　)

08 사께다 전법에서 삼산모형은 주가가 크게 상승한 후 기준선을 하향돌파하면 매도전략을 취해야 한다. (　　)

09 캔들차트 분석에서 해머형은 주가가 더 이상 상승하지 않고 하락추세로 돌아갈 가능성이 높다. (　　)

10 주가가 장 중에 상승과 하락의 등락을 반복하다가 종가가 시가와 같아지게 되는 경우를 추세반전의 신호로 보는데 이를 샅바형이라고 한다. (　　)

해설

01 기술적 분석은 과거의 일정한 패턴과 추세를 통해 주가변동을 예측하며 매매시점 포착이 용이하다.

02 주가분석방법에 있어서 증권의 내재가치를 산출하는 데 주안점을 둔 것은 기본적 분석이며, 기술적 분석은 주가 자체나 과거 패턴을 통해 주가변동을 예측하는 데 주안점을 두고 있다.

03 점수도표는 매일매일 미세한 주가변화 모두를 기록하는 것이 아니라 가격 기준폭을 정해 놓고 일정 기준폭 이상의 주가변동만 나타낸다.

05 분산국면에 해당되는 설명이다. 침체국면에서는 일반투자자들이 공포국면에서 미처 처분하지 못한 매물들이 대거 출회되는 투자양상이 나타난다.

06 강세시장(매집국면, 상승국면, 과열국면)에서는 매도전략이, 약세시장(침체국면, 공포국면, 분산국면)에서는 매수전략이 바람직하다.

09 추세의 천장권이나 바닥권에서 아래로 달린 고리가 몸체의 두 배 이상이 되는 모양의 캔들차트가 나타날 때를 추세전환의 신호로 보는데 해머형은 주가가 더 이상 하락하지 않고 상승추세로 돌아갈 가능성이 높다.

10 종가와 시가가 같아지게 되는 경우를 십자형이라고 한다.

[정답] 01 × 02 × 03 × 04 ○ 05 × 06 × 07 ○ 08 ○ 09 × 10 ×

핵심플러스

OX 문제

11 원형바닥형의 거래량 증감추세는 주가움직임의 반대 방향으로 움직인다. ( )

12 삼봉천장형에서는 일반적으로 왼쪽어깨 제1국면에서 주가는 강력하고 가파른 상승추세를 형성한다. ( )

13 계속갭이 나타나면 주가는 돌파갭이 형성되기 직전의 주가 상승률보다 큰 폭으로 상승하는 것이 일반적이다. ( )

14 주가이동평균선은 이동평균의 기준기간이 짧을수록 이동평균선이 유연해진다. ( )

15 OBV선은 주가가 뚜렷한 횡보를 보이지 않고 등락이 없는 경우에 주가의 방향을 예측하는 데 활용하기 유용한 지표이다. ( )

16 OBV는 시장이 분산단계인지 매집단계인지 나타내는 지표로 D마크가 나타나면 매도신호이다. ( )

17 VR은 시세를 판단할 때 거래량의 누적차로 분석한 것으로 시세의 천장권에서 신뢰도가 더 높게 나타난다. ( )

18 ADL은 주가가 상승추세인가 하락추세인가를 판단하는 데 사용되는 주가의 선행지표로 주가의 움직임에는 영향을 받으나 주가의 종목수에는 영향을 받지 않는다. ( )

19 삼선전환도는 주가가 지속적인 상한가, 하한가와 같이 큰 폭으로 변동하는 경우에는 부적합하다. ( )

20 P&F차트는 시계열과 주가변화의 움직임을 예의주시해 도표상에 나타나는 패턴분석을 통해 주가의 변화방향을 포착하는 데 있다. ( )

해설

11 원형바닥형의 거래량 증감추세는 주가움직임과 같은 방향으로 움직인다.

13 주가는 계속갭이 나타나면 돌파갭이 형성되기 직전의 주가 상승률에 해당하는 만큼 추가로 상승하는 것이 일반적이다.

14 이동평균의 기준기간이 길면 길수록 이동평균선은 보다 유연해진다.

17 VR은 OBV가 거래량의 누적차수이기 때문에 시세 판단 시 과거의 수치와 비교하는 것이 불가한 점을 보완하기 위해 거래량의 누적차수가 아닌 비율로 분석한 것이다. 주가가 천장권일 때보다는 바닥권일 때가 신뢰도가 더 높게 나타난다.

18 상승종목수가 적어도 주가는 상승하는 경우가 많으므로 ADL선만을 가지고 매매행동을 하기에는 상당한 어려움이 따른다.

20 P&F차트는 사소한 주가변화와 시간개념을 무시한 것으로 자체의 패턴분석으로 매매신호를 파악한다. P&F차트는 도표상에 나타나는 패턴분석을 통해 적절한 매매시점을 포착하는 데 있다.

[정답] 11 × 12 ○ 13 × 14 × 15 ○ 16 ○ 17 × 18 × 19 ○ 20 ×

Certified Securities Investment Advisor

증권투자권유자문인력 대표유형+실전문제

2과목 증권시장

1장 유가증권시장

대표 유형 문제

다음 중 유가증권시장의 신규상장심사요건으로 맞는 것을 고르면?

① 상장예정주식수가 100만 주 이상일 것
② 의결권 있는 주식을 소유하고 있는 소액주주의 수가 500명 이상일 것
③ 상장예비심사청구일 현재 설립 후 1년 이상 경과하고 계속적으로 영업을 하고 있을 것
④ 최근 3사업연도의 재무제표에 대한 감사인의 감사보고서상 감사의견이 각각 한정의견일 것

정답해설 신규로 유가증권시장에 상장시키기 위해서는 상장예비심사청구일 현재 상장예정주식수가 100만 주 이상이어야 한다.

오답해설 ② 의결권 있는 주식을 소유하고 있는 소액주주의 수가 1,000명 이상일 것
③ 상장예비심사청구일 현재 설립 후 3년 이상 경과하고 계속적으로 영업을 하고 있을 것
④ 최근 3사업연도의 재무제표에 대한 감사인의 감사보고서상 감사의견이 각각 적정의견일 것

대표 유형 문제 알아 보기

유가증권시장 신규상장심사요건

구분	요건
영업활동기간	상장예비심사청구일 현재 설립 후 3년 이상 경과하고 계속적으로 영업을 하고 있을 것
자기자본	상장예비심사청구일 현재 자기자본이 300억 원 이상 또는 기준시가총액이 200억 원 이상
감사인의 감사의견	최근 3사업연도간 적정의견일 것(최근 직전 2년 한정의견도 가능)
최대주주 변경제한	상장예비심사청구일 전 1년 이내에 변경이 없을 것
주식양도의 제한	제한이 없을 것(일반기업보다 요건 강화)
상장예정주식수	100만 주 이상일 것
합병 등	합병, 분할 또는 분할합병, 영업의 전부 또는 중요한 일부의 양수도를 한 경우에는 당해 합병 등의 기일이 속한 사업연도의 결산재무제표가 확정되어 있을 것
매출액 및 이익	최근 매출액이 1,000억 원 이상, 3년 평균 700억 원 이상이고, 최근 사업연도에 영업이익, 법인세차감전 계속사업이익, 당기순이익을 실현하고 있으며 다음 중 하나의 요건을 충족할 것 • 자기자본이익률이 최근 5% 이상, 3년 합계 10% 이상 • 이익액이 최근 30억 원 이상, 3년 합계 60억 원 이상 • 자기자본이 1,000억 원 이상인 기업의 경우 최근 자기자본이익률이 3% 이상 또는 최근 사업연도의 이익액이 50억 원 이상이고 영업현금흐름이 양(+)일 것
매출액 및 기준시가총액	최근 매출액이 1,000억 원 이상이고 기준시가총액이 2,000억 원 이상일 것

[대표 유형 문제 정답] ①

1 발행시장의 이해

개념 확인 문제

01 발행시장은 이미 발행된 증권이 투자자들 상호 간에 매매되는 유통시장과는 구별되는 시장으로 유가증권의 발행부터 증권의 매매를 통해 증권의 발행자로부터 인수기관을 통해 투자자가 취득하기까지의 과정을 일컫는 간헐적이고 추상적인 시장으로 증권의 발행과 매매거래를 위한 구체적인 시장이 ( ).

① 필요없다 ② 필요하다

02 발행시장은 기업의 자금조달을 위해 증권을 발행하고 이것이 최초의 투자자에게 이전되는 시장이기 때문에 제1차적인 시장, 신규증권시장이라고도 불리며, 자본의 ( )으로서의 기능을 가진다.

① 분산시장 ② 조달시장

실전 확인 문제

▶ 다음 중 유가증권 발행시장의 기능과 관계가 먼 것은?

① 자본의 분산
② 투자의 대상 제공
③ 경제의 양적 · 질적 고도화
④ 기업 장기자금 조달의 원활화

정답해설 발행시장은 증권이 자금의 수요자인 기업, 국가, 지방자치단체 등의 발행자(발행주체)로부터 주선기관 또는 인수기관을 통하여 최초의 투자자에게 이전되는 추상적인 시장으로, 통화정책당국에 의한 국공채의 발행과 공개시장조작의 시행을 가능하게 하여 금융정책 조정, 경기조정의 기능을 수행한다. 투자자에게 유리한 투자대상을 제공하여 소득분배를 촉진시키기도 하나 자본의 분산에 직접적으로 관여하지는 않는다.

개념 짚어 보기

발행시장의 기능

- **기업자금의 대규모화 실현** : 투자자로부터 기업의 장기자금을 조달한다.
- **경제의 양적 · 질적 고도화에 기여** : 증권의 취득과정을 통해 기업의 소유 또는 지배, 기업상호 간의 연결을 촉진한다.
- **금융정책 · 경기조정** : 통화정책당국에 의한 국공채 발행 · 공개시장조작의 시행을 가능하게 한다.
- **소득분배의 촉진** : 투자자들에게 유리한 투자대상을 제공한다.

[개념 확인 문제 정답] 01 ① 02 ② [실전 확인 문제 정답] ①

2 증권의 발행형태

개념 확인 문제

01 증권발행 시 증권회사 등을 거치지 않고 발행주체가 스스로 자기의 책임과 계산으로 발행위험을 부담하고 발행사무를 모두 담당하여 발행하는 형태를 ( )이라 한다.

① 직접발행　　② 간접발행

02 ( )는 발행주체가 50인 이상의 투자자를 대상으로 증권을 공개적으로 청약 또는 권유하여 이루어지는 발행형태이다.

① 사모　　② 공모(모집과 매출)

실전 확인 문제

▶ 다음 중 발행시장에 대한 설명으로 옳지 않은 것은?

① 증권의 발행자와 투자자 간 증권발행에 따른 사무처리 및 모집주선업무를 수행하고, 발행자를 대신하여 발행위험을 부담하는 기관을 발행기관이라고 한다.

② 일반적으로 공모의 경우에는 직접발행의 형태를, 사모발행의 경우에는 간접발행의 형태를 취한다.

③ 발행사무를 누가 담당하느냐에 따라 간접발행과 직접발행으로 구분되는데 간접발행은 인수단에 발행증권의 총액을 인수하게 하는 행위, 직접발행은 발행사무를 발행회사가 직접 담당하게 하는 행위를 말한다.

④ 발행시장에서 유가증권을 발행하는 자인 동시에 자금수요의 주체, 증권의 공급자가 되는 자를 발행인이라 한다.

정답해설 공모는 간접발행의 형태를, 사모는 직접발행의 형태를 취한다.

개념 짚어 보기

발행시장의 조직

- **발행인(발행주체)** : 발행시장에서 유가증권을 발행하는 자로서, 증권의 공급자인 동시에 자금의 수요자가 된다. 주식 및 회사채를 발행하는 주식회사, 국공채를 발행하는 국가 및 지방공공단체, 특수채 증권을 발행하는 특수법인 등이 이에 속한다.
- **투자자** : 발행시장에서 최종적으로 유가증권을 취득하는 최초의 투자자로서, 발행의 주체에 대하여는 자금의 공급자인 동시에 유통시장과의 관계에서는 증권을 매각할 수 있는 자이다. 투자의 형태에 따라 소액의 자본을 가지고 개인의 자격으로 투자하는 개인투자자와 법인의 형태를 취하는 기관투자가로 구분된다.
- **발행기관(인수기관)** : 발행자와 투자자 사이에서 증권발행의 사무처리, 모집주선업무 등을 수행하고, 발행자를 대신하여 발행에 따르는 여러 가지 위험을 부담하는 기관으로 유가증권을 모집 및 매출 시 인수하는 역할을 수행한다. 주관회사, 인수단, 청약기관이 있다.

[개념 확인 문제 정답] 01 ① 02 ② [실전 확인 문제 정답] ②

3 주식(1) – 주식의 의미

개념 확인 문제

01 주식 1주의 금액은 (　　　) 이상으로 해야 하며, 주권상장법인이 액면금액 (　　　) 미만인 주식을 발행하는 경우 주식 1주의 금액은 100원 · 200원 · 500원 · 1,000원 · 2,500원으로 해야 한다.

① 1,000원, 500원　　② 100원, 5,000원

02 발행주식의 액면총액이 회사의 자본금이 되며, 시가발행 시 주식발행가액이 액면가액을 초과하는 금액은 주식발행초과금으로서 (　　　)으로 적립된다.

① 자본잉여금　　② 자본조달금

실전 확인 문제

▶ 다음 중 주식에 대한 설명으로 옳은 것을 모두 고르시오.

> ㉠ 자본을 이루는 구성단위로서의 의미와 주주권으로서의 의미가 있다.
> ㉡ 발행주식의 시가가 회사의 자본금이 된다.
> ㉢ 1주의 금액은 100원 이상으로 해야 한다.
> ㉣ 주식회사의 자본은 권면액에 제한이 없다.
> ㉤ 액면금액이 5,000원 미만인 주식발행 시 액면 1주의 금액은 100원, 200원, 500원, 1,000원, 2,500원으로 해야 한다.

① ㉠, ㉡, ㉤　　② ㉢, ㉣, ㉤

③ ㉠, ㉢, ㉤　　④ ㉡, ㉢, ㉣

정답해설 ㉡ 액면주식의 경우 발행주식의 액면총액이 회사의 자본금이 된다.
㉣ 주식회사의 자본은 주식으로 분할하여야 하고 균등한 단위로 해야 한다.

개념 짚어 보기

주식의 의의

- 1주의 금액(액면금액)은 100원 이상으로 해야 한다.
- 주식회사의 자본을 구성단위로서의 의미, 주식회사의 사원으로서 권리발생의 기초인 주주의 자격(주주권)으로서의 의미가 있다.
- 액면주식의 경우 발행주식의 액면총액이 회사의 자본금이 된다.
- 시가발행 시 주식발행가액이 액면가액을 초과하는 금액은 주식발행초과금으로서 자본잉여금으로 적립된다.
- 주권상장법인이 액면금액 5,000원 미만인 주식을 발행하는 경우 1주의 금액은 100원 · 200원 · 500원 · 1,000원 · 2,500원으로 해야 한다.

[개념 확인 문제 정답] 01 ② 02 ①　[실전 확인 문제 정답] ③

4 주식(2) – 주식발행의 형태

개념 확인 문제

01 주식회사의 설립형태는 주식회사의 설립 시 발행되는 주식 전부를 발기인이 서면으로 인수하여 회사를 설립하는 방법인 (　　　)과 회사설립시에 발행되는 주식 총수의 일부를 발기인이 인수하고 잔여분을 일반 주주로부터 모집하는 방법인 (　　　)으로 나누어진다.

① 발기설립, 모집설립　　　② 모집설립, 발기설립

02 주식을 발행하는 형태로 (　　　)에 의한 발행은 회사의 재무적 활동의 관점에서 구분한 것이 아니라 증권의 수요자를 구하는 방법에 따른 구분이다.

① 모집 · 매출　　　② 실질적 증자

실전 확인 문제

▶ 다음 주식발행의 형태에 대한 설명 중 틀린 것은?

① 주식발행초과금은 자본잉여금으로 구분되며 원칙적으로 배당할 수 없다.
② 보통 신주발행에 대한 효력은 주금납입일 당일에 모두 발생하게 된다.
③ 의결권이 없는 주식의 발행은 정관에 기재된 경우에만 허용된다.
④ 주식회사의 설립은 주주모집의 방법에 따라 발기설립과 모집설립으로 나뉜다.

정답해설 신주발행에 대한 효력은 주금납입일 다음 날에 발생한다.

개념 짚어 보기

주식발행의 형태
- 주식회사 설립시의 주식발행
  - 신규 주식회사 설립 : 발기설립, 모집설립
  - 기존 기업의 조직변경에 의한 주식발행 : 자본금의 증감 없이 주식회사로 변경하는 경우, 자본금을 증자하는 경우, 자본금을 감자하는 경우
- 실질적 증자에 의한 주식발행
  - 이사회 결의에 의해 미발행주식의 범위 내에서 그 일부 또는 전부를 발행하는 것
  - 회사가 실질적으로 자본규모를 확대하기 위한 추가자본의 조달방법
  - 실질적인 증자를 의미하는 유상증자
  - 자본의 구성과 발행주식수만 변경하는 형식적인 증자인 무상증자
- 기타 주식발행
  - 회사의 이익을 주식으로 배당하기 위한 신주발행
  - 전환사채 또는 신주인수권부사채 등의 권리행사에 따른 신주발행
  - 기업합병 또는 주식분할에 의한 신주발행 등

[개념 확인 문제 정답] 01 ① 02 ① [실전 확인 문제 정답] ②

5 주식(3) – 주식의 종류

개념 확인 문제

01 (   )는 보통주와 비교할 때 특정사항에 대해 우선적 권리가 부여된 우선주로서, 보통주와 같이 일정률의 우선배당 후 잔여이익 배당에도 참가할 수 있다.

① 참가적 우선주 ② 누적적 우선주

02 주주의 성명이 주주명부 및 주권에 표시되지 않은 주식으로, 유통이 빠르고 정관에 기재된 경우에만 발행할 수 있는 주식을 (   )라 한다.

① 무액면주 ② 무기명주

실전 확인 문제

▶ 다음 중 정관에 기재된 경우에만 발행이 가능한 주식은 무엇인가?

① 무기명주 ② 후배주 ③ 우선주 ④ 혼합주

정답해설
- 정관에 기재된 경우에만 발행 가능한 주식 : 무기명주
- 현행 상법상 허용되는 주식 : 보통주, 우선주, 후배주, 혼합주, 의결권주, 액면주, 무액면주, 기명주

개념 짚어 보기

주식의 종류

- 액면가액의 기재 여부에 따른 분류
  - 액면주 : 주권에 1주의 액면가액이 기재된 주식(현행 상법은 1주의 액면금액을 100원 이상으로 규정)
  - 무액면주 : 주권에 액면가액의 기재가 없이 주식수만 기재된 주식
- 기명 여부에 따른 분류
  - 기명주 : 주주명부 및 주권에 주주의 성명이 기재된 주식(원칙)
  - 무기명주 : 주주명부 및 주권에 주주의 성명이 기재되지 않은 주식(정관에 기재된 경우에만 발행 가능)
- 재산적 내용에 따른 분류
  - 보통주 : 배당을 먼저 받을 수 있는 등의 특별한 권리를 부여받지 않은 일반 주식
  - 혼합주 : 이익배당에 있어서는 보통주보다 우선하고, 잔여재산의 분배에 있어서는 열등한 지위에 있는 주식
  - 후배주 : 이익배당, 잔여재산의 분배 등에 있어 다른 종류의 주식에 비해 열등한 지위에 있는 주식
  - 우선주 : 이익배당, 잔여재산의 분배 등에 있어 다른 종류의 주식에 대해 우선적 지위가 인정되는 주식(참가적 우선주, 비참가적 우선주, 누적적 우선주, 비누적적 우선주)
- 의결권의 유무에 따른 분류
  - 의결권주 : 주주총회에 상정되는 안건에 대해 의사표시 할 수 있는 주주의 권한인 의결권이 부여되는 주식
  - 의결권제한주 : 정관이 정하는 일부사항에 대하여만 의결권이 없는 주식
  - 의결권배제주 : 의결권이 부여되지 않은 주식
- 특수한 주식
  - 상환주식 : 발행당시부터 회사가 일정한 요건하에 이익에 의한 소각이 가능한 주식
  - 전환주식 : 회사가 여러 종류의 주식을 발행하는 경우, 한 종류의 주식을 다른 종류의 주식으로 전환할 수 있는 권리가 주주에게 인정되는 주식

[개념 확인 문제 정답] 01 ① 02 ② [실전 확인 문제 정답] ①

6 상장요건과 절차(1)－상장효과와 상장원칙

개념 확인 문제

01 거래소의 상장예비심사 청구 후 심사결과 적격통보를 받은 기업이 모집 · 매출을 통해 투자자들을 상대로 하여 주권분산을 하고 자금조달을 한 후 상장하는 형태의 신규상장을 (　　　)이라 한다.

① 직상장　　② 공모상장

02 주권의 상장신청 시 이미 발행한 주권 중 그 일부만을 상장신청할 수 없으나, 예외적으로 (　　　)의 경우에는 종목별로 상장신청이 가능하다.

① 우선주　　② 혼합주

실전 확인 문제

▶ 다음 중 증권의 상장제도에 관해 잘못 설명한 것은?

① 증권은 당해 유가증권의 발행인의 상장신청이 있어야만 상장이 가능하다.
② 공모상장의 경우에만 거래소의 상장예비심사를 거친 후 공모절차를 거친다.
③ 증권의 신규상장 중 직상장은 자금조달을 하지 않고 상장하는 것을 말한다.
④ 이미 발행한 주권 중 그 일부만을 상장신청할 수 없으나 우선주의 경우는 예외적으로 종목별 상장신청이 가능하다.

정답해설 이미 주권분산요건을 충족한 기업이라도 직상장하는 경우에는 유가증권시장의 상장예비심사를 거쳐야 한다.

개념 짚어 보기

상장의 원칙

- **신청에 의한 상장** : 당해 유가증권의 발행인으로부터 상장신청이 있어야 한다.
- **상장주권의 권면액** : 상장신청한 주권의 1주 금액이 5,000원 미만인 경우 1주의 금액은 100원 · 200원 · 500원 · 1,000원 · 2,500원 중에 하나이어야 한다.
- **주권의 종목별 상장허용** : 주권의 상장신청 시 이미 발행한 주식 중 그 일부만을 상장신청할 수 없다.
- **재무내용의 적용기준** : 주식회사의 외부감사에 관한 법률에 의한 감사인의 감사보고서상의 수정된 재무제표를 기준으로 한다.
- **주권의 상장유예** : 다음과 같은 경우에는 그 사유가 해소될 때까지 상장을 유예할 수 있다.
  - 주권을 상장하고자 하는 법인이 상장신청한 주권이 신주의 효력발생과 관련한 소송이 발생한 경우
  - 주권의 배당기산일이 주권의 종류별로 동일하지 않은 경우

[개념 확인 문제 정답] 01 ② 02 ① [실전 확인 문제 정답] ②

7 상장요건과 절차(2) – 상장법인의 혜택

개념 확인 문제

01 주권상장법인은 정관이 정하는 바에 따라 주주총회의 특별결의에 의하여 당해 법인의 설립 · 경영 또는 기술혁신 등에 기여하거나 기여할 수 있는 당해 법인 또는 당해 법인의 관계회사의 임 · 직원에게 (　　　)의 행사가격으로 신주를 발행 또는 교부하거나 자기주식의 교부 또는 (　　　)을 부여할 수 있다.

① 주식매수청구권　　② 주식매수선택권

02 주권상장법인은 상법의 규정에 불구하고 주주총회의 특별결의만으로 법원의 인가를 얻지 않고도 주식을 액면미달의 가액으로 발행할 수 있는데 이때 최저발행가액은 시가의 (　　　) 이상으로 하여야 하고, 주식의 발행은 주주총회에서 정하는 경우를 제외하고는 주주총회일로부터 (　　　) 내에 해야 한다.

① 50%, 3개월　　② 70%, 1개월

실전 확인 문제

▶ 다음 중 거래소 상장의 혜택으로 옳지 못한 것은?

① 상장법인은 상법의 규정에도 불구하고 자기주식을 취득할 수 있다.
② 상장법인은 이익배당총액의 1/2에 상당하는 금액을 주식배당으로 할 수 있다.
③ 상장법인은 전환사채와 신주인수권부사채 외에도 이익참가부사채, 교환사채, 기타 신종사채를 발행할 수 있다.
④ 상장법인은 주주에게 배당할 이익으로 주식을 소각할 수 있다는 뜻을 상법의 규정에 의한 특별결의에 의하여 정관에 정하는 경우 이사회의 결의로 주식을 소각할 수 있다.

정답해설 주식배당은 상법상 이익배당총액의 1/2에 상당하는 금액을 초과하지 못하나, 상장법인은 이익배당총액의 전액을 주식배당으로 할 수 있다.

개념 짚어 보기

상장법인의 혜택

- 주식의 소각
- 일반공모증자의 용이
- 주권상장법인 또는 코스닥상장법인이 아닌 법인과의 합병
- 무의결권주 발행한도의 확대
- 신종사채의 발행 및 사채발행 한도의 특례
- 우리사주조합원에 대한 우선배정
- 액면미달발행에 대한 특례
- 자기주식의 취득
- 주식매수선택권(stock option)의 부여
- 주식매수청구권
- 주식배당의 특례
- 주주총회 소집절차의 간소화
- 보증금 등의 대신납부
- 이익배당에 대한 특례
- **주식 양도소득세 비과세** : 상장주식 양도의 경우 비과세, 비상장주식 양도의 경우 양도차익 20% 과세(중소기업은 10%)
- **세법상의 혜택** : 증권거래세 탄력세율 적용, 상속세 및 증여재산의 평가기준(상속세 및 증여세법)

[개념 확인 문제 정답] 01 ② 02 ②　[실전 확인 문제 정답] ②

8 상장의 절차(1) – 준비단계

개념 확인 문제

01 유가증권시장에 주권을 상장하기 위해 대표주관회사는 대표주관계약 체결 후 ( ) 이내에 이를 금융투자협회에 신고해야 한다.

① 3영업일　　② 5영업일

02 주권상장법인 또는 주식을 신규로 상장하고자 하는 법인이 주식을 모집 또는 매출하는 경우에 당해 법인의 우리사주조합원은 모집 또는 매출하는 주식총수의 ( ) 범위 안에서 우선적으로 주식의 배정을 받을 권리가 있으므로 우리사주조합을 반드시 결성해야 한다.

① 20%　　② 30%

실전 확인 문제

▶ 다음 중 상장의 절차에 대한 설명으로 옳지 않은 것은?

① 거래소시장에 신규상장하고자 하는 법인은 최근 3사업연도의 재무제표에 대한 감사인의 감사보고서상의 감사의견이 각각 적정의견이어야 한다.

② 주권의 신규상장을 위해 신주를 발행할 경우 이사회가 신주의 종류와 수, 인수방법 등을 결정한다.

③ 상장 후에는 이사회결의를 거쳐 명의개서대행회사를 선정하고, 명의개서대행계약을 체결해야 한다.

④ 거래소가 상장예비심사청구를 기각한 경우 상장신청인은 기각일로부터 3년 이내에는 상장예비심사를 청구할 수 없다.

정답해설 유가증권시장 상장규정에서 주권상장법인은 특별한 법인을 제외하고는 상장이 계속되는 한 명의개서대행회사와 명의개서대행계약을 체결하도록 규정하고 있어 상장을 하기 전에 이사회결의를 거쳐 명의개서대행회사를 선정하고, 명의개서대행계약을 체결해야 한다.

개념 짚어 보기

상장의 준비단계

외부감사인의 지정 → 대표주관회사와 대표주관계약체결 → 정관의 정비(수권주식수 조정, 회사가 발행할 주식의 종류, 1주의 금액 등) → 명의개서대행계약 → 우리사주조합 결성 및 지주관리위탁계약 → 이사회 또는 주주총회의 결의 → 회계감리를 위한 상장예비심사신청 계획통보 → 대표주관회사와 상장신청 사전협의

[개념 확인 문제 정답] 01 ② 02 ① [실전 확인 문제 정답] ③

9 상장의 절차(2) – 상장추진단계

개념 확인 문제

01 기업공개를 위한 공모주식 배정비율은 현재 기업공개의 경우 우리사주조합원에게 공모주식의 (　　　)를 배정하고, 코스닥상장공모의 경우는 공모주식의 (　　　)를, 일반청약자에게 공모주식의 (　　　) 이상을 배정한 후, 나머지 잔여주식은 기관투자자에게 배정하고 있다.

① 20%, 20%, 20%　　　② 20%, 10%, 40%

02 거래소는 신규상장신청일부터 (　　　) 신규상장신청인에게 신규상장승인 여부를 통지해야 한다.

① 5일 이내에　　　② 지체 없이

실전 확인 문제

▶ 주권의 상장단계에서 고려되어야 할 사항에 대한 설명으로 옳지 않은 것은?

① 발행가액은 대표주관회사가 실시한 수요예측의 결과를 감안하여 발행회사와 협의하여 결정한다.

② 거래소는 상장예비심사청구서를 접수한 날부터 45일 이내에 상장예비심사결과를 당해 주권의 신규상장신청인과 금융위원회에 문서로 통지한다.

③ 거래소로부터 적격의 상장예비심사결과를 통지받은 신규상장신청인이 유가증권을 모집 또는 매출하기 위해서는 유가증권신고서를 거래소에 제출하고, 동 신고서가 수리되어 효력이 발생되어야 한다.

④ 주권을 신규상장하고자 하는 법인은 신규상장신청 전에 거래소에 주권상장예비심사청구서를 제출하여 상장적격 여부에 대해 심사를 받아야 한다.

정답해설 유가증권신고서와 그 외의 첨부서류는 금융위원회에 제출한다.

개념 짚어 보기

상장절차

대표주관회사계약 체결 등 사전준비 → 주권의 상장예비심사청구서 제출 → 상장예비심사 → 유가증권시장 상장위원회 심의 → 상장예비심사결과의 통지(청구서 접수 후 45일 이내) → 공모(증권신고서 제출) → 신규상장신청서 제출(납입일까지 제출) → 상장승인 통지 → 매매거래 개시

[개념 확인 문제 정답] 01 ①　02 ②　[실전 확인 문제 정답] ③

10 유상증자

개념 확인 문제

01 유상증자는 그 배정방법 및 인수방법에 따라 구주주배정방식, 제3자 배정방식, (   ), 일반공모방식, 직접공모방식의 5가지로 나눌 수 있다.

① 법정준비금의 자본전입방식　　② 주주우선공모방식

02 가장 일반적인 유상증자의 방법인 구주주배정방식은 주주배정방식이라고도 하며 기존의 구주주에게 신주의 인수권을 부여 · 배정하며, 이 경우 실권주는 (   )이/로 처리한다.

① 이사회결의　　② 인수기관

03 일반공모방식으로 유상증자를 하는 경우 공모청약을 원활히 하고 구주주의 피해를 최대한 줄이기 위해 발행가액을 기준주가의 (   ) 이상으로 정하고 있다.

① 30%　　② 70%

실전 확인 문제

▶ 다음 중 구주주배정방식과 주주우선공모증자방식을 비교한 것으로 옳지 않은 것은?

① 인수 및 모집사무는 구주주배정방식과 주주우선공모증자방식 모두 발행회사가 부담한다.
② 실권위험은 구주주배정방식이 주주우선공모방식보다 높다.
③ 소요기간 및 일정에서는 주주우선공모방식이 주주배정방식보다 10일 정도 더 소요된다.
④ 실권주는 주주배정방식은 이사회결의에 의해, 주주우선공모방식은 일반투자자 공모로 처리된다.

정답해설 인수 및 모집사무 분담은 구주주배정방식은 발행회사가, 주주우선공모방식은 대표주관회사가 각각 부담한다.
② 주주우선공모방식은 실권주 청약 후에 잔여주식이 발생하더라도 인수단이 잔여주식을 인수하므로 발행회사는 신주발행에 따른 위험을 부담하지 않는다.

개념 짚어 보기

구주주배정방식과 주주우선공모방식의 비교

구분	구주주배정방식(주주배정방식)	주주우선공모방식
효력발생기간	7일	10일
실권위험	높음	낮음
실권주 처리절차	이사회결의에 의함	일반투자자에 공모
증여세 부담	실권주이익에 대한 부담	면제
신주발행비용	기본증자비용	인수수수료 추가
인수 및 모집사무 분담	직접모집(발행회사가 부담)	간접모집(대표주관회사가 부담)

[개념 확인 문제 정답] 01 ② 02 ① 03 ②　[실전 확인 문제 정답] ①

11 무상증자

개념 확인 문제

01 무상증자는 자본준비금을 자본금으로 전입할 때 주주의 주금납입없이 이사회의 결의로 준비금 또는 자산 재평가적립금을 자본에 전입하고 주식자본을 증가시키고 증가된 자본금에 해당하는 수량의 신주를 발행하여 구주주들에게 (   )에 비례하여 무상으로 배정 · 교부하는 것을 말한다.

① 총자산　　② 소유주식수

02 무상증자는 자금조달을 목적으로 하지 않고 자본구성 또는 발행주식수의 변경, 사내유보의 적정화 또는 기타의 목적을 위해 실시되는 형식적인 것으로 (   )은 증가하지만 회사의 실질적인 자본금의 증가는 이루어지지 않는다.

① 주식자본금　　② 이익준비금

실전 확인 문제

▶ 다음 무상증자에 의한 주식발행의 절차를 바르게 나열한 것은?

㉠ 주권발행 및 교부	㉡ 이사회결의 및 공시
㉢ 증자등기	㉣ 신주배정기준일 및 주주명부 폐쇄공고
㉤ 신주상장신청	㉥ 신주상장

① ㉤ → ㉣ → ㉥ → ㉡ → ㉠ → ㉢
② ㉡ → ㉠ → ㉢ → ㉤ → ㉥ → ㉤
③ ㉡ → ㉣ → ㉢ → ㉤ → ㉠ → ㉥
④ ㉣ → ㉤ → ㉢ → ㉠ → ㉡ → ㉥

정답해설 이사회결의 및 공시 → 신주배정기준일 및 주주명부 폐쇄공고 → 신주배정기준일 및 주주확정 → 증자등기 → 신주배정통지 및 주권용지 교부신청 → 신주상장신청 → 주권발행 및 교부 → 신주상장의 순으로 진행된다.

개념 짚어 보기

무상증자의 절차

무상증자의 절차는 청약행위 대신 자본전입에 대한 이사회의 결의를 필요로 하고 증권신고서를 제출할 필요가 없다. 무상증자의 일정은 이사회결의를 시작으로 신주의 상장신청까지의 과정을 50여일 정도면 완료할 수 있다.

이사회결의 및 공시(D) → 신주배정기준일 및 주주명부 폐쇄공고(D+1) → 신주배정기준일 및 주주확정(D+16) → 증자등기(D+17) → 신주배정통지 및 주권용지 교부신청(D+28) → 신주상장신청(D+29) → 주권발행 및 교부(D+38) → 신주상장(D+45)

[개념 확인 문제 정답] 01 ② 02 ① [실전 확인 문제 정답] ③

12 증권시장의 구조(1) – 유통시장

개념 확인 문제

01 유통시장은 (   )을/를 통해 이미 발행된 증권이 투자자들 사이에서 매매 · 거래 · 이전되는 시장으로 어떤 투자자가 보유한 주식이 다른 투자자에게 유통되는 시장을 의미한다.

① 발행시장　　② 발행주체

02 유통시장에서 (   )은 일정한 장소에서 정해진 시간에 계속적으로 상장증권의 주문이 집중되어 경쟁매매원칙 등 일정한 매매거래제도에 따라 조직적이고 정형적으로 매매거래가 이루어지는 시장을 말하는 것으로, 우리나라의 경우 거래소가 개설 · 관리하는 유가증권시장과 코스닥시장 및 코넥스시장을 의미한다.

① 장외시장　　② 거래소시장

실전 확인 문제

▶ **다음 중 유통시장의 경제적 구조와 기능에 대한 설명으로 거리가 먼 것은?**

① 발행된 유가증권의 시장성과 유통성을 높여 일반투자자의 투자를 촉진시킴으로써 발행시장에서의 장기자본조달을 원활하게 해 준다.
② 장외시장은 거래소 이외의 장소에서 당사자 간에 상대매매의 방법으로 유가증권의 매매가 비조직적이고 추상적으로 이루어지는 시장을 말한다.
③ 유통시장에서 형성된 가격은 발행시장에서 새로 발행될 유가증권의 가격을 결정하는 기능을 한다.
④ 소수의 몇몇 투자자가 참여하여 유가증권의 가격을 형성시킨다.

정답해설 유통시장은 자유경쟁시장으로, 다수의 투자자가 참여하므로 유가증권의 가격을 적정하고 공정하게 형성시킨다.

개념 짚어 보기

유통시장의 경제적 기능

- **자본조달기능의 원활화** : 발행된 유가증권의 시장성과 유통성을 높여 일반투자자의 투자를 촉진시킴으로써 발행시장에서의 자본조달기능을 원활하게 해 준다.
- **유가증권담보차입 용이** : 유가증권의 시장성과 유통성을 높임으로써 언제든지 적정한 가격으로 현금화가 가능하도록 하며, 유가증권에 대한 담보력을 높여, 유가증권을 담보로 한 차입을 용이하게 한다.
- **공정하고 적정한 가격의 형성** : 다수의 불특정 투자자가 참여하므로 유가증권의 가격을 적정하고 공정하게 형성시킨다.
- **유가증권의 가격결정 기능** : 유통시장에서 형성된 가격은 발행시장에서 새로 발행될 유가증권의 가격을 결정하는 기능을 한다.

[개념 확인 문제 정답] 01 ① 02 ② [실전 확인 문제 정답] ④

13 증권시장의 구조(2) – 한국거래소

개념 확인 문제

01 거래소는 유가증권시장, (　　　), 코넥스시장, 파생상품시장을 개설·운영하고 있으며 증권의 상장 및 증권의 경매, 상장법인의 공시에 관한 업무 등 증권과 파생상품의 원활한 거래 및 시장감시를 담당하고 있다.

① K-OTC시장　　② 코스닥시장

02 거래소회원은 증권거래나 장내파생상품거래에 대한 거래소 결제이행 여부에 따라 결제회원에게 결제를 위탁하는 (　　　)와/과 자기명의로 결제하는 결제회원으로 구분된다.

① 매매전문회원　　② 전문투자자

03 거래소는 자본금 (　　　) 이상의 주식회사로, 증권 및 장내파생상품의 공정한 가격의 형성 및 안정과 원활한 유통을 위하여 자본시장법에 의해 설립된 법인이다.

① 1억 원　　② 1천억 원

실전 확인 문제

▶ 다음 중 거래소에 대한 설명으로 잘못된 것은?

① 거래소는 법정설립주의로 우리나라에는 1개만 설립되어 존재한다.
② 자본금 1천억 원 이상의 주식회사로 본점을 부산광역시에 두고 있다.
③ 거래소 회원이 아닌 자는 증권시장 및 파생상품시장에서의 매매가 불가능하다.
④ 기업이 발행하는 증권자본과 화폐자본이 거래소에서의 매매를 통하여 전환되는 자본전환기능, 공정가격형성기능 및 증권의 가격안정화기능을 수행한다.

정답해설 거래소 회원이 아닌 자는 증권시장 및 파생상품시장에서 매매거래를 할 수 없다. 다만, 특정증권에 대하여 특별히 정하고 있는 경우 이외에는 회원만 매매거래를 할 수 있다.

개념 짚어 보기

거래소(유가증권시장)의 경제적 기능

- **자본전환기능** : 증권과 대금의 수수관계, 즉 증권과 화폐의 교환이 다른 어느 시장보다도 신속·정확하게 대량으로 이루어질 수 있다.
- **가격형성기능** : 증권의 가격은 다수의 매도자와 매수자 간에 거래소의 매매과정을 통해서 적정하게 경합하여 형성되는 경쟁가격이므로 그 가치에 대한 사회적 평가가 공정하며 신뢰성 있게 형성되어 있다.
- **가격안정화기능** : 일시적 수급불균형으로 인한 주가의 급변이 투기적 가수요의 개입 등 수급의 자연조달에 의해 억제된다.

[개념 확인 문제 정답] 01 ② 02 ① 03 ② [실전 확인 문제 정답] ③

14 상장제도(1) – 주권의 상장

개념 확인 문제

01 거래소에 주권이 상장되어 있지 않은 비상장주권의 발행인이 기업을 공개하여 일반인에게 주식을 매각한 후 처음으로 거래소시장에 주권을 상장하는 것을 (　　　)이라 한다.

① 신주상장　　② 신규상장

02 (　　　)란 주가지수와 연동되는 수익률을 얻을 수 있도록 설계된 집합투자증권으로 일반 투자회사주권이나 수익증권과 달리 주가지수에 연동하도록 편입종목과 편입비율이 결정되며, 주식처럼 거래소에서 실시간 매매가 가능한 증권을 말한다.

① ETF(상장지수집합투자기구집합투자증권)　② ELW(주식워런트증권)

실전 확인 문제

▶ 다음 중 유가증권 상장제도에 대한 설명으로 거리가 먼 것은?

① 신규상장과 우회상장 모두 공모 후 상장예비심사를 거친다.
② ETF는 개별종목에 투자하는 투자자에게 유용한 상품으로 2002년에 개설되었다.
③ 신규상장은 상장예비심사청구 후 공모 여부에 따라 공모상장과 직상장으로 구분된다.
④ 재상장절차는 상장폐지일로부터 5년이 경과하지 않은 법인, 상장법인 간 합병에 의해 설립된 법인이 거치게 되는데 신규상장보다는 완화된 요건을 적용한다.

정답해설 ETF는 개별종목보다는 시장 전체상황 또는 특정 포트폴리오의 주가상황에 따라 투자하려는 투자자에게 유용한 상품이다.

개념 짚어 보기

상장의 종류

- **주권상장** : 신규상장, 신주상장, 변경상장, 재상장, 우회상장
- 신주인수권증권의 상장
- 신주인수권증서의 상장
- 채권의 상장
- 수익증권의 상장
- 투자회사의 주권의 상장
- 부동산투자회사 주권의 상장
- 외국주식예탁증서의 상장
- 상장지수집합투자기구집합투자증권(ETF)의 상장
- 주식워런트증권(ELW)의 상장

[개념 확인 문제 정답] 01 ② 02 ①　[실전 확인 문제 정답] ②

15 상장제도(2)-신규상장심사요건

개념 확인 문제

01 거래소시장에 상장되기 위해서는 주식의 자유로운 유통이 보장되어야 하므로 (　　　)이 없어야 한다.

① 주식양도의 제한　　② 자본잠식 상황

02 건설회사의 신규상장심사요건은 일반법인의 요건을 갖추고 (　　　) 이상 계속적으로 영위하고 있어야 하며, 건설산업기본법의 규정에 의한 건설공사 시공능력평가액이 500억 원 이상이어야 한다.

① 5년　　② 10년

실전 확인 문제

▶ 다음 중 유가증권시장의 신규상장요건으로 잘못된 것은?

① 상장예비심사청구일 현재 설립 후 3년 이상 경과하고 계속적으로 영업을 하고 있을 것
② 상장예비심사청구일 현재 자기자본이 300억 원 이상이고, 상장예정주식총수가 100만 주 이상일 것
③ 최근 3사업연도의 매출액이 평균 700억 원 이상이고, 최근 사업연도의 매출액이 1,000억 원 이상일 것
④ 상장예비심사청구일로부터 1개월 전의 날 현재 최대주주가 상장예비심사청구일 전 1개월 이내에 변경이 없을 것

정답해설 상장예비심사청구일로부터 1년 전의 날 현재 최대주주가 상장예비심사청구일 전 1년 이내에 변경이 없을 것

개념 짚어 보기

유가증권시장과 코스닥시장의 신규상장심사요건

구분	유가증권시장	코스닥시장	
		일반기업	벤처기업
경과연수	3년 이상	3년 이상	
자기자본	100억 이상	30억 이상	10억 이상
주식분산요건	700명 이상	500명 이상	
당기순이익	25억 이상	20억 이상	10억 이상
회계감사의견	최근 3년 적정의견	최근 사업년도 적정의견	
최대주주변경제한	5% 이상 최대주주의 1년 이내 주식변동 없을 것		
소송 및 계류	1년 이내 중대한 소송 및 분쟁사건 없을 것		

[개념 확인 문제 정답] 01 ① 02 ② [실전 확인 문제 정답] ④

16 상장제도(3) – 재상장절차

개념 확인 문제

01 상장폐지된 주권발행인의 경우 최근 사업연도 매출액이 (   ) 이상이고, 재상장신청일 현재 기준시가총액이 4,000억 원 이상이어야 주권의 재상장신청이 가능하다.

① 1,000억 원 ② 2,000억 원

02 분할 또는 분할합병 후 신설된 법인이 주권을 재상장할 경우에는 분할 또는 합병으로 이전된 주된 영업기간이 (   ) 이상 계속되고, 최근 사업연도 매출액이 300억 원 이상이며 자기자본이 100억 원 이상 또는 이익액이 25억 원 이상이어야 한다.

① 1년 ② 3년

실전 확인 문제

▶ 다음 중 증권의 재상장신청인이 될 수 없는 자는?

① 유가증권시장 주권상장법인의 분할 또는 분할합병에 따라 설립된 법인
② 주권상장예비심사청구서 제출일 현재 유가증권시장에서 상장폐지된 후 5년이 경과하지 않은 주권의 발행인
③ 유가증권시장 주권상장법인 간 물적분할에 의한 분할 또는 분할합병에 따라 설립된 법인
④ 유가증권시장 주권상장법인 간의 합병에 의해서 설립된 법인

정답해설 상법에 따라 물적분할의 분할 또는 분할합병은 재상장신청에서 제외된다.

개념 짚어 보기

주권재상장의 요건

- 재상장신청인
  - 주권상장예비심사청구서 제출일 현재 유가증권시장에서 상장폐지된 후 5년이 경과하지 않은 주권의 발행인
  - 유가증권시장 주권상장법인의 분할 또는 분할합병에 따라 설립된 법인
  - 유가증권시장 주권상장법인 간의 합병에 의해서 설립된 법인
- 재상장신청기간
  - 상장폐지된 법인의 경우 주권상장 예비심사청구 폐지일로부터 5년 이내에 분할 · 분할합병 시 : 설립등기일이 속하는 사업연도의 결산재무제표 승인을 위한 정기 주주총회 전
  - 물적분할에 의해 설립된 법인의 경우 : 분할 당시의 재무요건, 경과연수, 규모 등의 재상장요건 충족 시 설립등기일로부터 3년 이내

[개념 확인 문제 정답] 01 ② 02 ② [실전 확인 문제 정답] ③

17 매매거래 정지제도

개념 확인 문제

01 조회공시를 이행하지 않거나 공시번복, 중요한 내용의 공시변경 등 불성실공시법인으로 지정된 경우에는 (   ) 매매거래를 정지한다.

① 매매거래 정지사유 해소시까지　　② 지정일 당일 1일간

02 유가증권시장 주권상장법인의 회생절차개시신청이 있는 경우에는 당해 사실이 확인된 날부터 법원의 회생절차개시 (   )까지 매매거래가 정지된다.

① 결정일　　② 신청일

실전 확인 문제

▶ 다음 중 상장증권의 매매거래 정지사유와 정지기간이 바르게 짝지어진 것은?

① 상장증권 중 위조 또는 변조증권 발생－상장폐지유예기간 종료일까지
② 주권상장폐지기준에 해당－당해 매매거래 정지사유 해소시까지
③ 관리종목지정기준에 해당－거래를 취소하는 결의 또는 결정일까지
④ 조회공시 불이행－공시시점부터 30분 경과시점

정답해설 ① 상장증권 중 위조 또는 변조증권 발생－확인시점부터 정지사유 해소시까지
③ 관리종목지정기준에 해당－1일간
④ 조회공시 불이행(답변공시 내 불이행)－조회공시 답변공시까지

개념 짚어 보기

매매거래 정지기간

	구분	매매거래 정지기간
상장규정	상장폐지기준 해당	사실 확인일로부터 정리매매일 전까지
	관리종목 지정기준 해당	공시일로부터 1일간
	위조 또는 변조 유가증권 발생 확인	당해 사실 확인일 1일간
	주식의 병합 또는 분할 등을 위하여 주권제출 요구	당해 매매거래 정지사유 해소 시까지
공시규정	조회공시	답변 시까지
	주가 또는 거래량에 중대한 영향을 주는 공시사항	공시 후 30분 동안(단, 정지시점부터 장 종료 시까지 1시간 미만인 경우는 매매거래 종료 시까지)
	불성실공시법인	지정일 당일

[개념 확인 문제 정답] 01 ② 02 ① [실전 확인 문제 정답] ②

18 상장폐지

개념 확인 문제

01 상장폐지결정이 된 종목은 투자자들에게 최종매매기회를 주기 위해 정리매매를 할 수 있도록 (   )간의 상장폐지유예기간을 준 뒤 상장을 폐지한다.

① 5일　　② 7일

02 사업보고서 미제출로 인해 관리종목으로 지정된 후 그 법정 제출기한부터 (   ) 이내에 사업보고서를 제출하지 않게 되면 주권상장폐지기준에 해당되어 상장폐지된다.

① 10일　　② 30일

실전 확인 문제

▶ 다음 중 상장폐지에 대한 설명으로 틀린 것은?

① 거래소는 당해 주권상장법인이 주권상장폐지를 신청하는 경우 이를 거부할 수 있다.
② 상장법인이 상장규정상의 유가증권 상장폐지기준에 해당되더라도 당해 주권상장법인이 신청하지 않으면 상장을 폐지할 수 없다.
③ 거래소는 상장폐지기준 중 감사의견, 자본전액잠식, 주식분산요건 미달에 해당하는 우려가 있는 경우 투자자 보호를 위해 이를 사전에 예고한다.
④ 상장법인의 신청에 의해 상장을 폐지하는 경우 거래소가 따로 정하는 유가증권상장폐지신청서에 상장폐지를 결의한 주주총회의사록 사본을 첨부하여 거래소에 제출해야 한다.

정답해설 상장법인이 상장규정상의 유가증권 상장폐지기준에 해당되었을 때 당해 주권상장법인이 신청하지 않더라도 거래소가 직권으로 상장을 폐지할 수 있다.

개념 짚어 보기

상장폐지의 유형

- **신청폐지** : 당해 주권상장법인의 신청에 의해 상장이 폐지되는 것
- **직권폐지** : 상장폐지의 가장 일반적인 경우로 상장폐지기준에 해당하여 거래소의 직권에 의해 상장이 폐지되는 것

상장폐지의 절차

- 거래소는 상장폐지기준에 해당하는 사실을 확인한 날부터 15일 이내에 상장폐지실질심사위원회의 상장폐지 여부를 결정한다.(추가조사 필요 시 15일 이내 기간 연장 가능)
- 거래소로부터 유가증권시장 주권상장법인이 상장폐지기준 사실을 통보받은 경우는 7일 이내에 이의제출 또는 의견진술을 한다.
- 거래소는 15일 이내 상장위원회 심의를 거쳐 3일 이내에 최종 상장폐지 여부를 결정한다.
- 상장폐지가 결정된 종목은 7일간의 정리매매기간을 준 후 상장폐지한다.

[개념 확인 문제 정답] 01 ② 02 ① [실전 확인 문제 정답] ②

19 기업내용 공시제도

개념 확인 문제

01 기업내용 공시는 일정기간에 걸친 기업의 영업실적 및 일정시점의 재무상태를 나타내는 보고서를 정기적으로 작성하여 전달하는 것으로, 투자자에게 기업내용과 함께 사업보고서, 반기보고서, 분기보고서 등을 제출해야 하는데 사업보고서는 직전 사업연도의 영업실적 등 공시, 사업연도 경과 후 (　　　) 내에 제출해야 한다.

① 45일　　　② 90일

02 주권상장법인은 부도 또는 영업활동정지 등 퇴출기준에 해당하는 중요사항의 경우에는 (　　　) 내에 공시해야 한다.

① 요구일로부터 1일　　　② 공시요구시점 다음 날 오전

실전 확인 문제

▶ 기업내용 공시제도에 대한 설명으로 옳지 않은 것은?

① 자율공시한 내용을 변경 또는 번복하는 경우 불성실공시법인으로 지정된다.
② 공시의무위반도 상장폐지사유가 될 수 있다.
③ 조회공시는 요구시점이 오전인 경우는 오후까지, 오후인 경우는 다음 날 오전까지 공시해야 한다.
④ 상장법인이 제출하는 신고서 등은 문서의 형태로 직접 제출해야 한다.

정답해설 유가증권시장의 주권상장법인이 제출하는 모든 신고사항은 전자문서에 의한 방법으로 제출이 가능하며, 전자문서 제출시 전자문서 제출인 또는 제출대행인을 등록해야 한다.

개념 짚어 보기

기업내용 공시의 유형

- **정기공시** : 사업보고서는 직전 사업연도의 영업실적 등 공시, 사업연도 경과 후 90일 이내, 반기보고서는 사업연도 개시일부터 6개월간의 영업실적 등 공시, 반기 경과 후 45일 이내, 분기보고서는 사업연도 개시일부터 3개월간 및 9개월간의 영업실적 등 공시, 분기 경과 후 45일 이내에 제출
- **수시공시** : 상장기업은 주요경영사항에 해당하는 사실 또는 결정이 있는 경우에는 당일 공시사항의 경우는 사유발생일 당일까지, 익일 공시사항은 사유발생일 다음 날까지 그 내용을 거래소에 신고
- **자율공시** : 주권상장법인은 공시의무사항 이외에 주요주주 또는 계열회사의 변경, 금융기관의 경영개선권고를 받은 사실 등 회사의 경영, 재산 및 투자자의 투자판단에 중대한 영향을 미칠 수 있다고 판단되는 사항에 대해 사유발생일 다음 날까지 자율적으로 공시
- **기타 공시** : 전자문서에 의한 공시, 조회공시, 공정공시 등

[개념 확인 문제 정답] 01 ② 02 ① [실전 확인 문제 정답] ④

20 공시의 관리 – 공시책임 · 불성실공시

개념 확인 문제

01 주권상장법인은 책임을 명확히 하고 적시공시를 위해 공시책임자 1인을 지정하고, 공시를 성실히 이행하겠다는 내용의 서류를 첨부하여 거래소에 등록하여야 한다. 지정된 공시책임자는 신규등록 또는 상장일로부터 (   ) 이내에 소정의 교육과정을 이수하여야 한다.

① 6개월　　② 1년

02 불성실공시의 유형에는 공시불이행, 공시변경, (   )이 있으며, 이에 해당하는 경우 불성실공시법인으로 지정예고하고, 불성실공시법인 지정예고된 법인이 해당 내용에 대해 이의가 있는 경우에는 불성실공시법인 지정예고를 통보받은 날로부터 매매일 기준으로 (   ) 이내에 거래소에 이의신청을 할 수 있다.

① 공시번복, 7일　　② 공시지연, 10일

실전 확인 문제

▶ 다음 중 불성실공시에 대한 조치로 옳지 않은 것은?

① 거래소는 상장법인이 공시의무를 위반하는 경우 불성실공시법인으로 지정한다.
② 불성실공시에 해당할 경우 당해 법인이 해당 내용에 대해 이의가 있는 경우 통보받은 날로부터 매매일 기준으로 7일 이내에 거래소에 이의신청을 할 수 있다.
③ 당해 법인의 이의신청이 있는 경우 이의신청기간 종료일 다음 날에 불성실공시법인으로 지정하고, 지정당일 1일간 당해 종목에 대하여 매매거래를 정지한다.
④ 불성실공시에 해당할 경우 매매거래정지, 관리종목 지정 또는 주권상장폐지 등의 제재조치를 취할 수 있다.

정답해설 당해 법인의 이의신청이 있는 경우 신청일로부터 10일 이내에 공시위원회의 심의를 받아야 하며, 심의일로부터 3일 이내에 불성실공시 지정 여부 및 부과벌점을 결정하여야 한다. 이의신청이 없는 경우 이의신청기간 종료일 다음 날에 불성실공시법인으로 지정하고, 지정당일 1일간 당해 종목에 대하여 매매거래를 정지한다.

개념 짚어 보기

불성실공시의 유형

- **공시불이행** : 주요경영사항 등을 공시기한 내에 공시하지 않거나 허위공시한 때(신속성과 정확성 위반)
- **공시번복** : 이미 신고 · 공시한 내용에 대해 전면취소, 부인 또는 이에 준하는 내용을 공시한 때(정확성 위반)
- **공시변경** : 이미 신고 · 공시한 내용 중 비율, 금액 등의 중요한 부분에 대해 변경이 발생한 경우(정확성 위반)

[개념 확인 문제 정답] 01 ①　02 ①　**[실전 확인 문제 정답]** ③

21 매매거래제도(1) – 매매거래의 수탁

개념 확인 문제

01 (　　　)(이)란 거래소가 회원으로부터 유가증권의 매매거래 위탁을 받을 경우 위탁매매 계약과 관련해 채무불이행 그 밖의 일로 인한 채권을 담보하기 위하여 회원으로부터 징수하는 금전을 말하는 것으로, 거래소는 매매거래를 위탁받았을 때 당일 결제거래일 경우 수탁시에 회원으로부터 매수대금 또는 당해 매도증권을, 보통거래의 경우 수탁시에 매수이면 현금을, 매도이면 당해 유가증권 또는 현금을 (　　　)(으)로 징수한다.

① 위탁수수료　　② 위탁증거금

02 위탁증거금 징수기준을 정하거나 변경한 때에는 시행일로부터 (　　　) 이내에 거래소로 통보하여야 하며, 거래소는 결제가 정상적으로 이루어지지 않는 경우에는 일시적으로 위탁증거금의 최저징수율을 정할 수 있다.

① 3매매거래일　　② 5매매거래일

실전 확인 문제

▶ 다음 중 증권시장에서의 매매거래 수탁에 관한 설명 중 옳지 않은 것은?

① 금융투자업자는 위탁자로부터 매매거래를 위탁받아 처리할 경우 사전에 위탁자와 매매거래 계좌를 설정해야 한다.
② 증권회사가 고객으로부터 매매거래를 위탁받은 때에는 그 위탁받은 매매거래 전에 미리 자기거래를 통한 매매거래를 할 수 없다.
③ 회원은 거래질서의 안정을 위해 수탁을 거부할 수 있는데 이 경우 그 이유를 주문표에 기재해야 한다.
④ 위탁증거금은 매매주문의 위탁 시 결제이행을 위한 담보를 확보하고 원활한 결제와 거래의 안정을 도모하는 것으로 반드시 현금으로 납부해야 한다.

정답해설 위탁증거금은 현금 외에 증권(대용증권)으로도 납부할 수 있으며, 그 징수비율은 회원이 자율적으로 정한다.

개념 짚어 보기

매매거래 수탁의 거부

회원은 공익과 투자자 보호, 거래질서 안정을 위해 다음의 경우 수탁거부가 가능하며, 수탁을 거부한 경우에는 회원은 그 이유를 주문표에 기재해야 한다.

- 금지되는 공매도나 공매도호가의 가격제한에 해당하는 매도주문
- 내부자의 단기매매 차익반환의무, 미공개정보행위의 금지, 시세조종 및 부정거래행위금지규정에 반하거나 위반할 가능성이 있는 매매거래의 주문
- 기타 공익과 투자자 보호 또는 시장거래질서의 안정을 위해 필요한 경우 등

[개념 확인 문제 정답] 01 ② 02 ② [실전 확인 문제 정답] ④

22 매매거래제도(2) – 시장의 구분 및 매매거래시간

개념 확인 문제

01 유가증권시장은 크게 정규시장과 시간외시장으로 구분되며 각 시장의 매매거래시간은 정규시장은 (　　　), 장개시 전 시간외시장은 1시간이다.

① 3시간 30분　　　② 6시간 30분

02 (　　　)거래는 장개시 전 8 : 30 ~ 8 : 40까지, 장종료 후에는 15 : 40 ~ 16 : 00으로 매매거래시간이 다르다.

① 시간외종가매매　　　② 시간외단일가매매

03 증권시장의 매매거래일은 월요일부터 금요일까지이며, 토요일, 법정 공휴일, 근로자의 날, 12월 31일은 휴장일로서 매매거래 및 결제를 하지 않는다. 12월 31일이 공휴일 또는 토요일인 경우에는 (　　　)이 매매거래일이 된다.

① 다음 월요일　　　② 직전 매매거래일

실전 확인 문제

▶ 다음 중 유가증권시장의 매매거래제도에 대한 설명으로 틀린 것은?

① 시간외시장은 정규시장 운영시간에 따라 장개시 전 시장과 장종료 후 시장으로 구분된다.
② 연초 증권시장 개장일, 수능시험일, 전산장애발생, 호가폭주 등의 이유로 매매거래시간의 변경이 필요한 경우에는 매매시간을 변경할 수 있다.
③ 유가증권시장에서 매매를 할 수 있는 자는 금융위원회로부터 금융투자업허가를 받은 금융투자회사로서 거래소의 회원인 자에 한한다.
④ 투자자의 매매기회 확대와 시장가격 변동 등 정보의 신속한 반영을 위해 점심시간에도 휴장 없이 매매거래가 계속된다.

정답해설 비회원이라도 회원관리규정에서 특정한 유가증권의 매매거래를 할 수 있도록 정한 경우에는 그 특정 유가증권의 매매거래를 할 수 있다.

개념 짚어 보기

호가접수시간 및 매매거래시간

구분		호가접수시간	매매거래시간
정규시장		08:30~15:30(7시간)	09:00~15:30(6시간 30분)
시간외시장	장개시 전	08:00~09:00(1시간)	08:00~09:00(1시간)
	장종료 후	15:30~18:00(2시간 30분)	15:40~18:00(2시간 20분)

※ 단, 장개시전 종가 매매는 08:30 ~ 08:40(10분)

[개념 확인 문제 정답] 01 ② 02 ① 03 ② [실전 확인 문제 정답] ③

23 호가(1) – 호가의 종류

개념 확인 문제

01 회원이 매매거래를 하고자 할 때에는 위탁매매와 자기매매, 매도와 매수를 각각 구분하여 (　　　)로 거래소시스템에 호가를 입력해야 한다.

① 계좌별　　② 종목별

02 호가의 효력은 호가접수 당일의 호가접수시간 내에서 호가를 접수한 때부터 (　　　)까지 지속된다.

① 매매거래가 성립될 때　　② 호가수량이 전량체결될 때

실전 확인 문제

▶ 호가의 방법을 설명한 것 중 옳지 않은 것은?

① 조건부지정가호가는 장종료시의 가격을 단일가격에 의한 개별경쟁매매의 방법으로 결정하는 경우 시장가호가로 자동 전환되는 지정가호가이다.

② 최유리지정가호가는 종목 및 수량은 지정하되 가격은 매도호가의 경우 매수호가의 가격, 매수호가의 경우 매도호가의 가격을 기준으로 매도의 경우 당해 호가의 접수시점에서 가장 높은 매수호가의 가격, 매수의 경우 당해 호가의 접수시점에서 가장 낮은 매도호가의 가격으로 지정한 것으로 보아 매매거래를 하고자 하는 호가이다.

③ 최우선지정가호가는 종목 및 수량은 지정하되 가격은 매도호가의 경우 다른 매도호가의 가격, 매수호가의 경우 다른 매수호가의 가격을 기준으로 매도의 경우 가장 낮은 매도호가의 가격, 매수의 경우 가장 높은 매수호가의 가격으로 지정한 것으로 보아 매매거래를 하고자 하는 호가이다.

④ 지정가호가는 종목 및 수량은 지정하되, 가격은 지정하지 않는 호가를 말한다.

정답해설 종목과 수량은 지정하되 가격 또는 수익률을 지정하지 않는 호가는 시장가호가에 대한 설명이다. 지정가호가는 투자자가 종목, 수량, 가격을 지정하는 가장 일반적인 주문형태의 호가를 말한다.

개념 짚어 보기

유가증권의 종류별로 할 수 있는 호가의 종류

- 신주인수권증권, 신주인수권증서, 주식워런트증권(ELW), 채무증권, 수익증권 : 지정가호가
- 주권, 외국주식예탁증서(DR) 및 상장지수집합투자기구집합투자증권(ETF) : 지정가호가, 시장가호가, 조건부지정가호가, 최우선지정가호가, 최유리지정가호가, 경쟁대량매매호가

[개념 확인 문제 정답] 01 ① 02 ① [실전 확인 문제 정답] ④

24 호가(2) – 호가의 제한

개념 확인 문제

01 호가효력이 정지된 프로그램매매호가는 (   ), 프로그램매매호가의 효력정지 개시시점부터 5분이 경과한 때, 프로그램매매호가의 효력정지기간 중 주식시장 매매거래중단 또는 임시정지된 경우에는 매매거래가 재개된 경우에는 호가효력정지가 해제된다.

① 장시작 30분 후　　② 장종료 40분 전

02 (   )제도는 시장전체의 매매거래중단으로 당일 1회에 한하며, 정규시장 종료 40분 전 이후에는 중단할 수 없다.

① 사이드카(sidecar)　　② 서킷브레이커(Circuit Breakers)

실전 확인 문제

▶ 다음 중 거래소시장의 사이드카제도와 서킷브레이커제도에 대한 설명으로 옳지 않은 것은?

① 두 제도 모두 매매중단은 당일 1회에 한하며 정규시장 종료 40분 전 이후에는 중단하지 않는다.
② 사이드카는 선물가격이 기준가격대비 10% 이상 하락하는 경우 그 하락이 1분간 지속되는 경우에 프로그램호가를 5분간 정지하는 제도이다.
③ 기준지수가 전일 종가대비 10% 상승한 경우에는 서킷브레이커제도가 발동되지 않는다.
④ 서킷브레이커는 종합주가지수가 전일 종가보다 10% 이상 하락하여 1분간 지속되는 경우에 모든 종목의 매매거래를 중단하고, 20분이 경과한 후에 10분간 호가를 접수하여 단일가격에 의한 개별경쟁매매의 방법으로 매매가 재개되는 제도이다.

정답해설 사이드카제도는 선물가격이 전일 종가대비 5% 이상 변동(등락)한 시세가 1분간 지속될 경우 주식시장의 프로그램매매 호가의 효력을 5분간 정지하는 것으로, 선물가격이 급변하는 경우에 현물시장에 파급되는 것을 막기 위해 프로그램호가를 제한하는 제도이다.

개념 짚어 보기

시장전체의 매매거래중단(Circuit Breakers)

- 한국종합주가지수(KOSPI)가 전일 종가대비 10% 이상 하락하여 1분간 지속하는 경우(단기간 급락)에는 주식시장, 상장지수펀드시장, 주식워런트증권시장 등 시장에서의 모든 매매거래종목에 대해 매매거래를 중단할 수 있다.
- 매매거래의 중단 후 20분이 경과되면 매매거래를 재개하며, 매매거래 재개시에는 10분간 호가접수 후 단일가격에 의한 개별경쟁매매 방법으로 매매거래가 이루어진다.
- 매매거래의 중단은 당일 1회에 한하며, 정규시장 종료 40분 전(14시 20분) 이후에는 중단할 수 없다.

[개념 확인 문제 정답] 01 ②　02 ②　[실전 확인 문제 정답] ②

25 호가(3) – 매매호가의 가격제한

개념 확인 문제

01 가격제한폭제도란 증권시장에 있어서 일시의 급격한 주가변동으로 인한 시장질서의 혼란과 투자자들의 피해를 막고 공정한 가격형성을 유도하기 위하여 당일 입회 중 움직일 수 있는 가격의 변동폭을 제한하는 것으로, (　　　)에는 가격제한폭을 적용하지 않는다.

① 외국주식예탁증권　　② 주식워런트증권

02 가격제한폭제도는 매매호가에 있어서 당일에 오르내릴 수 있는 최대한의 상하한폭을 15%로 정해 (　　　)를 기준으로 하여 상한가보다 높은 가격, 하한가보다 낮은 가격을 넘어서는 주문을 할 수 없다.

① 전일 종가　　② 당일 종가

실전 확인 문제

▶ 유가증권시장의 가격제한폭에 대한 설명으로 가장 적절한 것은?

① 가격제한폭의 기준가격은 당일 중 최초 결정된 가격(시가)이다.
② 신규상장종목은 상장 당일에는 가격제한폭이 없다.
③ 가격제한폭은 가격결정에 있어 정보의 효율적 반영을 저해할 수 있다.
④ 주식, ETF, 주식워런트증권은 가격제한폭이 15%이다.

정답해설 ① 가격제한폭의 기준가격은 원칙적으로 전일 종가가 기준가격이 된다.
② 시장에서는 상장증권의 공정한 가격형성을 도모하고 급격한 시세변동에 따른 투자자의 피해방지 등 공정한 거래질서 확립을 위해 하루 동안 가격이 변동할 수 있는 폭을 기준가격대비 상하 15%로 제한하고 있다.
④ 주식, 외국주식예탁증권, ETF, 수익증권은 기준가격의 15%에 해당하는 가격이 가격제한폭이 된다. 다만, 정리매매종목, 주식워런트증권(ELW), 신주인수권증서, 신주인수권증권의 경우에는 가격제한폭이 적용되지 않는다.

개념 짚어 보기

호가가격단위

구분	유가증권시장	코스닥시장	코넥스시장
1,000원 미만	1원	1원	1원
1,000원 이상~5,000원 미만	5원	5원	5원
5,000원 이상~10,000원 미만	10원	10원	10원
10,000원 이상~50,000원 미만	50원	50원	50원
50,000원 이상~100,000원 미만	100원	100원	100원
100,000원 이상~500,000원 미만	500원	100원	100원
500,000원 이상	1,000원	100원	100원

[개념 확인 문제 정답] 01 ② 02 ① [실전 확인 문제 정답] ③

26 매매계약 체결방법 · 매매수량단위

개념 확인 문제

01 (　　　)은 단일가격에 의한 개별경쟁매매와 복수가격에 의한 개별경쟁매매에 모두 적용된다.

① 시간우선의 원칙　　② 수량우선의 원칙

02 증권시장의 매매체결방법은 매도자와 매수자 간 경쟁관계에 따라 구분되는데 단일의 매도자와 복수의 매수자 또는 복수의 매도자와 단일의 매수자 간 경쟁입찰에 의한 매매거래를 (　　　)라고 한다.

① 경매매　　② 상대매매

03 매매수량단위는 거래소시장에서 투자자가 주문을 제출할 수 있는 최소단위의 수량으로서, 주권의 경우 매매수량단위는 (　　　)이다.

① 1주　　② 10주

실전 확인 문제

▶ 다음 중 거래소시장의 매매계약 체결의 원칙이 아닌 것은?

① 가격우선의 원칙　　② 시간우선의 원칙
③ 자기매매우선의 원칙　　④ 수량우선의 원칙

정답해설 유가증권시장에서 매매계약 체결 시 가격우선의 원칙, 시간우선의 원칙, 위탁매매우선의 원칙, 수량우선의 원칙이 적용된다.

개념 짚어 보기

매매계약체결의 원칙

- **가격우선의 원칙** : 저가의 매도호가는 고가의 매도호가에 우선하고, 고가의 매수호가는 저가의 매수호가에 우선한다.
- **시간우선의 원칙** : 동일가격에 의한 호가는 먼저 접수된 호가가 뒤에 접수된 호가에 우선한다.
- **수량우선의 원칙** : 호가의 수량이 많은 호가가 적은 호가에 우선한다.
- **위탁매매우선의 원칙** : 위탁매매가 자기매매에 우선한다.

증권 종류별 매매수량단위

구분	매매수량단위
주권	1주
ELW, 수익증권	10증권, 1좌
ETF, 신주인수권증권, 신주인수권증서	1주, 1증권, 1증서
일반채권	액면 10만 원
외환표시채권	1만 포인트

[개념 확인 문제 정답] 01 ① 02 ① 03 ① [실전 확인 문제 정답] ③

27 매매계약체결의 특례

개념 확인 문제

01 (　　　)는 다수종목으로 구성된 주식을 시간외매매 거래시간 중 일괄하여 매매하려는 경우 당일의 상 · 하한가 범위 이내의 가격으로 거래할 수 있도록 하는 제도로, 시간외시장의 호가접수시간 동안 바스켓을 구성하는 각 종목에 대하여 수량 · 가격이 동일한 매도호가와 매수호가로 회원이 매매거래를 성립시키고자 거래소에 신청하는 경우 당해 바스켓을 구성하는 종목을 일괄하여 매매거래를 성립시키는 방법이다.

① 시간외단일가매매　　② 시간외바스켓매매

02 시간외단일가매매는 장종료 후 시간외시장에서 (　　　) 단위로 호가접수 후 매매체결되는 단일가 매매방법으로 정규시장 종가를 기준으로 ±10% 범위와 당일의 가격제한폭 이내의 범위에서 가격변동이 가능하며, 지정가호가만 가능하다.

① 10분　　② 1시간

실전 확인 문제

▶ 다음 중 유가증권시장의 시간외매매에 대한 설명으로 거리가 먼 것은?

① 시간외종가매매, 시간외단일가매매, 시간외바스켓매매, 시간외대량매매, 시간외경쟁대량매매로 구분된다.
② 시간외종가매매는 당일 종가 접수순으로 체결되므로 시간우선의 원칙이 적용된다.
③ 시간외대량매매는 회원의 신청 없이도 일정 수량 이상이 되면 당해 호가 간에 매도 · 매수의 쌍방호가가 이루어진다.
④ 시간외바스켓매매의 수량단위는 1주이고 바스켓구성 종목수는 5종목 이상이다.

정답해설 시간외대량매매는 회원의 신청이 있는 경우에 일정 수량 이상의 매도 · 매수의 수량과 가격이 일치하는 쌍방호가에 대해 당해 호가 간에 매매를 체결시켜주는 제도이다.

개념 짚어 보기

시간외단일가매매

매매방법	장종료 후 시간외시장에서 10분 단위로 주기적으로 단일가매매
매매시간	16:00～18:00(120분)
호가가격	당일 종가 ±10%와 당일의 상하한가 이내의 범위에서 가능
매매수량	1주(지정가호가만 가능)
대상증권	주권, ETN, ETF, 외국주식예탁증권(당일 거래미형성 종목 제외)

[개념 확인 문제 정답] 01 ② 02 ① [실전 확인 문제 정답] ③

28 매매거래의 결제

개념 확인 문제

01 우리나라의 주식결제방식은 증권과 대금을 수수하여 결제하는 실물결제방식, 매도와 매수의 물량 간의 잔액 또는 잔량만 수수하는 (　　　), 결제기구를 통해 집중결제하는 집중결제방식을 택하고 있다.

① 차감결제방식　　② 차금결제방식

02 결제시한은 장종료 1시간 후인 결제일의 (　　　)이나 거래소의 전산장애 또는 매매거래의 폭주, 기타 시장관리상 필요한 경우에는 결제시한 변경이 가능하다.

① 15:00　　② 16:00

실전 확인 문제

▶ 다음 중 매매거래의 결제에 관한 설명으로 옳지 않은 것은?

① 결제란 증권시장에서 다수의 매매 쌍방 간에 이루어지는 것으로 결제이행으로 인해 매매거래가 최종적으로 종결되는 것을 의미한다.
② 거래소에서는 신원보증금 등의 결제이행 보증을 위한 제도적 장치를 마련해 거래에 대한 결제이행책임을 지고 있다.
③ 결제 시 대금을 차감하는 경우 유가증권시장과 코스닥시장을 포함하여 차감할 수 있다.
④ 우리나라 주식시장에서의 결제방식은 실물결제방식, 차감결제방식, 개별결제방식을 채택하고 있다.

정답해설 우리나라의 주식시장에서의 결제방식은 실물결제방식, 차감결제방식, 집중결제방식을 채택하고 있다. 개별결제방식은 매매당사자 간에 결제하는 방법이다.

개념 짚어 보기

주식결제방식

현재 우리나라에서는 실물거래인 당일결제거래와 보통거래만이 인정되고 있어 실물결제를 채택하고 있으며 회원별 매매거래의 종류별로 매도증권과 매수대금을 각각 차감해 결제하는 차감결제를, 거래소의 결제기구를 통해 결제하는 집중결제를 채택하고 있다.

구분	방식	내용
실질 수수 여부	실물결제	매매한 증권과 대금을 결제일에 실질적으로 수수하여 결제하는 방법
	차금결제	결제일 전에 반대매매에 의하여 차금만 수수하여 결제하는 방법
전액 결제 여부	전량결제	한 회원이 매매한 전량 및 대금의 전액을 결제하는 방법
	차감결제	회원별 · 종목별로 매도 · 매수를 차감한 잔액 또는 잔량만으로 결제하는 방법
결제기구 여부	개별결제	매매 당사자 간에 또는 거래소가 지정해 주는 상대방과 개별적으로 결제하는 방법
	집중결제	증권거래소의 결제기구(일정한 장소)를 통해 집중적으로 결제하는 방법

[개념 확인 문제 정답] 01 ① 02 ② [실전 확인 문제 정답] ④

29 시장관리제도(1) – 투자주의종목 · 투자경고종목 · 투자위험종목

개념 확인 문제

01 (　　　)의 지정은 주가의 중장기적인 상승에 따른 지정, 주가의 단기 (　　　)에 따른 지정 등으로 나뉜다.

① 투자주의종목, 급락　　　② 투자경고종목, 급등

02 투자경고종목 지정에도 불구하고 최근 5일간 주가상승률이 (　　　) 이상인 종목, 최근 5일간 주가상승률이 같은 기간 코스피(코스닥)지수 상승률의 (　　　) 이상인 종목 중 어느 하나에 해당하는 종목의 경우에는 투자위험종목으로 지정한다.

① 60%, 6배　　　② 70%, 10배

실전 확인 문제

▶ 증권시장의 시장관리제도에 대한 설명이다. 다음 중 옳지 않은 것은?

① 투자위험종목으로 지정된 이후에도 주가가 지속적으로 상승하면 매매거래가 정지되나 해당 종목은 대용증권으로는 사용 가능하다.

② 단기급등에 따른 투자경고 · 위험종목의 지정기준은 최근 5일간 주가상승률이 60% 이상인 경우이면서 그날의 주가가 최근 15일 중 최고가인 종목이다.

③ 중장기 지속적인 상승에 따른 투자경고 · 위험종목의 지정기준은 최근 15일간 주가상승률이 100% 이상인 경우의 종목이다.

④ 투자경고종목 지정에도 불구하고 주가가 지속적으로 상승하고 투자위험종목으로 지정예고된 날부터 기산하여 10일 이내에 다시 지정예고요건에 해당하면 투자위험종목으로 지정한다.

정답해설 투자위험종목으로 지정될 경우에는 그 종목을 대용증권으로 사용할 수 없다.

개념 짚어 보기

투자경고종목 · 투자위험종목의 지정효과

- 지정될 경우 신규의 신용거래가 금지되며, 해당 종목을 매수하고자 하는 경우 위탁증거금을 전액 납부하여야 한다.
- 투자위험종목 지정 시 그 종목을 대용증권으로 사용할 수 없다.
- 투자위험종목 지정 이후에도 주가의 지속적인 상승으로 지정일 전일 주가와 당일 직전 매매거래일의 주가보다 높거나 3일 동안 연속되는 경우에는 매매거래가 정지될 수 있다.

[개념 확인 문제 정답] 01 ② 02 ① [실전 확인 문제 정답] ①

30 시장관리제도(2) – 배당락 및 권리락

개념 확인 문제

01 **(　　　)는 신주인수권을 받을 권리가 소멸되는 것을 조건으로 하는 매매하는 내용을 투자자에게 주지시키고 실제로 신주배정일 전일에 조치를 취함으로써 주가가 합리적으로 형성될 수 있도록 하는 시장조치이다.**

① 권리락 조치　　② 배당락 조치

02 **배당락 조치 시 (　　　)의 경우는 기준가격을 조정하지 않고, (　　　)의 경우에는 기준가격을 조정한다.**

① 주식배당, 현금배당　　② 현금배당, 주식배당

실전 확인 문제

▶ **배당락 및 권리락 제도에 대한 설명이다. 틀린 설명은?**

① 제3자배정에 의한 증자는 기존주주의 권리와 관련이 없으므로 권리락 조치가 없다.
② 권리락은 주주배정 증자 시 신주배정기준일이 경과하여 신주를 배정받을 권리가 없는 상태로서, 신주배정 기준일 전일에 조치된다.
③ 권리락은 조치시기는 배당락과는 달리 기준일 전일(매매일 기준)에 한다.
④ 배당락 조치는 전 사업연도의 결산에 따른 이익배당을 받을 권리를 투자자에게 주지시켜 주는 제도로 배당락 조치일에 매수한 투자자는 배당금을 받을 수 없다.

정답해설 배당락 조치시기는 권리락과 같이 기준일(사업연도 종료일) 전일(매매일 기준)이다.
① 일반공모에 의한 증자, 제3자배정에 의한 증자는 기존주주의 권리와 관련이 없으므로 권리락 조치가 없다.
② 결제기간에 따라 권리락의 조치시기는 달라질 수 있으나 일반적으로 신주배정 기준일 전일에 한다.
④ 배당락은 배당기준일이 경과하여 배당금을 받을 권리가 없어지는 것으로 배당기준일 이후 주식을 매입하는 자는 배당을 받을 수 없음을 의미한다.

개념 짚어 보기

배당락과 권리락 기준가격

• 배당락 기준가격은 주식배당의 경우 배당 전후의 1주당 가치변화를 주가에 반영하기 위해 이론가격을 정하고 있다.

$$\text{배당락 기준가격} = \frac{\text{배당부 종가} \times \text{배당 전 주식수}}{\text{배당 후 주식수}}$$

• 권리락 기준가격은 권리락 전후의 1주당 가치변화를 주가에 반영하기 위해 이론가격으로 조정하고 있다.

$$\text{권리락 기준가격} = \frac{(\text{권리부 종가} \times \text{증자 전 주식수}) + \text{신주납입금액}}{\text{증자 후 주식수}}$$

[개념 확인 문제 정답] 01 ① 02 ② [실전 확인 문제 정답] ③

31 시장감시제도 – 이상거래 심리 및 분쟁조정제도

개념 확인 문제

01 회원감리는 거래소의 업무관련 규정의 준수 여부를 확인하는 것으로, 회원감리의 실시방법에는 회원으로부터 자료나 관계자의 청취내용을 조사하는 (　　　)와 회원에게 대면적으로 필요사항을 직접조사하는 (　　　)의 방법이 있다.

① 서면감리, 방문감리　　② 서면감리, 실지감리

02 이상거래심리 및 회원감리결과 알게된 위규사항에 대해서는 해당 회원에게 6개월 이내의 회원자격의 전부 또는 일부의 정지 및 6개월 이내의 매매거래의 전부 또는 일부의 정지, (　　　) 이하 1,000만 원 이상의 회원제재금, 약식제재금(200만 원 이하)을 부과할 수 있다.

① 1,000만 원　　② 10억 원

실전 확인 문제

▶ **다음 중 거래소의 분쟁조정에 대한 설명으로 틀린 것은?**

① 거래소의 분쟁조정은 유가증권시장과 코스닥시장, 파생상품시장에서의 매매거래와 관련하여 발생한 분쟁을 대상으로 하여 자율조정을 도모한다.
② 분쟁조정은 약간의 비용부담으로 법적 절차를 통하는 것보다 편리하고 신속한 분쟁의 해결이 가능하다.
③ 조정이 수락되어 분쟁조정이 성립되는 경우 그 효력은 민법상 화해계약이 성립된 것으로 본다.
④ 분쟁당사자는 조정결정 후 15일 이내에 조정안에 대한 수락의 의사표시를 해야 조정이 성립된다.

정답해설 거래소의 분쟁조정제도는 별도의 비용부담 없이 간편하고 신속한 분쟁의 해결이 가능하다.

개념 짚어 보기

거래소의 분쟁조정제도

> 분쟁조정신청서 제출 → 시장감시위원회에의 회부(접수일부터 30일 이내) → 분쟁조정심의위원회(5인 이상) 심의 → 시장감시위원회에 보고 → 시장감시위원회의 결정(회부일부터 30일 이내) → 조정안 수락(15일 이내)

- 당사자 간에 원만한 해결이 가능한 경우 합의권고를 통해 당사자 간 자율적인 합의를 유도할 수 있다.
- 당사자 간에 합의가 성립되지 않거나 합의권고가 적당하지 않다고 인정되는 경우 분쟁조정접수일로부터 30일 이내에 시장감시위원회에 회부한다.
- 회부 후 30일 이내에 시장감시위원회는 조정심의(분쟁조정심의위원회의 심의 포함) 및 조정결정을 해야 한다.
- 분쟁조정당사자가 시장감시위원회의 조정결정 후 15일 이내에 조정안에 대한 수락의 의사표시를 하면 조정이 성립된다.

[개념 확인 문제 정답] 01 ② 02 ② [실전 확인 문제 정답] ②

핵심플러스

OX 문제

01 발행시장은 기업자금의 대규모화를 실현할 수 있게 하며 소득분배를 촉진하고 유가증권의 가격을 결정하는 기능을 담당한다. ( )

02 우리나라의 경우는 간접발행의 대부분이 인수기관이 증권의 발행사무 및 발행위험을 모두 부담하는 총액인수제의 발행형태를 취하고 있다. ( )

03 매출이란 대통령령으로 정하는 방법에 따라 산출한 50인 이상의 이미 발행된 증권의 매도의 청약 또는 매수의 청약을 권유하는 것으로 증권시장에서 청약의 권유를 받는 자를 기준으로 투자자의 수를 산출한다. ( )

04 회사설립자는 물론 비상장 단계에서 투자한 투자자인 경우에도 상장 후에는 투자자본에 대해서는 투자자본의 회수가 불가능하다. ( )

05 구주주의 기본적인 권리인 신주인수권은 정관에 다른 정함이 없는 경우에는 주주는 신주가 발행될 경우 소유주식수에 비례하여 신주를 배정받을 권리를 가진다. ( )

06 발행주식수가 신주공모나 기타의 증자로 인하여 증가할 경우에는 상장 후에 정관을 변경하여 수권주식수를 조절할 수 있다. ( )

07 주식의 종류별로 배당기산일이 동일하지 않을 경우에는 거래소는 그 사유가 해소될 때까지 당해 주권의 상장을 유예하고 있다. ( )

08 우리사주조합원은 당해 법인에 계속하여 고용되어 있는 근로자 외에 주주총회에서 선임된 임원과 소액주주도 가입 가능하다. ( )

09 증권신고서는 지분증권의 모집 또는 매출의 경우 신고서 수리 후 3일 경과 후 효력이 발생한다. ( )

10 상장법인이 상장규정상의 유가증권 상장폐지기준에 해당되면 당해 법인의 신청 없이도 거래소가 직권으로 상장을 폐지할 수 있다. ( )

해설

01 유가증권의 가격 결정은 유통시장이 담당한다.

03 매출이란 이미 발행된 유가증권에 대하여 유가증권시장 또는 코스닥시장 밖에서 대주주 등 특별한 연고자를 제외한 50인 이상의 투자자를 상대로 취득의 청약을 권유하는 것을 말한다.

04 상장시에는 상장을 계기로 하여 주권거래가 활성화되고 주가상승이 이루어질 가능성이 있어 비상장 단계에서 투자한 투자자의 경우에, 회사설립자의 경우에는 투자자본을 회수할 기회를 제공한다.

06 발행주식수의 증가가 예정되어 있어 정관상의 수권주식수가 부족할 것으로 예상되는 경우 사전에 정관을 변경하여 수권주식수를 늘려야 한다.

08 우리사주조합의 가입대상은 당해 법인에 계속하여 고용되어 있는 근로자로서 주주총회에서 선임된 임원, 당해 법인의 주주(소액주주 제외), 일용근로자를 제외한 모든 종업원이며, 조합 가입 후 제외 사유에 해당되면 조합원의 자격을 상실한다.

09 지분증권의 모집 또는 매출의 경우 신고서 수리 후 15일 경과 후 효력이 발생하며, 모집가액 등 관련 사항의 변경으로 정정신고서를 제출할 경우 신고서 수리 후 3일 경과 후 효력이 발생한다.

[정답] 01 × 02 ○ 03 × 04 × 05 ○ 06 × 07 ○ 08 × 09 × 10 ○

핵심플러스

OX 문제

11 자본시장법에서는 증권의 발행주체를 내국인만으로 한정하고 있다. (   )

12 우회상장의 경우에는 별도의 상장예비심사를 받지 않아도 자동 상장된다. (   )

13 매매거래의 종류에서 보통거래는 매매계약을 체결한 날로부터 3일째 되는 날에 결제하는 거래를 말한다. (   )

14 최유리지정가호가로 매수주문하면 매수호가 중에서 가장 높은 가격으로 지정된다. (   )

15 시간외바스켓매매는 일정 수 이상의 다수종목으로 구성된 주식집단을 시간외 매매거래시간 중 일괄하여 매매거래를 하고자 하는 매도 · 매수 쌍방주문에 대하여, 이를 당해 호가 간에 체결시켜 주는 제도이다. (   )

16 정규시장 중에 자기주식을 매수와 매도할 경우에는 전일 종가대비 상하한가 5% 범위 이내의 가격으로 할 수 있다. (   )

17 시간외대량매매의 호가가격은 전일 혹은 당일 종가의 호가 범위 이내의 가격으로 제한한다. (   )

18 유가증권시장에서 관리종목, 투자경고종목, 투자위험종목으로 지정된 경우에는 신규 신용거래종목에서 제외된다. (   )

19 배당락 조치 시 결산기말이 7월 말(7월 30일이 금요일인 경우)인 기업의 경우 배당락 조치일은 7월 29일이다. (   )

20 거래소는 거래소 회원에 대하여 불공정 이상거래와 관련한 사후감리만 실시한다. (   )

해설

11 자본시장법상 증권이란 내국인 또는 외국인이 발행한 금융투자상품으로서 투자자가 취득과 동시에 지급한 금전 등 외에 어떠한 명목으로든지 추가로 지급의무를 부담하지 않는 것을 말하며, 증권의 발행주체에 내국인과 외국인을 모두 포함하고 있다.

12 우회상장의 경우에도 우회상장신청인은 우회상장예비심사청구서를 거래소에 제출하고 상장예비심사를 받아야 한다.

14 매수 최유리호가의 경우에는 당해 호가의 접수시점에서 가장 낮은 가격으로 지정하여 매매체결 된다.

16 매수의 경우에는 전일 종가를 기준으로 5% 높은 가격이 상한가격이 되고, 매도의 경우에는 전일 종가보다 2호가가격 낮은 가격이 하한가격이 된다.

17 시간외대량매매는 일정 수령 이상의 매도와 매수 쌍방 호가에 대해 회원이 있는 경우 당해 호가 간에 우선적으로 매매해 주는 제도로 호가가격은 당일 중 형성된 상하한가 범위 이내의 가격으로 제한한다.

20 거래소는 사후에 감리하여 제재 조치를 취하는 것 외에도 증권시장에서의 불공정거래 사전예방을 위한 사전예고, 예방조치요구제도 등의 자율규제 조치도 실시하고 있다(이상거래의 심리 및 회원감리).

[정답] 11 × 12 × 13 ○ 14 × 15 ○ 16 × 17 × 18 ○ 19 ○ 20 ×

2장 코스닥시장

대표 유형 문제

다음 코스닥시장의 매매제도에 관한 설명 중 옳은 것은?

① 코스닥시장은 결제일 전에 다른 주식의 매도주문을 낼 수 없다.
② 코스닥시장에서 1주의 가격이 10,000원 이상 50,000원 미만인 경우의 호가가격단위는 50원이다.
③ 공매도는 결제불이행으로 시장의 혼란을 야기시킬 우려가 있으므로 코스닥시장에서는 금지된다.
④ 코스닥시장에서 단일가격에 의한 개별경쟁매매 시 동시호가가 적용되는 경우의 매매체결우선의 원칙은 가격우선의 원칙, 시간우선의 원칙, 위탁매매우선의 원칙, 수량우선의 원칙이 있다.

정답해설 코스닥시장의 호가가격은 주권가격대별로 5단계이며, 기준가격이 10,000원 이상 50,000원 미만인 경우 호가가격단위는 50원이다.

오답해설 ① 코스닥시장은 결제 전 매매(Day Trading)가 가능하다.
③ 공매도의 경우 결제불이행에 대한 위험이 높기 때문에 특별한 경우에만 예외적으로 허용하되, 허용하더라도 일정한 경우 매도가격의 제한이 있다.
④ 다만, 단일가매매를 하는 경우로서 동시호가가 적용되는 경우에는 시간우선의 원칙이 적용되지 않는다.

대표 유형 문제 알아 보기

호가가격단위

주권가격	호가가격단위
1,000원 미만	1원
1,000원 이상 ~ 5,000원 미만	5원
5,000원 이상 ~ 10,000원 미만	10원
10,000원 이상 ~ 50,000원 미만	50원
50,000원 이상	100원

개별경쟁매매 시 매매체결우선의 원칙

- **가격우선의 원칙** : 저가의 매도호가는 고가의 매도호가에 우선하고 고가의 매수호가는 저가의 매수호가에 우선한다.
- **시간우선의 원칙** : 동일한 가격의 호가는 호가가 제출된 시간의 선후에 따라 먼저 접수된 호가가 뒤에 접수된 호가에 우선한다.
- **위탁매매우선의 원칙** : 단일가매매시간에 접수된 호가가 동시호가인 경우에 동시호가 간에는 고객의 주문인 위탁매매가 금융투자업자의 자기매매호가에 우선한다.
- **수량우선의 원칙** : 단일가매매시간에 접수된 호가가 동시호가인 경우 수량이 많은 호가가 수량이 적은 호가에 우선한다.

[대표 유형 문제 정답] ②

1 코스닥시장의 이해(1)

개념 확인 문제

01 코스닥시장은 시장 출범과 함께 코스닥증권시장에 주문을 집중하도록 하고 기존의 낙후된 거래방식을 일정한 매매규칙에 따른 (   )으로 전환하였다.

① 상대매매방식 ② 경쟁매매방식

02 코스닥시장의 상장공모, 불공정거래, 발행시장 규제, 증권의 발행 및 공시에 관한 규정의 제 · 개정, 내부자거래 등의 조사 권한은 (   )의 권한이다.

① 금융위원회 ② 한국거래소

실전 확인 문제

▶ **코스닥시장에 대한 설명 중 틀린 것은?**

① 유가증권시장에 상장되지 않은 유가증권의 매매거래를 위하여 거래소가 개설하는 시장을 말한다.

② 일정한 거래질서하에 경쟁매매가 행해지므로 장외시장과 차별화되는 새로운 개념의 증권시장이다.

③ 새로운 유망 벤처기업을 발굴 · 지원하기 위한 자금조성의 장으로써 활용된다.

④ 유가증권시장에 진입하기 위한 전단계적 또는 보완적 시장이다.

정답해설 코스닥시장은 유가증권시장에 진입하기 위한 전단계적 또는 보완적 시장이 아니라 유가증권시장과 함께 독립된 경쟁시장으로 유망 중소 · 벤처기업의 자금조달의 역할을 수행하고 있다.

개념 짚어 보기

코스닥시장의 특징과 기능

- 코스닥시장의 특징
  - 벤처기업, 유망중소기업 등 성장기업 중심의 시장
  - 독립적 경쟁시장
  - 금융투자업자의 역할과 책임이 중시되는 시장
  - 투자자의 자기책임의 원칙이 강조되는 시장
- 코스닥시장의 기능
  - 자금조달 기능
  - 자금운용시장 기능
  - 신생 · 유망 벤처산업의 육성 기능

[개념 확인 문제 정답] 01 ② 02 ① [실전 확인 문제 정답] ④

2 코스닥시장의 이해(2)

개념 확인 문제

01 의결권 없는 주식의 발행한도는 상법상 총 발행주식총수의 1/4을 초과하지 못하지만, 코스닥시장 상장법인의 경우는 발행주식총수의 (　　　)까지 확대할 수 있다.

① 1/2　　② 1/3

02 코스닥시장 상장법인의 주식을 상속 또는 증여할 경우 동 주식의 평가액은 평가기준일 이전 · 이후 각 (　　　)간 주가의 평균액으로 한다.

① 2개월　　② 4개월

실전 확인 문제

▶ 코스닥시장상장에 대한 설명으로 다음 중 옳지 않은 것은?

① 코스닥시장 상장법인의 경우 주식이 널리 분산되어 시세가 형성되기 때문에 일반공모증자가 가능하다.
② 상장된 기업은 주식이 분산되어 있어 유상증자 시 대주주의 자금부담이 줄어들고, 다수의 투자자들로부터 자금조달도 가능하다.
③ 코스닥시장을 통하지 않고 개인 간 매매를 한 경우에는 양도소득세를 과세하지 않는다.
④ 코스닥시장 상장법인의 주식은 유통성이 보장되므로 주식을 대용증권으로 활용할 수 있다.

정답해설 코스닥시장을 통해 양도할 시 양도소득세는 비과세이나, 코스닥시장을 통하지 않고 개인 간에 매매를 한 경우에도 양도차익에 대해서는 세금(양도소득세)을 내야 한다.

개념 짚어 보기

코스닥시장 상장의 장점

자금조달상의 혜택	세제상 혜택	기타 혜택
• 신규상장 시 모집을 통한 자금조달 • 상장 후 공모증자가 용이 • 일반공모증자 가능 • 의결권 없는 주식의 발행한도 확대 • 신종사채발행 가능 • 사채발행한도 확대	• 양도소득세 비과세 • 배당소득세 비과세 및 분리과세 • 증권거래세율 인하효과 • 상속 및 증여재산 평가 시 코스닥시장 시세의 안정	• 기업의 홍보효과 • 공신력 제고 • 경영합리화 도모 • 자기주식의 취득방법 확대 • 주식배당과 중간배당 지급 • 주식의 활용도 제고

[개념 확인 문제 정답] 01 ① 02 ① [실전 확인 문제 정답] ③

3 코스닥시장의 상장제도(1) – 신규상장심사요건

개념 확인 문제

01 상장요건에 있어서 일반기업은 설립 후 (   ) 이상 경과해야 하며, 건설회사는 설립 후 (   ) 이상 경과해야 한다.

① 1년, 3년 ② 3년, 5년

02 코스닥시장에 신규상장하기 위해서는 최근 사업연도의 재무제표에 대한 감사인의 감사의견이 (   ) 이상이어야 한다.

① 한정의견 ② 적정의견

실전 확인 문제

▶ 코스닥시장의 신규상장심사요건 중 벤처기업에 대해 면제하는 요건은?

① 자기자본요건 – 15억 원 이상
② 설립 후 경과연수 – 설립 후 3년 이상 경과
③ 주식의 양도 제한 – 정관 등에 주식양도의 제한이 없을 것
④ 자기자본이익률 – 5% 이상이거나 최근 사업연도의 당기순이익이 10억 원 이상일 것

정답해설 벤처기업은 일반기업의 신규상장심사요건 중 기업설립 후 경과연수(영업기간)가 심사요건에서 면제된다. 코스닥시장을 보다 용이하게 이용할 수 있도록 지원하기 위해 벤처기업에 대해서는 일반기업의 요건보다 완화된 요건을 적용한다.

개념 짚어 보기

일반기업과 벤처기업의 코스닥시장 상장요건

요건	일반기업	벤처기업
자본금	상장예비심사청구일 현재 자기자본이 30억 원 이상이거나 기준시가총액이 90억 원 이상일 것	상장예비심사청구일 현재 자기자본이 15억 원 이상이거나 기준시가총액이 90억 원 이상일 것
자기자본이익률	최근 사업연도의 자기자본이익률이 10% 이상이거나 최근 사업연도의 당기순이익이 20억 원 이상일 것	최근 사업연도의 자기자본이익률이 5% 이상이거나 최근 사업연도의 당기순이익이 10억 원 이상일 것
경영성과	최근 사업연도의 법인세차감전 계속사업이익이 있을 것	최근 사업연도의 법인세차감전 계속사업이익이 없을 것
영업기간 (설립 후 경과연수)	상장예비심사청구일 현재 설립 후 3년 이상 경과하고 계속적으로 영업을 하고 있을 것	–

[개념 확인 문제 정답] 01 ② 02 ② **[실전 확인 문제 정답]** ②

4 코스닥시장의 상장제도(2) – 상장절차

개념 확인 문제

01 코스닥시장에서는 상장신청 후 1주일간 승인 여부가 결정되고, 승인이 결정되면 (　　　) 시장에서 매매가 개시된다.

① 코스닥시장 상장일부터　　② 신규상장일로부터 2매매거래일 후

02 상장예비심사청구가 있는 경우에는 코스닥시장 상장위원회의 심의를 거쳐 (　　　)가 상장예비심사결과를 확정한다.

① 금융위원회　　② 거래소

03 배정 및 환불의 경우는 청약실시 후 약 (　　　)이 소요되며, 공모실시 후 발생된 잔여주식은 대표주관회사가 전량 인수하게 된다.

① 7일　　② 10일

실전 확인 문제

▶ 다음의 코스닥시장 상장절차에 대한 설명 중 틀린 것은?

① 증권신고서는 제출 3주 전부터 작업을 시작하여 거래소에 증권신고서를 제출한 즉시 효력이 발생된다.
② 공모가격은 기관투자자 및 증권회사를 대상으로 한 수요예측결과를 반영하여 발행회사와 상장주선인인 대표주관회사가 협의하여 결정한다.
③ 상장예비심사는 코스닥시장 상장위원회가 심의를 거쳐 거래소가 결정하며, 상장위원회는 매월 2회 개최되는 것을 원칙으로 한다.
④ 상장예비심사청구서는 상장주선인인 대표주관회사를 통해 제출한다.

정답해설 거래소에 증권신고서를 제출하고 15일이 경과해야 증권신고서의 효력이 발생된다.

개념 짚어 보기

코스닥시장 상장절차

주식인수의뢰서 제출(D−260일) → 기업등록, 정관정비 및 사전준비(D−170일) → 명의개서대행기관 선정(D−80일) → 증권신고서 제출(D−50일) → 증권신고서 효력발생(D−35일) → 수요예측 실시(D−19일) → 청약(D−12일) → 배정 및 환불(D−7일) → 납입 및 신규상장 신청(D−6일) → 코스닥시장 상장 승인 및 매매개시(D)

[개념 확인 문제 정답] 01 ① 02 ② 03 ② [실전 확인 문제 정답] ①

5 코스닥시장의 매매제도(1) – 매매관련 제도

개념 확인 문제

01 코스닥시장의 매매거래시간은 오전 9시부터 오후 ( )까지이며, 휴장일 외에 최종 매매거래일인 연말의 폐장일 및 연초의 개장일, 그 밖에 전산장애의 발생 등으로 거래소가 매매거래시간의 변경이 필요하다고 인정하는 경우에는 매매거래시간을 임시로 변경할 수 있다.

① 3시 30분　　② 5시

02 ( )는 결제불이행에 대한 위험이 높기 때문에 결제의 안정성이 담보되는 경우에 한하여 예외적으로 허용되는데, 허용하더라도 매도가격에 제한이 있고 계약 등에 의하여 증권을 인도받아 결제일까지 결제가 가능하다고 확인된 경우에 가능하다.

① 대량매매　　② 공매도

03 가격제한폭은 주가가 외부의 충격에 의해 급락하여 발생하지 모르는 시장충격을 완화하기 위해 개별 종목의 주가가 오르내릴 수 있는 한계를 정해 놓은 범위로서 기준가격 대비 상하 ( )이다.

① 5%　　② 30%

실전 확인 문제

▶ 코스닥시장의 매매와 관련된 제도로 틀린 설명은?

① 주문수량단위는 10주이다.
② 전장 · 후장의 구분이 없다.
③ 가격제한폭은 기준가격에 0.3을 곱한 금액으로 한다.
④ 결제 전 매매제도가 허용된다.

정답해설 코스닥시장에서의 매매수량단위는 1주(1증서, 1좌)이다.

개념 짚어 보기

코스닥시장의 매매거래제도

- **매매수량단위** : 1주(1증서, 1좌)
- **가격제한폭** : 기준가격 대비 상하 30%(기준가격에 0.3을 곱하여 산출한 금액으로 하며, 산출된 금액 중 기준가격대에 해당하는 호가가격단위 미만의 금액은 절사)
- 신주인수권증권, 신주인수권증서는 가격제한폭 없음
- **호가의 종류** : 호가제출 시 매매하고자 하는 종목의 가격과 수량을 지정한 지정가호가 및 종목과 수량만 지정하고 가격을 지정하지 않는 시장가호가만 가능

[개념 확인 문제 정답] 01 ① 02 ② 03 ② [실전 확인 문제 정답] ①

6 코스닥시장의 매매제도(2) – 매매거래절차와 거래비용

개념 확인 문제

01 코스닥시장에서 거래를 하는 경우 매매의 성사를 보증하기 위한 위탁증거금이 요구되는데 일반적으로 주문금액의 (　　　)를 요구하며 대용증권도 가능하다.

① 20%　　　② 50%

02 코스닥시장에서 투자자가 매매를 하게 되면 주문을 수탁한 금융투자업자에게 일정 수수료를 내고, 주식을 매도할 경우 매도약정금액의 0.3%에 해당하는 금액의 (　　　)를 내야 한다.

① 증권거래세　　　② 위탁수수료

실전 확인 문제

▶ 코스닥시장에서의 매매거래에 대한 설명으로 맞는 것은?

① 매매거래의 결제일은 주문이 체결된 다음날부터 3일째 되는 날이다.
② 투자위험종목과 같이 거래가 불안정한 종목의 경우는 일반적인 매매에 비해 더 많은 위탁증거금을 요구한다.
③ 매도가액이 액면가액 이하인 경우에는 증권거래세를 내지 않아도 된다.
④ 10,000원(액면가 5,000원)짜리 주식을 샀는데, 향후 주가가 떨어져 6,000원에 판 경우 손해를 보았다면 증권거래세를 내지 않아도 된다.

정답해설 투자위험종목, 투자경고종목, 관리종목과 같이 거래가 불안정한 종목의 경우에는 위탁증거금을 100% 요구하기도 한다.
① 주문이 체결된 날을 포함하여 3일째 되는 날(T+2)이 매매거래의 결제일이 된다.
③ 매도가액이 액면가액 이하인 경우에도 증권거래세를 징수한다.
④ 주권의 매도가액이 매수가액보다 낮아 손해를 보았을 때에도 증권거래세를 내야 한다.

개념 짚어 보기

거래비용

- 위탁수수료
  - 고객이 금융투자회사에 매매주문을 위탁한 후 매매가 성립되었을 경우 금융투자회사에 지불하는 수수료이다.
  - 위탁수수료율은 금융투자업자가 자율적으로 정하며, 고객의 신용도에 따라 다를 수 있다.
- 증권거래세
  - 주식의 매도로 인한 소득 발생에 대해 국가에 내는 세금이다.
  - 매도약정금액(매도가격에 수량을 곱한 금액)의 0.3%에 해당한다.
  - 매수시에는 세금이 없으며, 매도주문이 체결되었을 때 결제를 담당하는 예탁결제원에서 원천징수한다.

[개념 확인 문제 정답] 01 ②　02 ①　[실전 확인 문제 정답] ②

7 코스닥시장의 매매제도(3) – 매매거래 정지제도, 매매 일시중단제도

개념 확인 문제

01 코스닥시장은 투자자 보호와 시장관리상 투자위험종목으로 지정되어 매매거래 정지가 요청된 경우에는 (   ) 동안 거래를 정지하고 있다.

① 요청받은 기간 ② 1일

02 코스닥시장의 내적인 요인과 외적인 요인으로 인해 코스닥지수가 전일 종가 대비 (   ) 이상 하락하여 1분간 지속될 경우 코스닥시장 모든 종목의 매매거래가 중단(CB : Circuit Breakers)된다. CB발동 후 20분간 모든 종목의 호가접수 및 매매체결이 중단되며 장종료 (   ) 전 이후에는 요건에 해당하라도 CB를 발동할 수 없다.

① 10%, 40분 ② 30%, 30분

실전 확인 문제

▶ 다음 중 코스닥시장의 매매거래 정지사유에 따른 정지기간이 다른 하나는?

① 거래폭주로 신속하게 거래를 성립시킬 수 없는 경우
② 결제불이행 또는 그 우려가 있다고 인정되는 경우
③ 거래내용이 현저히 공정성을 결여할 우려가 있는 경우
④ 액면분할 또는 병합 등을 위한 주권제출이 요구되는 경우

정답해설 거래내용이 현저히 공정성을 결여할 우려가 있는 경우에만 1일간 정지되며 그 외 모든 경우는 사유해소시까지 거래가 정지된다.

개념 짚어 보기

매매거래 정지사유 및 정지기간

매매거래 정지사유	정지기간
• 거래내용이 현저히 공정성을 결여할 우려가 있는 경우	1일간
• 투자위험종목으로 지정되어 매매거래정지가 요청된 경우	요청받은 기간
• 거래폭주로 신속하게 거래를 성립시킬 수 없는 경우 • 액면분할 또는 병합 등을 위한 주권제출이 요구되는 경우 • 투자회사 또는 부동산투자회사가 배당(금전)배분 목적으로 주주명부를 폐쇄한 경우 • 결제불이행 또는 그 우려가 있다고 인정되는 경우 • 기타 투자자 보호를 위하여 거래소가 필요하다고 인정하는 경우	사유해소시까지

[개념 확인 문제 정답] 01 ② 02 ① [실전 확인 문제 정답] ③

8 코스닥시장의 상장법인관리제도(1) – 기업내용공시제도

개념 확인 문제

01 사업보고서는 사업연도 종료 후 (   ) 이내에, 반기보고서와 분기보고서는 각각 반기종료 후와 분기종료 후 (   ) 이내에 금융위원회와 거래소에 제출해야 한다.

① 90일, 45일　　② 30일, 90일

02 거래소는 코스닥시장 상장법인이 공시불이행, 공시번복, 공시변경에 해당하는 경우와 기공시내용의 변동사항 신고의무 위반 시 불성실공시법인으로 지정예고하며, 각 유형에 따라 관리종목 지정 및 (   )가 적용된다.

① 상장폐지　　② 매매거래정지

실전 확인 문제

▶ 코스닥시장의 기업내용 공시제도에 대한 설명 중 틀린 것은?

① 정기공시는 투자자, 이해관계자 등에게 회사의 영업실적, 재무상황 등을 정리하여 제공하는 것이다.
② 경영계획 및 장래 사업계획, 당기순손익 등에 대한 전망 및 예측 등은 공정공시의 대상정보에 해당한다.
③ 특수공시 중 자기주식취득(처분)신고서는 금융위원회와 거래소에 제출해야 한다.
④ 수시공시는 사유발생일 다음 날까지 신고해야 하나 증자, 감자, 해산사유발생 등의 사유가 있을 때에는 사유발생일 당일에 신고해야 한다.

정답해설 수시공시는 원칙적으로 사유발생일 당일까지 거래소에 신고해야 한다. 다만, 주요주주 또는 계열회사의 변경, 공급계약 체결, 특별손익, 특허취득, 사외이사 또는 감사의 임기만료 등의 사유로 인한 퇴임 등의 결의나 결정이 있을 경우에는 사유발생일 다음 날 매매거래시간 종료시점까지 신고해야 한다.

개념 짚어 보기

기업내용공시의 분류

구분	내용
정기공시	매년 정기적으로 일정한 시점에 투자자들에게 기업의 영업성과 및 재무상태 등의 기업내용을 정리 · 작성하여 제공하는 것(사업보고서, 반기보고서, 분기보고서 제출)
수시공시	시장에서 수시로 발생하는 기업의 중요정보에 대해 지체 없이 공시하는 것
공정공시	상장기업이 증권시장을 통해 애널리스트나 전문투자자 등 특정인에게 공시되지 않은 중요정보를 제공하는 경우 그 내용을 일반투자자(시장참가자)에게도 즉시 공시하는 것(공시범위 확대, 정보의 비대칭 방지)

[개념 확인 문제 정답] 01 ① 02 ① [실전 확인 문제 정답] ④

9 코스닥시장의 상장법인관리제도(2) – 관리종목지정제도

개념 확인 문제

01 코스닥상장기업 중 최근 사업연도 매출액이 30억 원 미만인 경우, 소액주주의 수가 (　　　) 미만인 경우, 시가총액이 40억 원 미만인 상태가 연속하여 30일간 지속되는 경우 등에 해당할 때 해당 기업은 관리종목으로 지정된다.

① 200인　　　② 300인

02 최근 사업연도 말 현재 주식분산기준이 미달하는 이유로 관리종목으로 지정되는 경우는 소액주주수는 (　　　) 미만, 소액주주의 주식분산비율은 (　　　)인 경우이다.

① 200인, 20%　　　② 300인, 30%

실전 확인 문제

▶ 코스닥시장에서의 투자경고종목과 투자위험종목지정제도에 대한 설명으로 옳지 않은 것은?

① 일정기간 동안 주가가 급등하는 종목을 투자경고종목으로 지정하고, 투자경고종목 중 지속적으로 가격상승한 종목을 투자위험종목으로 지정한다.
② 투자경고종목 및 투자위험종목을 매수하는 경우에는 매수금액 전액을 현금(위탁증거금)으로 징수해야 한다.
③ 주가가 단기급등하는 경우에 투자경고종목으로 지정하며, 지정일로부터 7일 후 지정예고 요건에 해당하지 않을 경우에는 그 지정을 해제한다.
④ 투자경고종목 지정에도 불구하고 그 종목의 주가가 지속적으로 급등하여 투자경고종목 지정기준에 해당하면 투자위험종목으로 지정한다.

정답해설 주가가 단기급등하는 경우 외에 중장기적으로 주가가 상승하는 경우에도 투자경고종목으로 지정하며, 지정일로부터 10일 후 지정예고 요건에 해당하지 않을 경우에는 지정을 해제한다.
④ 투자위험종목으로 지정예고된 날부터 10일 이내에 다시 투자경고종목 지정요건에 해당하는 경우에는 투자위험종목으로 지정한다.

개념 짚어 보기

투자경고종목의 지정예고요건

- **단기급등** : 당일의 종가가 5일 전날의 종가보다 60% 이상 상승한 경우
- **중장기급등** : 당일의 종가가 15일 전날의 종가보다 100% 이상 상승한 경우
- **투자주의종목 반복지정** : 최근 15일 중 5일 이상 투자주의종목으로 지정되고, 당일의 종가가 15일 전날의 종가보다 75% 이상 상승한 경우

투자위험종목의 지정예고요건

- 투자경고종목 지정일부터 계산하여 5일째 되는 날 이후로서 당일의 종가가 5일 전날의 종가보다 60% 이상 상승한 경우
- 투자경고종목 지정일부터 계산하여 15일째 되는 날 이후로서 당일의 종가가 15일 전날의 종가보다 100% 이상 상승한 경우

[개념 확인 문제 정답] 01 ② 02 ①　[실전 확인 문제 정답] ③

10 코스닥시장의 상장법인관리제도(3) – 시가발행제도

개념 확인 문제

▶ 상장법인 유상증자는 시가에서 일정한 할인율을 적용하여 기준가액을 결정하는데, 일반공모증자의 경우는 (　　　) 이하의 할인율을 적용하도록 강제하고 있다.

① 20%　　　② 30%

실전 확인 문제

▶ 다음 중 코스닥시장 상장법인의 유상증자에 대한 설명으로 옳지 않은 것은?

① 유상증자는 주식을 발행함으로써 주식의 증가와 함께 회사의 자산이 실질적으로 증가하게 되는 것을 말한다.

② 회사의 자본금이 증가하므로 실질적으로 기업의 재무구조가 개선되고 타인자본의존도를 줄이는 효과가 있다.

③ 일반공모증자 및 제3자배정방식의 경우 1, 2차 발행가액의 구분 없이 청약일 전 과거 제3거래일로부터 제5거래일까지의 가중산술평균주가를 기준주가로 하여 산정한다.

④ 공모방식의 유상증자 중 직접공모는 기존주주의 신주인수권을 완전히 배제하고 인수기관이 총액인수한 유상증자분을 일반투자자에게 청약을 받는 방식이다.

정답해설 기존주주의 신주인수권을 완전히 배제하고 인수기관이 총액인수한 유상증자분을 일반투자자에게 청약을 받는 방식은 일반공모방식이다. 직접공모는 인수기관을 통하지 않고 발행회사가 직접 자기의 책임과 계산으로 신주를 공모하는 방식을 말한다.

개념 짚어 보기

유상증자의 종류

- **구주주배정(주주배정)** : 신주의 인수권을 가진 기존주주에게 부여하고 배정함으로써 정관에 다른 정함이 없으면 주주는 그가 가진 주식수에 따라 비례적으로 증자에 참여하는 방식
- **제3자배정(연고자배정)** : 발행회사가 주주가 아닌 특별한 관계에 있는 특정의 제3자에게 신주인수권을 부여하여 증자신주를 인수하게 하는 방법
- **주주우선공모** : 신주를 모집할 때 기존주주와 우리사주 조합원에게 먼저 주식의 청약기회를 주는 것
- **일반공모** : 구주주의 신주인수권을 완전히 배제하고 일반투자자에게 청약을 받는 방식
- **직접공모** : 발행회사가 인수기관을 통하지 않고 직접 자기의 책임과 계산으로 신주를 공모하는 방식

[개념 확인 문제 정답] ②　**[실전 확인 문제 정답]** ④

11 코스닥시장 상장폐지제도

개념 확인 문제

01 코스닥시장 상장법인이 매출액 30억 원 미달이 (　　　) 이상 연속되는 경우, 주식분산기준미달이 1년 이내에 해소되지 않는 경우, 거래실적부진 상태가 (　　　) 이상 계속되는 경우 등 회사가 공개기업으로서의 의무를 다 하지 못하거나 부실화된 기업의 경우에 해당하면 상장폐지 대상이 된다.

① 2년, 3개월　　② 1년, 6개월

02 거래소의 상장폐지 관련절차 결과 상장폐지에 해당된다고 결정된 경우에는 당해 회사는 거래소에 상장폐지결과 통보일로부터 (　　　) 이내 이의신청을 할 수 있으며, 거래소는 이의신청일 (　　　) 이내에 일정기간 개선기간부여 등의 결과를 결정해야 한다.

① 3일, 30일　　② 7일, 15일

실전 확인 문제

▶ 다음 중 코스닥시장 상장법인의 상장폐지되는 주권의 정리매매에 관한 설명으로 맞는 것은?

① 상장폐지되는 주권에 대해서는 취소승인일로부터 매매일 기준으로 7일을 초과하지 않는 범위 내에서 정리매매기간이 주어진다.

② 정리매매기간 중의 매매방식은 최초 매매일의 경우 가격제한폭이 없으며, 2일째부터는 가격제한폭을 적용하고 있다.

③ 상장폐지되더라도 투자자 보호로 인해 폐지된 기업의 주식을 보유한 투자자의 환금성은 보장된다.

④ 유가증권시장 상장으로 인한 상장폐지의 경우도 7일간의 정리매매기간이 주어진다.

정답해설 ② 정리매매기간 중의 매매방식은 정리매매기간 동안 내내 가격제한폭이 없다.
③ 상장폐지되는 경우 폐지된 기업의 주식을 보유한 투자자의 환금기회가 제한될 우려가 있다.
④ 유가증권시장 상장으로 인한 상장폐지는 별도의 정리매매기간이 없다.

개념 짚어 보기

상장폐지절차

- **당연폐지** : 코스닥시장 상장법인이 최종부도, 매출액미달, 자본잠식, 피흡수합병 등으로 상장폐지되는 경우로서 사유발생 즉시 상장폐지하게 됨
- **신청에 의한 폐지** : 코스닥시장 상장법인이 시장에서 자금조달의 필요성이 없어지거나 외국기업에 인수되는 등의 사유가 발생할 경우 상장폐지를 위한 주주총회를 개최하여 승인을 얻어야 하며, 투자자 보호를 위한 노력이 있어야 상장폐지가 가능함
- **심사에 의한 폐지** : 투자자 보호와 시장건전성 제고 차원에서 적극적으로 퇴출조치가 이루어지고 있음

[개념 확인 문제 정답] 01 ① 02 ② [실전 확인 문제 정답] ①

핵심플러스

OX 문제

01 코스닥시장은 유가증권시장에 비해 상장기준이 강화된 수준이므로 투자자의 자기책임이 중요하다. (   )

02 코스닥시장을 통해 양도하는 경우에도 양도소득세는 과세대상에 해당된다. (   )

03 코스닥시장에서는 코스닥시장 상장법인 주권만 거래가 가능하다. (   )

04 코스닥시장 매매에서 일일가격제한폭은 유가증권시장과 달리 기준가격의 상하 20%이다. (   )

05 위탁증거금의 징수율과 징수방법은 원칙적으로 한국거래소가 정한다. (   )

06 코스닥시장의 매매계약체결은 각 증권회사가 경쟁매매방식으로 수행하고 있다. (   )

07 코스닥시장 상장법인의 경우 유상증자주식을 불특정 다수를 대상으로 청약을 권유하는 일반공모증자가 가능하다. (   )

08 코스닥시장 상장법인이 재상장을 하고자하는 경우 해당 법인은 상장주선인을 통해 1개월 이내에 재상장을 신청해야 한다. (   )

09 코스닥시장에서 신규상장을 할 때 벤처기업이 일반기업에 비해 완화할 수 있는 조건에는 자기자본조건, 자기자본이익률, 감사인의 감사의견, 설립 후 경과연수 등이 있다. (   )

10 코스닥시장 상장주권은 원칙적으로 신용거래가 금지된다. (   )

해설

01 코스닥시장은 유가증권시장에 비해 상장기준 및 상장요건이 상당히 완화된 수준이므로 우량종목 발굴에 대한 금융투자업자 또는 금융투자회사의 선별기능이 중요하다.

02 코스닥시장을 통해 양도하는 경우에는 양도소득세를 과세하지 않는다. 다만, 발생주식총수의 5% 이상 또는 시가총액이 50억 원 이상에 상당하는 주식을 소유한 주주(특수관계인 포함)가 양도하는 경우에는 양도소득세를 내야 한다.

03 코스닥시장의 거래대상 증권은 코스닥시장 상장법인의 주권 외에도 투자회사, 상장지수집합투자기구, 투자신탁수익증권, 투자회사 신주인수권, 신주인수권이 표시된 것 등이 있다.

04 일일가격제한폭은 유가증권시장과 마찬가지로 원칙적으로 기준가격의 상하 15%이다.

05 위탁증거금률이나 위탁수수료율은 회원이 자율적으로 정한다. 위탁증거금은 주문금액의 50% 정도를 요구하는 것이 일반적이며 대용증권으로도 지불 가능하다.

09 신규상장요건은 기업의 성격 즉, 투자회사인지 벤처기업인지, 일반기업인지에 따라 선택할 수 있도록 하고 있는데 감사인의 감사의견은 공통적용 요건에 해당한다.

10 증권사로부터 돈을 빌려 주식을 사는 거래를 신용거래라 하는데 신용거래 종목은 코스닥시장에 상장된 종목에 한하여 거래가 허용된다.

[정답] 01 × 02 × 03 × 04 × 05 × 06 ○ 07 ○ 08 ○ 09 × 10 ×

핵심플러스

OX 문제

11 코스닥시장은 유가증권시장과 달리 전장과 후장의 구분이 있다. ( )

12 가격제한폭은 증권시장에서 유가증권의 공정한 가격형성과 급격한 시세변동에 따른 투자자의 피해방지, 시장질서 유지를 위해 정해 놓은 것으로 미국, 유럽 등 대부분의 나라에서 적용하고 있다. ( )

13 코스닥시장에서 매수계약이 체결된 증권을 결제일 전에 매도하는 경우에는 공매도할 수 없다. ( )

14 코스닥시장에서 투자자가 보유주식을 매도한 경우에는 결제일 이전에 다른 주식의 매수주문을 낼 수 있으며, 보유주식을 매수한 경우에는 결제일 이전에 당해 주식을 매도주문을 낼 수 있다. ( )

15 코스닥시장의 거래 시 거래규모는 매도와 매수호가 중 반드시 한쪽은 단일 회원의 호가이며, 호가가격에 호가수량을 곱한 금액이 1억 원 이상이여야 한다. ( )

16 매매거래의 결제에 있어서는 금요일에 주문을 내어 체결되었을 경우에는 다음 주 월요일에 결제된다. ( )

17 코스닥시장은 현금배당을 하는 경우에만 배당락 조치를 취하게 된다. ( )

18 종목별로 거래중단을 할 경우 또는 매매거래정지 후 다시 장을 개시하는 경우에는 단일가매매방식을 적용하여 매매체결한다. ( )

19 코스닥시장 상장법인이 최대주주일 경우에는 합병기일 또는 주식교환일로부터 2년간 주식을 매각할 수 없다. ( )

20 매출액 미달, 자본잠식, 최종부도, 피흡수합병 등의 이유로 인해 상장이 폐지되는 경우 사유발생 즉시 상장이 폐지되고 이처럼 당연취소되는 기업의 경우 중에서 유가증권시장에 상장되는 경우에는 별도의 정리매매기간이 주어지지 않는다. ( )

해설

11 코스닥시장은 유가증권시장과 마찬가지로 전장과 후장의 구분이 없다.

12 가격제한폭은 주가의 상하 등락폭을 정해 놓은 것으로 미국, 영국, 독일은 없으며, 일본과 태국, 대만, 중국 등 아시아 주요국에서 적용하고 있다.

13 코스닥시장에서 매수계약이 체결된 증권을 당해 수량의 범위 내에서 결제일 전에 매도하는 경우에는 공매도가 가능하다.

16 매매거래의 결제는 주문이 체결된 날을 포함하여 3일째 되는 날이므로 금요일에 주문이 체결되었을 경우에는 다음 주 화요일에 결제된다.

17 코스닥시장은 거래소시장과 마찬가지로 기업이 주식배당을 하는 경우에만 배당락 조치를 하게 되며, 선물옵션 현금배당에 대해서는 배당락 조치를 하지 않는다.

19 최대주주는 상장일로부터 6개월 경과 후에는 매 1개월마다 보유주식의 5%까지 매각 가능하다.

[정답] 11 × 12 × 13 × 14 ○ 15 ○ 16 × 17 × 18 ○ 19 × 20 ×

3장 채권시장

대표 유형 문제

다음 중 채권투자전략에 대한 설명으로 옳은 것은?

① 사다리형 투자전략이란 유동성 확보를 위한 단기채권과 수익성 확보를 위한 장기채권만 보유하고, 중기채권은 보유하지 않는 전략이다.
② 수익률예측전략은 투자자가 시장금리를 예측하여 채권 포트폴리오를 구성하는 전략이다.
③ 수익률곡선타기전략은 만기가 길면서 수익률이 높은 채권을 보유하여 만기에 상환받는 것이다.
④ 수익률예측전략, 채권교체전략, 수익률곡선타기전략은 소극적 투자전략에 해당한다.

정답해설 수익률예측전략은 기대수익률이 높지만 위험도 큰 운용전략으로, 수익률 하락예측 시 채권을 매입하고, 수익률 상승예측 시 보유채권을 매각하는 방법이다.

오답해설 ① 바벨(아령)형 만기전략에 대한 설명이다. 사다리형 만기전략은 채권별 보유량을 각 잔존기간별로 동일하게 유지하여 시세변동위험과 수익성을 적정수준으로 확보하려는 전략을 말한다.
③ 수익률곡선타기전략은 수익률이 상대적으로 높은 채권을 보유하고 있다가 일정기간 후에 매도한 후 다시 장기채를 재매입하는 투자를 반복하여 채권이 가격변동을 유리하게 이용하는 것이다.
④ 수익률예측전략, 채권교체전략, 수익률곡선의 형태를 이용한 전략은 적극적 투자전략에 해당한다.

대표 유형 문제 알아 보기

채권투자전략

구분	내용
적극적 투자전략	• 수익률예측전략 : 투자자가 시장금리를 예측하여 수익률 하락예측 시 채권을 매입하고, 수익률 상승예측 시 보유채권을 매각하는 방법 • 채권교체전략 : 시장불균형을 이용한 동종 채권 간 교체전략, 스프레드를 이용한 이종 채권 간 교체전략 • 수익률곡선의 형태를 이용한 전략 : 수익률곡선타기전략, 나비형 투자전략(바벨형 포트폴리오), 역나비형 투자전략(불릿형 포트폴리오)
소극적 투자전략	• 만기보유전략 : 미래 수익률 수준, 방향 등에 대한 예측을 최소화하고, 채권을 매입하여 채권을 만기까지 보유함으로써 투자시점에서 미리 투자수익을 확정시키는 전략 • 인덱스전략 : 채권투자의 성과가 일정한 채권지수를 따를 수 있도록 채권 포트폴리오를 구성하여 투자 · 운용하는 전략 • 현금흐름일치전략 : 채권 포트폴리오에서 발생하는 현금흐름 수입이 채권투자를 위해 조달된 부채의 상환흐름과 일치하거나 향후 예상되는 현금유출액을 상회하도록 채권 포트폴리오를 구성하는 전략 • 사다리형 만기운용전략 : 사다리형 만기전략, 바벨(아령)형 만기전략 • 면역전략 : 투자기관과 듀레이션을 일치시켜 투자기간 동안 발생 가능한 이자율 위험을 제거하고 투자목표를 달성하기 위한 전략(채권투자 종료시 실현수익률을 목표수익률과 일치시키는 전략)

[대표 유형 문제 정답] ②

1 채권시장의 이해(1) – 채권시장의 기본구조

개념 확인 문제

01 주식발행에 의한 자본조달과는 달리 채권발행에 의한 자금조달은 원리금에 대한 상환기간이 (　　　)이다.

① 한시적　　② 영구적

02 기존에 발행된 채권을 매매할 경우 매매일로부터 만기일까지의 기간을 (　　　)이라 한다.

① 만기기간　　② 잔존기간

03 (　　　)는 채권시장에서 형성된 채권의 매매가격을 의미하는 것으로, 액면 10,000원을 기준으로 표시되며, (　　　)은 채권의 권면에 기재된 것으로 발행자가 액면금액에 대해 연단위로 지급하는 이자율을 말한다.

① 액면가, 만기수익률　　② 단가, 표면이율

실전 확인 문제

▶ 채권의 기본적 특성을 설명한 것으로 틀린 것은?

① 확정된 이자율이 적용되는 확정이자부 유가증권이므로 이자수입이 전부이고 언제 팔더라도 자본이득이나 손실이 없다.
② 유통시장을 통해 자유롭게 거래되어 언제든지 현금화할 수 있는 유동성을 갖는다.
③ 발행할 수 있는 발행주체의 자격 및 발행 여부 등에 대해 법적인 제약 또는 보호를 받는다.
④ 원칙적으로 원금상환기일이 정해진 기한부증권이다.

정답해설 채권은 이자와 원금상환액이 정해져 있는 기한부증권이나, 계약불이행에 따른 이자와 원금상환의 위험 또는 불확실성이 존재한다.

개념 짚어 보기

채권의 기본적 특성

- **장기증권** : 장기의 자금을 조달하기 위한 유가증권으로서 여타 채무표시 유가증권에 비해 상대적으로 상환기간이 길다.
- **이자지급증권** : 발행 시 약속한 대로 확정이자율 또는 여타 이자율 결정기준에 의해 이자가 확정적으로 지급된다.
- **기한부증권** : 채권발행에 의한 자금조달은 한시적이다.(상환기간이 정해져 있음)
- **발행자격의 법적 제한** : 발행주체의 자격요건, 발행요건 등이 법으로 제한되어 있어 보통의 차용증서와는 다르게 법적인 제약과 보호를 받는다.

[개념 확인 문제 정답] 01 ① 02 ② 03 ② **[실전 확인 문제 정답]** ①

2 채권시장의 이해(2) – 채권의 분류

개념 확인 문제

01 (　　　)는 발행 이후 만기기간이 1년 이하인 채권으로 통화안정증권과 금융채 중 일부가 있으며, (　　　)는 상환기간이 5년을 초과하는 채권으로 서울도시철도채권과 국고채권 중의 일부가 있다.

① 단기채, 장기채　　② 중기채, 장기채

02 만기기간이 5년이고, 표면금리 6%인 연단위 복리채인 제1종 국민주택채권의 만기상환 원리금액은 (　　　)이다.(액면금액은 10,000원 단위로 산출하고 원 미만은 절사함)

① 11,592원　　② 13,382원

실전 확인 문제

▶ 채권에 대한 다음 설명 중 옳지 않은 것을 모두 고른 것은?

> ㉠ 거래소에 상장된 모든 채권이 매매대상채권이 된다.
> ㉡ 채권의 신용평가등급 중 투자등급의 최상등급은 AAA, 최하등급은 BB로 표시한다.
> ㉢ 이자지급방식 중 복리채는 만기 시 원금과 이자가 한꺼번에 지급되는 채권을 말한다.
> ㉣ 정해진 단위기간마다 이자를 주기적으로 지급하는 방식의 채권을 단리채라 한다.

① ㉠, ㉡　　② ㉠, ㉢
③ ㉡, ㉢　　④ ㉡, ㉣

정답해설 ㉡ 채권의 신용평가등급 중 투자등급의 최상등급은 AAA, 최하등급은 BBB(–)로 표시한다.
㉣ 일정기간을 나누어 그 단위기간마다 주기적으로 이자를 지급하는 방식의 채권을 이표채라 하며, 발생된 이자의 재투자과정이 없이 이자금액이 원금과 함께 만기에 일시지급되는 방식의 채권을 단리채라 한다.

개념 짚어 보기

채권의 분류

- 발행주체에 따른 분류 : 국채, 지방채, 특수채, 금융채, 회사채
- 이자 및 원금지급방법에 따른 분류 : 복리채, 단리채, 복 · 단리채, 할인채, 이표채
- 만기기간에 따른 분류 : 단기채, 중기채, 장기채
- 보증 여부에 따른 분류 : 보증사채, 무보증사채, 담보부사채
- 표시통화에 따른 분류 : 자국통화표시채권, 외화표시채권
- 기타 분류 : 자산유동화증권, 금리변동부채권

[개념 확인 문제 정답] 01 ① 02 ② [실전 확인 문제 정답] ④

3 채권시장의 이해(3) – 채권발행시장

개념 확인 문제

01 채권의 발행방법에는 발행주체가 발행채권의 수요자를 구하는 방법에 따라 불특정다수의 투자자를 대상으로 특정 조건하에 채권을 발행하는 (　　　)과 채권발행자가 직접 소수의 투자자를 대상으로 채권을 거래하는 (　　　)의 방법이 있다.

① 공모발행, 사모발행　　② 사모발행, 공모발행

02 발행을 위한 채권의 모집 및 매출의 대상인원이 (　　　) 미만일 경우에는 사모발행의 대상이 되는데 사모발행은 공모발행 채권보다 발행이율이 높고, 만기가 상대적으로 짧다.

① 50인　　② 100인

실전 확인 문제

▶ 채권의 발행시장에 관한 설명 중 틀린 것은?

① 국채는 신용위험도가 낮기 때문에 동일 조건의 일반 회사채보다 낮은 수익률로 거래된다.
② 모든 낙찰자에게 낙찰된 수익률 중 가장 낮은 수익률이 일률적으로 적용되어 단일한 가격으로 발행이 이루어지는 방식을 Conventional방식이라고 한다.
③ 채권발행업무 일체를 인수기관이 받아서 처리함과 동시에 채권발행총액을 인수기관이 일괄 인수한 후 인수기관 책임하에 모집 또는 매출하는 방법을 총액인수라 한다.
④ 사모발행은 채권발행자가 직접 소수의 투자자와 개별적인 접촉을 통해 채권을 매각하는 방법이다.

정답해설 경쟁입찰에 따른 발행금리 결정방식에는 복수금리방식과 단일금리방식이 있다. 낙찰가격의 최저가에 전 낙찰자의 가격을 일치시키는 방식은 Dutch방식(단일금리방식)에 대한 설명이다. Conventional방식(복수금리방식)은 각 낙찰자가 입찰한 가격이 그대로 각 낙찰자의 취득가격이 되는 방식이다.

개념 짚어 보기

채권의 발행방식

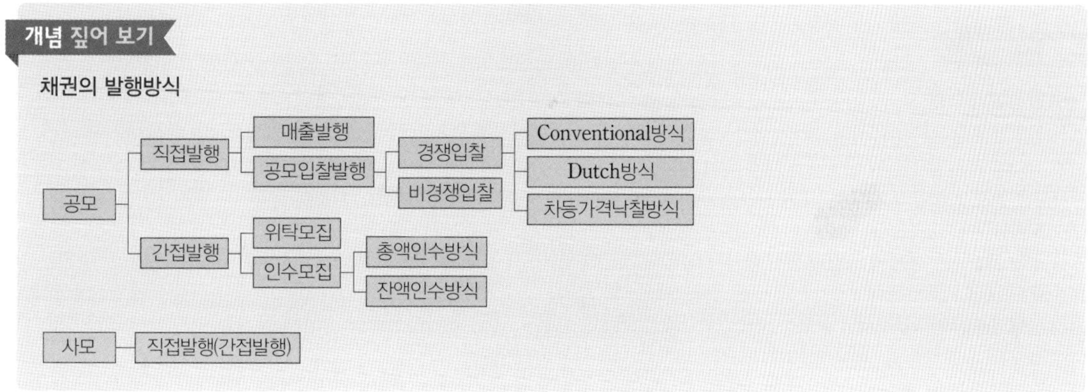

[개념 확인 문제 정답] 01 ① 02 ① [실전 확인 문제 정답] ②

4 채권시장의 이해(4) – 채권유통시장

개념 확인 문제

01 (　　　)는 시장조성채권에 대해 매도수익률과 매수수익률을 제시하는 방법으로 이들 채권에 대한 꾸준한 매매호가 제시를 통해 시장조성을 하는 금융기관을 의미하며, 증권사, 은행, 종금사 등이 이에 속한다.

① 기관투자자　　② 채권전문 자기매매업자(채권전문딜러)

02 채권을 일정기간 후에 일정금액으로 환매수 또는 환매도할 것을 조건으로 현 매매시점에서 유가증권을 매도 또는 매수하는 매매거래를 (　　　)라고 한다.

① 채권동시결제제도(DVP)　　② 환매조건부 채권매매(Repo제도)

실전 확인 문제

▶ **우리나라 채권 유통시장의 기능과 현황에 대한 설명으로 틀린 것은?**

① 개인투자자의 거래비중이 기관투자자들의 채권거래 비중보다 많다.
② 투자자에게 투자원본의 회수와 투자수익의 실현을 가능하게 한다.
③ 국고채의 거래가 전체 채권거래의 70% 이상의 비중을 차지하고 있다.
④ 채권의 유통시장은 채권의 만기 전에 투자채권을 현금화하려는 기존 투자자와 이들에 의해 공급되는 채권에 투자하려는 새로운 투자자 간의 수요에 의한 채권의 거래가 이루어지는 것을 의미한다.

정답해설 기관투자자들이 채권거래에 절대적인 비중을 차지하고 있다. 개인투자자의 거래비중은 전체 거래량의 10% 미만이다.

개념 짚어 보기

유통시장의 현황

- **장외거래 중심의 유통시장** : 최근 채권시장은 국공채 위주로 형성되어 있으며, 국고채와 통화안정증권의 거래가 전체 채권거래의 70% 이상의 비중을 차지하고 있다.
- **기관투자가 중심의 시장** : 개인투자자의 거래비중은 전체 거래량의 10% 미만으로, 기관투자자들이 채권거래에 절대적인 비중을 차지하고 있다.
- **각종 채권관련 상품의 도입과 활성화** : Repo제도, 채권대차거래제도, 채권전문딜러제도, 국채선물 및 장외채권관련 파생상품인 금리스왑과 통화스왑의 거래가 활성화되고 있다.
- **국채의 지표수익률로서의 중요성 증대** : 회사채 발행량의 상대적 감소, 국채의 발행량 증대, 유통시장에서의 거래비중 증대로 인해 국고채권의 시장수익률이 대표적인 시장실세금리로 자리 잡았다.

[개념 확인 문제 정답] 01 ② 02 ② **[실전 확인 문제 정답]** ①

5 채권의 매매방법 및 거래절차

개념 확인 문제

01 장내거래의 경우 일반채권시장은 (   )의 가격호가방식을 사용하고 호가수량단위는 액면 10,000원, 호가가격단위는 1원이다. 채권시장은 주식시장과 달리 (   )가 없는 것이 특징이다.

① 지정가호가, 가격제한폭제도   ② 시장가호가, 동시호가제도

02 거래소 시장 이외에 상대매매를 통해 이루어지는 채권 장외거래의 경우 대고객 상대매매와 채권 전문자기매매업자 간 중개회사(IDB)를 통해 이루어지는 (   )가 있다.

① 기관투자자 상호 간 장외거래   ② 국채딜러 간 장외거래

실전 확인 문제

▶ 다음 중 채권의 거래절차에 대한 설명으로 옳은 것은?

① 거래소의 일반채권시장을 이용하여 매매할 경우 당일결제가 이루어진다.
② 채권 매도 시에도 주식거래와 같은 이율로 증권거래세가 부과된다.
③ 기존 계좌가 있더라도 채권을 거래할 경우 금융투자회사에 방문하여 신규로 계좌를 개설해야 한다.
④ 투자자들은 소액채권 판매정보 시스템을 이용하여 채권 판매 관련 정보를 제공받고 직접 채권거래를 수행한다.

정답해설 거래소의 일반채권시장을 이용하여 매매할 경우 당일결제가 이루어지는데 장외거래의 경우 개인투자자나 일반 법인이 50억 원 미만의 소액거래를 할 경우에도 당일결제가 가능하다.
② 채권거래는 주식거래와 달리 채권을 매도할 경우 증권거래세가 없으며, 장내거래에서는 증권회사가 잔존기간별로 정한 일정의 수수료를 지불해야 하나 장외거래에서는 별도의 수수료를 지불하지 않아도 된다.
③ 채권거래 시 기존계좌가 있는 경우에는 그 계좌를 이용할 수 있으며, 신규거래 시에는 금융투자회사를 방문하여 계좌를 개설해야 한다.
④ 채권의 거래자체는 해당 금융투자회사에서 수행해야 한다.

개념 짚어 보기

채권의 거래절차

계좌의 개설 → 채권매매주문표 작성 및 주문 → 당일결제 → 수수료 및 증권거래세 납부

채권의 매매방법

- **장내거래** : 일반채권시장, 국채딜러 간 시장, 소매채권 매매시장, 환매조건부 채권매매
- **장외거래** : 대고객 상대매매, 채권딜러 간 장외거래, 채권거래 전용시스템(FreeBond)

[개념 확인 문제 정답] 01 ① 02 ② [실전 확인 문제 정답] ①

6 채권의 투자분석(1) – 채권의 투자수익률

개념 확인 문제

01 채권의 투자수익률은 채권의 매수금액과 채권의 매도금액과의 차이에 의해 결정되는데 이 차이는 투자기간과 (　　　)의 변화로 인해 생기게 된다.

① 실효수익률　　　② 만기수익률

02 채권에서 얻어지는 수익은 채권의 종류와 다양한 구성요인에 의해 결정되는데 투자수익의 구성요건으로는 채권의 매도가격에서 매수가격을 뺀 차액을 의미하는 가격손익, 이표채의 경우 발행 후 만기시점까지 일정하게 발생하는 이자수입인 (　　　), 일정하게 발생하는 (　　　)을 재투자함으로써 발생하는 재투자수익이 있다.

① 표면이자수익　　　② 환차손익

실전 확인 문제

▶ **다음 중 채권의 투자수익률에 대한 설명으로 옳지 않은 것은?**

① 연평균수익률은 연단위 기간 이상 투자할 경우 수익률에 비해 투자수익성을 과대 계상한다는 문제점이 있다.

② 발행수익률은 채권의 발행 시 취득가격과 만기까지 해당 채권에서 얻게 되는 최종 총수입 간의 비율을 수익률의 개념으로 나타낸 것이다.

③ 이표채의 만기수익률이 실현되려면 만기까지 최초 매입 시의 만기수익률로 재투자되어야 한다.

④ 투자채권을 반드시 만기까지 보유하지 않더라도 이표채의 만기수익률은 실현될 수 있다.

정답해설 만기수익률이란 이 수익률로 채권을 매입하여 만기까지 보유하면 실현되는 수익률을 의미하는 것으로 투자채권을 만기까지 보유해야 만기수익률이 실현된다.

개념 짚어 보기

채권 투자수익률의 종류

- **발행수익률** : 채권이 발행되어 처음 매입하는 경우 매출에 응모하는 자가 얻게 되는 수익률
- **실효수익률** : 전체 투자기간 동안 실현된 모든 수익률에 대한 비율로, 투자기간 동안 여러 투자수익요인들로 발생된 총수입에 대한 수익성을 복리방식으로 측정한 수익률
- **연평균수익률** : 만기가 1년 이상인 채권에서 전체 투자기간 동안 발생된 총수익을 원금으로 나눈 후 해당 연수로 나눈 단리수익률
- **만기수익률** : 채권을 만기까지 보유할 경우 받게 되는 총수익이 투자원금에 대하여 1년당 어느 정도의 수익을 가져오는가를 나타내는 예상수익률(유통수익률)
- **세전수익률** : 채권에서 발생한 소득에 대한 세금을 고려하지 않은 상태에서 발생하는 채권의 최종 총수입과 투자원금 간의 비율을 수익률로 표시한 것
- **세후수익률** : 채권에서 발생하는 소득에서 세율에 따른 세금을 공제한 채권의 최종 총수입과 투자원금 간의 비율을 수익률로 표시한 것

[개념 확인 문제 정답] 01 ② 02 ① [실전 확인 문제 정답] ④

7 채권의 투자분석(2) – 수익률 변동요인

개념 확인 문제

01 채권의 수익률이 하락하면 채권가격은 (   )하며, 이표채는 표면이율이 (   ) 동일한 크기의 수익률 변동에 대한 가격변동률이 커진다.

① 하락, 높을수록 ② 상승, 낮을수록

02 채권시장의 수익률 변동요인 중 채권시장의 내적요인에는 발행조건과 (   )과의 괴리, 콜, 어음 및 장단기 (   ), 신규발행채권의 공급량과 시장의 수급관계 등을 들 수 있다.

① 유통수익률, 채권수익률 ② 채권수익률, 재투자수익률

실전 확인 문제

▶ 다음 중 채권수익률 변화에 영향을 주는 채권시장의 외적요인에 해당하는 것으로만 묶인 것은?

㉠ 신규발행채권의 공급량
㉡ 발행조건과 유통수익률과의 괴리
㉢ 국제수지와 환율
㉣ 중앙정부와 지방자치단체의 재정정책
㉤ 정기예금 및 대출금리

① ㉠, ㉢ ② ㉡, ㉢
③ ㉠, ㉢, ㉣ ④ ㉢, ㉣, ㉤

정답해설 채권시장의 외적요인에는 물가, 국제수지와 환율, 중앙정부와 지방자치단체 등의 재정정책, 정기예금 및 대출금리 등이 작용한다.

개념 짚어 보기

채권시장의 수익률 변동요인

내적요인	외적요인
• 신규발행채권의 공급량과 시장의 수급관계 • 채권의 발행조건과 잔존기간 • 금융기관의 자금상황 • 신금융상품과 대상채권 • 기관투자자의 회계 및 결산방법 등	• 총수요동향(소비지출, 설비투자, 수출 등) • 기업의 생산활동과 금융환경 • 국제수지와 환율, 물가 • 정부와 자치단체의 금융정책 및 재정정책 • 정기예금 및 대출금리 등

[개념 확인 문제 정답] 01 ② 02 ① [실전 확인 문제 정답] ④

8 채권의 운용전략－채권가격의 결정

개념 확인 문제

01 채권가격은 채권의 발행조건에 의해 만기까지 발생되는 현금흐름을 만기수익률로 할인하여 현재가치를 구하는 것으로 채권의 만기, ( ), 표면이자율, ( ) 등의 요인으로 결정된다.

① 액면가액, 만기수익률 ② 발행가액, 실효이자율

02 채권수익률이 변동하지 않더라도 할인발행된 채권가격은 시간이 경과함에 따라 ( )하고, 할증발행된 채권가격은 시간이 경과함에 따라 ( )한다.

① 하락, 상승 ② 상승, 하락

실전 확인 문제

▶ 말킬의 채권가격의 정리에 대한 설명으로 틀린 것은?

① 표면이자율이 높은 채권일수록 일정한 이자율 변동에 따른 채권가격 변동폭이 크다.
② 채권수익률 변동에 의한 채권가격 변동폭은 만기가 길수록 증가하나 그 증감률은 체감한다.
③ 만기가 일정할 때 이자율 하락으로 인한 가격 상승폭은 같은 폭의 이자율 상승으로 인한 가격 하락폭보다 크다.
④ 채권가격과 채권수익률은 반비례한다.

정답해설 표면이자율이 낮은 채권이 듀레이션이 길기 때문에 표면이자율이 낮은 채권일수록 일정한 이자율 변동에 따른 채권가격 변동폭이 크다.

개념 짚어 보기

말킬의 채권가격 정리

채권의 수익률과 채권가격 간의 관계를 말킬(B. G. Malkiel)이 제시한 것으로, 채권수익률의 변동에 따른 채권가격의 변동사항을 다섯 가지 정리로 설명하였다.

- 제1정리 : 채권가격은 수익률과 반대방향으로 움직인다. 즉, 채권수익률이 올라가면 채권가격이 떨어지고, 채권수익률이 내려가면 채권가격이 올라간다.
- 제2정리 : 채권의 잔존기간이 길수록 동일한 수익률 변동에 대한 가격변동률은 커진다.
- 제3정리 : 채권의 잔존기간이 길어질수록 발생하는 가격변동률은 체감한다. 즉, 잔존기간이 증가하면 가격변동폭의 크기는 증가되나 그 변동률은 잔존기간의 변동률보다 작아진다.
- 제4정리 : 동일한 크기의 수익률 변동이 발생하더라도 채권가격의 변동률은 수익률이 하락할 때와 상승할 때가 동일하지 않다. 수익률이 하락할 때의 채권가격 상승폭이 수익률이 상승할 때의 채권가격 하락폭보다 크다.
- 제5정리 : 표면이자율이 높을수록 동일한 크기의 수익률 변동에 대한 채권가격의 변동률은 작아진다.

[개념 확인 문제 정답] 01 ① 02 ② [실전 확인 문제 정답] ①

9 채권의 투자환경(1) – 채권투자와 세금

개념 확인 문제

01 할인채, 단리채는 채권의 발행 또는 매출 후 만기까지, ( )는 전기 이자발생시점에서 다음 이자발생시점까지의 이자 또는 할인액의 발생이 일정기간마다 균등하게 이루어진다는 전제하에 과표가 산출된다.

① 이표채 ② 복리채

02 ( )는 이자발생이 일정기간별로 균등하게 이루어지지 않고 시간이 경과할수록 보유기간에 비례하여 이자가 원금에 전입되므로 이자금액이 증대된다.

① 복리채 ② 단리채

실전 확인 문제

▶ 채권에서 발생하는 과세대상소득에 대한 설명으로 다음 중 옳지 않은 것은?

① 채권투자수익에 대한 세금은 보유기간에 대한 원천징수를 통해 과세한다.
② 채권의 과세대상소득은 채권발행조건에 기재된 표면이자와 할인액이 클수록 증대된다.
③ 발행수익률과 다른 만기수익률에 의해 유통시장에서 이루어진 매매로 발생한 자본손익은 과세대상소득에 포함되지 않는다.
④ 채권 매입 후부터 채권 매도시까지의 보유기간에 따른 이자상당액을 과표로 하여 채권의 이자발생시점 또는 채권의 매도시점에 세금을 원천징수한다.

정답해설 채권의 과세대상소득은 채권발행조건상의 표면이율과 할인율에 따라 결정되며, 표면이자와 할인액에 한정된다.
① 채권투자수익에 대한 세금은 세후단가매매방식에 의해 과세하던 방식에서 2005년부터 보유기간에 대한 원천징수방식으로 변경되었다.
③ 채권투자수익에 대한 소득은 채권발행조건상의 표면이율과 할인율에 따라 결정되므로 발행수익률과 만기수익률 등에 의해 이루어진 매매로 발생된 여타의 자본손익은 채권에서 발생하는 과세대상소득에 포함되지 않는다.
④ 채권에서 발생한 소득에 대한 세금은 매입 후부터 이자락 혹은 매도시까지의 보유기간 이자상당액(이자와 할인액)을 과표로 하여 채권의 이자발생시점부터 혹은 채권의 매도시점에 세금을 원천징수한다.

개념 짚어 보기

원천징수세율

구분	개인	구분	법인
소득세	14%	법인세	14%
주민세	1.4%	기타 세금	–
계	15.4%	계	14%

[개념 확인 문제 정답] 01 ① 02 ① [실전 확인 문제 정답] ②

10 채권의 투자환경(2) – 수익률곡선

개념 확인 문제

01 **동일한 발행주체에 의해 발행된 채권의 서로 다른 만기기간 혹은 잔존기간과 만기수익률과의 관계를 나타낸 채권수익률의 기간구조를 그래프로 나타낸 것을 (   )이라 하며, 이는 투자선택과 투자채권의 향후 운용전략을 결정하는 데 중요한 기준이 된다.**

① 수익률곡선　　② 역시계곡선

02 **불편기대이론이 반영된 수익률곡선은 투자자가 향후 이자율이 상승할 것으로 기대하면 수익률곡선은 (   )하고, 이자율이 하락할 것으로 예상하면 (   )할 것이다.**

① 우상향, 우하향　　② 우하향, 우상향

실전 확인 문제

▶ **다음 중 수익률곡선에 대한 설명으로 바르지 못한 것은?**

① 불편기대가설은 미래의 단기이자율은 위험에 대해 중립적인 태도를 지닌 투자자들의 기대에 의해서만 결정된다는 가정에 근거하고 있다.

② 만기 시 일시상환채권들의 잔존기간과 만기수익률 간의 특정시점에 있어서의 관계를 곡선의 형태로 나타낸 것을 현물수익률곡선이라고 한다.

③ 채권의 발행주체가 다르면 채권들 간에 동일한 잔존기간을 가지고 있더라도 채권수익률 간에 괴리를 나타낸다.

④ 유동성 프리미엄이 반영된 수익률곡선은 언제나 우상향하는 형태로 나타난다.

정답해설 미래에 단기수익률이 하락하리라 기대하더라도 만기기간에 비례하여 증가하는 유동성 프리미엄이 반영된다면 수익률곡선이 우상향하는 상태로 나타날 수도 있다.

개념 짚어 보기

수익률곡선의 이론

- **시장분할이론** : 만기가 다른 채권 간에는 법적 · 제도적 요인과 투자자 선호의 차이 등으로 시장이 분리되어 있어 각각의 하부시장이 선호하는 수요와 공급에 따라 수익률이 결정된다는 이론
- **유동성선호이론** : 만기가 길수록 위험부담이 커지므로 장기채권일수록 이자율 변동에 따른 가격변동의 위험이 크고 유동성이 낮아 투자자들은 이에 따른 프리미엄을 요구하게 됨
- **선호영역이론** : 투자자는 기본적으로 시장분할이론에 의해 위험회피를 위해 특정한 만기를 지닌 채권을 선호하나, 다른 만기채권의 수익률이 충분히 높다면 위험을 부담하더라도 기대수익이 큰 다른 만기채권을 선택하게 됨
- **불편기대이론** : 현재 수익률곡선은 현재의 단기수익률에 대한 시장의 기대뿐 아니라 미래 단기수익률의 예측 등에 대한 불확실성으로 유동성프리미엄이 추가되어 결정된다는 이론

[개념 확인 문제 정답] 01 ① 02 ① [실전 확인 문제 정답] ④

11 채권의 투자위험도(1)

개념 확인 문제

01 채권은 약속된 이자와 만기에 원금상환액이 정해져 있는 확정부 증권이나, 계약불이행에 따른 이자와 원금상환의 위험 또는 불확실성이 존재하므로 원금 지급에 대한 위험이 클수록 채권가격은 낮게 평가되고, 만기수익률은 (　　　) 결정된다.

① 낮게　　② 높게

02 유통시장에 참여하는 투자자의 수가 많지 않아 거래량이 크지 않고 거래가격이 불연속적으로 형성되는 유가증권의 경우 유가증권을 현금화하는 데 어려운 위험을 (　　　)이라 한다.

① 유동성위험　　② 인플레이션위험

실전 확인 문제

▶ **다음 채권의 투자위험에 대한 설명 중 옳은 것은?**

① 채권발행자의 신용위험이 적을수록 발행수익률은 높아진다.
② 채권의 만기에 가까울수록 위험은 커지므로 금리연동부 이자지급채권보다는 확정금리 지급채권이 더 안정적이다.
③ 채권투자 후 만기수익률이 상승할수록 채권가격도 상승하게 된다.
④ 채권투자 후 만기수익률이 투자예측과 오차가 클 경우 이 채권에 대한 위험은 더욱 증가한다.

정답해설 ① 채권발행자의 신용위험 혹은 채무불이행위험이 클수록 채권발행시에 위험프리미엄이 반영되어 발행수익률은 높아진다.(채무불이행위험)
② 채권은 만기에 가까울수록 위험이 커지므로 확정금리 지급채권보다는 금리연동부 이자지급채권에 투자하는 것이 유리하다.(인플레이션위험)
③ 채권투자 후 만기수익률이 상승하면 채권가격은 하락하고, 만기수익률이 하락하면 채권가격이 상승하게 된다.(가격변동위험)

개념 짚어 보기

채권투자위험의 종류

구분	내용
재투자위험	채권으로부터 발생된 이자를 다른 채권에 재투자하여 최종수익률에 차이가 발생하는 위험
인플레이션위험	채권의 만기가 길어질수록 위험이 커짐(확정금리 지급채권보다 금리연동부 이자지급채권에 대한 투자가 유리)
채무불이행위험	채권발행자가 약속한 이자와 원금을 채권자에게 이행하지 않았을 때 발생하는 신용위험
유동성위험	채권 유통시장에 수요가 적어 채권거래 시 현금을 확보하는 데 어려운 위험
가격변동위험	채권 투자 후 시장의 만기수익률이 채권투자시와 다르게 나타날 경우 오차가 커질수록 위험이 커짐

[개념 확인 문제 정답] 01 ② 02 ① [실전 확인 문제 정답] ④

12 채권의 투자위험도(2) – 듀레이션(duration)

개념 확인 문제

01 듀레이션이란 채권의 위험 측정수단으로 단순히 최종 원금상환시점을 의미하는 만기와는 달리 모든 현금수입 의 발생시기와 규모, 화폐의 시간가치 등을 고려한 (　　　)을 말한다.

① 가중평균회수기간　　② 현금흐름발생기간

02 듀레이션은 만기 표면이자율, 단기수익률 등이 서로 다른 채권의 현금흐름을 쉽게 파악할 수 있으며, 이는 표면금리가 낮을수록, 장기수익률이 높을수록 (　　　).

① 작아진다　　② 커진다

실전 확인 문제

▶ **다음은 듀레이션을 설명한 것이다. 틀린 설명은?**

① 듀레이션은 채권의 만기개념을 만기 이전의 현금흐름과 시간가치로 계산했다는 장점이 있다.
② 듀레이션은 만기 표면이자율과 수익률 등이 서로 다른 채권의 현금흐름 파악이 용이하다.
③ 채권의 만기가 길수록 같은 크기의 현금흐름의 현재가치가 작아지게 되므로 듀레이션도 길어진다.
④ 듀레이션은 채권수익률이 높을수록 듀레이션도 커진다.

정답해설 듀레이션은 채권수익률과는 역의 상관관계를 가지므로 채권수익률이 높을수록 듀레이션은 작아지게 된다.

개념 짚어 보기

듀레이션

$$D=\sum_{t=1}^{n}\frac{CF_t\cdot t}{(1+r)^t}\times\frac{1}{P}=\sum_{t=1}^{n}\frac{\text{기간별 현금흐름의 가치}\times\text{현금흐름 발생기간}}{\text{채권가격}}$$

- r : 채권의 만기수익률
- t : 현금흐름 발생기간
- n : 만기까지의 이자지급횟수
- CF_t : 채권에서 발생하는 각기의 현금흐름
- P : 채권가격

듀레이션의 결정요인

- **표면이자율과의 관계** : 표면이자율이 높을수록 듀레이션은 짧아진다.
- **만기와의 관계** : 만기가 길수록 듀레이션은 길다.
- **만기수익률과의 관계** : 만기수익률이 높을수록 듀레이션은 짧아진다.
- **이자지급과의 관계** : 이자지급 빈도가 증가하면 듀레이션은 짧아진다.

[개념 확인 문제 정답] 01 ① 02 ② **[실전 확인 문제 정답]** ④

13 채권의 투자위험도(3) – 볼록성(convexity)

개념 확인 문제

01 다른 조건이 일정할 경우 잔존기간이 (　　　), 만기수익률의 수준이 (　　　) 채권의 볼록성이 커진다.

① 짧을수록, 높을수록　　② 길수록, 낮을수록

02 표면이자가 연 8%이고 액면가가 10,000원인 3년 만기 채권이 있다. 현재 채권수익률이 9%라고 한다면 이 채권의 가격은 9,746.87원이고 듀레이션은 2.78년이 된다. 만약 이 채권의 수익률이 향후 9%에서 10%로 1% 상승한다면 채권 가격변동율은 (　　　)하는 것으로 추정할 수 있다.

① 2.55% 하락　　② 3.55% 상승

03 만기수익률은 10%이고 맥컬레이 듀레이션은 2.5년일 때, 만기수익률이 9%로 하락한다면 이 채권가격의 변동률은 (　　　)이다.

① 1.75%　　② 2.27%

실전 확인 문제

▶ 채권의 볼록성에 대한 설명으로 옳지 않은 것은?

① 수익률이 낮은 변동성은 큰 볼록성 효과를 발생시킨다.
② 볼록성은 수익률이 하락할 때보다 상승할 때 더 큰 영향을 받는다.
③ 볼록성은 '채권가격–수익률곡선의 기울기의 변화'를 나타낸다.
④ 장기채가 단기채보다 볼록성이 더 높다.

정답해설 볼록성은 수익률이 상승할 때보다 하락할 때 더 큰 영향을 받는다.

개념 짚어 보기

볼록성

$$C=\frac{\frac{d^2P}{dr^2}}{P}\quad \text{여기에서}\quad \frac{d^2P}{dr^2}=\sum_{i=1}^{n}\frac{t(t+1)CF_t}{(1+r)^{t+2}}$$

- r : 채권의 만기수익률
- t : 현금흐름 발생기간
- CF_t : 채권에서 발생하는 각기의 현금흐름
- P : 채권가격

채권가격의 결정요인과의 관계

- 표면이율이 낮을수록 볼록성은 커진다.(만기수익률과 잔존기간이 일정할 경우)
- 잔존기간이 길수록 볼록성은 커진다.(만기수익률과 표면이율이 일정할 경우)
- 만기수익률의 수준이 낮을수록 볼록성은 커진다.(표면이율과 잔존기간이 일정할 경우)

[개념 확인 문제 정답] 01 ② 02 ① 03 ② **[실전 확인 문제 정답]** ②

14 채권투자전략(1) – 적극적 투자전략

개념 확인 문제

01 수익률예측전략이란 기대수익률은 높지만 그에 따른 위험도 큰 운용전략으로, 수익률 하락예측 시 만기기간이 길고 표면이율이 낮은 채권을 (　　　)하고, 수익률 상승예측 시 만기기간이 긴 보유채권을 (　　　)하는 방법이다.

① 매각, 매입　　② 매입, 매각

02 채권 포트폴리오에서 중기채를 매도함으로써 단기채와 장기채만으로 만기를 구성하는 전략으로, 단기채의 장점과 위험은 높지만 수익률이 높은 장기채의 장점이 중화되어 유동성과 수익성을 동시에 확보될 수 있는 이점을 취하는 전략을 (　　　)라 한다.

① 바벨형 포트폴리오(barbell portfolio)　　② 불릿형 포트폴리오(bullet portfolio)

실전 확인 문제

▶ 롤링효과(Rolling Effect)와 숄더효과(Shoulder Effect)에 대한 설명으로 옳지 않은 것은?

① 롤링효과는 금리수준이 불변임에도 불구하고 잔존기간이 단축됨에 따라 수익률이 하락하여 채권가격이 상승하는 효과를 말한다.

② 숄더효과란 단기채에서 볼 수 있는 극단적인 수익률 하락폭을 인체의 어깨부분에 비유한 것이다.

③ 롤링효과에 따르면 10년 만기채를 매입하여 잔존기간이 9년이 되는 시점에서 매각하고, 다시 10년 만기채에 재투자하는 편이 투자효율을 높일 수 있다.

④ 롤링효과에 따르면 투자기간을 1년으로 했을 경우 만기가 1년짜리인 채권에 투자하기보다 2년 만기채에 투자했다가 1년 후에 매각하는 것이 투자효율을 높일 수 있다.

정답해설 ④는 숄더효과에 대한 설명이다.

개념 짚어 보기

수익률곡선타기 전략

수익률곡선의 롤링효과와 숄더효과를 이용하여 채권의 만기까지 보유하지 않고 만기 전에 동일한 만기를 가진 채권으로 교체함으로써 투자수익률을 높이는 방법을 말한다.

- **롤링효과(rolling effect)** : 채권의 금리수준이 일정하더라도 잔존기간이 짧아지면 그만큼 수익률이 떨어지게 되는데, 이같이 잔존기간이 단축됨에 따라 수익률이 완만하게 하락, 가격이 완만하게 상승하는 현상
- **숄더효과(shoulder effect)** : 단기채의 만기가 짧아져 만기가 다가올수록 채권가격이 큰 폭으로 상승하여 수익률이 급격히 하락하는 현상

[개념 확인 문제 정답] 01 ② 02 ① [실전 확인 문제 정답] ④

15 채권투자전략(2) – 소극적 투자전략

개념 확인 문제

01 채권투자전략 중에서 (   )은 채권투자의 성과가 특정 채권지수의 수익률과 일치시키기 위한 투자전략으로, 개별위험은 제거할 수 있으나 시장위험은 제거할 수 없고 시장의 수익률 흐름을 맹목적으로 추종한다는 점에서 소극적인 투자전략이다.

① 인덱스전략　　　② 상황대응적 면역전략

02 면역전략은 투자기간 동안 발생 가능한 수익률변동위험을 제거하고 투자목표를 달성하기 위한 전략으로, (   )과 채권 포트폴리오의 듀레이션을 일치시킴으로써 운용수익률을 투자목표에 고정시킨다.

① 거래비용　　　② 투자기간

실전 확인 문제

▶ 다음 채권투자전략 중 소극적 투자전략에 대한 설명으로 틀린 것은?

① 현금유입이 지속적으로 발생하는 금융기관 등에서 시장의 평균수익률을 얻고자 할 때 만기보유전략을 이용한다.
② 현금흐름 일치전략은 현금흐름이 단순할수록 효과적인 포트폴리오를 구성할 수 있다.
③ 사다리형 만기전략은 위험은 크나 높은 수익률 확보가 가능한 장기채의 장점을 이용하여 투자기간 동안 평균적인 수익을 얻을 수 있다.
④ 인덱스전략의 포트폴리오는 비체계적인 위험을 최소화할 수 있도록 채권의 수를 적절히 조절해야 한다.

정답해설 ③은 바벨형 만기전략에 대한 설명이다. 사다리형 만기전략은 포트폴리오의 채권별 비중을 각 잔존기간별로 동일하게 유지하여 시세변동위험과 수익성을 적정수준으로 확보하려는 전략이다.

개념 짚어 보기

사다리형 · 바벨(아령)형 만기운용전략

- **사다리형 만기전략** : 포트폴리오의 채권별 보유량을 각 잔존기간별로 고르게 유지하고 있어 시장금리의 등락에 따른 시세변동위험과 수익성을 적정수준으로 확보 · 수익률을 평준화하기 위한 투자전략
- **바벨(아령)형 만기전략** : 유동성 확보를 위한 단기채권과 수익성 확보를 위한 장기채권만 보유하고, 중기채권은 보유하지 않는 전략으로, 장기채권과 단기채권에 집중투자하여 시장금리의 등락에 따른 운용수익을 높이고자 하는 투자전략

[개념 확인 문제 정답] 01 ① 02 ② [실전 확인 문제 정답] ③

16 채권투자전략(3) – 구조화채권의 투자전략

개념 확인 문제

01 (   )은 기준금리에 일정 스프레드가 더해져 표면이율이 결정되는 방식으로, 이 채권과 연동되는 기준금리로는 CD(양도성예금증서), 국고채 3년물 및 5년물 혹은 제1종 국민주택채권의 시장수익률이 주로 사용된다.

① 수의상환채권　　② 역금리변동부채권

02 (   )는 만기 전에 이자지급 구조가 고정금리에서 변동금리로 또는 변동금리에서 고정금리로 변동되는 특징을 가진 금리변동부채권으로 초기의 일정기간은 확정금리로 지급하고 그 이후부터 만기까지는 변동금리 또는 역변동금리로 지급한다.

① FRN　　② Flipper

실전 확인 문제

▶ 금리변동부채권의 투자전략에 대한 설명 중 틀린 것은?

① 수익률이 상승할수록 역금리변동부채권 투자자의 수익이 증가한다.
② 역금리변동채권의 경우 일정한 고정금리를 정한 후 기준금리를 차감하여 정해진 이자율에 따라 이자가 지급된다.
③ 일정 단위기간마다 정해진 기준금리에 연동된 표면이율에 의해 이자를 지급하는 채권으로 일반채권에 비해 수익률변동위험에서 비교적 안정적이다.
④ 역변동금리부채권의 경우 변동금리가 하락할수록 채권투자자는 더 높은 이자수익을 얻게 된다.

정답해설 수익률이 상승할수록 역금리변동부채권 투자자의 수익은 감소한다. 따라서 수익률의 방향성 예측에 비중을 두는 운용전략의 경우 수익률 상승이 예상되는 경우에는 일반 금리변동부채권에 투자해야 하지만 수익률 하락이 예상되는 경우에는 역금리변동부채권에 투자하는 것이 유리하다.

개념 짚어 보기

금리변동부채권의 변용

- **역금리변동부채권(Inverse FRN)** : 최초 일정기간에는 확정이자율로 이자를 지급하고 거치기간 이후에는 금융기관의 정기예금이자율 변동에 따라서 확정이자율을 유동시켜서 이자를 지급하는 형태로, 투자자는 변동금리가 하락할수록 높은 이자수입을 얻게 됨
- **Flipper** : 만기 전에 이자지급 구조가 바뀌는 금리변동부채권으로, 초기에는 확정금리를 지급하다가 변동금리 또는 역변동금리로 바뀜
- **양기준 금리변동부채권(Dual Indexed FRN)** : 두 개의 변동금리의 차이, 변동금리를 가중하거나 가산한 값의 차이가 지급금리가 되는 구조를 가진 금리변동부채권으로 수익률곡선의 기울기변화가 투자선택의 가장 중요한 요소가 됨
- **디지털 옵션 금리변동부채권(Digital Option FRN)** : 일정한 범위 내의 기준금리에서 움직일 경우는 높은 금리, 범위 밖의 기준금리에서 움직일 경우에는 낮은 금리를 지급하는 구조의 금리변동부채권

[개념 확인 문제 정답] 01 ② 02 ② **[실전 확인 문제 정답]** ①

17 기타 채권관련 증권(1)

개념 확인 문제

01 (　　　)는 전환 전에는 일반채권으로서의 확정이자를 받을 수 있고, 전환 후에는 주식으로서의 이익을 얻을 수 있는 채권과 주식의 성격을 동시에 지닌 복합 유가증권이다.

① 신주인수권부사채(BW)　　② 전환사채(CB)

02 패리티는 주식의 시장가격 대비 전환가격을 백분율로 나타낸 것으로, A사에서 발행한 전환사채의 패리티가 150이다. A사의 주가가 15,000원이라면 이 전환사채의 액면전환가격은 (　　　)이다.

① 5,000원　　② 10,000원

03 수의상환채권의 수의상환권은 (　　　)에게 부여된 권리이다.

① 채권발행자　　② 채권투자자

실전 확인 문제

▶ 다음 중 옵션이 첨부된 채권의 특성으로 틀린 것은?

① 교환사채는 상장법인만이 발행할 수 있다.
② 교환사채는 사채발행회사가 새로 발행한 주식과 교환한다.
③ 신주인수권부사채는 신주인수권을 행사해도 사채는 소멸하지 않는다.
④ 교환사채는 교환권 행사로 사채가 소멸한다.

정답해설 교환사채는 사채발행회사가 보유하고 있는 기존의 주식과 교환할 수 있는 채권이다.

개념 짚어 보기

교환사채와 수의상환채권

- 교환사채(EB : Exchangeable Bond)
  - 교환사채 소지인에게 만기 전 일정기간 내에 사전에 합의된 교환조건으로 당해 사채발행회사가 보유하고 있는 증권으로 교환청구를 할 수 있는 권리가 부여된 채권으로 교환 시 발행사의 자산(보유주식)과 부채(교환사채)가 동시에 감소하게 된다.
  - 권리행사 시 추가적인 자금유입이 없다는 점에서 신주인수권부사채와 다르고, 발행회사의 자본금 증가가 수반되지 않는다는 점에서 전환사채와 다르다.
- 수의상환채권
  - 채권의 만기일 이전에 당해 채권을 매도할 수 있는 권리를 채권발행자에게 부여한 채권으로, 채권발행자가 원리금을 조기에 상환할 수 있는 권한을 부여한 채권이다.
  - 채권발행자에게 원리금에 대한 수의상환권을 부여하고 있으므로, 채권의 시장수익률이 해당 채권의 발행수익률보다 낮아지면 채권발행자가 수의상환권을 행사할 가능성이 커져 다른 조건의 동일할 경우 투자자의 입장에서는 불리할 수 있다.

[개념 확인 문제 정답] 01 ② 02 ② 03 ① [실전 확인 문제 정답] ②

18 기타 채권관련 증권(2)

개념 확인 문제

01 전환사채는 일반적으로 전환권 행사에 대한 대가 표면이율이 일반채권보다 높게 발행된다.

① ○ ② ×

02 전환가치는 전환된 주식들의 시장가치를 나타낸다. 액면 10,000원인 전환사채의 전환주수가 2주일 때 주당 시가가 8,000원이라면 전환가치는 ( )이다.

① 8,000원 ② 16,000원

실전 확인 문제

▶ 전환사채와 신주인수권부사채에 관한 설명 중 옳은 설명은?

① 전환사채의 전환권 행사 시 신규로 주금을 납입하여야 한다.
② 우리나라에서는 신주인수권부사채가 발행되지 않는다.
③ 전환프리미엄은 전환주식의 시가를 전환주수로 곱한 것으로 표시된다.
④ 신주인수권부사채는 신주권의 행사 후에도 사채가 존속할 수 있다.

정답해설 전환권 행사 후 사채가 소멸되는 전환사채와 달리 신주인수권부사채는 신주인수권의 행사 후에도 사채가 존속할 수 있다.
① 전환사채의 전환권 행사 시에는 주금이 사채금액으로 대체된다.
② 우리나라에서는 분리형 신주인수권부사채가 발행된다.
③ 전환가치에 대한 설명이다. 전환프리미엄은 전환사채의 시장가격과 전환가치와의 차이를 나타낸 것이다.

개념 짚어 보기

전환사채와 신주인수권부사채

구분	전환사채	신주인수권부사채
부여된 권리	전환권	신주인수권
신주취득가격	전환가격	행사가격
신주취득의 한도	사채금액과 동일	사채금액범위 내
권리행사 후 사채권	전환권 행사 후 소멸	신주행사권 행사 후에도 존속
추가자금 여부	전환권 행사 시 필요	신주인수권 행사를 위해 별도의 자금 필요

[개념 확인 문제 정답] 01 ② 02 ② [실전 확인 문제 정답] ④

19 기타 채권관련 증권(3) – 자산유동화증권(ABS)

개념 확인 문제

01 (　　　)이란 유동화의 대상이 되는 각종 채권, 부동산, 유가증권 등 여러가지 형태의 일반 자산에서 발생하는 집합화된 현금흐름을 기초로 원리금을 상환하는 증서로, 원리금 지급이 확실한 선순위채권과 원리금 지급이 비교적 불확실한 후순위채권으로 분리 발행된다.

① 금리변동부채권(FRN)　　② 자산유동화증권(ABS)

02 우리나라에서 일반적으로 사용되는 자금이체방식으로 기초자산에서 발생하는 현금흐름을 기초로 유동화전문회사가 적립하고 조정한 현금흐름을 투자자에게 지급하는 방식을 (　　　)방식이라 한다.

① 패스–스루(pass–through)　　② 페이–스루(pay–through)

실전 확인 문제

▶ **다음 중 자산유동화증권(ABS)의 특성에 대한 설명으로 거리가 먼 것은?**

① 보유채권의 만기 이전에 보유자산의 현금화가 가능하다.
② 자산유동화증권에 대한 투자수익은 유동화증권 기초자산 자체의 현금흐름에 의해 달라진다.
③ 자산유동화증권은 수익증권의 발행이 가장 많은 비중을 차지한다.
④ 자산유동화증권의 내부적 신용보강방법으로는 초과담보, 선·후순위증권의 발행, 현금흐름 차액적립 등의 방법이 있다.

정답해설 자산유동화증권은 사채의 형태가 가장 많은 비중을 차지하며, 출자증서 및 수익증권 등의 형태로도 발행된다.

개념 짚어 보기

자산유동화증권(ABS : Asset–Backed Securities)

미래의 현금흐름을 바탕으로 현시점에서 자금을 조달하는 금융기법의 일종으로, 우리나라에서는 1998년 「자산유동화에 관한 법률」을 제정하면서 도입되었다. 미래의 현금흐름이 있는 부동산, 각종 채권 등의 소유자가 신용보강 등으로 새로운 증권을 발행하여 자금을 조달하는 방법으로서 신용보강으로 말미암아 일반적으로 원자산보다 새로운 증권의 신용등급이 높다. 자산유동화증권의 신용보강 방법으로는 보증, 후순위채권발행, 추가현금 적립 등의 방법이 있다.

- **내부적 신용보강** : 기초자산에서 발생하는 현금흐름을 상환받는 순위를 설정하는 방식, 현금흐름 차액적립, 풋백옵션, 초과담보 설정
- **외부적 신용보강** : 은행을 포함한 신용보증기관에 의한 지급보증방법, 신용공여 등

[개념 확인 문제 정답] 01 ② 02 ②　[실전 확인 문제 정답] ③

핵심플러스

OX 문제

01 IMF 체제 이후 회사채 지급 금융기관들에 대한 신뢰도가 하락하면서 금융기관이 보증을 선 보증사채는 찾아보기 힘들어졌고, 모두 무보증사채로 발행되고 있다. (　)

02 우리나라에서 발행되는 회사채와 국고채 대부분은 3년 이하의 만기로 발행되는 것이 큰 비중을 차지하고 있다. (　)

03 채권은 장외거래의 비중이 장내거래의 비중보다 높고, 개인투자자의 거래비중이 기관투자자의 거래비중보다 높다. (　)

04 장내거래의 소매채권매매시장의 경우 호가수량 10억 원 미만의 채권거래를 위한 시장으로 채권소매거래 활성화를 위해 시장조성 의무를 이행하는 소매전문딜러제도가 도입되어 있다. (　)

05 국고채의 발행은 대부분 발행기관들에 의한 총액인수방식에 의해 발행된다. (　)

06 국채공모입찰방식 중 차등가격낙찰방식은 단일의 조건으로 발행된다. (　)

07 만기수익률의 변동에 따른 채권가격의 변동은 만기가 길수록 커진다. (　)

08 만기가 일정하다면 수익률의 하락으로 인한 가격상승폭이 같은 폭의 수익률 상승으로 인한 가격하락폭보다 작다. (　)

09 채권에 투자한 후 만기수익률이 상승하면 채권가격도 상승하게 되고, 채권투자 후 만기수익률이 하락하면 채권가격도 하락하게 된다. (　)

10 국고채는 직접모집방식에 의해 발행되며 국가가 보증하는 채권인만큼 신용위험이 낮기 때문에 동일한 조건의 일반회사채보다 낮은 수익률로 거래된다. (　)

해설

02 국고채와 회사채 모두 4년 미만의 채권발행량은 줄고 5년물, 10년물의 5년 이상의 만기기간을 가진 발행물의 비중이 증가하고 있다.

03 채권거래는 주식거래와 달리 장외거래의 비중이 현저하게 높고, 개인투자자보다 기관투자자의 거래비중이 높다.

04 소매채권매매시장은 호가수량 50억 원 미만의 채권거래시장이다.

06 차등가격낙찰방식은 최고 낙찰수익률 이하 응찰수익률을 일정 간격으로 그룹화하여 각 그룹별로 최고 낙찰수익률을 적용하므로 복수의 조건으로 발행된다.

08 채권의 잔존기간이 길어짐으로써 증가하는 가격변동률은 체증하므로 만기가 일정하다면 수익률의 하락으로 인한 가격상승폭이 같은 폭의 수익률 상승으로 인한 가격하락폭보다 크다.

09 채권투자 후 만기수익률이 상승하면 채권가격은 하락하게 되고, 채권에 투자한 후 만기수익률이 하락하면 채권가격이 상승하게 된다.

[정답] 01 ○ 02 × 03 × 04 × 05 ○ 06 × 07 ○ 08 × 09 × 10 ○

핵심플러스

OX 문제

11 채권의 발행조건 중 잔존기간은 화폐의 시간가치를 반영하기 때문에 채권가격의 변화 정도를 측정하는 데 이용된다. ( )

12 현금흐름의 비중이 만기에 모두 몰려있어 만기일시상환채권의 듀레이션은 잔존기간과 일치한다. ( )

13 듀레이션의 크기는 채권의 잔존기간, 채권의 가격변동률, 채권의 가격변동폭과 역의 상관관계를 가진다. ( )

14 시장수익률이 하락할 것으로 예상되면 채권포트폴리오의 듀레이션을 크게 한다. ( )

15 수익률 상승예상 시 듀레이션을 늘리는 전략이 유효하고 수익률 하락예상 시 듀레이션을 줄이는 전략을 취해야 한다. ( )

16 채권에서 발생하는 소득분도 다른 여타의 금융상품의 소득과 마찬가지로 과세의 대상이 되고 동일한 방법으로 과세한다. ( )

17 특정 수익률 수준에서 산출된 듀레이션이 같은 두 채권이 경우에는 수익률이 상승하게 되면 볼록성이 큰 채권이 볼록성이 작은 채권보다 높은 가격을 갖게 된다. ( )

18 국채 중에서 국고채는 발행비율이 가장 높으며, 이표채가 대부분이다. ( )

19 나비형 투자전략 시 포트폴리오에서 장기물과 단기물의 비중을 줄이고 중기물을 매입 · 확대시키는 방식을 취한다. ( )

20 수익률곡선이 투자기간 동안에 우상향의 형태를 나타내면서 이동한다면 수익률곡선타기 전략으로 수익률제고가 가능하다. ( )

해설

11 채권의 잔존만기는 화폐의 시간가치를 무시하기 때문에 채권가격의 변동성을 측정하는 데 한계점이 있다. 수익률 변화에 따른 채권가격은 여러가지 요인에 의해 영향을 받는다. 그 주된 요인으로는 만기까지의 잔존기간, 표면이자율을 포함하는 채권으로부터의 현금흐름이 있는데 이러한 채권가격 결정요인들에 따라서 채권가격은 서로 다른 변동성을 나타나게 된다.

13 듀레이션의 크기는 채권의 잔존기간, 채권의 가격변동률 및 가격변동폭과 정의 상관관계를 가진다. 듀레이션을 이용하여 추정된 채권가격의 변동은 수익률변동폭이 커질수록 그 값이 증가하는 경향이 있다.

15 수익률 상승예상 시 듀레이션을 줄이는 전략이 유효하고 수익률 하락예상 시 듀레이션을 늘리는 전략이 유효하다.

16 채권에서 발생한 소득분에 대한 세금은 채권투자수익에 직접적인 영향을 끼칠 수 있어 다른 금융상품에 대한 과세방법과는 다르다. 채권투자수익에 대한 세금은 보유기간에 대한 원천징수를 통해 과세한다.

19 나비형 투자전략 시에는 중기물의 비중을 축소시키는 방식을 취해야 한다. 역나비형 투자전략 시 장기물과 단기물의 비중을 줄이고 중기물을 매입 · 확대시키는 방식을 취한다.

20 수익률곡선타기 전략은 만기별 채권수익률의 차이를 이용한 투자기법으로, 수익률곡선이 우상향의 형태를 나타내고 있고, 이와 같은 형태가 투자기간 동안 변동없이 유지된다고 예상된다면 이를 이용해 이득을 얻을 수 있다. 수익률곡선의 형태가 예상한대로 유지가 되어야만 투자목표의 실현이 가능하다.

[정답] 11 × 12 ○ 13 × 14 ○ 15 × 16 × 17 ○ 18 ○ 19 × 20 ×

4장 기타 증권시장

대표 유형 문제

다음 코넥스시장의 상장 및 매매제도와 관련한 설명 중 옳은 것은?

① 일정 수준의 위험감수능력을 갖춘 전문투자자 중심의 시장이다.
② 코넥스시장은 가격제한폭을 적용하지 않고 있다.
③ 코넥스시장의 매매체결방법은 단일가매매방식이다.
④ 유가증권시장 · 코스닥시장과 동일한 6개의 호가종류를 사용하고 있다.

정답해설 코넥스시장은 초기 중소기업이 상장되는 특화된 시장으로 일반투자자가 참여하기에는 투자위험이 높아 시장참여자의 범위를 위험감수능력을 갖춘 전문투자자 중심으로 하고 있으나, 일반투자자도 충분한 위험감수능력이 있거나 투자전문성이 인정된다면 일정금액 이상의 기본예탁금을 예탁하면 참여 가능하다.

오답해설 ② 코넥스시장도 유가증권시장 · 코스닥시장과 동일하게 1일 가격제한폭을 종가대비 상하 15%로 제한하고 있다. 이는 2015년 상반기 중 종가대비 기준 상하 15%에서 30%로 확대될 예정이다.
③ 개설 초기에는 단일가매매방식을 채택하였으나 현재는 유가증권시장 · 코스닥시장과 동일하게 접속매매방식으로 운영하고 있다.
④ 코넥스시장이 갖는 특성으로 인해 호가종류를 지정가호가와 시장가호가의 2종류로 단순화하여 운영하고 있다.

대표 유형 문제 알아 보기

특수매매의 구분

구분		유가증권시장 · 코스닥시장	코넥스시장
정규시장	장중대량매매	○	○
	장중바스켓매매	○	×
	장중경쟁대량매매	○	×
시간외 매매	시간외대량매매	○	○
	시간외종가매매	○	○
	시간외단일가매매	○	×
	시간외바스켓매매	○	×
	시간외경쟁대량매매	○	×

[대표 유형 문제 정답] ①

1 코넥스시장의 이해

개념 확인 문제

01 코넥스시장 상장법인에 대한 투자는 성장유망기업의 초기단계 투자로 기업성장에 따른 고수익 창출 투자가 가능하며, 정규시장인 만큼 유가증권시장 · 코스닥시장과 동일한 증권거래세율인 (　　　)가 적용되고, 개인투자자인 소액주주의 경우 (　　　)가 면제된다.

① 0.3%, 양도세　　② 0.5%, 증여세

02 코넥스시장은 초기 중소기업 중심의 시장으로서 어느 정도 위험감수능력을 갖춘 투자자로 시장 참여자를 제한할 필요가 있어 코넥스시장 상장주권을 매수하려는 자의 경우 (　　　) 이상을 기본예탁금으로 예탁하도록 하고 있다.

① 3억 원　　② 5억 원

실전 확인 문제

▶ 다음 코넥스시장과 관련한 설명으로 옳지 않은 것은?

① 중소기업의 M&A 등 구조조정을 지원하는 시장이다.
② 투자전문성이 인정되는 자본시장법상 전문투자자 중심의 시장이다.
③ 유가증권시장 · 코스닥시장과 마찬가지로 상장대상에 제한이 있다.
④ 기술력 있는 중소기업의 상장을 지원하기 위하여 상장요건을 최소화하고 있다.

정답해설 코넥스시장은 유가증권시장 · 코스닥시장 상장과 달리 공모, 사모, 직상장 등 다양한 형태의 상장이 가능하다.
② 코넥스시장은 일반투자자가 참여하기에는 투자위험이 높아 시장참여자의 범위를 일정 수준의 위험감수능력을 갖춘 전문투자자 중심으로 하고 있으나, 일반투자자도 충분한 위험감수능력이 있거나 투자전문성이 인정된다면 일정금액 이상의 기본예탁금을 예탁하면 참여 가능하다.

개념 짚어 보기

코넥스시장의 특징

- **중소기업 특화시장** : 「중소기업기본법」상 중소기업만 상장 가능한 시장으로서 초기 중소기업에 특화된 시장이다.
- **모험자본의 선순환(투자회수 및 재투자)체계 지원** : 전문투자자 등으로 시장참여자를 제한하나, 중소기업 투자전문성이 인정되는 벤처캐피탈(창업투자조합 등 포함) 및 엔젤투자자의 시장참여를 허용하여 모험자본의 선순환을 지원한다.
- **M&A 등 구조조정을 지원하는 시장** : 초기 중소기업은 M&A 등을 통한 기업성장 및 경쟁력 강화가 매우 중요하여, 코넥스시장은 활발한 M&A의 지원 및 원활한 지분매각을 위하여 합병요건(우회상장 포함)을 완화하고 대량매매 · 경매매제도 등을 도입하였다.

[개념 확인 문제 정답] 01 ①　02 ①　**[실전 확인 문제 정답]** ③

2 코넥스시장의 상장제도

개념 확인 문제

01 코넥스시장에서 (　　　)은 기업에게는 코넥스시장 상장 및 상장유지를 지원하는 후견인 역할을 수행하고, 투자자에게는 코넥스시장의 완화된 규제를 보완하는 역할을 담당한다.

① 상장주선인　　② 지정자문인

02 코넥스시장 참여자를 대상으로 주식을 발행하는 경우 증권신고서 제출이 면제됨에 따라 기업이 자금수요가 있는 경우 신속한 자금조달이 가능하다.

① ○　　② ×

실전 확인 문제

▶ 코넥스시장의 상장요건과 상장절차에 관련된 설명으로 옳지 않은 것은?

① 코넥스시장은 초기 중소 · 벤처기업 실정에 부합하지 않는 요건은 폐지하거나 완화하고, 증권의 자유로운 유통과 재무정보의 신뢰성 확보를 위한 최소한의 요건만 적용한다.
② 코넥스시장 상장에서는 거래소가 선정한 지정자문인이 상장적격성을 판단한다.
③ 코넥스시장 상장단계에서도 유가증권시장 · 코스닥시장과 동일하게 주식분산요건이 적용된다.
④ 코넥스시장에서 직상장의 경우 상장신청 이후 최초 매매거래개시일까지 약 15영업일이 소요된다.

정답해설 코넥스시장 상장단계에서는 기업들이 필요한 시기에 적절한 방법으로 자금을 조달할 수 있도록 주식분산요건을 적용하지 않고, 기업들이 각각의 자금실정에 맞추어 상장방식을 선택할 수 있도록 하고 있다.

개념 짚어 보기

코넥스시장의 상장절차

지정자문인 계약체결 → 외부감사 → 기업실사 → 상장적격성 보고서 작성 → 신규상장신청(D) → 신규상장승인(D+10) → 매매거래 개시(D+15)

코넥스시장의 외형요건

구분	내용
재무내용	다음 요건 중 택일 • 매출액 10억 원 이상 • 자기자본 5억 원 이상 • 순이익 3억 원 이상
주권의 양도제한	정관 등에 양도제한의 내용이 없을 것
감사의견	최근 사업연도 감사의견이 적정일 것
합병 등	합병 등(중요한 영업양수도 포함)을 한 경우 그 이후 결산이 확정되었을 것
액면가액	액면주식의 경우 100원, 200원, 500원, 1,000원, 2,500원, 5,000원 중 하나일 것

[개념 확인 문제 정답] 01 ② 02 ① [실전 확인 문제 정답] ③

3 코넥스시장의 공시제도

개념 확인 문제

01 코넥스시장 상장법인은 기업설명회 개최의무가 있으며, 기업설명회를 개최할 경우 개최결과를 개최일 (　　　)까지 거래소에 신고해야 한다.

① 다음 날　　② 해당 월말까지

02 코넥스시장은 거래량이 많지 않아 코스닥시장과 달리 주가 및 거래량 급변에 따른 (　　　)는 적용하지 않는다.

① 조회공시　　② 자율공시

실전 확인 문제

▶ **다음 코넥스시장의 공시제도와 관련한 설명 중 옳지 않은 것은?**

① 코넥스시장에서는 코스닥시장에 적용하던 의무공시사항을 대폭 축소하여 최소한의 공시규제만을 하도록 하였다.

② 코넥스시장은 상장법인의 공시인력 운용부담 완화를 위해 공시책임자(1인) 지정만을 의무화하고 공시담당자 지정의무는 면제하고 있다.

③ 코넥스시장 상장법인은 거래소의 조회공시 요구에 대하여 다음 날 오후까지 답변해야 한다.

④ 코넥스시장에서는 제도의 간소화를 위해 공시불이행 및 공시번복만 적용하고 있다.

정답해설 코넥스시장 상장법인은 거래소의 조회공시 요구에 대하여 요구시점이 오전인 경우 당일 오후까지, 요구시점이 오후인 경우 다음 날 오전까지 답변하여야 한다. 다만, 매매거래 정지를 수반하는 사항일 경우 요구시점과 관계없이 다음 날 오후 6시까지 답변할 수 있다.

① 코넥스시장에서는 코스닥시장에 적용하던 의무공시사항을 대폭 축소(64항목 → 28항목)하여 최소한의 공시규제만을 하도록 하였다.

개념 짚어 보기

코넥스시장의 조회공시

- 코넥스시장 상장법인의 중요한 경영사항과 관련된 풍문 또는 보도가 있을 경우 거래소는 투자자 보호를 위하여 그 사실 여부를 상장법인에 확인하여 공시하도록 하고 있다.
- 상장법인은 거래소의 조회공시 요구에 대해서 확정 · 부인 또는 미확정으로 구분하여 답변하여야 한다. 또한 사안의 중요도에 따라 매매거래정지가 수반될 수 있다.
- 다만, 코넥스시장은 거래량이 많지 않을 것으로 예상되는 시장의 특성을 감안하여 코스닥시장과 달리 주가 및 거래량 급변에 따른 조회공시는 적용하지 않는다.

[개념 확인 문제 정답] 01 ①　02 ①　**[실전 확인 문제 정답]** ③

4 코넥스시장의 매매제도

개념 확인 문제

01 기본예탁금제도는 코넥스시장 상장주권을 매수하려는 경우에만 적용되는 것으로서, 코넥스시장 상장주권을 매수하려는 투자자에 대하여 3억 원 이상을 예탁하도록 하고 있다.

① ○　　② ×

02 코넥스시장에서는 매도측이 단수(1인)이고 매수측이 복수인 경우만 (　　　)제도를 도입하였는데, 이는 증권의 매매거래 시 매도측 또는 매수측의 어느 한쪽이 단수이고 또 다른 한쪽은 복수일 때 이루어지는 매매를 말한다.

① 단일가매매　　② 경매매

실전 확인 문제

▶ 다음 코넥스시장의 매매방법 및 매매제도와 관련한 설명 중 옳은 것은?

① 코넥스시장의 매매수량단위는 100주이다.
② 코넥스시장 호가의 종류는 유가증권시장 · 코스닥시장과 동일하게 적용하고 있다.
③ 코넥스시장 상장주권을 매수하려는 자의 경우 3억 원 이상을 기본예탁금으로 예탁하도록 하고 있는데, 대용증권은 허용되지 않는다.
④ 투자자 간 매매체결의 공평성을 위해서 코스닥시장과 동일하게 코넥스시장에도 동시호가 제도를 도입하였다.

정답해설 ① 코넥스시장 개설초기에는 코넥스시장의 매매수량단위를 100주로 정하였으나, 2014.11.17부터 매매수량단위를 1주로 변경하였다.
② 유가증권시장 · 코스닥시장의 경우 호가의 종류가 6가지(지정가호가, 시장가호가, 최유리지정가호가, 최우선지정가호가, 조건부지정가호가, 경쟁대량매매호가)인데 비해, 코넥스시장의 호가는 지정가호가, 시장가호가 2가지만 도입하였다.
③ 기본예탁금은 현금 외에 대용증권으로도 예탁이 허용되며, 이 경우 대용가격 산정 시 기준가격의 100%를 인정한다.

개념 짚어 보기

경매매

- 매수주문의 접수 및 매매체결
  - 당일 장 개시전 시간외시장 중에(08:00~08:30) 매도호가 및 매수호가를 접수한 후에 08:30에 매매체결(과열방지 및 시세조종의 우려 등으로 인해 접수된 호가현황은 공개하지 않음)
  - 가격우선의 원칙 및 시간우선의 원칙에 따라 매도수량에 매수주문을 순차적으로 매칭시키고, 매도수량 전부가 체결되는 해당 주문의 가격을 전체 주문가격의 체결가격으로 함
- 제외사유 : 시가기준가종목의 매매거래 개시일, 매매거래가 정지된 종목의 매매거래 재개일(거래정지 1일 이상, 장개시 전 시간외거래 미해당 종목 등), 정리매매종목, 배당락, 권리락, 분배락, 주식분할 또는 주식병합되는 종목(다만, 기준가격이 그대로인 경우에는 경매매 가능) 등

[개념 확인 문제 정답] 01 ①　02 ②　[실전 확인 문제 정답] ④

5 K-OTC시장의 이해

개념 확인 문제

01 K - OTC시장이란 (   )가 자본시장과 금융투자업에 관한 법률과 그 시행령, 금융투자업규정에 따라 거래소시장에 상장되지 않은 비상장주권의 매매거래를 위해 개설 · 운영하는 장외시장을 말한다.

① 한국거래소　　② 한국금융투자협회

02 벤처기업의 소액주주가 K-OTC시장을 통하여 해당 벤처기업 주식을 양도하는 경우에만 양도소득세가 (   )된다.

① 비과세　　② 과세

실전 확인 문제

▶ K-OTC시장에 관한 설명 중 옳지 않은 것은?

① K-OTC시장은 주식 유통시장인 지정단계와 주식의 매매거래 없이 기업의 자금조달 지원업무가 이루어지는 예비지정단계로 운영된다.
② 거래소시장에서 상장폐지된 주식에 대하여 유동성을 부여한다.
③ K-OTC시장은 고위험 · 고수익을 추구하는 투자자에게 새로운 투자기회를 제공한다.
④ K-OTC시장은 비상장주권의 매매거래를 위하여 법령에 근거하여 조직화된 장내시장의 성격을 띤다.

정답해설 K-OTC시장은 거래소시장인 유가증권시장, 코스닥시장과 달리 조직화된 장외시장으로서의 성격을 가진다.

개념 짚어 보기

K-OTC시장의 연혁 및 기능

- 기존의 프리보드시장이 시장제도 개선을 거쳐 K-OTC시장으로 새롭게 출범함
- 비상장기업의 발행주식에 대한 환금성을 부여하고, 비상장주식 거래의 편의성과 가격의 공정성을 제고하며, 기존 장외주식 거래를 통해 발생할 수 있었던 불공정거래나 사기행위로부터 투자자 보호 도모
- 고위험 · 고수익을 원하는 투자자에게는 유망기업이 발행한 주식을 거래소시장 상장 이전의 단계에서 투자할 수 있는 새로운 투자기회 제공
- 성장단계에 있는 벤처기업에 투자한 초기투자자금 회수 및 재투자 촉진을 통한 벤처자금의 선순환 유도

[개념 확인 문제 정답] 01 ② 02 ① [실전 확인 문제 정답] ④

6 K-OTC시장의 등록 · 지정제도

개념 확인 문제

01 K-OTC시장 신규등록은 외부감사 → 정관정비 → 명의개서대행계약 체결 및 통일규격증권 발행 → 호가중개시스템을 통한 소액매출신고서류 등 제출 → 지정신청 → 지정승인 → 매매개시의 순으로 이루어지며 등록승인은 등록신청일 다음 날로부터 (　　　) 이내에 등록 여부가 결정되고, 등록승인일 다음 날로부터 (　　　)째 되는 날부터 매매거래가 개시된다.

① 10영업일, 2영업일　　② 3영업일, 5영업일

02 K-OTC시장 신규등록 및 신규지정 요건 중 재무요건으로는 최근 사업연도말 현재 자본전액잠식 상태가 아닐 것과 최근 사업연도의 매출액이 (　　　) 이상일 것을 요구한다.

① 5억 원　　② 10억 원

실전 확인 문제

▶ K-OTC시장 법인이 코스닥시장 상장 시 혜택에 관한 설명으로 옳지 않은 것은?

① 코스닥시장 상장심사수수료와 상장수수료를 면제받는다.
② K-OTC시장에서의 주식 모집과 매출을 통해 주식을 분산한 경우 5% 한도까지 인정받는다.
③ K-OTC시장 법인이 코스닥상장 시 혜택을 받으려면 최근 1년간 지정종목의 연간회전율이 10% 이상이어야 한다.
④ 코스닥시장 상장예비심사 시 심사대상법인의 10% 범위 내에서 우선하여 심사를 받는다.

정답해설 K-OTC시장기업이 코스닥상장 시 혜택을 받으려면 최근 1년간 지정종목의 연간회전율이 5% 이상이어야 한다.

개념 짚어 보기

K-OTC시장 지정의 효과

- K-OTC시장에서 지정을 받으면 주식발행시장에서보다 편리하게 자금을 조달받을 수 있게 되고, 주주에게 투자금의 회수기회를 부여할 수 있으며, 기업의 홍보효과를 얻을 수 있다.
- K-OTC시장에서 벤처기업 소액주주가 주식양도 시 양도소득세가 비과세되고, 코스닥상장 시 많은 혜택을 받을 수 있다.
  - 코스닥상장 시 우선 심사하며, 상장수수료가 면제됨
  - 주식분산비율 산정 시 5% 한도 내에서 분산의무 경감
  - 성장형 벤처기업의 경우 벤처금융과 전문투자자에 대한 매각제한규제 적용 안함
- **K-OTC시장 법인이 코스닥상장 시 혜택을 받기 위한 요건**
  - K-OTC시장 지정기간이 상장예비심사청구일로부터 1년 이상
  - 최근 1년간 불성실공시법인 지정 사실 없음
  - 최근 1년간 지정종목의 연간회전율이 5% 이상

[개념 확인 문제 정답] 01 ① 02 ①　[실전 확인 문제 정답] ③

7 K-OTC시장의 매매거래제도(1)-매매방법

개념 확인 문제

01 협회는 불공정거래를 방지하기 위해 호가제출시점에 가장 높은 매수호가보다 (　　　) 이상 낮은 매도호가 또는 호가제출시점에 가장 낮은 매도호가보다 (　　　) 이상 높은 매수호가의 접수를 거부할 수 있다.

① 5호가가격　　　② 10호가가격

02 지정종목의 호가가격은 기준가격 대비 (　　　) 이내로서, 기준가격에 가격제한폭을 더한 가격보다 높거나 기준가격에서 가격제한폭을 뺀 가격보다 낮아서는 안 된다. 이때 지정종목의 가격제한폭은 기준가격에 (　　　)을/를 곱하여 산출한 금액으로 한다.

① ±20%, 0.2　　　② ±30%, 0.3

실전 확인 문제

▶ **K-OTC시장의 매매거래제도에 관한 설명으로 옳지 않은 것은?**

① 장외시장이지만 호가중개시스템을 이용하여 호가를 집중한 상대매매방식이 적용된다.
② 투자자의 매매주문은 금융투자회사를 통해 협회의 호가중개시스템에 제출되어 가격이 일치하는 상대호가가 있을 때 자동으로 체결된다.
③ 매매거래시간은 오전 9시부터 오후 3시까지이며, 시간외매매가 가능하다.
④ 호가의 단위는 주권가격별로 7단계로, 지정가호가만 제출 가능하다.

정답해설 매매거래시간은 오전 9시부터 오후 3시 30분까지이며, 경쟁매매방식, 신용거래, 시간외매매제도가 도입되어 있지 않다.

개념 짚어 보기

K-OTC시장과 유가증권시장 · 코스닥시장의 매매거래제도

구분	K-OTC시장	유가증권시장 · 코스닥시장
운영주체	한국금융투자협회	한국거래소
시장구분	장외시장	장내시장
매매방식	상대매매	경쟁매매
매매거래시간	정규시장 09:00~15:30(시간외시장 없음)	정규시장 09:00~15:30(시간외시장 운영)
호가수량단위	1주	1주
가격제한폭	기준가격 ±30%	기준가격 ±15%
위탁증거금	현금 또는 주식 100%	금융투자회사 자율

[개념 확인 문제 정답] 01 ① 02 ② [실전 확인 문제 정답] ③

8 K-OTC시장의 매매거래제도(2)-매매체결의 원칙과 절차

개념 확인 문제

01 접수된 주문 중 동일 가격의 호가 간에는 호가가 행해진 시간의 선후에 따라 먼저 접수된 호가가 뒤에 접수된 호가에 우선한다는 매매체결의 원칙은 (   )이다.

① 시간우선의 원칙 ② 가격우선의 원칙

02 K-OTC시장에서는 (   )를 도입해 지정종목을 매수한 경우에는 매매체결 후 결제일 이전에 매도주문을 낼 수 있으며, 지정종목을 매도한 경우에는 결제일 이전에 매수주문을 낼 수 있도록 허용하고 있다.

① 결제 위임제도 ② 결제 전 매매제도

실전 확인 문제

▶ K-OTC시장의 매매체결원칙 및 매매거래의 절차에 대한 설명으로 틀린 것은?

① 매매당사자 간의 매도호가와 매수호가의 가격이 반드시 일치하는 경우에만 매매거래가 체결된다.
② 매도호가의 가격이 매수호가의 가격보다 낮은 경우에 매매거래가 체결된다.
③ 주문은 주문 당일에 한하여 주문취소 전까지 효력이 지속되며 주문의 정정 · 취소가 가능하다.
④ 위탁증거금은 100% 징수해야 하며, 지정종목은 신용거래와 공매도를 할 수 없다.

정답해설 거래소시장에서는 가격우선의 원칙이 적용되어 매도호가의 가격이 매수호가의 가격보다 낮은 경우에 매매거래가 체결되지만, K-OTC시장에서는 매도호가와 매수호가의 가격이 반드시 일치하는 경우에만 매매거래를 체결시킨다.

① 가격일치의 원칙
③ 주문의 효력에 있어서는 주문 당일에 한하여 주문취소 전까지 효력이 지속되며 주문의 정정과 취소가 가능하다.
④ 매수주문의 경우 매수대금 전액, 매도주문의 경우 매도증권 전부를 위탁증거금으로 금융투자회사에 납부하고 위탁수수료는 금융투자회사가 자율적으로 정한다.

개념 짚어 보기

매매체결원칙

- **가격일치의 원칙** : 매매당사자 간의 매도호가와 매수호가의 가격이 일치하는 경우에 매매거래가 체결된다는 원칙이다. 따라서 매매당사자의 어느 한쪽은 상대방의 호가를 확인하고, 가격에 맞게 호가를 지정하여야 매매거래를 체결시킬 수 있다.
- **시간우선의 원칙** : 접수된 주문 중 동일 가격에 의한 호가는 시간의 선후에 따라 먼저 접수된 호가가 뒤에 접수된 호가에 우선한다. 따라서 매도호가와 매수호가의 가격이 일치하여 매매거래를 체결할 경우에 동일한 가격대에 있는 다수의 매도호가 또는 매수호가는 먼저 접수된 매도호가 또는 매수호가부터 매매거래를 체결한다.

[개념 확인 문제 정답] 01 ① 02 ② [실전 확인 문제 정답] ②

9 K-OTC시장의 매매거래제도(3)-매매거래의 결제

개념 확인 문제

01 **K-OTC시장에서의 매매결제는 한국예탁결제원을 통해 매매체결일을 포함하여 (　　　)째 되는 날에 이루어지며 결제시한은 해당 결제일의 오후 4시까지로 정하고 있다.**

① 3영업일　　② 5영업일

02 **(　　　)는 금융투자회사가 투자자로부터 매매거래와 관련한 업무에 대한 대가로 받는 대가로서 그 비율은 금융투자회사가 자율적으로 결정하고 있으며, 매매거래가 성립된 경우 금융투자회사는 결제시점에 위탁자로부터 이를 징수하게 된다.**

① 위탁수수료　　② 양도소득세

실전 확인 문제

▶ **다음 중 증권거래세와 양도소득세에 대한 설명으로 틀린 것은?**

① K-OTC시장에서 주식을 거래한 경우에는 0.5%의 증권거래세가 부과된다.
② 개인투자자가 주식을 양도하는 경우에는 소액주주 또는 대주주 여부에 관계없이 양도소득세 과세대상이 된다.
③ 증권거래세는 매매결제가 되는 때에 한국예탁결제원이 거래징수한다.
④ 벤처기업 소액주주가 K-OTC시장을 통하여 주식을 양도하는 경우 양도소득세를 과세한다.

정답해설 K-OTC시장에 지정된 법인이 벤처기업으로서 해당 기업의 소액주주가 K-OTC시장을 통하여 주식을 양도하는 경우에는 양도소득세가 비과세된다.

개념 짚어 보기

K-OTC시장의 매매거래제도

매매결제일	매매체결일로부터 기산하여 3영업일째 되는 날(T+2)
매매결제시한	해당 결제일 오후 4시까지
매매결제방법	투자자가 매매거래한 회사 상호 간에 신규지정을 통한 상대차감방식
결제의 위임금지	회사는 매매거래의 결제에 있어서 제3자에게 위임할 수 없음

K-OTC시장의 증권거래세 및 양도소득세

증권거래세	매도가액(양도가액)의 0.5%
양도소득세	• 벤처기업 소액주주(K-OTC시장에서 양도) : 비과세 • 벤처기업 소액주주(K-OTC시장 밖에서 양도) · 일반기업 소액주주 · 대주주 : 과세
	• 대기업 주권 : 20% • 중소기업 주권 : 10%

[개념 확인 문제 정답] 01 ① 02 ① [실전 확인 문제 정답] ④

10 K–OTC시장의 매매거래제도(4)–매매거래 정지제도

개념 확인 문제

01 **한국금융투자협회는 호가폭주 등으로 K–OTC시장의 호가중개시스템에 장애발생이 우려되는 경우, 지정해제사유발생 시, (　　　) 등에 해당될 경우에는 매매거래를 정지할 수 있고 원활한 K–OTC시장의 운영 · 관리와 투자자 보호를 위해 필요한 경우에는 매매거래 정지기간을 연장할 수 있다.**

① 주권제출이 요구되는 경우

② 지정법인이 K–OTC시장에서 지정해제되는 경우

02 **한국금융투자협회는 K–OTC시장 법인이 정기공시서류 및 감사보고서를 (　　　) 이내에 제출하지 않을 경우 제출기한 다음 날부터 제출일까지 매매거래를 정지한다.**

① 30일　　② 90일

실전 확인 문제

▶ **K–OTC시장의 매매거래 정지사유 및 정지기간이 잘못 연결된 것은?**

① 호가폭주 등 K–OTC시장 전체의 장애발생이 우려되는 경우–1영업일간

② 지정해제사유 발생 시–해당 사유 확인일과 그 다음 3영업일간

③ 주권의 액면분할 또는 병합 등을 위한 주권제출이 요구되는 경우–사유해소시까지

④ 결산 시 경과 후 제출하는 공시서류를 90일 이내에 정당한 사유없이 제출하지 않은 경우–제출기한 다음 날부터 제출일까지

정답해설 호가폭주 등 피할 수 없는 사유로 K–OTC시장 전체의 장애발생이 우려되는 경우 해당 사유해소시까지 매매거래가 정지된다.

개념 짚어 보기

매매거래 정지사유 및 정지기간

매매거래 정지사유	정지기간
불성실공시 발생 시	1영업일간
지정해제사유(증권시장 상장 제외) 발생 시	해당 사유 확인일과 그 다음 3영업일간
주권의 액면분할 또는 병합 등을 위한 주권제출이 요구되는 경우	사유해소시까지
호가중개시스템 전체의 장애발생 우려 시	사유해소시까지
지정해제사유에 해당하는 내용의 조회공시 요구 시	조회공시를 요구한 때부터 조회공시에 대한 결과를 공시한 날까지
기타 투자자 보호를 위해 필요하다고 인정되는 경우	1영업일간

[개념 확인 문제 정답] 01 ② 02 ② **[실전 확인 문제 정답]** ①

11 K－OTC시장의 제도(1)－공시제도

개념 확인 문제

01 (　　　)는 투자자를 보호하기 위해 지정법인에 관한 풍문 또는 보도가 있는 경우 해당 내용의 확인을 요구하면 지정법인이 해당 내용을 공시하는 제도로, 협회는 지정법인의 공시책임자에게 수시공시사항 또는 이에 준하는 사항에 대해 사실 여부 확인을 요구할 수 있다.

① 공정공시　　② 조회공시

02 K－OTC시장 등록법인은 발행한 어음 또는 수표가 부도로 되거나 은행과의 거래가 정지 또는 금지된 때에는 (　　　)에 협회에 신고해야 한다.

① 사유발생일 당일　　② 사유발생일로부터 3일 이내

실전 확인 문제

▶ **K－OTC시장의 공시제도에 대한 설명으로 옳은 것은?**

① 협회는 등록법인에 대해 연 4회의 정기공시를 하도록 하고 있다.
② 조회공시는 협회로부터 조회공시 요구를 받은 날로부터 3일 이내에 공시해야 한다.
③ K－OTC시장의 공시에는 정기공시, 수시공시, 조회공시, 공정공시제도가 있다.
④ 정기공시서류는 매 결산종료 후 90일 이내와 매 반기종료 후 45일 이내에 제출해야 한다.

정답해설 ① 코스닥시장 상장법인은 연 4회의 정기공시를 해야 하나, K－OTC시장 등록법인은 연 2회의 정기공시만 하면 된다.
② 협회로부터 사실 여부의 확인을 요구받은 등록법인은 협회로부터 조회공시 요구를 받은 날로부터 1일 이내에 공시내용을 문서로 작성하여 제출해야 한다.
③ K－OTC시장에는 공정공시제도가 도입되어 있지 않다.

개념 짚어 보기

K－OTC시장의 기업공시

구분	내용
정기공시	• 투자자에게 정기적으로 일정기간 동안의 기업내용(재무상태, 영업실적 등)을 공시하는 제도로 연 2회, 결산기와 반기로 나누어 공시함 • 매 결산종료 후 90일 이내, 매 반기종료 후 45일 이내에 금융위원회와 협회에 제출
수시공시	• 지정법인은 투자자의 투자의사결정에 영향을 미치는 경영활동과 관련된 사항은 투자자의 합리적인 투자판단의 자료가 될 수 있도록 즉시 공시하도록 함 • 주요 경영사항을 문서 또는 팩스로 지체 없이 협회에 신고
조회공시	• 주요경영사항 또는 이에 준하는 사항에 대하여 사실 여부를 확인할 필요가 있는 경우 발행회사에 문서로 공시를 요구할 수 있음 • 사실 여부의 확인을 요구받은 해당 등록법인은 요구받은 날로부터 1일 이내에 공시내용을 문서 또는 모사전송(Fax)의 방법으로 협회에 제출 · 공시함

[개념 확인 문제 정답] 01 ② 02 ① **[실전 확인 문제 정답]** ④

12 K-OTC시장의 제도(2)-불성실공시법인지정제도

개념 확인 문제

01 한국금융투자협회는 K-OTC시장 등록법인이 공시불이행, 공시사항의 지연, 정당한 이유없는 공시번복, (　　　) 등 의무를 성실히 이행하지 않은 경우 해당 등록법인을 불성시공시법인으로 지정한다.

① 허위공시　　② 조회공시

02 협회는 K-OTC시장 등록법인이 결산기 경과 후 (　　　) 이내에 발행인에 관한 사항을 기재한 서류 및 감사보고서 등의 정기공시서류를 제출하지 않은 경우에는 불성실공시법인으로 지정한다.

① 45일　　② 90일

실전 확인 문제

▶ 다음은 K-OTC시장의 불성실공시에 대한 제재사항이다. 틀린 것은?

① 불성실공시의 횟수에 따라 단계적으로 투자유의사항으로 공시하거나 지정해제조치를 한다.
② 지정법인이 발행공시의무를 이행하지 않거나 중요사항을 누락하는 등의 경우에는 과징금 등 협회의 각종 제재조치가 있을 수 있다.
③ 1차적으로 호가중개시스템을 통해 해당 사실을 공표하고 일정기간 동안 매매거래를 정지시킨다.
④ 협회는 불성실공시법인으로 지정 후, 제출기한 다음 날부터 기산하여 30일 이내에 제출하지 않을 경우 지정해제한다.

정답해설 지정법인이 자본시장법에 따른 발행공시 의무를 이행하지 않을 경우, 허위공시 또는 중요사항을 누락하는 등의 경우에는 금융위원회의 각종 행정조치, 과태료 및 과징금 부과 등의 제재조치가 있을 수 있다.

개념 짚어 보기

불성실공시 유형

- **공시불이행** : 등록법인이 공시시한까지 공시사항을 신고하지 않은 경우
- **공시번복** : 이미 공시한 내용을 전면취소 또는 이에 준하는 내용을 공시하는 경우
- **허위공시** : 사실과 다른 허위의 내용을 공시하는 경우

불성실공시에 대한 협회의 제재

- 협회는 등록법인이 공시사항신고의 지연, 정당한 이유 없는 공시번복, 허위공시 및 공시불이행 등 의무를 성실히 이행하지 않는 경우 해당 법인을 불성실공시법인으로 지정하고 호가중개시스템을 통하여 해당 사실을 공표하며 해당 법인에 이를 통보한다.
- 협회는 K-OTC시장 등록법인이 결산기 경과 후 90일 이내에 발행인에 관한 사항을 기재한 서류 및 감사보고서를 제출하지 않은 경우에는 불성실공시법인으로 지정하고, 제출기한 다음 날부터 기산하여 30일 이내에도 미제출 시 지정해제한다.
- 협회는 K-OTC시장 등록법인이 거래실적 부진, 불성실공시 등에 해당하는 경우 불성실공시 횟수(최근 2년간 불성실공시 4회)에 따라 투자자 보호를 위해 해당 사실을 투자유의사항으로 공시한다.

[개념 확인 문제 정답] 01 ① 02 ② [실전 확인 문제 정답] ②

13 K-OTC시장의 제도(3)-등록 · 지정해제

개념 확인 문제

01 K-OTC시장의 (　　　)란 유가증권시장 또는 코스닥시장의 상장폐지와 동일한 개념으로, K-OTC시장 등록법인이 발행한 주권이 더 이상 K-OTC시장에서 거래되지 못하도록 하는 것을 말한다.

① 정리매매　　② 지정해제

02 정기공시 위반횟수를 포함하여 해당 불성실공시법인 지정일로부터 최근 2년 이내에 불성실공시법인으로 지정된 횟수가 (　　　) 이상인 경우 지정해제된다.

① 6회　　② 10회

실전 확인 문제

▶ K-OTC시장의 지정해제제도에 대한 설명으로 옳지 않은 것은?

① 협회는 소액주주 등 투자자 보호를 위해 필요하다고 인정되는 경우에는 등록법인의 등록해제 요청을 거부할 수 있다.
② 등록 · 해제되는 주식을 가진 투자자들에게 주식 처분의 기회를 주기 위해 일정 범위 내에서 해당 주권의 정리매매를 허용한다.
③ 등록법인이 자진해서 등록해제를 신청하고자 할 경우에는 주주총회의 승인을 거치지 않고 이사회결의만으로 지정해제 신청을 할 수 있다.
④ 등록법인이 타 법인에 피흡수합병되는 등 조직변경, 경영방침 변경 등으로 인한 경우에는 등록 · 지정해제 사유에 해당한다.

정답해설 등록 · 지정법인이 자진해서 등록 · 지정해제를 신청하고자 할 경우 등록 · 해제에 대한 주주총회를 개최하여 승인을 얻어야 한다.
② 등록 · 해제가 확정된 주식을 가진 투자자들에게 등록 · 지정해제 사유 확인일과 그 다음 3영업일간의 매매거래정지 후 10영업일 이내 동안 매매거래를 허용한 후 등록 · 지정해제한다.

개념 짚어 보기

등록 · 지정해제사유

- 발행한 어음 또는 수표가 거래은행에 의하여 최종부도로 결정되거나 거래은행과의 거래가 정지된 경우
- 법원의 회생절차개시신청 기각, 개시결정 취소, 회생계획불인가 및 회생절차폐지결정이 있는 경우
- 매 결산기 이후 90일 이내에 제출하여야 하는 정기공시서류(감사보고서 포함)를 제출기한 다음 날부터 30일 이내에 제출하지 않은 경우
- 최근 2개 사업연도에 연속하여 매출액이 5억 원 미만인 경우
- 주된 영업이 6개월 이상 정지되어 잔여사업 부문만으로는 실질적인 영업을 영위하기 어렵거나 영업의 전부가 양도되는 경우
- 기타 고의 · 중과실로 인한 공시의무위반 또는 법령위반 등의 사유로 협회가 등록 · 지정을 해제할 필요가 있다고 인정하는 경우 등

[개념 확인 문제 정답] 01 ② 02 ① [실전 확인 문제 정답] ③

핵심플러스

OX 문제

01 코넥스시장은 한국거래소가 개설하는 중소기업전용 신시장으로 중소기업기본법상 중소기업만 상장이 가능하다. (　　)

02 코넥스시장은 성장초기의 중소기업과 벤처기업의 지속경영 가능성을 감안하여 코스닥시장보다 강화된 재무요건을 적용하고 있다. (　　)

03 코넥스시장에 참여하고자 하는 개인투자자는 기본예탁금으로 5억 원 이상을 예탁하여야 한다. (　　)

04 코넥스시장은 현 · 선 차익거래가 없는 특성으로 인해 지정가호가와 시장가호가만 허용하고 있다. (　　)

05 코넥스시장은 코스닥시장과 동일하게 5단계 호가가격단위체제로 운영되고 있다. (　　)

06 K-OTC시장은 유가증권시장, 코스닥시장과 달리 상장되지 않은 주권의 장외매매거래를 위한 장외시장의 성격을 띤다. (　　)

07 금융투자협회는 지정신청회사로부터 신규지정신청이 있는 경우에는 지정신청일 다음날로부터 10영업일 이내에 지정 여부를 결정하여야 한다. (　　)

08 K-OTC시장은 장외시장이며 코스닥시장과 동일하게 호가중개시스템을 이용한 경쟁매매방식이 적용된다. (　　)

09 K-OTC시장에서 투자자는 매도주문의 경우에는 해당 매도증권 전부를 위탁증거금으로 납부해야 하며, 매수주문의 경우에는 매수대금 전액을 위탁증거금으로 납부해야 한다. (　　)

10 협회는 다수의 투자자 보호를 위해 등록법인에 대해 매 결산기에 정기공시를 하도록 하고 있다. (　　)

해설

02 코넥스시장은 유가증권시장, 코스닥시장과 비교하여 기술력 있는 중소기업의 성장을 지원하기 위하여 진입요건을 최소화, 수시공시사항 축소 등 상장법인의 부담을 대폭 완화하였다.

03 코넥스시장은 초기 중소기업 중심의 시장으로서 어느 정도 위험감수능력을 갖춘 투자자로 시장참여자를 제한할 필요가 있어 코넥스시장 상장주권을 매수하려는 자의 경우 3억 원 이상을 기본예탁금으로 예탁하도록 하고 있다(현금 및 대용증권 포함).

08 K-OTC시장은 장외시장이나 매도측과 매수측이 제시한 수량과 가격(매도호가와 매수호가)이 똑같아야 거래가 성사되는 상대매매방식으로 운영된다.

10 협회는 투자자 보호를 위해 등록법인에 대해 매 결산기와 매 반기 연 2회의 정기공시를 하도록 하고 있다.

[정답] 01 ○ 02 × 03 × 04 ○ 05 ○ 06 ○ 07 ○ 08 × 09 ○ 10 ×

핵심플러스

OX 문제

11 주식배당이나 중간배당에 관한 이사회의 결의가 있을 경우에는 투자자의 투자의사결정에 영향을 미치는 사유나 결정사항이 발생될 수 있으므로 사유발생일 당일에 공시해야 한다. ( )

12 K－OTC시장은 유가증권시장이나 코스닥시장에 비해 수시공시사항이 완화되어 기업의 부담이 적은 편이다. ( )

13 등록 · 지정법인이 유가증권시장이나 코스닥시장에 상장하였다가 K－OTC시장에서 지정해제되는 경우에는 매매거래가 정지된다. ( )

14 투자유의사항은 직전 1년간 불성실공시법인으로 지정된 횟수가 누적 2회 이상인 경우에 공시하게 된다. ( )

15 기존 등록 · 지정법인에 소속부 변경사유가 있을 때에는 증빙서류를 제출한 당일에 등록 · 지정법인의 소속부가 변경된다. ( )

16 K－OTC시장에서 지정해제되는 주권은 지정해제 사유가 발생되면 3영업일간 매매거래가 정지되며, 지정해제되는 주식을 가진 투자자에게 주식처분 기회를 주기 위해 10영업일간 당 주권의 매매를 허용한다. ( )

17 K－OTC시장 등록법인이 스스로 지정해제를 하고자 하는 경우 이사회 결의가 필요하다. ( )

18 지정법인의 자본이 잠식된 경우에는 투자유의사항으로 공시된다. ( )

19 K－OTC시장의 매매주문의 종류에는 시장가주문, 지정가주문, 조건부지정가주문이 있다. ( )

20 K－OTC시장에서 투자자가 한국거래소 시장에서 지정법인의 주식을 매도하여 매매가 결제되는 경우에는 한국예탁결제원이 매도자로부터 증권거래세를 징수한다. ( )

해설

11 수시공시사항은 그 내용의 중요도에 따라 당일 공시사항과 익일 공시사항으로 구분되는데 주식배당이나 중간배당에 관한 이사회의 결의가 있는 경우는 중요사항이 아니므로 익일 공시사항에 해당한다. 주된 영업활동의 정지 또는 증자 또는 감자에 관한 결정, 사업목적의 변경, 해산사유가 발생했을 경우 등이 당일 공시해야 하는 수시공시사항에 해당한다.

13 지정법인이 유가증권시장이나 코스닥시장에 상장하였다가 K－OTC시장에서 지정해제되는 경우에는 매매거래의 정지 없이 상장일 전일까지 매매거래가 이루어진다.

14 최근 2년간 불성실공시법인으로 지정된 횟수가 4회 이상인 경우가 공시지정사유에 해당된다.

15 증빙서류를 제출한 다음 날에 등록 · 지정법인의 소속부를 변경하게 된다.

17 지정법인이 스스로 지정해제를 신청하고자 하는 경우에는 지정해제에 대한 주주총회를 개최하고 승인을 얻어야 한다. 그 다음 지정해제신청서와 지정해제를 결의한 이사회결의 의사록 사본을 제출해야 한다.

19 K－OTC시장은 지정가주문만 허용된다.

[정답] 11 × 12 ○ 13 × 14 × 15 × 16 ○ 17 × 18 ○ 19 × 20 ○

at it
000
om-
bil-
ary
r of
net
ent
ion
by
ate
by

gained 6.
1,662.74.

3과목

금융상품 및 직무윤리

1장 금융상품분석 · 투자전략

2장 영업실무

3장 직무윤리 · 투자자분쟁예방

1장 금융상품분석 · 투자전략

대표 유형 문제

다음 중 전략적 자산배분에서 최적 포트폴리오 구성에 대한 설명이 옳은 것을 고르면?

① 시장가치 접근방법은 운용기관의 위험, 최소요구수익률, 다른 자산들과의 잠재적인 결합 등을 고려하여 투자전략을 수립한다.

② 위험수익 최적화방법은 동일한 위험수준하에 최대한으로 보상받을 수 있는 지배원리에 의하여 기대수익과 위험 사이의 관계를 고려하여 수립하는 투자전략이다.

③ 투자자별 특수상황을 고려하는 방법의 원리는 다양한 투자자산들의 포트폴리오 내 구성비중을 각 자산이 시장에서 차지하는 시가총액의 비율과 동일하게 포트폴리오를 구성하는 것이다.

④ 다른 유사한 기관투자가의 자산배분을 모방하는 방법은 정보에 대해 지나치게 낙관적이거나 비관적인 반응으로 인해 내재가치로부터 상당히 벗어난 가격착오현상인 과잉반응을 활용한 전략이다.

정답해설 위험수익 최적화방법은 위험과 수익을 동시에 고려하는 방법으로 지배원리에 의하여 포트폴리오를 구성하는 방법이다.

오답해설 ① 투자자별 특수상황을 고려하는 방법에 대한 내용이다.
③ 시장가치 접근방법의 원리이다.
④ 전술적 자산배분전략의 역투자전략에 대한 내용이다.

대표 유형 문제 알아 보기

전략적 자산배분에 적용 가능한 실행방법

- **시장가치 접근방법** : 여러 가지 투자자산의 포트폴리오 내 구성비중을 각 자산집단이 시장에서 차지하는 시가총액의 비율과 동일하게 포트폴리오를 구성하는 방법이다. CAPM(자본자산가격결정모형)에 의해 지지되는 시장포트폴리오를 구성하는 방법이지만 투자자의 자금이 소액으로 한정되어 있다는 단점이 있다.
- **위험수익 최적화방법** : 위험과 수익을 동시에 고려하는 방법으로 동일한 위험수준하에 최대한으로 보상받을 수 있는 지배원리에 의하여 포트폴리오를 구성하는 방법으로, 다양한 활용이 가능하나 변수의 변화에 민감하게 반응한다는 단점이 있다.
- **투자자별 특수상황을 고려하는 방법** : 투자자의 위험인내력, 최소요구수익률, 투자목적의 우선순위 등을 고려하여 수립하는 투자전략으로, 투자자의 상황에 따라 다양한 방법이 있다.
- **유사 기관투자가의 자산배분 모방** : 비슷한 재무목표와 제약조건을 가지고 있는 투자자들이 실제로 사용하고 있는 자산배분을 모방하여 전략적 자산구성을 하는 방법이다.

[대표 유형 문제 정답] ②

1 금융기관

개념 확인 문제

01 **중앙은행은 화폐의 발행 및 국채발행, 금융서비스의 안정, 국가의 출납업무 등 통화의 공급과 통화량을 조절하는 기관으로서 우리나라의 경우는 (　　　)이 중앙은행이 된다.**

① 한국산업은행　　② 한국은행

02 **신용협동기구는 조합원으로부터 제공받은 출자금 및 적금 등의 수입을 관리하고 조합원에 대한 저축편의제공 및 대출을 통해 조합원 상호 간의 공동이익의 추구를 목적으로 운영되는 저축기관으로, 신용협동조합, (　　　), 지역농협 등이 있다.**

① 새마을금고　　② 우체국

실전 확인 문제

▶ **다음 중 제2금융권에 대한 설명으로 옳은 것은?**

① 상호저축은행은 은행업법에 의해 설립되었다.

② 손해보험회사는 사망, 질병, 노후 등에 대비한 보험의 인수 및 운영을 주된 업무로 취급하는 기관이다.

③ 상호저축은행은 수신업무는 가능하지만 여신업무는 금지되어 있다.

④ 우체국은 경영주체가 정부이므로 원리금이 확실히 보장된다.

정답해설 우체국은 경영주체가 정부이므로 영리만을 목적으로 하지 않고 원리금이 확실히 보장되며, 우체국 간 온라인으로 연결된 대규모 점포망을 갖추고 있다.
① 상호저축은행은 상호저축은행법에 의해 설립되었다.
② 생명보험회사에 대한 설명이다.
③ 상호저축은행은 여신업무, 수신업무, 부대업무를 취급한다.

개념 짚어 보기

제2금융권(비은행예금취급기관)

- 보험회사
  - 생명보험회사 : 다수의 보험 계약자를 상대로 사망, 질병, 노후 등에 대비한 보험의 인수 · 운영을 주된 업무로 한다.
  - 손해보험회사 : 다수의 보험 계약자를 상대로 화재, 자동차사고, 해상사고 등에 대비한 보험의 인수 · 운영을 주된 업무로 한다.
- **우체국예금** : 지역주민의 편의 및 저축수단 제공을 위해 전국의 체신관서를 금융창고로 활용한 국영금융이다.
- **종합금융회사** : 지급결제, 가계대출, 보험 등을 제외한 대부분의 기업금융업무를 한다.
- **상호저축은행** : 일반 서민과 소규모기업의 금융편의를 도모하고 저축을 증대하기 위한 목적으로 일정지역의 주민과 그 지역에 소규모 영업장을 둔 사람들을 대상으로 예금과 대출업무를 한다.
- **신용협동기구** : 조합원에 대한 저축편의제공 및 대출을 통해 조합원 상호 간의 공동이익의 추구를 목적으로 운영되는 저축기관이다. 신용협동조합, 새마을금고, 농 · 수협의 단위조합(상호금융) 등이 있으며, 조합원으로부터 제공받은 출자금 및 적금 등의 수입관리와 조합원에 대한 대출업무를 한다.

[개념 확인 문제 정답] 01 ② 02 ① **[실전 확인 문제 정답]** ④

2 은행권 금융투자상품(1) – 예금

개념 확인 문제

01 (　　　)은 예치금액, 거래대상, 예치기간 등에 제한 없이 거래할 수 있는 대표적인 요구불예금으로, 예금의 입출금이 자유로운 반면 이자가 없거나 저리의 이자를 받는 예금이며, 은행측에서는 저리로 자금을 조달할 수 있는 재원이 된다.

① 보통예금　　② 정기예금

02 (　　　)는 금융기관이 취급하는 수시입출식 저축성예금의 하나로 가입대상 · 금액에 제한 없이 통장개설이 가능하고 예치금액에 따라 지급이자율에 차이를 두는 예금으로, 종합금융회사의 어음관리계좌(CMA)와 자산운용회사의 단기상품펀드(MMF) 등과 경쟁하는 상품이다.

① CD　　② MMDA

실전 확인 문제

▶ 다음 중 은행 금융상품에 대한 설명으로 옳지 않은 것은?

① 수시입출식 예금으로는 보통예금과 MMDA, 가계당좌예금이 있다.
② 정기예금은 일정한 예치기간을 정하여 일정금액을 예치하는 기한부예금으로 저축성이 강하다.
③ 생계형비과세저축은 1인당 5,000만 원 한도 내에서 비과세되는 특별우대저축이다.
④ 정기예금은 만기 이전에 해지하더라도 약정된 이율로 지급을 청구할 수 있다.

정답해설 정기예금은 약정기간이 길수록 높은 이자를 받을 수 있고, 만기 이전에 중도해지하면 약정금리보다 낮은 중도해지이율이 적용되므로 만기까지 예치하는 것이 바람직하다.

개념 짚어 보기

예금의 분류

예금은 은행 등의 금융기관이 개인이나 기업으로부터 보관과 운용을 위탁받은 자금으로 그 기관과 취급방법을 기준으로 여러 종류로 구분된다. 지불시의 조건으로 분류한 예금의 종류에는 요구불예금과 저축성예금이 있다.

- **요구불예금** : 예금주의 요구가 있으면 언제라도 지급에 응해야 하는 것으로, 보통예금 · 당좌예금 등이 있다. 보통예금은 가입대상, 금액, 기간 및 입출금 등에 제한없이 거래할 수 있는 대표적인 요구불예금이다.
- **저축성예금** : 일정기간 동안 예치해둠으로써 보다 높은 이자를 받는 예금이다. 예금주가 지급을 요청하고 일정기간 경과한 후에 지급되는 것으로, 정기예금 · 저축예금 · 정기적금 · 생계형비과세저축 · MMDA · 재형저축 등이 이에 속한다. 당좌예금 같은 특수한 예금을 제외한 모든 예금에는 이자가 지급되는데, 요구불예금에 비해 이자율이 높다.

[개념 확인 문제 정답] 01 ① 02 ② [실전 확인 문제 정답] ④

3 은행권 금융투자상품(2) – 노후자금마련관련 상품

개념 확인 문제

▶ 주택연금에 가입하기 위해서는 부부 중 주택소유자가 만 (　　　)세 이상이어야 하며, 공시지가 (　　　)억 원 이하의 주택 및 지방자치단체에 신고된 노인복지주택이어야 한다.

① 60, 9　　　② 70, 10

실전 확인 문제

▶ 다음 중 노후자금마련을 위한 금융상품과 관련한 내용으로 틀린 것은?

① 연금저축은 연금수령 시 소득공제분과 연금이자에 대해서만 세금이 부과된다.
② 특정 금융기관에서 가입한 연금저축은 다른 취급기관으로 이전할 수 없다.
③ 연금저축과 개인연금저축 간에 상호 이전은 불가능하다.
④ 주택연금(역모기지론)이란 주택을 담보로 연금을 지급받을 수 있는 상품으로 그 지급금액은 부부 중 나이가 적은 사람을 기준으로 한다.

정답해설 특정 금융기관에 가입한 연금저축(개인연금저축 포함)은 소득공제, 비과세 등 세제혜택은 그대로 유지하면서 다른 취급기관으로 이전할 수 있다. 종래에는 취급기관별로 위험보장 여부, 예금자보호법 적용 여부, 운용수익률 등이 달라 금융기관 변경 시 해지로 처리되어 소득공제액 추징, 이자소득세 납부 등 재산상의 손실을 입었으나 2001년 3월부터는 이러한 불이익 없이 금융기관 간 이전이 가능해졌다.

개념 짚어 보기

저축기관별 연금저축 주요 상품특징

구분	은행 (농 · 수협중앙회 포함)	자산운용회사	생명보험회사 · 우체국 · 생명공제	손해보험회사
납입방식	자유적립식		정액식	
원금보장 여부	원금보장	원금손실 가능	원리금 보장 (운용수익률에 관계없이 약정한 금리로 연금수령)	
특징	소득수준에 따라 신축적 납입 가능		• 추가보험료로 다양한 보장성 특약 제공 • 종신연금형의 경우 사망시까지 연금보장	
예금자 보호	보호대상 (5천만 원까지)	미보호	• 생명보험회사 : 5천만 원까지 보호 • 우체국 : 정부에서 지급보장 • 생명공제 : 미보호	보호대상 (5천만 원까지)

[개념 확인 문제 정답] ①　[실전 확인 문제 정답] ②

4 은행권 금융투자상품(3) – 실세금리반영 상품

개념 확인 문제

01 (　　　)은/는 은행 및 저축은행의 대표적인 단기금융상품으로 3개월 이상 6개월 이내의 단기여유자금 운용에 유리하며, 일정금액 이상이면 우대금리를 적용하는 상품이다.

① 표지어음　　② 양도성예금증서

02 금리가 높아 고수익을 볼 수 있으나 발행은행이 파산할 경우에는 큰 손실을 볼 수 있으므로 신규투자 시 발행기관의 신용도를 파악해야 하는 금융상품을 (　　　)라 한다.

① 후순위채　　② 금융채

03 정기예금에 양도성을 부여한 것으로 증서의 만기 이전에 중도해지가 불가능하며, 이자지급은 액면금액에서 이자를 미리 차감하는 할인식으로 이루어지는 금융상품을 (　　　)(이)라 한다.

① 환매조건부채권(RP)　　② 양도성예금증서(CD)

실전 확인 문제

▶ 다음 금융상품 중 가입 당시 확정된 금리를 보장받는 것이 아닌 것은?

① 환매조건부채권　　② 양도성예금증서

③ 표지어음　　④ 연금저축

정답해설 연금저축은 노후자금마련을 위한 장기 금융상품에 해당한다. 실세금리 연동형 확정금리로 목돈을 불려 나가는 금융상품에는 양도성예금증서(CD), 환매조건부채권(RP), 금융채, 후순위채, 표지어음이 있다.

개념 짚어 보기

실세금리 연동형 확정금리 금융상품

- **양도성예금증서(CD : Certificate of Deposit)** : 은행이 양도성을 부여하여 무기명할인식으로 발행한 것으로 중도해지는 불가하나 양도가 자유로워 현금화가 용이한 유동성이 높은 금융상품
- **환매조건부채권(RP : Re-purchasing Paper)** : 금융기관이 보유하고 있는 국공채 등 채권을 고객이 매입하면 일정기간이 지난 뒤 이자를 가산하여 고객으로부터 다시 매입하겠다는 조건으로 운용되는 단기 금융상품
- **후순위채** : 채권 발행기업이 파산했을 때 채무 변제순위에서 일반 채권보다는 뒤지나 우선주나 보통주보다는 우선하는 채권
- **표지어음** : 금융기관이 할인, 보유하고 있는 상업어음이나 무역어음 등을 매출이 용이하도록 재구성하여 새로이 발행한 어음

[개념 확인 문제 정답] 01 ① 02 ① 03 ② [실전 확인 문제 정답] ④

5 은행권 금융투자상품(4) – 금전 · 재산신탁

개념 확인 문제

01 금전신탁은 금전을 신탁재산으로 인수하는 신탁형태를 취하는 것으로 위탁자, 수탁자, (　　　) 의 3면의 법률관계가 성립한다.

① 예금자　　　② 수익자

02 자본시장법상 신탁업자의 수탁업무는 (　　　)에 따라 금전신탁과 재산신탁으로 구분된다.

① 인수재산　　　② 세금혜택 여부

실전 확인 문제

▶ 다음 중 은행권에서 판매하고 있는 금전신탁상품에 대한 설명으로 옳지 않은 것은?

① 금전채권신탁은 수익자를 위해 금전채권을 신탁하고 신탁종료 시 수익자에게 원본과 수익을 금전으로 교부하는 신탁이다.

② 불특정금전신탁은 실적배당형 상품으로 만기 후에도 실적배당한다.

③ 맞춤형 신탁에서 발생한 유가증권 매매차익과 주식배당금은 비과세한다.

④ 분리과세 특정금전신탁은 예치기관에 관계없이 분리과세 신청을 할 수 있다.

정답해설 맞춤형 신탁의 유가증권 매매차익은 비과세하나 이자소득과 주식배당금은 배당소득으로 과세한다.
① 금전채권신탁은 금전채권의 추심 및 관리, 처분을 목적으로 하고, 수익자를 위해 금전채권을 신탁하고 신탁종료 시 수익자에게 원본과 수익을 금전으로 교부하는 신탁이다.

개념 짚어 보기

특정금전신탁

- **맞춤형 신탁** : 고객이 예탁금의 운용대상, 운용방법 등의 운용조건을 자유롭게 지정하고 은행은 고객의 운용지시에 따라 운용한 후 신탁기간 종료 시 운용수익을 배당하는 주문형 신탁상품으로, 특정금전신탁에서 발생한 수익은 고객이 직접 유가증권 등에 투자한 것으로 가정하여 과세하고 유가증권의 매매차익은 비과세, 유가증권의 이자는 이자소득으로, 주식배당금은 배당소득으로 과세한다.
- **분리과세 특정금전신탁** : 특정금전신탁 상품 중 발행일로부터 상환일까지의 기간이 10년 이상(2003년 이전에 발행된 채권은 5년 이상)인 장기채권에 투자하는 경우 이 채권에서 발생하는 이자소득에 대해 예치기간에 관계없이 분리과세를 신청할 수 있는 상품으로, 분리과세 특정금전신탁에 가입하면 33%의 세율로 소득세를 납부하고 납세의무가 종결되기 때문에 금융소득 종합과세대상 소득에 포함되지 않는다.

[개념 확인 문제 정답] 01 ② 02 ① **[실전 확인 문제 정답]** ③

6 제2금융권의 금융상품(1) – 보험회사의 상품

개념 확인 문제

01 (　　　)은 피보험자가 보험기간 중 사망하거나 보험기간 만료일 일정시점까지 생존했을 경우에도 약정된 보험금을 지급하는 보장성과 저축성을 동시에 가진 보험으로, 사망시의 보장과 생존시의 저축을 종합한 생사혼합보험이다.

① 보장성보험　　　② 양로보험

02 암보험, 상해보험은 각종 위험보장에 중점을 둔 보험으로 (　　　)보험, 교육보험은 장래 일정시점에 필요한 자금확보를 목적으로 하는 점에서 (　　　)보험에 해당한다.

① 보장성, 저축성　　　② 변액, 정액

실전 확인 문제

▶ **다음 중 보험회사의 금융상품에 대한 설명으로 옳지 않은 것은?**

① 사망보험은 피보험자가 보험기간 만료일까지 생존할 경우 납입한 보험료를 환급해준다.
② 생존보험은 피보험자가 보험기간 만료일까지 생존한 경우에 보험금을 지급한다.
③ 보험기능에 투자기능을 추가한 일종의 금융투자상품으로 투자수익에 따라 지급되는 보험금이 달라지는 보험을 변액보험이라 한다.
④ 단체보험은 종업원의 사망, 재해발생 또는 정년퇴직시에 보험금이 지급된다.

정답해설 사망보험은 피보험자가 보험기간 중에 사망했을 때 보험금이 지급되는 보험으로, 보험기간 만료일까지 생존했을 때에는 보험금이 지급되지 않고 환급도 되지 않는다.

개념 짚어 보기

보험관련 금융상품(생명보험상품)

- **생존보험** : 피보험자가 보험기간 만기일까지 생존하는 경우에만 보험금을 지급하는 것으로, 보험기간 중 피보험자가 사망한 때에는 보험금 지급은 물론 보험료도 환급되지 않음(교육보험, 연금보험)
- **사망보험** : 피보험자가 보험기간 중에 사망했을 때 보험금이 지급되는 보험으로, 만기보험금이 없기 때문에 저렴한 보험료로 사망 시 고액을 보상받을 수 있음(정기보험, 종신보험)
- **양로보험(생사혼합보험)** : 생존보험과 사망보험이 종합된 생사혼합보험으로, 보장성과 저축성을 동시에 가진 보험
- **변액보험** : 보험의 기능에 투자의 기능을 추가하여 보험금의 보장과 함께 투자수익도 기대할 수 있는 상품
- **단체보험** : 종업원의 재해발생, 사망, 정년퇴직 등의 경우 보험금이 지급되며, 일정한 요건을 갖춘 단체구성원의 일부 또는 전부를 피보험자로 하는 집단보험(기업의 종업원에 대한 복리후생제도로 이용)
- **CI보험** : 갑작스런 사고나 질병으로 중병의 상태가 계속될 경우 약정 보험금의 일부를 미리 지급받을 수 있는 보험
- **실손의료보험** : 보험가입자의 상해 또는 질병으로 인해 병원 및 약국에서 실제로 지출한 의료비를 보장하는 실손보장형 보험

[개념 확인 문제 정답] 01 ② 02 ① [실전 확인 문제 정답] ①

7 제2금융권의 금융상품(2) – 종합금융회사의 상품

개념 확인 문제

01 (　　　)은 기업이 자금융통을 위하여 발행한 단기어음을 종합금융회사, 증권회사가 할인 매입한 후 이를 기관이나 일반투자자에게 다시 매출하는 단기상품이다.

① 발행어음　　② 기업어음

02 종합금융회사와 금융투자회사가 취급하는 상품으로 다수의 고객으로부터 자금을 조달하여 어음 및 국공채 등 단기금융자산에 투자하여 운용한 후, 그 수익을 고객에게 돌려주는 상품을 (　　　)(이)라 한다.

① 주가지수연동예금(ELD)　　② 어음관리계좌(CMA)

실전 확인 문제

▶ 다음 중 종합금융회사의 금융상품에 대한 설명으로 옳지 않은 것은?

① 기업어음은 실세금리 연동형 확정금리 상품이다.
② CMA는 가입대상과 예탁금액에 제한이 없는 실적배당 상품이다.
③ 발행어음과 기업어음은 예금자보호대상에서 제외된다.
④ 기업어음의 발행방법에는 직접발행과 간접발행이 있다.

정답해설 발행어음은 기업어음에 비해 수익률은 다소 낮으나 무담보부 기업어음과 달리 예금자보호대상 상품에 해당한다.

개념 짚어 보기

종합금융회사의 금융상품

- **발행어음(자발어음, 자기발행어음)** : 종합금융회사나 증권금융회사가 영업자금 조달을 위해 자체 신용으로 융통어음을 발행하여 일반투자자에게 매출하는 형식의 금융상품(예금자 보호대상)으로, 금융기관이 직접 발행하므로 투자자는 예치금액, 예치기간 등에 적합한 상품을 언제든지 구할 수 있음
- **기업어음(CP : Commercial Paper)** : 기업이 자금융통을 위하여 발행한 단기어음을 종합금융회사, 증권회사가 할인 매입한 후 이를 기관이나 일반투자자에게 다시 매출하는 단기상품으로, 1억 원 이상의 거액자금을 1개월 이상 3개월 미만의 단위로 운용하기에 유리하며 자금의 반복예치를 통한 장기운용에도 적합함
- **어음관리계좌(CMA : Cash Management Account)** : 금융기관이 다수의 고객으로부터 자금을 조달하여 어음 및 국공채 등 단기금융자산에 투자하여 운용한 후, 그 수익을 고객에게 돌려주는 단기 금융상품으로, 만기 후 인출하지 않으면 원리금이 자동 재예탁되는 방식으로 예탁기간이 연장됨

[개념 확인 문제 정답] 01 ② 02 ② [실전 확인 문제 정답] ③

8 제2금융권의 금융상품(3) – 신용협동기구의 상품

개념 확인 문제

01 신용협동기구의 금융상품에는 신용협동조합, 새마을금고 등의 신용협동기구가 취급하는 저축과 (　　　)의 상호금융이 취급하는 저축을 포함한다.

① 농 · 수협 지역조합　　　② 상호저축은행

02 농어가목돈마련저축은 농어민의 재산형성을 돕고 저축의욕을 높여 안정된 생활기반을 안정시키기 위해 도입된 특별우대 비과세저축인 동시에 목돈마련에 유리한 예치기간 3년 이상의 장기저축상품으로, 저축 계약기간의 만료 또는 특별중도해지 시 (　　　)와 상속세가 부과되지 않는다.

① 이자소득세　　　② 배당소득세

실전 확인 문제

▶ 다음은 신용협동기구의 금융상품에 대한 설명이다. 옳지 않은 것은?

① 정기예탁금은 은행의 정기예금과 유사한 것으로 이자가 매월 또는 만기에 일시 지급된다.
② 신용협동기구의 조합원과 회원은 해당지역 거주자에 한해 가입좌수에 관계없이 출자 가능하다.
③ 신용협동기구의 출자금에 대해서는 1인당 1천만 원 이하인 경우에 배당소득에 대해 비과세혜택이 있다.
④ 농어가목돈마련저축은 납입한도 내에서는 여러 계좌로 나누어 가입할 수 있다.

정답해설 상호금융, 신용협동조합, 새마을금고와 같은 신용협동기구의 조합원 또는 회원이 되기 위해서는 누구나 1좌 이상 출자하여야 한다. 이렇게 모아진 출자금은 신용협동기구의 자본금이 된다.

개념 짚어 보기

정기예탁금

- 가입대상 : 조합원, 준조합원, 회원
- 예탁금액 및 예탁기간 : 제한없음, 5년 이내
- 금리 : 확정금리
- 이자계산 : 매월 이자지급식 또는 만기 일시지급식(은행의 정기예금과 유사하나 상대적으로 높은 금리를 지급하므로 서민들의 목돈운용에 적합함)
- 세금혜택 : 신용협동기구를 통틀어 1인당 3,000만 원까지 비과세(비과세 시한은 2015년까지)
- 예금자보호 여부 : 별도의 기금에 의해 5,000만 원까지 보호

[개념 확인 문제 정답] 01 ① 02 ① [실전 확인 문제 정답] ②

9 제2금융권의 금융상품(4) – 금융투자회사의 상품

개념 확인 문제

01 (   )은 운용자산의 대부분은 채권투자를 통해 원금을 일정부분 보전하고, 나머지 일정부분의 자산을 주가와 연동되는 파생상품에 투자함으로써 초과수익을 확보하는 구조를 갖는 금융상품을 말한다.

① 주가지수연동증권(ELS)   ② 주식워런트증권(ELW)

02 주식워런트증권은 특정 기초자산을 미리 정한 행사가격에 사거나 팔 수 있는 유가증권으로서 권리종류에 따라 콜 워런트와 풋 워런트로 나눌 수 있으며, 기초자산의 가격변동성이 클수록 콜 워런트, 풋 워런트에 관계없이 모두 가격이 (   )한다.

① 하락   ② 상승

03 기초자산의 가치변동에 연계하여 미리 정해진 방법에 따라 지급금액 및 회수금액이 결정되는 권리가 표시된 증권으로, (   )은 다양한 기초자산과 만기구조에 따라 맞춤형 상품설계가 가능한 금융상품이다.

① 주식워런트증권(ELW)   ② 파생결합증권(DLS)

실전 확인 문제

▶ 랩어카운트(WA : Wrap Account)의 장단점에 대한 설명 중 옳지 않은 것은?

① 주가가 하락할 경우 상대적으로 고객의 수수료 부담이 증가하는 경향이 있다.
② 고객이 대량거래를 할 경우에는 금융투자회사의 수수료 수입이 증가하는 경향이 있다.
③ 별도의 증권매매수수료 없이 잔액평가금액에 근거하여 자산의 일정비율을 수수료로 받는다.
④ 고객과 금융투자회사 간 이익상충이 적어 금융투자회사는 고객의 신뢰획득이 용이한 상품이다.

정답해설 거래가 많아도 단일수수료만 수취하므로 수수료 수입총액은 줄어드는 경향이 있고, 단순 주식매매수수료에서 다변화되므로 금융투자회사의 수익구조는 안정적으로 변한다.

개념 짚어 보기

랩어카운트의 장단점

구분	고객	금융투자회사
장점	• 운용사와 수수료로 인한 이익상충 가능성 적음 • 비교적 소액으로 전문가의 서비스 제공받음 • 주문형 상품으로 맞춤형 설계 • 대량거래에도 단일수수료 부과	• 자산규모에 근거한 운용수수료 부가로 증권회사의 전략과 일치 • 안정적인 수익기반 가능 • 이익상충이 적어 고객의 신뢰획득 용이 • 고객과의 관계지속 가능
단점	• 주가하락 시 상대적인 수수료 부담 증가 • 일괄수수료로 불필요한 서비스대가(자문료) 지불	• 영업직원의 재교육 등의 체제구축 필요 • 수수료 수입총액의 감소 가능성

[개념 확인 문제 정답] 01 ① 02 ② 03 ② [실전 확인 문제 정답] ②

10 집합투자기구(1)

개념 확인 문제

01 집합투자기구는 집합투자업자의 대표적인 금융투자상품으로, 자산운용전문가가 다수의 투자자로부터 모은 자금을 증권 등의 자산에 투자하여 운용한 후 그 결과를 투자자에게 지분증권 또는 수익증권의 형태로 환원하는 상품으로 통상 (　　　)(이)라고 부르는 금융투자상품을 말한다.

① 증권(Security)　　② 펀드(Fund)

02 증권집합투자기구로서 주식편입비율에 따라 자산총액 중 주식 및 주식관련 파생상품에 투자 가능한 편입비율이 50% 이상인 상품을 (　　　), 50% 이하인 상품을 (　　　)이라 한다.

① 주식혼합형, 채권혼합형　　② 채권형, 주식형

실전 확인 문제

▶ 다음 중 집합투자기구의 운용대상별 분류에 대한 설명으로 틀린 것은?

① 단기금융집합투자기구는 집합투자자산의 50% 이상을 만기 1년 이하의 지방채 증권 등 단기금융상품에 투자한다.
② 증권집합투자기구는 집합투자자산의 50% 이상을 유가증권에 투자한다.
③ 특별자산집합투자기구는 집합투자자산의 50% 이상을 증권 및 부동산을 제외한 투자대상자산에 투자한다.
④ 혼합자산집합투자기구는 환매금지형 집합투자기구로 설정 · 설립되어야 한다.

정답해설 단기금융집합투자기구는 집합투자자산의 전부를 만기 6개월의 양도성예금증서, 만기 5년 이하의 국채, 만기 1년 이하의 지방채 증권 등 단기금융상품에 투자하는 집합투자기구를 말한다.

개념 짚어 보기

운용대상에 따른 집합투자기구의 분류

- **증권집합투자기구** : 집합투자자산의 50% 이상을 증권에 투자하는 상품
- **부동산간접투자기구** : 집합투자자산의 50% 이상을 부동산을 기초로 한 파생상품과 부동산 개발관련 법인에 대한 대출 등에 투자하는 상품
- **혼합자산집합투자기구** : 집합투자자산의 운용과 관련하여 증권, 부동산, 특별자산의 최저투자비율의 적용을 받지 않는 상품
- **단기금융집합투자기구** : 집합투자자산의 전부를 단기금융상품에 투자하는 상품(MMF)
- **특별자산간접투자기구** : 집합투자자산의 50% 이상을 증권과 부동산을 제외한 특별자산에 투자하는 집합투자기구

[개념 확인 문제 정답] 01 ② 02 ①　[실전 확인 문제 정답] ①

11 집합투자기구(2)

개념 확인 문제

01 (　　　)는 투자자가 시장상황에 따라 성격이 다른 펀드로 자유롭게 전환이 가능한 펀드로서 공동으로 적용되는 집합투자규약 아래 여러 개의 펀드가 구성되어 있다.

① 뮤추얼펀드　　② 엄브렐러펀드

02 투자신탁 수익증권에 분산투자하게 되어 주가가 하락하면 같은 금액으로 더 많은 주식을 사게 되고, 주가상승 시 적은 주식을 사게 되므로 주식의 평균 매입단가를 낮추는 효과가 있고, 매월 일정금액을 장기투자하면 투자효과를 볼 수 있는 펀드를 (　　　)라 한다.

① 적립식펀드　　② 배당주펀드

03 소액의 다수투자자로부터 자금을 모집하고 주로 부동산 관련대출에 투자하여 그 수익을 투자자에게 배당하는 방식으로 부동산투자를 전문으로 하는 간접투자상품을 (　　　)라 한다. 이는 투자원금이 보장되지 않고, 운용실적에 따라 손실이 발생할 수 있으므로 신중한 투자결정이 중요하다.

① 인덱스펀드　　② 리츠(REITs)

실전 확인 문제

▶ 다음은 상장지수펀드(ETF)에 대한 설명이다. 옳지 않은 것은?

① 주식 실물거래가 없기 때문에 시간외시장에서는 매매거래를 할 수 없다.
② 신문매체를 통해 가격 변동을 확인할 수 있어 투자자의 투자판단이 용이하다.
③ 안정적인 수익률을 보장하는 인덱스펀드에 개별 주식의 높은 환금성이 더해진 펀드이다.
④ 특정지수의 움직임을 따라 운용되어 수익률을 내는 것을 목적으로 한다.

정답해설 상장지수펀드는 인덱스펀드를 기초로 거래소에 상장시켜 투자자들이 주식 종목처럼 편리하게 거래할 수 있게 만든 상품이다. 일반 주식과 동일하게 매매되기 때문에 시간외시장에서도 사고 팔 수 있으며, 거래소에 주식매매 계좌를 통해 거래가 가능하다.

개념 짚어 보기

상장지수펀드(ETF : Exchang Traded Fund)

- 인덱스펀드이지만 기존의 인덱스펀드와 달리 거래소에 상장하여 거래하기 때문에 일반 주식과 같은 방법으로 주식매매 계좌를 통해 거래가 가능하다.
- 투자자들은 장 중 시장가격을 보면서 시장가격으로 매매가 가능하기 때문에 투자판단이 용이하며, 투자자들이 의사결정 후 바로 장중매매가 가능하다.
- 평균 수수료는 국내 일반 주식형펀드와 인덱스펀드에 비해 비교적 낮은 수준이며, 분산투자함으로써 특정 종목을 보유하는 경우의 위험을 줄일 수 있다.

[개념 확인 문제 정답] 01 ② 02 ① 03 ② [실전 확인 문제 정답] ①

12 예금보호제도

개념 확인 문제

01 예금보호제도는 금융기관이 영업 인허가의 취소, 예금의 지급정지, 해산 또는 파산 등으로 고객의 예금을 지급하지 못하게 될 경우 해당 예금자와 전체 금융제도의 안정성을 위해 정부가 금융기관 예금 등을 (   ) 보장해주는 제도이다.

① 일정범위 내에서 ② 전액

02 예금보험 가입 금융기관에는 농 · 수협 중앙회를 포함한 은행, 투자매매업자 및 투자중개업자, (   ) 등의 금융권이 있다.

① 새마을금고 ② 상호저축은행

실전 확인 문제

▶ 다음 중 예금보호대상 예금에 대한 설명으로 적절하지 않은 것은?

① 은행의 예금, 적금, 부금은 항상 보호대상이다.
② 원금과 소정의 이자를 포함하여 1인당 최고 5천만 원까지 예금을 보장한다.
③ 은행의 실적배당형 신탁상품은 예금보호대상이다.
④ 해당 금융기관에 대출이 있는 경우에는 예금에서 대출금을 먼저 상환(상계)시키고 남은 예금을 기준으로 보호한다.

정답해설 은행의 특정금전신탁 등 실적배당형 신탁상품과 양도성예금증서(CD), 환매조건부채권(RP) 등은 예금비보호대상이다.

개념 짚어 보기

예금보험금이 지급되는 경우

- 예금이 지급정지된 경우
- 금융기관의 인허가 취소 · 해산 · 파산의 경우
- 계약이전의 경우
- 금융기관이 합병되는 경우

예금자보호한도

- 예금의 지급이 정지되거나 파산한 금융기관의 예금자가 해당 금융기관에 대출이 있는 경우에는 예금에서 대출금을 먼저 상환(상계)시키고 남은 예금을 기준으로 보호한다.
- 한도금액인 보호금액 5천만 원(외화예금 포함)은 예금의 종류별 또는 지점별 보호금액이 아니라 동일한 금융기관 내에서 예금자 1인이 보호받을 수 있는 총금액이며, 예금자 1인은 개인뿐 아니라 법인도 포함된다.
- 예금보험공사로부터 보호받지 못한 나머지 예금은 파산한 금융기관이 선순위채권을 변제하고 남는 재산이 있는 경우, 이를 다른 채권자들과 함께 채권액에 비례하여 분배받음으로써 그 전부 또는 일부를 돌려받을 수 있다.

[개념 확인 문제 정답] 01 ① 02 ② [실전 확인 문제 정답] ③

13 비과세 금융상품

개념 확인 문제

▶ 농어가목돈마련저축은 농어민을 대상으로 지역농 · 축협 및 지구별수협에서 취급하는 금융상품으로 (　　　)가 면세되는 비과세 금융상품이다.

① 이자소득세　　② 주민세

실전 확인 문제

▶ 다음 중 비과세 금융상품에 대한 내용으로 틀린 것은?

① 이자, 배당 등의 금융소득에 대해서는 세금이 부과되지 않는다.
② 일부 상품은 연간 종합소득 신고 시 소득공제혜택을 받을 수 있다.
③ 중도해지가 가능하며 가입요건에 특별한 제한이 없다.
④ 금융소득에 대한 일체의 세금이 면제되므로 같은 이자율이라 하더라도 수익을 더 많이 올릴 수 있다.

정답해설 비과세 금융저축상품은 세금혜택이 크기 때문에 가입자격 등의 요건을 엄격하게 제한하고 있다. 일정기간이 경과하기 전 중도해지 하는 경우, 비과세 요건을 충족하지 못하는 경우에는 세금을 추징당하는 불이익을 있을 수 있다.
② 장기주식형펀드는 소득공제혜택을 받을 수 있다.

개념 짚어 보기

비과세 금융상품의 종류

구분	취급기관	가입기간	가입대상
예탁금	상호금융, 새마을금고, 신용협동조합	–	조합원, 준조합원, 회원, 준회원, 계원
농어가목돈마련저축	지역농 · 축협, 지구별수협	3, 5년	• 2ha 이하 농경지 보유 농민 • 20t 이하 어선 보유 어민
장기저축성보험	보험회사, 우체국보험, 농 · 수협, 신협, 새마을금고의 공제	10년 이상	제한없음
비과세종합저축	전 금융기관, 직장공제회	금융기관 및 상품별 상이	• 남녀 60세 이상 • 장애인 • 독립유공자 및 유족, 가족 • 국가유공 상이자 • 기초생활보장 급여 수급자

[개념 확인 문제 정답] ①　**[실전 확인 문제 정답]** ③

14 투자목표의 설정 · 자산배분의 설계

개념 확인 문제

01 **투자목표 설정 시 고려해야 할 요인으로는 투자시계, (   ), 세금관계, 고객의 요구사항, 투자목표, 투자자금의 성격, 투자자의 개인선호도 등이 있다.**

① 분산가능성　　② 위험수용도

02 **(   )(이)란 기대수익률과 위험수준이 다양한 여러 자산집단을 대상으로 투자자금을 배분하여 재무목표 달성에 필요한 최적의 자산 포트폴리오를 구성하는 투자과정을 말한다.**

① 자산배분　　② 분산투자

실전 확인 문제

▶ **투자목표의 설정에 대한 설명으로 틀린 것은?**

① 투자목적은 투자자의 나이, 투자성향, 투자자금의 성격 등에 의해 결정된다.
② 투자목표를 설정한 후 재무목표를 설정한다.
③ 재무적 목표들은 명확히 표현되지 않으므로 구체화되어야 한다.
④ 투자자의 목적은 포트폴리오의 자산구성 시 고려해야 하는 요인이 된다.

정답해설 투자목표를 설정하기 전에 투자자의 재무적 목표금액과 목표달성시기를 명확하고 구체적으로 설정해야 한다.

개념 짚어 보기

투자목표 설정

- 투자자의 나이, 투자성향, 투자자금의 성격, 세금 등에 의해 결정되는 투자목적은 투자자의 재무목표의 설정 후에 그 목표에 부합되게 설정해야 한다.
- 투자목표의 설정을 위해서는 투자시계, 위험수용도, 세금관계, 법적제약, 투자자금의 성격, 고객의 특별요구사항, 투자목표 등과 같은 여러 가지 제약조건과 투자자의 개인선호도를 고려해야 한다.

자산배분 자산집단의 성격

- **분산가능성** : 자산집단 내 분산투자가 가능하도록 충분한 개별증권이 존재해야 한다.
- **독립성** : 하나의 자산집단은 다른 자산집단과의 상관관계가 낮아서 분산투자의 효과가 충분히 발휘될 수 있어야 한다.

[개념 확인 문제 정답] 01 ② 02 ① [실전 확인 문제 정답] ②

15 기대수익률

개념 확인 문제

01 기대수익률이란 최적의 투자결정과 투자가치의 기준이 되는 기대수익을 측정하는 것으로 자산집단 각각의 투자에 따라 실제로 실현될 가능성이 있는 수익률의 값들을 평균한 값을 의미하며, (　　　)로 측정한다.

① 예상수익률의 기대치　　② 표준편차

02 (　　　)은 과거의 자료를 바탕으로 미래의 발생상황에 대한 기대치를 추가하여 수익률을 예측하는 방법으로, 과거의 시계열자료를 토대로 각 자산별 위험 프리미엄구조를 반영하는 기법이다.

① 펀더멘털 분석법　　② 시장공동예측치 분석법

실전 확인 문제

▶ 다음 중 자산집단의 기대수익률 측정과 측정방법에 관한 설명으로 옳지 않은 것은?

① 채권의 경우 채권의 표면이자율에 채권가격 변동에 따른 시세차익을 합한 것이 기대수익률이 된다.

② 장기간 수익률 자료가 필요한 추세분석법은 우리나라와 같이 자본시장의 역사가 짧은 경우에는 사용하기 어려운 방법이다.

③ 기대수익률의 측정방법에는 추세분석법, 펀더멘털 분석법, 시나리오 분석법, 시장공동예측치 사용법이 있다.

④ 기대수익률 측정을 위해서는 과거 수익률의 상관관계를 파악하는 것이 중요하다.

정답해설 기대수익률을 측정하기 위해서는 미래의 투자수익률의 확률분포 또는 미래의 예상수익률을 알 수 있어야 한다.

개념 짚어 보기

자산집단의 기대수익률 측정방법

구분	내용
추세분석법	자산집단의 과거 장기간 수익률을 분석하여 미래의 수익률로 사용하는 방법
시나리오 분석법	여러 가지 경제변수의 상관관계에 따라 앞으로 일어날 일 등을 시뮬레이션하여 수익률을 측정하는 방법
펀더멘털 분석법	• 과거의 시계열자료를 바탕으로 미래의 발생상황에 대한 기대치를 포함하여 수익률을 예측하는 방법 • 주식기대수익률＝무위험이자율＋주식시장 위험프리미엄
시장공동예측치 사용법	• 시장참가자들이 공통적으로 가지고 있는 미래수익률의 추정치를 사용하는 방법 • 수익률곡선을 통해 채권의 기대수익률을 정하며, 주식의 기대수익률은 배당할인모형이나 현금흐름 방법 등이 사용됨

[개념 확인 문제 정답] 01 ① 02 ① [실전 확인 문제 정답] ④

16 위험(Risk)

개념 확인 문제

01 위험이란 미래의 불확실성으로 인해 투자자산집단들로부터 발생할 것으로 예상되는 미래현금흐름의 변동가능성, 손실가능성을 말하는 것으로, 예상되는 미래의 기대수익률의 분산 정도가 (　　　) 투자로 인한 손실의 가능성이 커진다.

① 작을수록　　　② 클수록

02 위험에 대한 투자자의 태도는 투자자산들의 기대수익과 위험을 동시에 고려한 만족도인 효용을 측정하여 (　　　), 위험중립형, 위험선호형의 세 가지 유형을 보인다.

① 위험분산형　　　② 위험회피형

실전 확인 문제

▶ 다음 중 자산배분설계를 위한 위험과 효율적 증권의 선택에 대한 설명으로 거리가 먼 것은?

① 효율적 포트폴리오는 위험에 대한 투자자의 태도와 위험회피도에 따라 최종적으로 선택하게 되는데 이때의 선택된 투자대상을 최적 포트폴리오 또는 최적증권이라 한다.
② 위험보상의 정도에 대해 투자자들이 느끼는 만족도는 사람에 따라 다르다.
③ 위험의 정도가 낮고 기대수익률이 가장 높은 투자대상을 선택하는 것이 효율적이다.
④ 위험의 정도는 투자로부터 예상되는 미래수익률의 분산도로 측정될 수 있다.

정답해설 기대수익이 동일한 투자대상들 중에서는 위험이 가장 낮은 투자대상을 선택하고, 위험이 동일한 투자대상들 중에서는 기대수익이 가장 높은 투자대상을 선택하여 선택된 증권을 효율적 포트폴리오 또는 효율적 증권이라 한다.

개념 짚어 보기

위험회피형 투자자의 무차별효용곡선

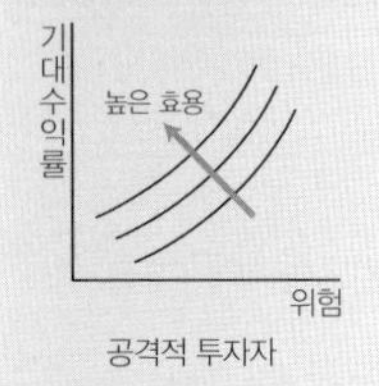

공격적 투자자

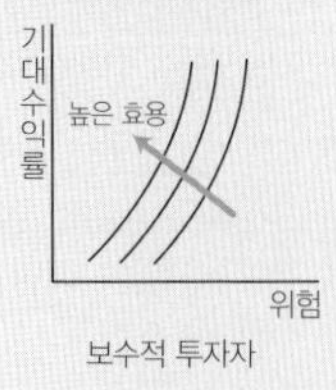

보수적 투자자

평균과 분산(표준편차)의 공간에 위험회피형의 효용함수를 나타낸 것으로, 특정 투자자에게 효용수준을 만족시키는 위험과 수익률의 조합을 연결한 곡선이다. 위험회피형은 원점에 오목하며 무차별효용곡선은 우상향한다. 기대수익률과 위험을 고려하여 지배원리를 충족하는 효율적 증권을 선택하고, 무차별효용곡선과 만나는 증권을 즉, 투자자의 효용곡선(위험선호도)에 적합한 최적증권을 선택하면 최적 포트폴리오가 구성된다.

[개념 확인 문제 정답] 01 ② 02 ② **[실전 확인 문제 정답]** ③

17 자산배분(1)

개념 확인 문제

01 투자자는 포트폴리오 구성 후에도 시장상황 등에 따라 지속적으로 최초로 정한 투자목표 달성을 위한 포트폴리오를 재구성해야 한다. 포트폴리오 수정방법 중 포트폴리오의 경제여건이나 위험 수익 특성의 변동이 있는 경우 원래 의도하였던 포트폴리오의 특성을 다시 회복하기 위하여 투자 비율 등을 재조정하는 과정을 (　　　)이라 한다.

① 업그레이딩(upgrading)　　② 리밸런싱(rebalancing)

02 기대수익을 증가시키고 투자위험을 줄이기 위해 합리적 투자대상을 선택하고 이를 매입하거나 보유 또는 매각하는 일련의 투자과정을 효율적으로 관리하고 운용하는 것을 투자관리라고 하며, 통합적인 투자관리과정은 (　　　)을 사용하는 것이 투자성과를 높이는 데 효과적이다.

① Top−down 방식　　② Top−up 방식

실전 확인 문제

▶ 다음 중 자산배분의 중요성이 높아지고 있는 이유로 부적합한 것은?

① 투자위험에 대한 관리의 필요성이 증대하고 있다.
② 투자상품의 다양화로 투자대상자산군이 확대되면서 위험관리의 필요성이 대두되고 있기 때문이다.
③ 투자수익률 결정에 자산배분 효과가 절대적인 영향력을 미친다는 투자자들의 인식이 증가하고 있다.
④ 시장의 변동성보다 나은 성과를 얻기 위해 자산시장의 단기 변동성에 대한 적극적인 대응의 필요성이 증가하고 있기 때문이다.

정답해설 자산시장의 단기 변동성에 대한 적극적인 대응보다는 중장기적인 자산배분이 더 나은 성과를 보인다는 인식이 확산되고 있다.

개념 짚어 보기

- **자산배분의 중요성** : 투자자들의 인식 변화, 투자대상자산군의 증가, 투자에 대한 위험관리 필요성의 증대
- **투자관리의 3요소** : 자산배분의 방법, 개별종목의 선택, 투자시점의 선택
- **단계별 통합적 투자관리과정(Top−down 방식)**
  - 투자목표설정 후 투자전략수립에 필요한 사전투자분석 실시
  - 투자전략적 관점에서 자산배분 실시
  - 투자전술적 관점에서 개별종목 설정
  - 포트폴리오 수정 및 투자성과의 사후통제
  - 성과평가

[개념 확인 문제 정답] 01 ② 02 ① [실전 확인 문제 정답] ④

18 자산배분(2)－전략적 자산배분전략(SAA)

개념 확인 문제

01 전략적 자산배분전략은 재무목표 또는 투자목적을 달성하기 위해 여러가지 자산집단을 대상으로 장기적인 포트폴리오를 형성하는 의사결정과정으로, 여러 자산에 분산투자할 경우 구성자산들의 평균 위험보다 포트폴리오 위험이 낮아진다는 (　　　)에 토대를 두고 있다.

① 역투자전략 이론　　② 포트폴리오 이론

02 전략적 자산배분전략에서의 최적의 포트폴리오는 효율적인 (　　　)와/과 투자자의 효용함수의 접점에서 자산배분 비중이 결정된다.

① 투자기회선　　② 포트폴리오

실전 확인 문제

▶ 전략적 자산배분전략의 구체적인 실행방법에 속하지 않는 것은?

① 운용기관의 위험, 최소요구수익률, 다른 자산들과의 잠재적인 결합 등을 고려하여 투자전략을 수립한다.

② 여러 가지 투자자산들의 포트폴리오 내 구성비중을 각 자산이 시장에서 차지하는 시가총액의 비율과 동일하게 포트폴리오를 구성한다.

③ 유사한 기관투자가의 자산배분을 모방하여 자산을 구성한다.

④ 주가와 채권의 추세분석, 주가지수와 채권지수 각각의 이동평균으로 계산한 이격도 등 다양한 방법을 적용한다.

정답해설 주가와 채권의 추세분석, 주가지수와 채권지수 각각의 이동평균으로 계산한 이격도 등 다양한 방법을 적용하는 것은 전술적 자산배분전략의 기술적 분석방법에 해당한다. 전략적 자산배분전략에 적용 가능한 실행방법에는 시장가치 접근방법, 위험수익 최적화방법, 투자자별 특수상황을 고려하는 방법, 다른 유사한 기관투자가의 자산배분을 모방하는 방법이 있다.

개념 짚어 보기

전략적 자산배분전략의 이론적 배경

- **효율적 투자기회선** : 정해진 위험범위 내에서 가장 높은 수익률을 달성하는 포트폴리오를 효율적 포트폴리오라 하며, 수익률과 위험의 공간에서 여러 개의 효율적 포트폴리오를 연결한 선이 효율적 투자기회선이 됨
- **최적화 방법의 문제점** : 효율적 투자기회선을 규명하기 위해서는 기대수익률과 위험, 자산 간의 상관관계들을 정확하게 추정해야 하나 입력된 자료들이 과거 통계적 추정치이기 때문에 추정치의 오류와 오차로 인해 비효율적인 포트폴리오가 구성될 수밖에 없음
- **추정오차를 반영한 효율적 투자기회선** : 입력자료를 약간만 변화시켜도 포트폴리오가 급변하게 되는가 하면 최적화 기법의 난이화, 최적화를 둘러싼 운용조직의 이해관계들로 인한 문제점이 있음

[개념 확인 문제 정답] 01 ② 02 ① [실전 확인 문제 정답] ④

19 자산배분(3) – 전술적 자산배분전략(TAA)

개념 확인 문제

01 전술적 자산배분전략은 (   )전략으로, 시장가격이 올라 내재가치에 비해 지나치게 고평가될 경우에는 (   )하고, 시장가격이 지나치게 하락하여 내재가치에 비해 지나치게 저평가되면 (   )하는 방법으로 운용한다.

① 역투자, 매도, 매수　　② 정투자, 매수, 매도

02 전술적 자산배분은 자산집단 간의 수익률 변화에 대한 예측으로, 시장상황의 변화를 예측하여 자산구성을 변동시켜 투자성과를 높이고자 하는 전략이다. 대체적으로 시장가격이 하락하면 실현수익률이 축소되면서 투자자의 위험허용도가 (   ).

① 증가한다　　② 줄어든다

실전 확인 문제

▶ **다음 중 전술적 자산배분전략에 대한 설명으로 옳지 않은 것은?**

① 시장의 변화방향을 예상하여 자산구성을 변경하는 역투자전략이다.
② 자산집단의 균형가격을 정확하게 산출하여 객관적인 가격판단을 내릴 수 있다.
③ 전술적 자산배분전략의 실행도구에는 가치평가모형, 기술적 분석, 포뮬러 플랜 방법이 있다.
④ 중단기적인 가격착오를 적극적으로 활용하여 고수익을 지향하는 운용전략이다.

정답해설 자산집단의 균형가격은 어떤 모형이나 이론으로도 규명하기 어려우므로, 전술적 자산배분은 주관적 가격판단을 활용하는 경우가 많다.

개념 짚어 보기

전술적 자산배분전략의 실행도구

- **가치평가모형**
  - 기본적 분석방법 : 주식의 이익할인, 배당할인, 현금흐름할인모형 등
  - 요인모형방식 : CAPM, APT, 다변량회귀분석
- **기술적 분석** : 자산집단의 가치평가를 하는 경우에 과거의 일정기간 동안의 변화를 활용하는 분석방법으로, 주가와 채권의 추세분석, 주가지수와 채권지수 각각의 이동평균으로 계산한 이격도 등의 방법을 적용한다.
- **포뮬러 플랜** : 주가가 하락하면 주식을 매수하고, 주가가 상승하면 주식을 매도하여, 시장과 반대로 투자함으로써 고수익을 지향하고자 하는 전략으로, 정액법과 정률법이 있다.

[개념 확인 문제 정답] 01 ①　02 ②　[실전 확인 문제 정답] ②

20 자산배분(4)-블랙리터만의 자산배분모델

개념 확인 문제

01 블랙리터만 자산배분모델은 시장 포트폴리오에 내재된 ( )을 산출하고, 투자자의 장기적인 시장전망을 자산배분모델에 반영한다.

① 요구수익률 ② 균형기대수익률

02 상대적 시장전망을 반영하는 경우 시장전망상의 기대수익률 차이가 균형기대수익률 차이보다 작으면 수익률이 ( ) 자산의 가중치가 증가하는 방향으로 자산이 배분된다.

① 낮은 ② 높은

실전 확인 문제

▶ 다음 중 블랙리터만 자산배분모델에 대한 설명으로 옳지 않은 것은?

① 시장의 수요와 공급이 균형을 이룬 상태에서 시장참여자들의 기대수익률을 균형기대수익률이라 한다.
② 투자자가 특별한 시장전망을 가지지 않을 경우 시가총액비중인 균형기대수익률로 자산배분을 실행하게 된다.
③ 모든 자산집단에 대해 기대수익률과 위험지표가 있어야 자산배분을 실행할 수 있다.
④ 균형기대수익률을 사용할 경우에는 위험수준이 높고 다른 자산집단과 상관관계가 높은 자산일수록 기대수익률이 높아지고, 그렇지 않은 자산은 기대수익률이 낮아져 보다 직관에 부합되는 기대수익률을 산출할 수 있어서 투자비중이 전 자산집단에 골고루 분산되는 효과를 얻을 수 있다.

정답해설 블랙리터만 자산배분모델은 특정자산집단의 기대수익률과 위험을 몰라도 자산배분을 실행할 수 있다.

개념 짚어 보기

블랙리터만 자산배분모델의 장단점

- 장점
  - 특정자산집단의 기대수익률과 위험을 몰라도 자산배분을 실행할 수 있다.
  - 평균-분산모델의 최대 문제점인 극단적 자산배분 비중의 문제를 해결할 수 있다.
  - 투자자의 장기전망을 반영하여 자산배분의 비중을 조절할 수 있어 모델의 유연성이 확보된다.
- 단점(한계점)
  - 자산집단의 표준화된 시가총액을 구하기가 어렵다.
  - 주관적 시장 전망치의 오류 가능성이 크다.
  - 시가총액이 적은 자산집단의 비중변동이 크다.

[개념 확인 문제 정답] 01 ② 02 ① [실전 확인 문제 정답] ③

21 자산배분(5) – 마코위츠 평균 – 분산 자산배분모델

개념 확인 문제

01 마코위츠의 현대 포트폴리오 선택이론은 다량의 증권, 포트폴리오의 기대수익률과 분산이 주어졌을 때 평균 – 분산기준을 통해 효율적 경계선을 도출하고, 투자자의 (　　　)에 대한 선호도를 반영한 최적의 포트폴리오를 선택하는 투자결정방법을 말한다.

① 수익률분포　　　② 기대수익

02 마코위츠의 평균 – 분산모델은 기대수익률과 (　　　)의 작은 변화에도 큰 폭의 비중변동이 나타나며, 분산투자에 의해 포트폴리오 기대수익의 희생없이 포트폴리오의 전체 (　　　)을 감소시킬 수 있다고 본다.

① 투자비율　　　② 위험

실전 확인 문제

▶ 마코위츠 평균 – 분산모델의 한계점으로 볼 수 없는 것은?

① 자산집단별 기대수익률과 위험의 예측이 어렵다.
② 자산집단별 비중 결정이 0~100%까지 제한이 없어 최종 자산배분비중이 특정자산에 편중된다.
③ 모든 자산집단에 대해 기대수익률과 위험지표가 있어야 자산배분을 실행할 수 있다.
④ 주관적 시장 전망치의 오류 가능성, 시가총액이 적은 자산집단의 비중변동이 크다.

정답해설 주관적 시장 전망치의 오류 가능성, 시가총액이 적은 자산집단의 비중변동이 크다는 것은 블랙리터만 자산배분모델의 한계점에 해당된다.

개념 짚어 보기

마코위츠의 평균 – 분산모델

- 다량의 증권, 포트폴리오의 기대수익률과 분산이 주어졌을 때 평균 – 분산기준을 통해 효율적 경계선을 도출하고, 투자자의 수익률분포에 대한 선호도를 반영한 최적의 포트폴리오를 선택하는 투자결정방법을 말한다.
- 기대수익률과 위험은 마코위츠의 포트폴리오 이론에서 가장 중요한 요소로서, 분산투자를 함으로써 기대수익의 희생없이 포트폴리오 전체의 위험을 감소시킬 수 있다.
- 한 증권의 수익이 다른 증권의 수익과 상관관계를 가지고 있고 모든 증권이 완전한 상관관계를 가지고 있지 않는 한 증권을 추가하면 할수록 포트폴리오 전체의 위험은 감소한다고 본다.
- 특정 투자자의 무차별효용곡선이 주어지게 되면 마코위츠가 말한 최적의 포트폴리오 하나가 정해질 수 있으며, 무차별효용곡선과 효율적 포트폴리오의 접점이 투자자가 소유하려고 하는 최적 포트폴리오가 된다.

[개념 확인 문제 정답] 01 ① 02 ② [실전 확인 문제 정답] ④

핵심플러스

OX 문제

01 특수은행은 일반 상업은행의 원활한 자금 공급과 기능을 보완하기 위해 정부의 전액 또는 일부 출자로 설립된 은행으로 은행법에 의해 설립되었다. (　　)

02 기한을 정하지 않는 수시입출금식예금으로는 저축예금, 정기예금, 가계당좌예금 등이 있다. (　　)

03 양도성예금증서는 증서 만기일 이전에 환급되지 않는 상품으로 만기 후에는 이자 없이 액면금액만을 지급받는다. (　　)

04 표지어음은 단기금융상품의 하나로 3개월 이상 6개월 이내의 단기 목돈운용에 유리하며 만기일 이전에 중도해지가 가능한 상품이다. (　　)

05 표지어음, 양도성예금증서(CD), 환매조건부채권(RP), CMA는 가입 당시에 확정된 실세금리를 보장받는 상품이다. (　　)

06 주가지수연계증권(ELS)는 금융투자회사가 발생하는 증권형식의 상품으로 예금자보호법에는 적용되지 않는다. (　　)

07 은행권에서 판매하고 있는 금전신탁은 실적배당을 하며 특약체결이 불가능하다. (　　)

08 은행에서 취급하는 노후생활연금신탁은 중도해지가 가능하고 원금 이하로 운용될 경우 은행에서 원금을 보장해 준다. (　　)

09 비과세 상품 중 은행권에서 취급하는 금융상품으로는 근로자우대저축, 비과세생계형저축, 농어가목돈마련저축, 개인연금신탁 등이 있다. (　　)

10 예금보험제도는 금융기관으로부터 보험료를 납부 받아 예금보험기금을 조성해두었다가 금융기관의 경영이 부실하거나 파산해 고객들의 예금을 돌려줄 수 없게 되면 예금을 대신 지급하는 제도로 금융기관의 모든 상품이 예금자보호대상이 된다. (　　)

해설

01 특수은행은 전문성과 특수성 때문에 은행법이 아닌 특수법에 의하여 설립되었다. 현재 우리나라에 설립되어 있는 특수은행은 한국산업은행, 한국수출입은행, 중소기업은행, 농업협동조합, 수산업협동조합이 있다.

02 수시입출금식예금은 계좌의 입출금이 자유롭고 각종 이체와 결제가 가능하며 확정금리가 적용되는 저축성예금이다. 정기예금은 사전에 정한 예치기간 내에는 은행이 환급하지 않을 것을 약정하는 이자수취를 목적으로 한 저축성예금을 말한다.

04 표지어음은 만기일 이전에 중도해지가 불가능하지만 배서에 의한 양도는 가능하다.

05 CMA(어음관리계좌)는 투자손실의 발생 가능성 및 예금자보호가 되지 않는 상품으로 가입 당시 실세금리를 받는 것이 아니라 시장금리 상황, 실적배당률에 따라 다르다.

07 금전신탁은 특약체결이 가능하다. 또한 금전신탁 등 실적배당형 신탁상품은 예금보험제도 대상이 아니다.

09 농어가목돈마련저축은 농어민의 재산형성을 지원하고 안정된 생활기반을 조성하기 위해 도입된 특별우대 비과세저축상품으로 농협, 수협 지역조합에서 취급하는 상품이다.

10 금융기관의 모든 상품이 보호를 받는 것은 아니고, 예금상품만 대상일 뿐 운용실적에 따라 원금손실이 발생할 수 있는 투자상품은 보호받지 못한다.

[정답] 01 × 02 × 03 ○ 04 × 05 × 06 ○ 07 × 08 ○ 09 × 10 ×

핵심플러스

OX 문제

11 투자수익결정에 자산배분 효과가 절대적 영향력을 미치고 자산시장의 단기 변동성에 대한 적극적인 대응의 필요성이 필요하다는 투자자들의 인식의 증가로 자산배분의 중요성이 높아지고 있다. (   )

12 개별종목의 선택, 투자수익률 결정, 투자시점의 선택이 투자관리의 3요소이다. (   )

13 주식이나 채권처럼 자본시장의 흐름과 자본시장의 변동에 각기 다른 반응을 보이는 자산을 대상으로 배분하는 자산배분을 이종자산 간 자산배분이라고 한다. (   )

14 미래에 높은 수익이 기대되면 그 자산의 투자가치는 높아지게 되고 투자자로부터 예상되는 기대수익의 불확실성이 높아지면 투자가치는 떨어진다. (   )

15 투자자산은 주식이 대표적인 것으로 투자지역에 따라 국내주식과 해외주식으로 나뉘며 투자성과에 큰 관계없이 투자수익이 비교적 확정적이다. (   )

16 투자로 인한 손실 가능성은 투자로부터 예상되는 미래 기대수익률의 분산 정도가 클수록 작아진다. (   )

17 우리나라의 국민연금은 기금의 효율성과 안정성을 제고하고 효율적인 운영을 위해 전략적 자산배분전략을 취하고 있으며, 중장기 자산배분 목표를 설정함과 동시에 각 연도 말의 자산군별 목표 비중을 설정하고 마코위츠의 평균분산모형을 사용하고 있다. (   )

18 전략적 자산배분전략의 자산배분의 주체는 연기금과 개인투자자 등이며 투자자의 목적 및 제약조건 등을 모두 감안하여 장기적인 역투자전략을 사용한다. (   )

19 여러 종목에 분산투자하는 경우에는 개별종목이 투자위험관리의 주된 대상이 된다. (   )

20 블랙리터만 자산배분모델에서는 투자자의 시장전망을 자산배분모델에 반영하여 자산배분을 시행하는데 투자자가 특별한 시장전망을 가지지 않을 경우에는 균형기대수익률로 자산배분을 실행한다. (   )

해설

11 자산시장의 단기 변동성에 대한 적극적인 대응보다는 중장기적인 자산배분이 더 나은 성과를 보인다는 인식이 확산되고 있고 투자상품이 다양화로 인해 투자대상자산군이 확대되면서 위험관리의 필요성이 대두되고 있어 자산배분의 중요성이 높아지고 있다.

12 투자관리란 기대수익을 증가시키고 투자위험을 줄이기 위하여 합리적 투자대상을 선택하고 이를 매입하거나 보유 또는 매각하는 등 일련의 투자과정을 효율적으로 관리, 운영하는 것을 말한다. 성공적인 투자관리를 위해서는 안전성과 수익성을 고려하여 적절한 투자대상(개별종목)과 자산배분의 방법을 선택해야 하고 적절한 시기에 매매할 수 있어야 한다.

15 투자자산은 투자수익이 확정되어 있지 않고, 투자성과에 따라 투자수익이 달라지는 자산으로 부의 증가를 의미한다. 자산가격의 높은 변동성으로 인해 큰 손실을 입을 수도 있고 이자자산보다 높은 수익을 얻을 수도 있다.

16 투자로 인한 손실 가능성은 투자로부터 예상되는 미래 기대수익률의 분산 정도가 클수록 커진다. 따라서 투자로 인한 손실을 줄이기 위해서는 기대수익률이 동일한 투자대상들 중에서는 위험이 가장 낮은 투자대상을 선택하고 위험이 동일한 투자대상들 중에서는 기대수익률이 가장 높은 것을 선택하는 것이 좋다.

18 역투자전략은 전술적 자산배분전략의 방법이다.

19 여러 종목에 분산투자하는 경우에는 개별종목의 수가 아니라 수익률, 즉 시장관련 위험이 투자위험관리의 주된 대상이 된다.

[정답] 11 × 12 × 13 ○ 14 ○ 15 × 16 × 17 ○ 18 × 19 × 20 ○

2장 영업실무

대표 유형 문제

다음 중 고객상담에 대한 설명으로 옳지 않은 것은?

① 상담활동의 목적은 판매력을 향상시켜 판매목표를 달성하는 것이다.
② 상담활동의 효율 증대를 위해 사전에 상담에 필요한 자료 및 안내문을 준비한다.
③ 상담활동은 고객관리활동을 수행하는 데 가장 핵심이 된다.
④ 효율적인 상담시간 증대를 위해서는 상담활동의 표준화 · 정형화가 이루어져야 한다.

정답해설 영업활동에 가장 중요한 고객설득이 주로 대화에 의해 이루어지기 때문에 상담활동은 영업활동(상품판매)을 수행하는 데 가장 핵심이 된다.

오답해설 ① 고객이 계속적으로 상품을 구매할 수 있도록 고객을 설득하고, 고객과의 관계에서 이해와 신뢰를 쌓아 상품을 판매하는 것이다.
② 회사의 경우 상품별 · 고객별 응대 매뉴얼 개발에 중점을 두어야 하며, 고객상담 시 사전에 필요한 자료와 안내문 등을 준비하고 표준화된 상담화법을 연습해두도록 한다.
④ 표준화법의 개발을 통해 전 영업사원의 상담 효율성을 높이는 것이 중요하다.

대표 유형 문제 알아 보기

고객상담의 목적과 고객상담 시 효율증대 요령

- **고객상담의 목적**
  - 계약 성공률 제고
  - 상담시간의 효율적 활용
  - 문제점 발견을 통한 해결의 기초 마련
  - 고객관리 능력 증대
  - 판매력의 향상을 통한 판매목표의 달성
  - 표준화법의 개발을 통한 전 영업사원의 상담 효율성 제고
  - 응용 및 활용을 통한 무관심 또는 반감의 극복
- **고객상담 시 효율증대 요령**
  - 고객별 상담시간표를 사전에 작성 · 관리하여 고객의 최적시간을 상담시간으로 활용하도록 한다.
  - 고객상담 시 사전에 필요한 자료와 안내문 등을 준비하고 표준화된 상담화법을 연습해두도록 한다.
  - 영업상담은 대화를 통해 시작되고 전개되므로, 자신만의 화법과 상담기술 등을 개발하여 고객관계에 있어서 머리가 아닌 가슴으로부터의 공감대를 형성할 수 있도록 한다.
  - Needs단계에서는 고객의 말이 증가하므로, 영업사원은 본인의 말을 줄이고 고객의 말을 경청하여 고객의 요구를 정확하게 파악하여 올바른 정보를 얻을 수 있도록 한다.

[대표 유형 문제 정답] ③

1 고객상담(1) – 고객과의 관계형성

개념 확인 문제

01 고객과의 관계형성 단계 시 고객에게 처음 전화를 거는 경우에는 인사 → 자기소개 → (　　　) → 전화목적에 대한 설명 → 대화 가능 여부 확인 → 가능할 경우 목적 설명, 가능하지 않을 경우 통화가 가능한 시간 질문 순으로 이루어지는 것이 좋으며, 투자를 강요하거나 도움을 청하기 위한 전화가 아니라 유익한 정보와 투자에 대한 도움을 제공하기 위한 전화임을 명백히 해야 한다.

① 고객확인　　② 상품소개

02 고객과의 관계형성은 고객의 무관심을 극복하고 신뢰를 구축하는 고객상담의 첫 단계로 고객이 상담을 거절할 경우에는 경청 → (　　　) → 완화 → (　　　)의 단계로 처리할 수 있도록 한다.

① 공감, 반전　　② 해결, 방문

실전 확인 문제

▶ 고객과의 관계형성 시 유의해야 할 사항이 아닌 것은?

① 명함을 드리며 자기소개를 정확히 한다.
② 미소를 지으며 고객에게 최대한 관심을 표한다.
③ 고객으로 하여금 심리적인 안정감을 갖게 한다.
④ Eye Contact을 하면 고객에게 건방진 느낌을 줄 수 있으므로 하지 않는다.

정답해설 Eye Contact과 미소, 고개 끄덕임 등은 영업사원이 고객의 말을 경청하고 관심있게 듣고 있음을 드러낸다. 또한 Eye Contact은 자신감의 표현이며, 고객을 설득하는 가장 강한 무기가 된다.

개념 짚어 보기

고객상담의 과정

단계	내용
고객과의 관계형성	• 고객과의 신뢰구축 • 고객의 무관심 처리
고객의 Needs 파악	• 고객의 현재수준과 미래 기대수준 간 격차를 파악 • 고객의 참여를 유도
고객설득 및 해법 제시	• 상품의 특성 및 이점 소개 • 고객의 반감 극복
동의확보 및 상담종료	• 고객의 Needs 및 상품 이점의 재확인 • 주문확인 및 구매결정의 강화 • 고객소개(MGM : Members Get Members) 및 Cross-selling

[개념 확인 문제 정답] 01 ① 02 ① **[실전 확인 문제 정답]** ④

2 고객상담(2) – 고객의 Needs 파악

개념 확인 문제

01 고객의 Needs는 고객의 현재 상태와 미래에 원하는 상태와의 차이를 의미하는 것으로, (　　　)의 작업을 거쳐서 파악할 수 있다.

① 확인 – 문의 – 촉진　　　② 문의 – 촉진 – 확인

02 고객과의 상담 시 대화의 70%는 가급적 고객의 것으로 제공하고 판매사원은 나머지 30%만을 점하여 고객의 Needs 및 정보를 이끌어 내야 한다. 이 경우 부정형으로 대답할 수 있는 (　　　) 질문은 피하는 것이 좋다.

① 확대형　　　② 폐쇄형

실전 확인 문제

▶ 다음 중 고객상담 과정에 대한 설명 중 옳지 않은 것은?

① 고객의 Needs 파악을 위한 질문의 수법에는 개방형 질문, 폐쇄형 질문, 확대형 질문이 있다.
② 고객을 설득할 때에는 Needs를 만족시키는 상품의 이점만을 소개한다.
③ 판매사원은 고객의 Needs에 대한 동의를 통해 고객에게 공감하고 있다는 태도를 보인다.
④ 확대형 질문 시 어렵고 전문적인 질문은 피해야 하며 판매사원의 견해를 피력하여 고객을 설득하는 것이 좋다.

정답해설 먼저 고객의 Needs를 파악하고, 그 Needs를 만족시키는 상품의 이점, 타사 상품에 비해 이 상품이 가진 특성 등을 소개해야 한다.

개념 짚어 보기

고객에 대한 질문의 유형

구분	내용
개방형 질문	• 고객이 좀 더 자유롭게 이야기하면서 긴 대답을 유도하는 질문 • 무엇을, 어떻게, 왜 등의 질문을 통해 고객 스스로가 상황에 대해 자유롭고 구체적으로 이야기할 수 있음 • 캐어 묻는 느낌을 주어 고객이 불쾌감을 느낄 수 있음
확대형 질문	• 고객이 스스로 자신의 Needs에 대하여 잘 이야기하는 경우 선택된 화제에 대해 구체적으로 질문함으로써 상호 간에 있어 Needs를 구체화할 수 있는 질문 • 대화시간에 비해 얻을 수 있는 정보가 많으나 고객에게 심문을 당한다는 느낌을 줄 수 있음
폐쇄형 질문	• 특정 화제로 대화를 유도하기 위해 고객의 대답을 '예', '아니오'로 대답을 유도하는 질문 • 대화를 짧게 이끌 수 있어 상담시간을 단축시키고 빠른 결정을 유도할 수 있으나 예상 외의 답변이 돌아올 경우 다음 단계로 연결하기 힘들 수 있음

[개념 확인 문제 정답] 01 ② 02 ② [실전 확인 문제 정답] ②

3 고객상담(3) – 고객의 반감처리

개념 확인 문제

01 고객의 반감을 직면할 경우 고객과 논쟁하지 않고 차분히 응대하여, (　　　)의 순으로 처리할 수 있도록 하며, 고객의 반감을 인정하는 자세가 필요하다.

① 인정 → 확인 → 응답 → 경청　　② 경청 → 인정 → 응답 → 확인

02 고객의 반감처리 화법 중 먼저 고객의 주장을 받아들이고 인정하여 고객의 마음을 부드럽게 한 다음 판매사원의 주장을 내세우는 방법을 (　　　)이라 한다.

① Yes, But 화법　　② 부메랑법

실전 확인 문제

▶ **다음 중 고객의 반감에 대해 영업사원이 가져야 할 자세로 거리가 먼 것은?**

① 고객이 가진 관심의 다른 표현 방법인 동시에 좀 더 많은 정보와 이해를 필요로 한다는 의미로 볼 수 있다.

② 반감은 또 하나의 세일즈 기회로 생각하고 사소한 반감이라도 간과하지 않아야 한다.

③ 고객의 반감을 줄이기 위해 자사 상품의 이점만을 부각시킨다.

④ 고객의 말을 인정하고 고객으로부터 긍정적인 답을 유도할 수 있도록 한다.

정답해설 좋지 못한 경험을 해소하거나 경쟁회사 및 경쟁상품과 비교하여 자사 및 자사 상품의 장점을 부각시킴으로써 고객을 보다 쉽게 설득할 수 있다. 고객의 반감처리 시 고객의 반감내용을 파악할 수 있는 경청, 고객을 이해하고 인정하는 단계, 자사 상품의 장점을 설명하며 고객의 응답을 기다리고 고객의 반응을 파악하면서 확인하는 자세가 필요하다.

개념 짚어 보기

고객의 반감(거절)처리 화법

화법	내용
Yes, But 화법	고객의 주장을 받아들임으로써 마음을 푼 뒤 주장을 내세운다.
부메랑법	고객의 주장을 받아들이는 동시에 고객이 거절할 내용을 활용하여 반전을 노린다.
보상법	사실을 인정하면서 다른 이점을 설명함으로써 반감에 대응한다.
질문법	고객의 거절을 질문으로 되돌리며 반문하여, 고객이 그 문제에 대해 다시 생각해보도록 하면서 긍정적인 반응을 이끌어 낸다.
사례법	구체적인 사례를 활용하여 거절을 극복한다.
동문서답법 (화제전환법)	뜻밖의 거절을 당해 시간을 벌어야할 필요성이 있는 경우 또는 지엽적인 사항이거나 아주 경미한 문제라서 시간을 끌 필요가 없을 경우 고객의 거절을 무시하고 다음 단계로 넘어갈 수 있다.
정면격퇴법 (직접부정법)	고객의 오해가 확실한 경우에 정면으로 부정하는 방법으로, 고객과의 논쟁으로 발전하지 않도록 판매사원의 주의가 요구된다.

[개념 확인 문제 정답] 01 ② 02 ①　[실전 확인 문제 정답] ③

4 고객상담(4) – 상담종결

개념 확인 문제

01 상담종결(Closing)은 고객과의 관계형성에서부터 Needs의 탐구 및 그에 맞는 설득 등 고객의 Needs를 만족시키는 판매과정을 거치면서 자연스럽게 진행되며 고객이 (　　　)가 Closing의 타이밍이 된다.

① 구입의사를 나타냈을 때　　② 구매를 결정한 후

02 (　　　)은 고객이 상품을 선택했을 때의 이점과 선택하지 않았을 때의 손해를 대차대조표로 나타낸 것으로 효과적인 고객의 동의를 확보하기 위한 기술 중 하나이다.

① 결과 탐구법　　② T－방법

실전 확인 문제

▶ **다음 중 고객과의 상담과정 중 상담종결 시 유의할 사항이 아닌 것은?**

① Buying Signal이 분명치 않은 경우 거절의 의미이므로 거부감이 들지 않도록 재차 확인하지 않는다.
② Closing 실패 시 확대질문으로 그 이유를 묻고 고객의 Needs가 확실해지면 그것을 충족시키는 이점을 소개하고 고객의 동의를 얻는 등 재차 Closing 과정을 거쳐야 한다.
③ 상담종결은 고객의 Needs가 어느 정도 파악되어 충분한 설득이 이루어졌는지를 확인하는 단계로서, 고객의 Needs를 만족시키는 판매과정에서의 마지막 단계이다.
④ 상담종결 시 사용되는 화법으로는 추정승낙법, 양자택일법, 호소법 등이 있다.

정답해설 Buying Signal이 분명치 않을 수 있고 Buying Signal을 놓칠 경우 고객이 다른 결정을 내릴 수도 있으므로 고객의 동의를 얻고 재차 확인하는 등의 상담종결 화법을 이용해 능숙하게 감지 · 판단할 수 있도록 경험을 쌓아야 한다.

개념 짚어 보기

상담종결의 화법

- **추정승낙법** : 고객에게 긍정적인 표현이 나올 경우 승낙으로 기정사실화시켜 자료준비를 약속하며 구매를 확정하도록 한다.
- **실행촉진법** : 긍정적인 답변은 하지 않으나 부정적인 반응도 없을 경우 상품의 구매를 기정사실화시켜 감사의 뜻을 표시한다.
- **양자택일법** : 고객의 결정이 늦어질 경우 둘 중 하나를 선택하게 함으로써 구매를 기정사실화한다.
- **'기회이익의 상실은 손해' 화법** : 금리, 주가, 환율 등의 변동으로 수익률에 차이가 있을 수 있다는 점, 특판상품의 경우 현 시점의 혜택이 사라질 수 있다는 점 등을 환기시킨다.
- **사진 제시** : 다른 고객과의 계약 성사 후 찍은 사진 등을 보여주면서 그 고객이 얼마나 만족하고 있는지 언급한다.
- **호소** : 고객이 구입을 망설일 경우 본인의 사기진작과 실적 등을 언급하며 구입을 부탁한다.
- **가입조건 문의법** : 결정을 망설이는 고객에게 가입조건을 물어보면서 가입을 요청한다.

[개념 확인 문제 정답] 01 ① 02 ② **[실전 확인 문제 정답]** ①

5 고객관리(1) – 관계마케팅

개념 확인 문제

01 고객욕구의 다양화와 차별화, 업무경쟁의 가열, ( ) 등으로 인해 고객관리의 필요성이 증대되고 있다.

① 시장의 성장둔화 ② 시장의 고도성장

02 관계마케팅이란 ( )과의 관계관리를 통해 고객만족을 극대화하는 것만이 사업의 지속 및 발전을 이룰 수 있고 지속적인 관계를 통해 서로 Win-win 할 수 있도록 하는 관점의 마케팅 전략이다.

① 기존고객 ② 신규고객

03 효과적이고 지속적인 고객관계 관리로 고객유지율의 증대, 고객이탈률 감소, ( ), 고객을 통한 무료광고, 마케팅 비용의 감소 등의 혜택을 볼 수 있다.

① 예탁자산의 감소 ② 예탁자산의 증대

실전 확인 문제

▶ 다음 중 고객의 새로운 패러다임인 관계마케팅의 특징에 대한 설명으로 옳지 않은 것은?

① 기존고객 유지에서 신규고객 획득으로
② 판매중심에서 고객과의 관계형성으로
③ 시장점유율에서 고객점유율로
④ 제품차별화에서 고객차별화로

정답해설 관계마케팅이란 고객 등 이해관계자와의 강한 유대관계 형성과 이를 유지해가며 발전시키는 마케팅활동으로, 신규고객 유치보다는 기존고객 유지 발전에 맞춘 경영전략을 의미한다.

개념 짚어 보기

관계마케팅의 특징

- 신규고객 유치에서 기존고객 유지전략으로
- 단기적 고객유인과 판매중심에서 장기적 관계형성전략으로
- 판매촉진 중심에서 고객서비스 중심으로
- 시장점유율에서 고객점유율 중심전략으로
- 제품차별화에서 고객차별화 중심전략으로
- 자동화에서 정보화 중심전략으로

[개념 확인 문제 정답] 01 ① 02 ① 03 ② [실전 확인 문제 정답] ①

6 고객관리(2) – 고객관리전략

개념 확인 문제

01 **핵심 금융서비스는 금융기관이 고객과의 투자상담 시 반드시 제공해야 하는 필수 서비스로, 금융투자분석 및 투자전략 제안, (　　　), 금융 · 투자관리 등의 컨설팅서비스와 금융내역 및 관리서비스로 구분된다.**

① 금융 · 투자정보 제공　　　② 금융투자보고서 작성

02 **고객과의 관계 제고서비스는 고객과 금융기관 간에 장기적인 인간적 · 사회적 관계를 맺고자 하는 점에 주안점을 두고 있으며 이에 대해 고려해야 할 원칙으로는 개별적일 것, (　　　), 도움이 될 것이 있다.**

① 주기적일 것　　　② 체계적일 것

실전 확인 문제

▶ **고객의 등급 · 발전단계별 고객관리에 대한 설명으로 맞는 것은?**

① 고객은 발전단계별로 최초고객 → 충성고객 → 재연장고객 → 단골고객의 단계를 거친다.

② 해당 금융기관에서 고객에게 차별화된 서비스를 제공하는 과정으로 우수고객은 일반고객에 비해 더 많은 서비스를 제공받으며 제공 정도에서도 차이를 보인다.

③ 최초고객에 대한 서비스가 중요한 이유는 고객의 금융투자상품에 대한 추가가입을 유도해야 하기 때문이다.

④ 재연장 고객은 자동연장하는 경우가 많으므로 재연장 고객관리보다는 최초고객의 가입 유도가 중요하다.

정답해설 ① 고객은 발전단계별로 최초고객 → 재연장고객(최초만기) → 단골고객 → 충성고객의 단계를 거친다.
③ 최초고객에 대한 서비스가 중요한 이유는 고객의 금융투자상품에 대한 충성도를 높여줘야 하기 때문이다.
④ 재연장 고객은 최초 거래 후 처음으로 고객이 공식적인 의사표시를 하는 시점이므로 다른 만기고객에 비해 특별히 신경을 써야 한다.

개념 짚어 보기

고객의 발전단계별 서비스

- **최초고객** : 해당 금융기관과 처음 거래를 하는 고객으로 거래 지속 여부를 판단하게 되므로 고객의 상품에 대한 충성도를 높이고 신속한 시일 내에 고객과 친밀하고 신뢰할 수 있는 관계를 형성하도록 한다.
- **재연장 대상 고객(최초 만기도래 고객)** : 처음으로 고객의 만족수준을 파악하고, 금융기관 및 직원의 서비스의 대한 결과를 공식적으로 확인하는 단계이다.
- **단골고객** : 재연장을 한 고객은 회사 및 상품에 어느 정도 만족을 하고 있는 단계로, 고객의 구전을 통한 무료광고효과를 볼 수 있다.
- **충성고객** : 몇 번의 거래연장을 거쳐 단골고객이 되는데 회사나 상품에 대한 이야기가 나오면 적극적으로 호평을 하며 타 고객을 유치할 수준에 도달한 적극적인 고객이다.

[개념 확인 문제 정답] 01 ① 02 ① [실전 확인 문제 정답] ②

7 고객관리(3) – 고객응대

개념 확인 문제

01 고객에게 전화를 거는 경우 전화 거는 요령에 따라 초면인사 후 (   )을 말하고, 일정약속을 잡도록 한다.

① 전화목적　　　　② 소속과 이름

02 회사로 걸려오는 전화의 대부분은 (   )인 경우가 많으므로 항상 친절하게 응대하며 성명과 연락처를 기록해두어 필요한 조치를 취하고 향후 기초적인 판매정보로 활용하는 것이 좋다.

① 예상고객 또는 잠재고객　　　　② 내부직원

실전 확인 문제

▶ 다음 중 고객응대 시 유의할 사항이 아닌 것은?

① 상대방을 만나지 못한 상태에서 전화로 처음 대화할 경우에는 5단계에 따라 통화한다.
② 전화는 벨이 3번 이상 울리기 전에 받아야 한다.
③ 회사지향적인 사고와 행동으로 전문적인 느낌을 줄 수 있어야 한다.
④ 표준어를 사용하고 전문용어나 외래어의 과도한 사용을 자제한다.

정답해설 고객지향적인 사고와 행동으로 고객을 지원하는 자세가 고객에게 전달되어야 하며, 전문적인 느낌을 줄 수 있어야 한다.

① 상면없이 처음으로 전화를 거는 경우에는 초면인사 → 자기소개 → 전화목적 설명 → 일정약속 → 전화클로징의 5단계에 따라 통화한다. 상면 후 전화를 걸 경우에는 자기소개 → 인사말 → 전화목적 설명 → 전화클로징의 4단계에 따라 통화한다.
② 전화는 3번이 울리기 전에 받고, 걸려오는 전화는 대부분 고객, 잠재고객 및 관계회사 직원임을 의식할 필요가 있다.
④ 고객을 존중하는 마음을 가지고 겸손한 자세로 대하면서 전문용어의 과도한 사용을 자제하고 상대방이 잘 이해할 수 있도록 설명할 수 있도록 한다.

개념 짚어 보기

고객응대 시 유의사항

- 고객이 편안하게 느껴야 하며, 고객을 대할 때 친절해야 한다.
- 고객을 지원하는 자세가 고객에게 전달되어야 하며, 전문적인 느낌을 줄 수 있어야 한다.
- 정중함을 유지하되, 고객이 불만을 표시하는 경우 더욱 정중하고 감사하는 마음으로 대한다.
- 고객지향적인 사고와 행동으로 적극적이면서도 긍정적인 느낌을 주어야 한다.
- 고객과의 약속은 반드시 지켜야 한다.

[개념 확인 문제 정답] 01 ② 02 ① [실전 확인 문제 정답] ③

핵심플러스

OX 문제

01 고객과의 관계마케팅은 신규고객 확보에 초점을 맞춘 경영전략으로 고객관계 관리를 통해 예탁자산을 증대시킬 수 있다. ( )

02 고객과의 관계형성 단계에서 가장 필요한 핵심기술은 고객의 거절 극복과 고객과의 신뢰구축이다. ( )

03 개방형 질문을 해도 고객이 반응이 없거나 새로운 화제로 바꾸어서 대화의 흐름을 상담사가 원하는 방향으로 리드하고 싶을 때에는 확대형 질문을 사용하는 것이 적절하다. ( )

04 고객의 반감은 상담이나 상품에 대한 무관심의 표현이며 거래 거절의 표시이므로 재차 질문하거나 상담을 이어가려고 하지 않은 것이 좋다. ( )

05 Needs란 현재 상담고객이 가진 문제와 상담사가 고객에게 권유하고자 하는 투자목표와의 차이를 말한다. ( )

06 Buying Signal은 고객이 구매결정의사를 표현하는 것으로서 상담사는 상담 중에 고객이 나타내는 말투, 몸짓, 미세한 표정 등을 놓치지 않고 포착하는 것이 중요하다. ( )

07 효과적인 고객동의 확보기술로는 직설동의 요구법, T－방법, 부메랑법, 결과탐구법 등이 있다. ( )

08 관계제고 서비스는 비금전적인 서비스의 일환으로 고객과 장기적으로 좋은 관계를 형성하는 데 어떻게 서비스를 제공할 것인가가 중요하며 집단적 혹은 통합적이여야 하며, 고객에게 도움이 되고 주기적으로 서비스가 제공되어야 한다. ( )

09 관계마케팅에서는 고객차별화보다는 고객점유율에 더 중점을 둔다. ( )

10 고객관계 관리를 통해 고객유지율은 증대되고 고객이탈률은 감소한다. ( )

해설

01 고객과의 관계마케팅은 기존고객과의 지속적인 관계증진과 신규고객 확보에 중점을 두는 한계점을 극복한 마케팅으로, 기존 고객과의 관계를 효과적으로 발전시킴으로써 고객의 조직에 대한 신뢰도를 높여 고객유지율이 증대되고 고객이탈율은 감소하는 효과를 얻기 위한 것이다.

02 고객과의 관계형성 요소는 첫인상, 고객과의 신뢰구축, 고객의 무관심 극복이다.

04 반감은 또 하나의 세일즈 찬스이며 고객의 관심의 표현이자 더 많은 정보에 대한 요구이다.

05 Needs란 현재 고객이 가진 문제 또는 현재 고객이 처한 상태와 시간의 흐름 속에 바라는 상태와의 차이를 말한다.

07 효과적인 고객동의 확보기술에는 직설동의 요구법, 이점 요약법, T－방법(대차대조법), 결과탐구법 등이 있다. 부메랑법은 Yes, But법처럼 고객의 주장을 받아들이면서도 고객이 거절한 내용을 활용하여 반전을 노리는 방법으로 고객의 반감처리 화법에 사용된다.

08 관계제고 서비스는 개별적이여야 한다. 고객은 다수로부터 차별화되고 개성적인 사람으로서 대접받고 싶어한다. 고객에게 자필로 연하장을 쓰거나 생일축하 카드를 보내는 것은 개별적인 관계제고 서비스의 일환이다.

09 관계마케팅에서는 고객점유율보다는 금융기관에 기여하는 기여도 및 수익성에 따라 고객을 차별적으로 관리함으로써 고객차별화에 더 중점을 둔다.

[정답] 01 × 02 × 03 ○ 04 × 05 × 06 ○ 07 × 08 × 09 × 10 ○

핵심플러스

OX 문제

11 최초 연장고객에게는 철저한 만기관리와 함께 이후 제공될 서비스 수준이나 강도를 조정하는 것이 필요하고 최초의 만기가 도래한 재연장고객에게는 고객의 만족수준을 확인하고 서비스의 결과를 확인하는 과정이 필요하다. (   )

12 불만을 표시하는 고객은 우호적인 감정을 갖도록 경청하고 절차에 따라 처리한다. (   )

13 상대방을 한 번도 만나지 못한 상황에서 전화로 처음 대화할 경우에는 자기소개 – 인사말 – 전화목적 설명 – 전화클로징의 4단계에 따라 통화한다. (   )

14 고객과 대화 시에는 전문용어나 외래어를 사용하여 최대한 전문적인 모습을 보여주는 것이 고객관계 제고에 도움이 된다. (   )

15 고객응대 시 대화내용을 정리 · 요약하는 습관을 들이며 가능하면 상대방의 직함으로 호칭하는 것이 좋다. (   )

16 고객응대 시 항상 회사지향적인 사고와 행동을 해야 한다. (   )

17 고객의 발전단계는 최초 고객 – 재연장 고객 – 단골고객 – 충성고객의 단계를 거치는데, 고객의 각 발전단계별로 고객에게 제공할 수 있는 핵심 서비스를 제공하는 것이 중요하다. (   )

18 최초 고객에 대한 서비스는 절차와 내용면에서 있어서 다른 발전단계의 고객보다 중요하다. (   )

19 고객과의 상담 시 고객이 필요로 하는 상품 및 서비스에 대해 우선순위를 두어 그 상품에 대해 중점적으로 설명한다. (   )

20 성공적으로 고객의 동의를 확보하기 위해서는 긍정적인 태도를 유지하면서 회사의 전략상품 위주로 설명해야 한다. (   )

해설

12 고객이 반감을 표시할 경우에는 절차에 따라 처리하기보다는 상황에 따라 응대해야 한다. 고객과 논쟁하지 말고 진지하게 경청하며 자신감을 갖고 상품의 특성과 장점을 강조한다.

13 상면없이 전화로 처음 대화할 경우에는 초면인사 – 자기소개 – 전화목적 설명 – 일정약속 – 전화클로징의 5단계로 통화한다.

14 고객이 잘 알아들을 수 있도록 표준어를 사용하도록 하고, 전문용어나 외래어의 과도한 사용은 자제해야 한다.

16 고객응대 시 항상 고객지향적인 사고와 행동을 해야 한다.

20 회사의 전략상품보다는 고객이 관심있어 하는 상품 또는 고객이 선택한 상품의 부가적인 특성과 장점을 부연설명하는 것이 바람직하다.

[정답] 11 ○ 12 X 13 X 14 X 15 ○ 16 X 17 ○ 18 ○ 19 ○ 20 X

3장 직무윤리 · 투자자분쟁예방

대표 유형 문제

준법감시인에 대한 설명 중 틀린 것은?

① 준법감시인은 이사회 및 대표이사의 지휘를 받아 그 업무를 수행한다.
② 회사는 준법감시인이 독립적으로 그 직무를 수행할 수 있도록 해야 하며 적정 임기를 보장해야 한다.
③ 준법감시인은 해당 금융투자업자의 고유재산 운용업무도 겸직한다.
④ 회사는 효율적 준법감시업무를 위해 지원조직을 갖추어 준법감시인의 직무수행을 지원해야 한다.

정답해설 해당 금융투자업자의 고유재산 운용업무는 준법감시인이 담당해서는 안 되는 직무에 해당된다.

대표 유형 문제 알아 보기

준법감시인 제도

- 금융투자업자는 내부통제기준의 준수 여부를 점검하고 내부통제기준을 위반하는 경우 이를 조사하여 감사위원회 또는 감사에게 보고하는 자(준법감시인)를 1인 이상 두어야 한다.
- **준법감시부서의 설치 및 운영(표준내부통제기준 제14조)**
  - 회사는 준법감시업무가 효율적으로 수행될 수 있도록 충분한 경험과 능력을 갖춘 적절한 수의 인력으로 구성된 지원조직인 준법감시부서를 갖추어 준법감시인의 직무수행을 지원하여야 한다.
  - 회사는 준법감시업무에 대한 자문기능의 수행을 위하여 준법감시인, 준법감시부서장, 인사담당부서장 및 변호사 등으로 구성된 준법감시위원회를 설치 · 운영할 수 있다.
  - 회사는 IT부문의 효율적인 통제를 위하여 필요하다고 인정되는 경우 준법감시부서 내에 IT분야의 전문지식이 있는 전산요원을 1인 이상 배치하여야 한다.
- **준법감시인의 중립성 보장(자본시장법 제28조)**
  - 준법감시인은 선량한 관리자의 주의로 그 직무를 수행하여야 하며, 다음의 업무를 수행하는 직무를 담당할 수 없다.
    i) 해당 금융투자업자의 고유재산의 운용업무
    ii) 해당 금융투자업자가 영위하고 있는 금융투자업 및 그 부수업무
    iii) 해당 금융투자업자가 제40조에 따라 영위하고 있는 업무
  - 금융투자업자는 준법감시인이 그 직무를 독립적으로 수행할 수 있도록 해야 한다.
  - 금융투자업자의 임직원은 준법감시인이 그 직무를 수행함에 있어서 자료나 정보의 제출을 요구하는 경우 이에 성실히 응하여야 한다.
  - 금융투자업자는 준법감시인이었던 자에 대하여 그 직무수행과 관련된 사유로 부당한 인사상의 불이익을 줄 수 없다.

[대표 유형 문제 정답] ③

대표 유형 문제

주어진 내용이 뜻하는 것을 순서대로 나열한 것은?

- 금융투자업종사자는 고객 등의 최선의 이익을 위하여 충실하게 그 업무를 수행하여야 하고, 자기 또는 제3자의 이익을 고객 등의 이익에 우선하여서는 안 된다.
- 금융투자업종사자는 고객 등의 업무를 수행함에 있어서 그 때마다의 구체적인 상황에서 전문가로서의 주의를 기울여야 한다.

① 충실의무, 주의의무
② 충실의무, 이익상충의 금지
③ 주의의무, 자기거래의 금지
④ 이익상충의 금지, 적합성의 원칙

정답해설 주어진 내용은 직무윤리기준 '신임관계 및 신임의무' 중 가장 핵심을 이루는 충실의무와 주의의무에 대한 내용이다.

대표 유형 문제 알아 보기

고객에 대한 의무

- 기본적 의무
  - 충실의무
  - 주의의무
- 고객과의 이익상충 금지
  - 이익상충의 금지
  - 투자자이익 우선의 원칙
  - 자기거래의 금지
- 투자목적 등에 적합하여야 할 의무
  - Know－Your－Customer－Rule
  - 적합성의 원칙
  - 적정성의 원칙
- 설명의무
- 합리적 근거의 제공 및 적정한 표시의무
  - 객관적 근거에 기초하여야 할 의무
  - 사실과 의견의 구분 의무
  - 중요 사실에 대한 정확한 표시의무
  - 투자성과보장 등에 관한 표현의 금지
- 허위 · 과장 · 부실표시의 금지
  - 기대성과 등에 대한 허위표시 금지
  - 업무내용 및 인적사항 등에 대한 부실표시 금지
- 공정한 업무수행을 저해할 우려가 있는 사항에 관한 주지 의무
- 재위임의 금지
- 고객의 합리적 지시에 따를 의무
- 요청하지 않은 투자권유의 금지
- 보고 및 기록의무
  - 처리결과의 보고의무
  - 기록 및 증거유지 의무
- 고객정보 누설 및 부당이용금지
- 부당한 금품수수의 금지
- 모든 고객을 평등하게 취급할 의무
- 고객의 민원 · 고충처리

[대표 유형 문제 정답] ①

1 윤리경영과 직무윤리

개념 확인 문제

01 (　　　)는 공정하고 자유로운 경쟁의 전제조건이 된다.

① 기업윤리　　　② 인사관리

02 (　　　)은 생산자가 특정 재화를 생산할 때, 그 과정에서 생산자를 포함한 사회 전체가 부담하게 되는 비용을 의미한다.

① 생산적 비용　　　② 사회적 비용

실전 확인 문제

01 직무윤리가 강조되는 이유로 적절하지 않은 것은?

① 비윤리적인 행동은 더 큰 사회적 비용을 가져온다.
② 기업이 높은 수준의 윤리성을 유지하면 결과적으로 이득이 된다.
③ 직무윤리는 '대리인문제'가 발생했을 때 그것을 해결하는 유용한 수단이 된다.
④ 직무윤리는 자발성 내지 자율성이라는 장점을 지니며 법규의 결함을 보완한다.

정답해설 직무윤리는 '대리인문제'를 사전에 예방하는 유용한 수단이 된다.

02 금융투자산업에서의 직무윤리가 강조되는 이유에 대한 설명 중 틀린 것은?

① 자본시장의 공정성 · 신뢰성 · 효율성을 확보하기 위해 필요하다.
② 외부의 부당한 요구로부터 금융투자업종사자를 지켜주는 안전판이 된다.
③ 사회책임투자가 하나의 경향으로 자리잡아가는 데에 따라 성과측정 구축 여부를 평가하기 때문이다.
④ 실물의 사용가치가 없고 불특정 다수의 비대면거래이기 때문에 불공정 가능성의 규제가 필요하다.

정답해설 사회책임투자가 하나의 경향으로 자리잡아가는 데에 따라 내부통제시스템과 윤리경영시스템 구축 여부를 평가하기 때문이다.

개념 짚어 보기

사회책임투자

투자자의 투자원칙에 가치 및 윤리신념을 적용하여 실행하는 것을 말한다. 비도덕적으로 경영하고 환경을 파괴하는 기업에는 투자하지 않고 도덕적이고 환경친화적 기업에만 투자하며 기업의 변화를 이끌어낸다. 선진 자본시장에는 사회책임투자(Social Responsibility Investment)를 이르는 SRI펀드가 보편화되어 있다.

[개념 확인 문제 정답] 01 ① 02 ② [실전 확인 문제 정답] 01 ③ 02 ③

2 직무윤리의 기초사상과 국내외 동향

개념 확인 문제

01 ( )은/는 경제활동의 윤리적 환경과 조건을 각 나라마다 표준화하려는 국제적 협상이다.

① 경제윤리협상 ② 윤리 라운드

02 ( )는 국가별 부패인식지수인 부패지수를 매년 발표하는 국제적 부패감시 민간단체이다.

① 국제투명성기구 ② 국제윤리기구

실전 확인 문제

01 윤리강령의 국제적 · 국내적 환경에 대한 내용 중 틀린 것은?

① WTO와 OECD 등의 세계 무역기구는 'New Round'로 국제무역을 규제한다.
② OECD는 2000년에 '국제 공통의 기업윤리강령'을 발표했다.
③ 윤리 라운드는 윤리강령을 실천하는 기업의 제품과 서비스만을 국제거래대상으로 삼자는 것이다.
④ 국내의 경우 관련법이 정립되지 않아 윤리수준이 낮게 평가되고 있다.

정답해설 국내에서도 2003년 부패방지법과 부패방지위원회(현 국민권익위원회)를 출범하였고, 공직자윤리강령을 제정하였다.

02 직무윤리의 적용대상에 대한 설명으로 적절하지 못한 것은?

① 실질적 관련 업무 종사자를 대상으로 하며, 간접적으로 관련되어 있는 자는 제외한다.
② 적용대상을 판단할 때 회사와의 위임계약관계 또는 고용계약관계 및 보수의 유무를 불문한다.
③ 적용대상을 판단할 때 고객과의 법률적 계약관계 및 보수의 존부를 불문한다.
④ 직무행위는 직접 또는 간접으로 관련된 일체의 직무행위를 포함한다.

정답해설 직무윤리는 직접 또는 간접적으로 관련되어 있는 자를 포함한다.

개념 짚어 보기

직무윤리의 사상적 배경

- 루터(소명적 직업관) : 세상의 직업을 '소명'으로 인식
- 칼뱅(금욕적 생활윤리) : 초기 자본주의 발전의 정신적 토대가 된 직업윤리 강조
- 베버(프로테스탄티즘의 윤리와 자본주의 정신) : 서구 문화의 속성인 합리성 · 체계성 · 조직성 · 합법성은 세속적 금욕생활과 직업윤리에 의해 형성

[개념 확인 문제 정답] 01 ② 02 ① [실전 확인 문제 정답] 01 ④ 02 ①

3 신의성실의무와 전문지식 배양의무

개념 확인 문제

01 신의성실의무에 대한 내용은 (   )에서 다루고 있다.

① 상법과 자산운용법　　　② 민법과 자본시장법

02 (   )는 금융투자업종사자가 항상 담당 직무에 관한 이론과 실무를 숙지하고 그 직무에 요구되는 전문능력을 유지하고 향상시켜야 함을 강조한다.

① 신의성실의무　　　② 전문지식 배양의무

실전 확인 문제

▶ 자본시장법상 신의성실의무에 대한 설명으로 옳은 것은?

① 자본시장법에서 신의성실의무는 윤리적 의무일뿐 법적 의무로 볼 수 없다.
② 신의성실의 원칙 위반은 강행법규에 대한 위반이 아니므로 법원이 직권으로 위반 여부를 판단할 수 없다.
③ 법규에 대한 형식적 적용으로 인해 발생하는 불합리를 시정할 수 있다.
④ 권리의 행사가 신의성실의 원칙에 반하는 경우라도 권리 남용으로 인정되지 않는다.

정답해설 신의성실의 원칙을 적용하여 법의 형식적 적용을 통한 불합리에 대해 타당성 있게 시정하는 것이 가능하다.
① 자본시장법에서 신의성실의무는 법적 의무와 윤리적 의무의 측면이 중첩되어 있다.
② 신의칙 위반이 법원에서 다투어지는 경우, 이는 강행법규에 대한 위반이기 때문에 당사자가 주장하지 않더라도 법원은 직권으로 신의칙 위반 여부를 판단할 수 있다(대판 1995. 12. 22, 94다42129).
④ 권리의 행사가 신의성실의 원칙에 반하는 경우 권리의 남용이 되어 권리행사로서의 법률효과가 인정되지 않는다.

개념 짚어 보기

관련 법령 및 판례

- 민법 제2조(신의성실)
  - 권리의 행사와 의무의 이행은 신의에 좇아 성실히 하여야 한다.
  - 권리는 남용하지 못한다.
- 대법원 1995.12.22, 선고, 94다42129, 판결
  - 판시사항 : 신의성실의 원칙 위배 또는 권리남용이 직권조사사항인지 여부
  - 판결요지 : 신의성실의 원칙에 반하는 것 또는 권리남용은 강행규정에 위배되는 것이므로 당사자의 주장이 없더라도 법원은 직권으로 판단할 수 있다.

[개념 확인 문제 정답] 01 ② 02 ② [실전 확인 문제 정답] ③

4 공정성 및 독립성 유지의무

개념 확인 문제

01 (　　　)는 다양한 이해관계의 상충 속에서 특정한 방향으로 치우치지 않고 투자자 보호를 위해 공정한 판단을 내려야 함을 강조한다.

① 공정성 유지의무　　② 균형성 유지의무

02 (　　　)는 자기 또는 제3자의 이해관계에 영향을 받지 않고, 객관성 유지를 위해 합리적 주의를 기울여 업무를 수행해야 함을 뜻한다.

① 부당지시 금지의무　　② 독립성 유지의무

실전 확인 문제

▶ 다음 중 금융투자업종사자의 독립성 유지의무에 해당하지 않는 내용은?

① 금융투자회사는 금융투자분석사에게 부당한 압력을 행사해서는 안 된다.
② 금융투자회사는 금융투자분석사가 조사분석업무를 독립적으로 수행할 수 있도록 내부통제기준을 제정하여야 한다.
③ 금융투자회사는 조사분석자료를 공표하기 전에 내부기준에 따른 승인절차를 거치지 않고 제3자에게 조사분석자료를 제공해서는 안 된다.
④ 조사분석 담당부서와 기업금융 관련부서 간의 자료교환은 어떠한 경우에도 허용되지 않는다.

정답해설 준법감시부서를 통해 자료교환이 가능하다.
①, ②, ③은 금융투자회사의 영업규정 제2－28조(조사분석의 독립성 확보)의 내용이다.
④ 금융투자분석사가 기업금융업무 관련부서와 협의하고자 하는 경우 다음 조건을 충족시켜야 한다.
- 조사분석 담당부서와 기업금융 관련부서 간의 자료교환은 준법감시부서를 통하여 할 것
- 양 부서 간 협의는 준법감시부서 직원의 입회하에 이루어져야 하며, 주요 내용은 서면으로 기록 · 유지되어야 함

개념 짚어 보기

조사분석의 독립성 확보(금융투자회사의 영업규정 제2－28조)

- 5항 : 금융투자회사는 조사분석 담당부서의 임원이 기업금융 · 법인영업 및 고유계정 운용업무를 겸직하도록 하여서는 안 된다. 다만, 임원수의 제한 등으로 겸직이 불가피하다고 인정되는 경우는 예외로 한다.
- 6항 : 준법감시인(준법감시인이 없는 경우에는 감사 등 이에 준하는 자)은 조사분석 담당부서와 기업금융업무 관련부서 간의 회의 내용의 적정성을 조사하고 회의 내용이 협회의 정관 및 규정, 관계법규 등에 위반된 경우 필요한 조치를 취하여야 한다.

[개념 확인 문제 정답] 01 ① 02 ② [실전 확인 문제 정답] ④

5 법규 등 준수의무와 소속회사 등의 지도 · 지원 의무

개념 확인 문제

01 (　　　)은 금융투자회사의 임직원이 법령을 준수하고 자산을 건전하게 운용하며 투자자를 보호하기 위하여 준수하여야 할 적절한 기준과 절차를 정한 것이다.

① 표준내부통제기준　　② 자본시장법 시행령

02 (　　　)은 타인을 사용하여 어느 사무에 종사하게 한 자는 피용자가 그 사무집행에 관하여 제3자에게 가한 손해를 배상할 책임이 있음을 뜻한다.

① 고용책임　　② 사용자책임

실전 확인 문제

01 직무윤리 중 법규 준수의무에 대한 설명이 틀린 것은?

① 직무 관련 법규에 대한 지식 없이 행한 위반행위 역시 관련 당사자에 대해 구속력을 갖는다.
② 금융투자협회의 '표준내부통제기준'은 그 자체로도 구속력을 갖는다.
③ 해외에서 직무를 수행하는 경우에는 관할구역에 적용되는 법규를 준수한다.
④ 직무윤리에서의 법규는 자본시장법과 인접분야의 법령 및 관련 기관이 만든 규정을 포함한다.

정답해설 표준내부통제기준은 그 자체로는 구속력이 없는 지침이다.

02 직무윤리 중 소속회사의 지도의무에 대한 설명이 틀린 것은?

① 투자권유대행인은 개인사업자이기 때문에 민법의 사용자책임 규정이 적용되지 않는다.
② 지도와 지원에 대한 책임은 법인 및 단체의 업무집행권한을 보유하는 대표자에게 있다.
③ 사용자가 사용자 책임에 따라 배상을 한 때에는 불법행위를 한 피용자에 대해 구상권을 행사할 수 있다.
④ 금융위가 금융투자업자의 임직원에 대해 조치할 때, 임직원을 관리 · 감독한 임직원도 조치할 수 있다.

정답해설 투자권유대행인은 개인사업자로 회사의 피용자는 아니지만, 투자자에게 손해를 끼친 경우 투자자 보호를 강화하기 위해 민법의 사용자책임 규정을 준용한다.

개념 짚어 보기

임직원에 대한 조치(자본시장법 제422조 제3항)

금융위원회는 금융투자업자의 임직원에 대하여 조치를 하거나 이를 요구하는 경우 그 임직원에 대하여 관리 · 감독의 책임이 있는 임직원에 대한 조치를 함께 하거나 이를 요구할 수 있다. 다만, 관리 · 감독의 책임이 있는 자가 그 임직원의 관리 · 감독에 상당한 주의를 다한 경우에는 조치를 감면할 수 있다.

[개념 확인 문제 정답] 01 ①　02 ②　[실전 확인 문제 정답] 01 ②　02 ①

6 신임관계 및 신임의무

개념 확인 문제

01 (　　　)는 위임자로부터 신임을 받은 수임자는 위임자에 대해 진실로 충실하고, 직업적 전문가로서 충분한 주의를 가지고 업무를 처리해야 함을 의미한다.

① 신임의무　　② 성실의무

02 (　　　)는 고객의 최선의 이익을 위해 충실하게 그 업무를 수행해야 하고 자기 또는 제3자의 이익을 고객의 이익에 우선할 수 없음을 의미하며, (　　　)는 고객의 업무를 수행할 때마다의 전문가로서의 주의를 기울여야 함을 의미한다.

① 충실의무, 주의의무　　② 주의의무, 충실의무

실전 확인 문제

▶ 충실의무와 주의의무에 대한 내용 중 틀린 것은?

① 금융투자업종사자가 전문가로서의 주의의무를 다하지 못한 경우라도 법적 책임을 지지 않는다.
② 주의의무에서는 일반적인 수준 이상, 즉 전문가 집단에 요구되는 정도 및 수준의 주의가 요구된다.
③ 금융투자업자는 금융기관의 공공성으로 인하여 일반 주식회사에 비하여 더욱 높은 수준의 주의의무를 요한다.
④ 충실의무에서 말하는 '최선의 이익'은 적극적으로 고객의 이익을 위하여 실현가능한 최대한의 이익을 추구하여야 한다는 것을 말한다.

정답해설 금융투자업종사자가 고의 또는 과실에 기하여 전문가로서의 주의의무를 다하여 업무를 집행하지 않은 경우, 수임인은 위임인에 대한 의무 위반을 이유로 한 채무불이행책임과 불법행위책임 등과 같은 법적 책임을 지게 된다.

개념 짚어 보기

영미법상의 충실의무

- 수임자는 위임자의 재산을 이용하여 자기 또는 제3자의 이익을 도모해서는 안 된다.
- 수임자는 특별한 경우를 제외하고 자신이 수익자의 거래 상대방이 되어서는 안 된다.
- 수임자는 직무를 통하여 위임자에 관하여 알게 된 정보에 대하여 비밀을 유지해야 한다.
- 수임자는 수익자의 이익과 경합하거나 상충되는 행동을 해서는 안 된다.

[개념 확인 문제 정답] 01 ① 02 ① [실전 확인 문제 정답] ①

7 고객과의 이해상충 금지

개념 확인 문제

01 (　　　)은 회사의 중요 정보가 정당한 접근 권한이 없는 곳으로 유출되는 것을 차단하기 위하여 사용하는 시스템이다.

① chinese wall　　　② tariff wall

02 이해상충 발생의 예로 영업실적을 올리기 위해 과도하고 빈번하게 거래하는 (　　　)를 들 수 있다.

① 과당매매　　　② 불공정매매

실전 확인 문제

01 직무윤리 중 고객과의 이해상충 금지 항목에 대한 설명이 적절하지 못한 것은?

① 조사분석자료의 제공에 관해서는 이해상충 금지가 적용되지 않는다.
② 금융투자업자는 이해상충 발생 가능성이 인정되는 경우 그 사실을 미리 투자자에게 알려야 한다.
③ 이해상충이 발생할 가능성을 낮추는 것이 곤란하다고 판단되는 경우 매매, 그 밖의 거래를 해서는 안 된다.
④ 정보차단벽 위의 임직원은 비밀정보를 보유하지 않은 경우에도 이를 알고 있는 것으로 간주하여야 한다.

정답해설 조사분석자료의 제공과 관련해서도 이해상충 금지가 적용된다. 금융투자협회의 영업규정에서는 자신이 발생하였거나 관련되어 있는 대상에 대한 조사분석자료의 공표와 제공을 원칙적으로 금지하고 있다.

02 고객과의 이해상충이 발생하는 과당매매를 판단하는 기준이 될 수 없는 것은?

① 일반투자자의 수익률
② 일반투자자가 부담하는 수수료 총액
③ 일반투자자의 재산상태 및 투자목적에 적합한지 여부
④ 일반투자자의 경험에 비추어 거래에 수반되는 위험을 잘 이해하고 있는지 여부

정답해설 일반투자자의 수익률만으로 과당매매를 판단할 수 없다.

개념 짚어 보기

정보교류의 차단(자본시장법 제45조)

금융투자업자는 영위하는 금융투자업 간에 이해상충이 발생할 가능성이 큰 경우로서 다음의 행위를 할 수 없다.

- 금융투자상품의 매매에 관한 정보, 그 밖에 대통령령으로 정하는 정보를 제공하는 행위
- 임원 및 직원을 겸직하게 하는 행위
- 사무공간 또는 전산설비를 대통령령으로 정하는 방법으로 공동으로 이용하는 행위
- 그 밖에 이해상충이 발생할 가능성이 있는 행위로서 대통령령으로 정하는 행위

[개념 확인 문제 정답] 01 ① 02 ① [실전 확인 문제 정답] 01 ① 02 ①

8 투자목적 등에 적합하여야 할 의무

개념 확인 문제

01 (　　　)은 고객에게 투자권유를 하기 위해 고객의 재무상황, 투자경험, 투자목적 등을 파악해야 하는 의무를 의미한다.

① Know−Your−Customer−Rule　　② Suitability Rule

02 적합성의 원칙은 투자권유 등이 고객의 (　　　)에 적합해야 한다는 내용이다.

① 투자목적　　② 투자규모

실전 확인 문제

▶ **다음 적정성의 원칙에 대한 설명으로 잘못된 것은?**

① 일반투자자를 대상으로 하는 장외파생상품을 신규로 취급하는 경우 금융투자협회의 사전심의를 받는다.

② 장내파생상품의 매매 상대방이 일반투자자인 경우에는 그 일반투자자가 위험회피 목적의 거래를 하는 경우에 한한다.

③ 영업용순자본이 총위험액의 2배에 미달하는 경우 그 미달상태가 해소될 때까지 새로운 장외파생상품의 매매를 중지한다.

④ 자본시장법에서는 일반투자자를 상대로 파생상품을 판매하는 경우 적합성의 원칙이나 설명의무의 이행에 추가하여 적정성의 원칙을 도입하고 있다.

정답해설 일반투자자의 거래를 위험회피 목적으로 한하는 경우는 장외파생상품일 때이다. 자본시장법은 장외파생상품의 투자자 보호를 위해 적극적으로 규제하고 있다.

개념 짚어 보기

Know−Your−Customer−Rule

- 고객이 일반투자자인지 전문투자자인지 우선 확인해야 한다.
- 일반투자자에게 투자권유를 하기 전에 면담 · 질문을 통해서 투자자의 투자목적 · 재산상황 및 투자경험 등의 정보를 파악한다.
- 일반투자자로부터 서명, 기명날인, 녹취 그 밖에 전자우편, 전자통신, 우편, 전화자동응답시스템의 방법으로 확인받아 이를 유지 · 관리한다.
- 확인받은 내용을 투자자에게 지체 없이 제공하여야 한다.

[개념 확인 문제 정답] 01 ① 02 ① [실전 확인 문제 정답] ②

9 설명의무

개념 확인 문제

01 자본시장법상 설명의무와 관련된 제도는 (   )에 대해서만 적용된다.

① 전문투자자 ② 일반투자자

02 (   )는 고객이 투자를 결정하는 데에 필요한 충분한 정보를 가지고 투자에 임하는 것을 말한다.

① Informed Investment ② Investment Wants

실전 확인 문제

▶ 금융투자업자의 일반투자자에 대한 설명의무 중 틀린 것은?

① 설명의무 위반으로 인하여 발생한 손해를 배상할 책임이 있다.

② 손해액은 금융투자상품의 취득으로 인하여 일반투자자가 지급하였거나 지급하여야 할 금전 등의 총액의 2배로 산정한다.

③ 금융투자상품의 내용, 투자에 따르는 위험, 그 밖에 대통령령으로 정하는 사항을 투자자가 이해할 수 있도록 설명해야 한다.

④ 투자자의 합리적인 투자판단 또는 해당 금융투자상품의 가치에 중대한 영향을 미칠 수 있는 사항을 거짓으로 설명하거나 중요사항을 누락해서는 안 된다.

정답해설 손해액 추정
손해추정액=(금융투자상품의 취득으로 인하여 일반투자자가 지급하였거나 지급하여야 할 금전 등의 총액)−(그 금융투자상품의 처분, 그 밖의 방법으로 그 일반투자자가 회수하였거나 회수할 수 있는 금전 등의 총액)

개념 짚어 보기

표준투자권유준칙상의 집합투자증권에 대한 설명의무 특칙

해외자산에 투자하는 집합투자기구의 집합투자증권 투자권유 시 다음 사항을 설명 내용에 포함시켜야 한다.

- 투자대상 국가 또는 지역의 경제 여건 및 시장현황에 따른 위험
- 집합투자기구 투자에 따른 일반적 위험 외에 환율변동 위험, 해당 집합투자기구의 환위험 헤지 여부 및 목표 환위험 헤지 비율
- 환위험 헤지가 모든 환율변동 위험을 제거하지는 못하며, 투자자가 직접 환위험 헤지를 하는 경우 시장상황에 따라 헤지 비율 미조정 시 손실이 발생할 수 있다는 사실
- 모자형 집합투자기구의 경우 투자자의 요청에 따라 환위험 헤지를 하는 자펀드와 환위험 헤지를 하지 않는 자펀드 간의 판매비율 조절을 통하여 환위험 헤지 비율을 달리하여 판매할 수 있다는 사실

[개념 확인 문제 정답] 01 ② 02 ① [실전 확인 문제 정답] ②

10 적정한 표시의무 등

개념 확인 문제

01 고객의 의사결정에 중대한 영향을 미칠 수 있는 정보를 제공할 때에는 정보의 (　　　)를 밝혀야 한다.

① 활용성과　　② 출처

02 금융투자회사는 자신이 보증 등으로 채무이행을 보장하는 법인이 발행한 금융투자상품과 주식을 기초자산으로 하는 주식에 대한 조사분석자료를 공표할 경우, (　　　)를 명시해야 한다.

① 이해관계　　② 법인정보

실전 확인 문제

01 합리적 근거의 제공 및 적정한 표시의무에 대한 설명 중 틀린 것은?

① 중요한 사실에 대해서는 모두 정확하게 표시해야 한다.
② 투자성과를 보장하는 듯한 표현을 사용하여서는 안 된다.
③ 투자정보를 제시할 때에는 사실만을 제시해야 하고 의견은 제시해서는 안 된다.
④ 정밀한 조사 · 분석에 기초한 자료에 기하고 합리적이고 충분한 근거를 가져야 한다.

정답해설 의견을 제시해서는 안 되는 것이 아니라 사실과 의견을 명확히 구별하여 제시해야 한다.(정확한 표시의무)

02 투자권유와 관련한 내용 중 틀린 것은?

① 고객의 요청이 없는 상태에서 방문 · 전화 등의 방법에 의해 투자권유를 해서는 안 된다.
② 증권과 장내파생상품의 경우에는 고객의 요청이 없어도 투자권유 하는 것이 가능하다.
③ 투자권유를 받은 투자자가 거부의사를 표시하였을 경우에는 계속 투자권유 하는 것이 불가능하다.
④ 투자자가 한 번 투자권유 거부의사를 표시하였을 경우에는 다른 종류의 상품에 대해서도 투자권유 할 수 없다.

정답해설 다른 종류의 금융투자상품에 대하여 투자권유를 하는 행위와 거부의사 표시 후, 1개월이 지나서 투자권유 하는 것은 가능하다.

개념 짚어 보기

불건전 영업행위의 금지(금융투자업규정 제4-20조 1항 5호)

신뢰할 만한 정보 · 이론 또는 논리적인 분석 · 추론 및 예측 등 적절하고 합리적인 근거를 가지고 있지 않은 상태에서 특정 금융투자상품의 매매거래나 특정한 매매전략 · 기법 또는 특정한 재산운용배분의 전략 · 기법을 채택하도록 투자자에게 권유하는 행위는 금지된다.

[개념 확인 문제 정답] 01 ② 02 ① [실전 확인 문제 정답] 01 ③ 02 ④

11 보고 · 기록의무 및 고객정보 누설 · 부당이용 금지

개념 확인 문제

01 기록을 문서로 작성하는 경우, 문서로서의 ( )을 유지하도록 해야 한다.

① 법적 효력 ② 채권적 효력

02 ( )은 금융거래정보를 임의로 누설하는 것을 원칙적으로 금지한다.

① 정보보호법 ② 금융실명법

실전 확인 문제

01 자료의 기록 유지기간이 다른 하나는?

① 자산구입 · 처분 등, 그 밖의 업무에 관한 자료
② 내부통제기준, 위험관리 등 준법감시 관련 자료
③ 주요사항보고서에 기재하여야 하는 사항에 관한 자료
④ 임원 · 대주주 · 전문인력의 자격, 이해관계자 등과의 거래내역 관련 자료

정답해설 업무에 관한 것으로 자산구입 · 처분 등, 그 밖의 업무에 관한 자료의 유지기간은 3년이고 ②, ③, ④는 5년이다.

02 금융실명법상 비밀보장의 원칙에 대한 예외사항으로 보기 어려운 것은?

① 검찰의 수사상 필요한 거래정보의 제공
② 조세에 관한 법률에 의하여 제출의무가 있는 과세자료의 제공
③ 법원의 제출명령 또는 법관이 발부한 영장에 의한 거래정보 등의 제공
④ 동일한 금융기관의 내부 또는 금융기관 상호 간에 업무상 필요한 거래정보의 제공

정답해설 법원의 제출명령이나 영장에 의한 제공은 가능하나 검찰의 수사 목적으로 제공되어서는 안 된다.

개념 짚어 보기

자료의 기록 유지기간(자본시장법 제60조 제1항)

- 영업에 관한 자료
  - 10년 : 투자권유 관련 자료, 주문기록 · 매매명세 등 투자자의 금융투자상품의 매매 · 그 밖의 거래 관련 자료, 집합투자재산 · 투자일임재산 · 신탁재산 등 투자자재산의 운용 관련 자료, 매매계좌 설정 · 약정 등 투자자와 체결한 계약 관련 자료
  - 5년 : 업무위탁 및 부수업무 관련 자료
- 재무에 관한 자료 : 10년

[개념 확인 문제 정답] 01 ① 02 ② [실전 확인 문제 정답] 01 ① 02 ①

12 부당한 금품수수의 금지

개념 확인 문제

01 조사분석자료 작성을 담당하는 자에 대하여 대통령령으로 정하는 기업금융업무와 연동된 성과보수를 지급하는 행위는 (　　　)로 보고 있다.

① 불건전 영업행위　　② 불공정 영업행위

02 (　　　)에 연동하여 보수를 받는 경우는 성과보수로 보지 않는다.

① 예탁자산규모　　② 성과규모

03 금융투자회사가 거래상대방에게 재산상 이익을 제공하거나 제공받고자 하는 경우 그 목적, 내용, 경제적 가치 등이 기재된 문서를 (　　　)에게 보고하여야 한다.

① 금융위원장　　② 준법감시인

실전 확인 문제

▶ 부당한 금품수수 금지에 관한 직무윤리 규정으로 틀린 것은?

① 3만 원 이하의 물품 또는 식사는 재산상 이익으로 보지 않는다.

② 20만 원 이하의 경조비 및 화환은 재산상 이익으로 보지 않는다.

③ 금융투자회사가 동일 상대방에게 1회당 제공할 수 있는 재산상 이익은 100만 원을 초과할 수 없다.

④ 조사분석자료의 작성을 담당하는 자에게 기업금융업무와 연동된 성과보수를 지급하는 행위는 금지된다.

정답해설 동일 거래상대방에 대한 재산상 이익의 1회 한도는 20만 원이며, 연간 100만 원을 초과할 수 없다.

재산상 이익으로 보지 않는 금품

- 금융투자상품에 대한 가치분석 · 매매정보 또는 주문의 집행 등을 위하여 자체적으로 개발한 소프트웨어 및 해당 소프트웨어의 활용에 불가피한 컴퓨터 등 전산기기
- 금융투자회사가 자체적으로 작성한 조사분석자료
- 국내에서 불특정 다수를 대상으로 하여 개최되는 세미나 또는 설명회로서 1인당 재산상 이익의 제공금액을 산정하기 곤란한 경우 그 비용

개념 짚어 보기

재산상 이익의 가치 산정(금융투자회사의 영업규정 2-64조)

- 금전의 경우 해당 금액, 물품의 경우 구입 비용
- 접대의 경우 해당 접대에 소요된 비용
- 연수 · 기업설명회 · 기업탐방 · 세미나의 경우 거래상대방에게 직접적으로 제공되었거나 제공받은 비용
- 위에 해당하지 않는 재산상 이익의 경우 해당 재산상 이익의 구입 또는 제공에 소요된 실비

[개념 확인 문제 정답] 01 ① 02 ① 03 ② [실전 확인 문제 정답] ③

13 미공개 중요정보의 이용 및 전달 금지

개념 확인 문제

01 미공개 중요정보의 이용을 규제하는 것은 (   )에 의한 불공정거래를 막기 위함이다.

① 불확실한 정보　　② 정보의 비대칭

02 (   )는 해당 업무와 특별한 관계에 있는 사람이 그 입장을 이용, 입수한 정보를 기초로 주식을 매매하는 것을 말한다.

① 부외거래　　② 내부자거래

03 (   )는 공개될 경우 주식가격에 영향을 미칠 수 있는 정보를 말한다.

① 미공개정보　　② 중요정보

실전 확인 문제

▶ 직무윤리 중 미공개 중요정보의 이용 금지에 대한 설명으로 옳은 것은?

① 규제대상이 되는 증권은 당해 법인이 발행한 증권에 한정된다.
② 규제대상인 행위는 미공개정보를 매매에 이용하는 행위로 제한된다.
③ 자본시장법에서는 종전의 증권거래법의 내부자거래에 대한 규제를 대폭 완화하였다.
④ 내부자에는 계열회사의 임직원, 주요 주주 등과 당해 법인과 계약체결을 교섭중인 자도 포함된다.

정답해설 계열회사의 임직원, 주요 주주 등과 당해 법인과 계약체결을 교섭중인 자(법인의 경우 그 임직원 및 대리인 포함)도 내부자에 포함하고 있다.

① 규제대상이 되는 증권은 당해 법인이 발행한 증권에 한정되지 않고, 당해 법인과 관련한 증권을 기초자산으로 하는 신종증권도 포함된다.
② 규제대상인 행위는 미공개정보를 매매에 이용하는 행위뿐만 아니라 다른 사람에게 내부정보를 알려주거나 거래를 권유하는 행위도 금지하고 있다.
③ 자본시장법에서는 내부자거래에 대한 규제를 한층 강화하고 적용대상을 확대하였다.

개념 짚어 보기

내부자거래 금지조항을 위반한 경우에 대한 형사책임

- 미공개 중요 정보의 이용 및 전달 금지의무 위반 : 10년 이하의 징역 또는 5억 원 이하의 벌금
- 부당이득의 3배 금액이 5억 원 초과 : 이익의 3배에 상당하는 금액 이하의 벌금
- 부당이득이 50억 원 이상 : 무기 또는 5년 이상의 유기징역
- 부당이득이 5억 원 이상 50억 원 미만 : 3년 이상의 유기징역
- 징역에 처할 때 : 10년 이하의 자격정지 병과 가능

[개념 확인 문제 정답] 01 ② 02 ② 03 ② **[실전 확인 문제 정답]** ④

14 조사분석자료 작성 및 공표시의 준수사항

개념 확인 문제

01 금융투자업종사자는 타인의 자료를 이용하여 고객 등에 제공하는 투자정보를 작성할 때 출처를 명시하여야 하는데, 일반적 (　　　) 등의 정보에 대해서는 승인 없이 사용할 수 있다.

① 재무 · 통계　　　② 행정

02 금융투자회사는 조사분석자료를 공표하는 경우 공표일로부터 과거 (　　　)간 해당 금융투자상품에 대하여 제시한 투자등급 및 목표가격 변동추이를 거재하여야 한다.

① 2년　　　② 4년

실전 확인 문제

▶ 금융투자회사가 조사분석자료를 공표 · 제공하는 경우의 사전심의 대상으로 틀린 것은?

① 관계법규의 준수 여부
② 투자성과의 보장을 뒷받침하는 자료의 타당성 여부
③ 금융투자분석사가 독립적 위치에서 공정하고 신의성실하게 작성하였는지의 여부
④ 분석의 기본이 되는 데이터의 정확성 및 가치평가에 도달하는 논리전개의 타당성 여부

정답해설 투자성과의 보장 등 투자자의 오해를 유발할 수 있는 표현의 사용 여부가 심의대상이다.

개념 짚어 보기

금융투자분석사의 확인(금융투자회사의 영업규정 제2-27조)

① 금융투자분석사는 조사분석자료를 타인의 부당한 압력이나 간섭 없이 본인의 의견을 정확하게 반영하여 신의성실하게 작성한 경우 그 사실을 조사분석자료에 명시하여야 한다. 다만, 해당 조사분석자료의 작성에 실질적으로 관여하지 아니한 자는 그러하지 아니하다.
② 금융투자회사는 제1항 본문에 따른 금융투자분석사의 확인 없이 조사분석자료를 공표하거나 제3자에게 제공하여서는 아니 된다.
③ 금융투자회사는 해당 금융투자회사의 임직원이 아닌 제3자가 작성한 조사분석자료를 공표하는 경우 해당 제3자의 성명(법인의 경우 법인명)을 조사분석자료에 기재하여야 한다.

[개념 확인 문제 정답] 01 ① 02 ① **[실전 확인 문제 정답]** ②

15 가격의 인위적 조작 및 불공정거래의 금지

개념 확인 문제

01 (   )은 주가를 인위적으로 상승 · 하락시키거나 혹은 고정시키는 것을 뜻한다.

① 시세조종　　② 임의조종

02 증권 계약을 체결한 날부터 최초 상장된 후 (   ) 이내에 증권에 대한 조사분석자료를 공표하거나 특정인에게 제공하는 것은 금지된다.

① 30일　　② 40일

실전 확인 문제

01 불공정거래에 대한 설명 중 틀린 것은?

① 자본시장법에서는 시세조종행위를 금지한다.
② 선행매매와 스캘핑은 시간격차를 이용한 불공정거래이다.
③ 시세조종에는 위장거래, 현실거래, 허위표시 등을 이용한다.
④ 거래의 불공정성이 의심이 가는데도 이를 묵인하거나 방치하는 것도 금지된다.

정답해설 선행매매와 스캘핑은 정보격차를 이용한 불공정거래이다.

02 다음 내용의 빈칸에 적절한 것은?

> 금융투자분석사는 소속 금융투자회사에서 조사분석자료를 공표한 금융투자상품을 매매하는 경우에는 공표 후 (   )이 경과해야 하며, 해당 금융투자상품이 공표일부터 (   )이 경과하지 않은 때에는 공표내용과 같은 방향으로 매매하여야 한다.

① 24시간, 3일　　② 24시간, 7일　　③ 48시간, 3일　　④ 48시간, 7일

정답해설 24시간이 경과해야 하며 공표일로부터 7일이 경과하지 않은 때는 공표내용과 같이 매매한다.

개념 짚어 보기

선행매매(front running)

투자자로부터 금융투자상품의 가격에 중대한 영향을 미칠 수 있는 매수 또는 매도주문을 받거나 받게 될 가능성이 큰 경우, 이를 체결시키기 전에 그 금융투자상품을 자기의 계산으로 매수 또는 매도하거나 제3자에게 매수 또는 매도를 권유하는 행위

[개념 확인 문제 정답] 01 ①　02 ②　[실전 확인 문제 정답] 01 ②　02 ②

16 소속회사에 대한 의무(1)

개념 확인 문제

01 금융투자업종사자는 회사의 수임자로 맡은 직무를 성실하게 수행할 (　　　)에 있다.

① 신임관계　　② 대리관계

02 (　　　)은 임직원이 금융투자업무 관련 내용으로 외부기관 및 매체 등과 접촉함으로써 다수인에게 영향을 미칠 수 있는 활동을 하는 것을 말한다.

① 외부활동　　② 대외활동

실전 확인 문제

01 소속회사에 대한 의무와 관련된 내용으로 틀린 것은?

① 소속회사의 업무를 신의로 성실하게 수행하여야 한다.
② 임직원이 전자통신수단을 사용하여 사외 대화방에 참여하는 것은 사적인 대화로 본다.
③ 임직원이 대외활동을 할 때 회사의 공식의견이 아닌 경우 사견임을 명백히 표현해야 한다.
④ 소속회사의 직무수행에 영향을 줄 수 있는 업무를 수행할 때는 회사의 사전승인을 얻어야 한다.

정답해설 임직원의 사외 대화방 참여는 공중포럼으로 간주되므로 언론기관과 접촉할 때와 동일한 윤리기준을 준수하여야 한다.

02 신임관계의 존부를 판단하는 데에 반영하는 것이 아닌 것은?

① 정식 고용계약관계의 유무
② 회사의 직무에 대한 통제 및 감독권의 존부
③ 직무에 종사하는 기간
④ 직무수행에 따라 지급되는 보수와 수당 등의 지급 형태

정답해설 정식 고용계약관계 유무는 신임관계의 존부를 판단하는 사항이 아니며, 이 직무의 성격에 비추어 그 기능이 당해 직무에 요구되는지의 여부, 운용경비를 회사가 부담하는지의 유무 등을 반영한다.

개념 짚어 보기

전자통신수단 사용 시 준수사항(내부통제기준 제91조)

- 임직원과 고객 간의 이메일은 사용장소에 관계없이 관계법령 등 및 표준내부통제기준의 적용을 받는다.
- 임직원의 사외 대화방 참여는 공중포럼으로 간주된다.
- 임직원이 인터넷 게시판이나 웹사이트 등에 특정 금융투자상품에 대한 분석이나 권유와 관련된 내용을 게시하고자 하는 경우 사전에 준법감시인이 정하는 절차와 방법에 따라야 한다. 다만, 자료의 출처를 명시하고 그 내용을 인용하거나 기술적 분석에 따른 투자권유의 경우에는 그러하지 아니한다.

[개념 확인 문제 정답] 01 ① 02 ② **[실전 확인 문제 정답]** 01 ② 02 ①

17 소속회사에 대한 의무(2)

개념 확인 문제

01 (　　　)는 기업이 보유하고 있는 영업비밀을 법으로 보호하고 다른 기업의 영업비밀을 침해할 경우에는 부정경쟁방지법에 의해 민사 또는 형사상의 처벌을 받게 하는 제도를 말한다.

① 영업비밀 보호제도　　② 기업비밀 유지제도

02 (　　　)는 업무수행을 위한 최소 범위의 정보만을 제공하여야 한다는 원칙을 말한다.

① Need to Know Rule　　② Chinese Wall Policy

실전 확인 문제

01 회사재산과 정보의 유출금지에 대한 내용 중 틀린 것은?

① 회사의 경영전략은 비밀정보 범위에 해당하지 않는다.
② 비밀정보가 포함된 서류는 필요 이상의 복사본을 만들 수 없다.
③ 영업비밀과 정보, 고객관계, 영업기회 등도 회사의 재산에 포함된다.
④ 비밀정보는 관련 전산시스템을 포함하여 적절한 보안장치를 구축하여 관리하여야 한다.

정답해설 회사의 경영전략이나 새로운 상품 및 비즈니스 등에 관한 정보도 비밀정보에 해당한다.

02 비밀정보 제공을 위한 사전승인절차에 포함되는 내용이 아닌 것은?

① 비밀정보의 제공 필요성 또는 사유
② 비밀정보 제공을 승인한 자의 신상정보
③ 비밀정보 제공의 승인을 요청한 자의 소속부서 및 성명
④ 비밀정보의 제공 방법 및 절차, 제공 일시 등

정답해설 비밀정보 제공을 승인한 자의 신상정보는 비밀정보 제공을 위한 사전승인절차에 포함되지 않는다.

개념 짚어 보기

비밀정보의 정의(표준내부통제기준 제53조)

- 회사의 재무건전성이나 경영 등에 중대한 영향을 미칠 수 있는 정보
- 고객 또는 거래상대방(거래상대방이 법인, 그 밖의 단체인 경우 그 임직원을 포함)에 관한 신상정보, 매매거래내역, 계좌번호, 비밀번호 등에 관한 정보
- 회사의 경영전략이나 새로운 상품 및 비즈니스 등에 관한 정보
- 위 내용에 해당하는 미공개 정보(비밀정보인지 불명확한 경우 이용 전 준법감시인의 사전 확인을 받음)

[개념 확인 문제 정답] 01 ① 02 ①　[실전 확인 문제 정답] 01 ① 02 ②

18 소속회사에 대한 의무(3)

개념 확인 문제

01 (   )는 일정한 직업 또는 직책을 담당하는 자가 그 직업이나 직책에 합당한 체면과 위신을 손상하는 데 직접적인 영향이 있는 행위를 하지 말아야 할 의무이다.

① 품위유지의무 ② 법규준수의무

02 회사에 대한 선관주의의무 유지기간은 고용 내지 위임계약 (   ).

① 기간에 한한다 ② 종료 후에도 지속된다

실전 확인 문제

▶ **금융투자업종사자의 고용계약 종료 후의 의무에 대한 설명 중 틀린 것은?**

① 고용기간 동안 본인이 생산한 지적재산물은 본인의 재산이므로 반납의무가 없다.
② 고용기간이 종료되면 어떠한 경우나 이유로도 회사명, 상표, 로고 등을 사용해서는 안 된다.
③ 고용기간이 종료된 이후에도 회사로부터 명시적으로 서면에 의한 권한을 부여받지 않으면 비밀정보를 출간, 공개 또는 제3자가 이용하도록 해서는 안 된다.
④ 고용기간의 종료와 동시에 또는 회사의 요구가 있을 경우에는 보유하고 있거나 자신의 통제하에 있는 기밀정보를 포함한 모든 자료를 회사에 반납하여야 한다.

정답해설 본인이 생산한 지적재산물 역시 회사의 재산이므로, 고용기간 종료 후에도 지적재산물의 이용이나 처분에 대한 권한은 회사가 갖는다.

개념 짚어 보기

소속회사에 대한 의무(금융투자회사의 표준윤리준칙 제2절)

- 임직원은 해당 직무에 전념하여야 하며, 회사의 직무수행에 영향을 줄 수 있는 지위를 겸하거나 업무를 수행할 때에는 사전에 회사의 승인을 얻어야 한다. 다만, 부득이한 경우에는 사후에 즉시 보고하여야 한다.
- 임직원은 업무 또는 회사와 관련된 중요정보를 누설하여서는 아니 되며, 적법한 절차에 따라 유지 · 관리하여야 한다.
- 임직원은 자신의 행동으로 인하여 회사의 품위나 사회적 신용이 훼손되는 일체의 행위를 하여서는 아니 된다.
- 임직원은 회사의 재산을 부당하게 사용하거나 자신의 지위를 이용하여 사적 이익을 추구하는 행위를 하여서는 아니 된다.
- 중간감독자는 자신의 지휘 · 감독 하에 있는 자가 직무와 관련하여 관계법규 등을 위반하지 않도록 적절한 감독과 관리를 하여야 한다.
- 임직원은 회사를 퇴직하는 경우 적절한 후속조치를 취하여야 하며, 퇴직 이후의 상당기간 동안 퇴직한 회사의 이익을 해치는 행위를 하여서는 아니 된다.

[개념 확인 문제 정답] 01 ① 02 ② **[실전 확인 문제 정답]** ①

19 내부통제

개념 확인 문제

01 (　　　)는 회사의 임직원이 업무수행 시 법규를 준수하고 조직운용의 효율성 제고 및 재무보고의 신뢰성을 확보하기 위하여 회사 내부에서 수행하는 모든 절차와 과정을 말한다.

① 내부통제　　　② 준법감시

02 (　　　)은 내부통제의 지침, 컴플라이언스 매뉴얼, 임직원 윤리강령 등을 제정 · 시행할 수 있다.

① 내부감시인　　　② 준법감시인

실전 확인 문제

▶ 내부통제기준에 대한 설명 중 틀린 것은?

① 임직원은 수행하는 업무와 관련된 내부통제에 대한 일차적 책임이 있다.
② 내부통제기준을 정할 때에는 지점의 실질적 통제 관련 사항과 지점별 영업관리자 지정에 관한 사항을 포함한다.
③ 금융투자업자는 내부통제기준을 제정하거나 변경하려는 경우 이사회의 결의를 거쳐야 한다.
④ 금융위원회는 법령을 위반한 사실이 드러난 금융투자업자에 대하여 내부통제기준의 변경을 강제할 수 있다.

정답해설 금융위원회는 법령 위반행위의 재발 방지를 위하여 내부통제기준의 변경을 권고할 수 있다.

개념 짚어 보기

자본시장법 내부통제기준 등

- 업무의 분장과 조직구조에 관한 사항
- 고유재산과 투자자재산의 운용이나 업무를 수행하는 과정에서 발생하는 위험의 관리지침에 관한 사항
- 임직원이 업무를 수행할 때 준수하여야 하는 절차에 관한 사항
- 경영의사결정에 필요한 정보가 효율적으로 전달될 수 있는 체제의 구축에 관한 사항
- 임직원의 내부통제기준 준수 여부를 확인하는 절차 · 방법과 내부통제기준을 위반한 임직원의 처리에 관한 사항
- 임직원의 금융투자상품 매매와 관련한 보고 등 법에 따른 불공정행위를 방지하기 위한 절차나 기준에 관한 사항
- 내부통제기준의 제정이나 변경절차에 관한 사항
- 준법감시인의 임면절차에 관한 사항
- 이해상충의 파악 · 평가와 관리에 관한 사항
- 집합투자재산이나 신탁재산에 속하는 주식에 대한 의결권 행사와 관련된 법규 및 내부지침의 준수 여부에 관한 사항
- 집합투자재산이나 신탁재산에 속하는 자산의 매매를 위탁하는 투자중개업자의 선정기준에 관한 사항

[개념 확인 문제 정답] 01 ① 02 ② [실전 확인 문제 정답] ④

20 준법감시인

개념 확인 문제

01 준법감시인을 임면한 때에는 그 사실을 (　　　)에 통보해야 한다.

① 금융위원회　　② 금융투자협회

02 준법감시인은 이사회 및 대표이사의 지휘를 받아 업무를 수행하며 대표이사와 (　　　)에 보고할 수 있다.

① 감사위원회　　② 금융감독원

실전 확인 문제

▶ 준법감시인에 대한 설명으로 적절하지 않은 것은?

① 준법감시인을 임면하고자 하는 경우에는 이사회 결의를 거쳐야 한다.
② 금융투자업자는 그 규모를 불문하고 준법감시인을 1인 이상 두어야 한다.
③ 파산선고를 받고 복권되지 않은 자는 준법감시인이 될 수 없다.
④ 회사는 준법감시인이 독립적으로 그 직무를 수행할 수 있도록 하여야 하며, 적정 임기를 보장하여야 한다.

정답해설 최근 사업연도말을 기준으로 투자일임재산의 합계액이 5천억 원 미만인 투자자문업자 및 투자일임업자는 준법감시인을 두지 않아도 된다.

개념 짚어 보기

준법감시인의 권한과 의무(표준내부통제기준 제8조, 제13조)

- 준법감시인은 이사회 및 대표이사의 지휘를 받아 그 업무를 수행하며, 대표이사와 감사(위원회)에 아무런 제한없이 보고할 수 있다.
- 준법감시인은 회사의 내부통제체제 및 이 기준의 적정성을 정기적으로 점검하고 점검결과 문제점 또는 미비사항이 발견된 경우 이의 개선 또는 개정을 요구할 수 있다.
- 준법감시인은 다음 사항에 대한 권한과 의무를 갖는다.
  - 내부통제기준 준수 여부 등에 대한 정기 또는 수시 점검
  - 업무 전반에 대한 접근 및 임직원에 대한 각종 자료나 정보의 제출 요구권
  - 임직원의 위법 · 부당행위 등과 관련하여 이사회, 대표이사, 감사(위원회)에 대한 보고 및 시정 요구
  - 이사회, 감사위원회, 기타 주요 회의에 대한 참석 및 의견진술
  - 준법감시 업무의 전문성 제고를 위한 연수프로그램의 이수
  - 기타 이사회가 필요하다고 인정하는 사항

[개념 확인 문제 정답] 01 ① 02 ① [실전 확인 문제 정답] ②

21 내부통제기준 위반과 준수 시스템

개념 확인 문제

01 임직원의 위법 및 부당행위가 발견된 경우 회사와 준법감시인은 해당 임직원에 대한 제재, 내부통제제도의 개선 등의 (　　　)를 취해야 한다.

① 업무제한조치　　② 재발방지조치

02 내부통제기준 준수 시스템의 하나인 (　　　)은/는 운영 시 고발자의 비밀이 보장되는 등 임직원이 해당 제도를 용이하게 이용할 수 있는 체계로 구축해야 한다.

① 내부고발제도　　② 임직원에 대한 지원 및 자문

실전 확인 문제

▶ 내부통제기준 준수 시스템 구축에 대한 내용 중 틀린 것은?

① 임직원은 회사가 정하는 준법서약서를 작성하여 준법감시인에게 제출해야 한다.
② 내부고발자가 고발행위를 이유로 인사상 불이익을 받았을 경우, 내부고발자가 직접 회사에 시정을 요구할 수 있다.
③ 내부통제기준을 정하지 아니한 자, 준법감시인은 두지 아니한 자 등에 대해서는 5천만 원 이하의 과태료를 부과한다.
④ 임직원은 정부 · 금융위 및 금감원, 협회 등이 회사의 주요 내부정보를 요구할 때 상위 결재권자와 준법감시인에게 보고해야 한다.

정답해설 회사는 정당한 내부고발자에 대하여 부당한 인사상의 불이익을 부과하여서는 안 된다. 내부고발자가 고발행위를 이유로 인사상 불이익을 받은 것으로 인정되는 경우 준법감시인은 회사에 대해 시정을 요구할 수 있으며, 회사는 정당한 사유가 없는 한 이에 응하여야 한다.

개념 짚어 보기

제재(징계)의 종류

- **경고** : 구두 · 문서로 훈계하는 데 그치고, 시말서의 제출을 요구하지 않는 징계
- **해고** : 근로자와의 근로관계를 종료시키는 징계
- **정직** : 근로자의 보직을 해제하는 등 근로제공을 일정기간 금지하는 징계
- **감봉** : 임금액에서 일정액을 공제하는 징계
- **견책** : 시말서를 제출하도록 하여 징계

[개념 확인 문제 정답] 01 ② 02 ① **[실전 확인 문제 정답]** ②

22 위반행위에 대한 제재

개념 확인 문제

01 ( )는 금융위원회, 증권선물위원회, 금융감독원 등에 대한 제재가 중심이 된다.

① 행정제재 ② 민사책임

02 ( )은 법에서 명시적으로 규정하고 있는 것에 한정하며, 행위자와 법인 양자 모두를 처벌하는 양벌규정을 두는 경우가 많다.

① 민사처벌 ② 형사처벌

실전 확인 문제

▶ **위반행위에 대한 제재의 내용으로 틀린 것은?**

① 법률행위의 하자가 중대할 경우에는 '무효', 이보다 가벼울 경우에는 '취소'할 수 있다.
② 계약을 해지하면 계약이 소급적으로 실효되어 원상회복의무가 발생하고, 계약을 해제하면 해지시점부터 계약이 실효된다.
③ 금융위원회가 조치를 하기 위하여 그 사전절차로서 청문을 요하는 경우가 있고, 금융위원회의 처분 또는 조치에 대한 이의신청권을 인정하고 있다.
④ 불법행위책임은 계약관계의 존부를 불문하고 '고의 또는 과실'의 '위법행위'로 타인에게 '손해'를 가한 경우를 말하고 가해자는 피해자에게 발생한 손해를 배상하여야 한다.

정답해설 계약당사자의 채무불이행으로 계약목적을 달성할 수 없는 때, 그것이 일시적 거래인 경우에는 계약을 '해제'할 수 있고, 계속적인 거래인 경우에는 '해지'할 수 있다. 계약을 해제하면 계약이 소급적으로 실효되어 원상회복의무가 발생하고, 계약을 해지하면 해지시점부터 계약이 실효된다.

개념 짚어 보기

청문을 통한 처분(자본시장법 제423조)

금융위원회는 다음의 어느 하나에 해당하는 처분 · 조치를 하고자 할 때에는 청문을 실시한다.

- 종합금융투자사업자에 대한 지정의 취소
- 금융투자상품거래청산회사에 대한 인가의 취소
- 금융투자상품거래청산회사 임직원에 대한 해임요구 또는 면직요구
- 신용평가회사에 대한 인가의 취소
- 신용평가회사 임직원에 대한 해임요구 또는 면직요구
- 거래소허가의 취소
- 거래소 임직원에 대한 해임요구 또는 면직요구
- 금융투자업에 대한 인가 · 등록의 취소
- 금융투자업자 임직원에 대한 해임요구 또는 면직요구

[개념 확인 문제 정답] 01 ① 02 ② **[실전 확인 문제 정답]** ②

23 개인정보보호법

개념 확인 문제

01 (　　　)는 개인정보처리자가 정보주체의 개인정보를 정당하게 수집 및 이용하고 개인정보를 보관 · 관리하는 과정에서 내부자의 고의나 관리부주의 및 외부의 공격으로부터 유출 및 변조 · 훼손되지 않도록 하며, 정보주체의 개인정보 자기결정권이 제대로 행사되도록 보장하는 일련의 행위를 말한다.

① 개인정보보호　　② 정보주체 권리보장

02 (　　　)는 업무를 목적으로 개인정보파일을 운용하기 위하여 스스로 또는 다른 사람을 통하여 개인정보를 처리하는 공공기관, 법인, 단체 및 개인 등을 말한다.

① 정보주체　　② 개인정보처리자

실전 확인 문제

▶ 개인정보보호법에 대한 내용 중 틀린 것은?

① 개인정보에는 성명, 주민등록번호를 비롯하여 고유식별정보, 민감정보, 금융정보가 해당된다.
② 개인정보처리자는 개인정보의 처리 목적을 명확하게 하고 그 목적에 필요한 범위에서 최소한의 개인정보만을 적법하고 정당하게 수집해야 한다.
③ 정보주체의 권리보다 우선하는 개인정보처리자의 정당한 이익을 위한 일이라도 수집 및 이용이 불가능하다.
④ 2016년 1월부터 주민등록번호는 내외부망 모두 암호화하여 안전하게 보관해야 한다.

정답해설 개인정보처리자의 정당한 이익을 달성하기 위하여 필요한 경우로서 명백하게 정보주체의 권리보다 우선하는 경우에는 개인정보를 수집할 수 있으며 그 수집 목적의 범위에서 이용할 수 있다. 이 경우 개인정보처리자의 정당한 이익과 상당한 관련이 있고 합리적인 범위를 초과하지 않는 경우에 한한다.

개념 짚어 보기

개인정보의 수집 · 이용(개인정보보호법 제15조)

개인정보처리자는 다음 각 호의 어느 하나에 해당하는 경우에는 개인정보를 수집할 수 있다.

- 정보주체의 동의를 받은 경우
- 법률에 특별한 규정이 있거나 법령상 의무를 준수하기 위하여 불가피한 경우
- 공공기관이 법령 등에서 정하는 소관 업무의 수행을 위하여 불가피한 경우
- 정보주체와의 계약의 체결 및 이행을 위하여 불가피하게 필요한 경우
- 정보주체 또는 그 법정대리인이 의사표시를 할 수 없는 상태에 있거나 주소불명 등으로 사전 동의를 받을 수 없는 경우로서 명백히 정보주체 또는 제3자의 급박한 생명, 신체, 재산의 이익을 위하여 필요하다고 인정되는 경우
- 개인정보처리자의 정당한 이익을 달성하기 위하여 필요한 경우로서 명백하게 정보주체의 권리보다 우선하는 경우. 이 경우 개인정보처리자의 정당한 이익과 상당한 관련이 있고 합리적인 범위를 초과하지 아니하는 경우에 한한다.

[개념 확인 문제 정답] 01 ① 02 ② [실전 확인 문제 정답] ③

24 자금세탁방지제도

개념 확인 문제

▶ **자금세탁이란 자금의 출처를 숨겨 적법한 것으로 위장하는 행위로, 우리나라에서는 탈세목적의 금융거래를 이용하여 재산을 은닉 · 가장하는 행위를 포함한다. 자금세탁은 (　　　)단계, (　　　)단계, (　　　)단계를 거친다.**

① 반복, 통합, 배치　　② 배치, 반복, 통합

실전 확인 문제

▶ **자금세탁방지제도에 대한 내용 중 틀린 것은?**

① 불법자금의 세탁행위를 예방하기 위해 사법제도와 금융제도, 국제협력을 연계하는 종합관리 시스템을 구축 · 운영하는 것이다.

② 금융투자회사를 통한 주요 자금세탁 사례에는 문서 및 유가증권위변조, 차명계좌 거래, 탈세 · 횡령 · 시세조종 · 내부자거래, 비자금 · 불법 정치자금 · 조직범죄 자금 관련 등이 있다.

③ 적극적인 투자자 보호에도 불구하고 합리적인 수준을 벗어난 이상매매가 지속되는 경우에는 자금세탁 행위 여부에 대해 검토해야 한다.

④ 자금세탁방지제도의 하나인 의심거래보고제도는 금융회사가 고객과의 거래 시 성명과 실지명의 이외에 주소, 연락처 등을 추가로 확인하고 자금세탁행위 등의 우려가 있는 경우 실제 당사자 여부 및 금융거래 목적을 확인하는 제도이다.

정답해설 ④는 고객확인제도에 대한 설명이다. 의심거래보고제도는 금융거래와 관련하여 수수한 재산이 불법재산이라고 의심되는 합당한 근거가 있는 등의 경우 금융정보분석원장에게 보고하는 제도이다.

개념 짚어 보기

불법재산 등으로 의심되는 거래의 보고 등(특정금융거래정보의 보고 및 이용 등에 관한 법률 제4조)

금융회사 등은 다음의 어느 하나에 해당하는 경우 그 사실을 금융정보분석원장에게 보고하여야 한다.

- 금융거래와 관련하여 수수한 재산이 불법재산이라고 의심되는 합당한 근거가 있는 경우
- 금융거래의 상대방이 「금융실명거래 및 비밀보장에 관한 법률」을 위반하여 불법적인 금융거래를 하는 등 자금세탁행위나 공중협박자금조달행위를 하고 있다고 의심되는 합당한 근거가 있는 경우
- 「범죄수익은닉의 규제 및 처벌 등에 관한 법률」 및 「공중 등 협박목적 및 대량살상무기확산을 위한 자금조달행위의 금지에 관한 법률」에 따라 금융회사등의 종사자가 관할 수사기관에 신고한 경우

[개념 확인 문제 정답] ②　[실전 확인 문제 정답] ④

25 자금세탁방지 내부통제

개념 확인 문제

01 (　　　)는 회사가 자금세탁 등에 자신의 임직원이 이용되지 않도록 하기 위해 임직원을 채용하는 때에 그 신원사항 등을 확인하는 것을 말한다.

① 직원알기제도　　　② 신원조회

02 경영진이 자금세탁방지 등을 위해 설계 · 운영하는 내부통제정책에 대한 감독은 (　　　)의 책임이다.

① 이사회　　　② 보고책임자

실전 확인 문제

▶ 자금세탁방지 내부통제의 주요내용 중 틀린 것은?

① 고객의 거래행위를 고려한 자금세탁 등의 위험도에 따라 고객확인의 재이행 주기를 설정하고 지속적으로 고객확인을 해야 한다.
② 법인고객의 실제 거래당사자 여부가 의심되는 경우, 여부를 확인을 위해 강화된 고객확인의무 이행 또는 의심거래보고 등 필요한 조치를 하여야 한다.
③ 금융회사는 고객확인기록, 금융거래기록, 의심되는 거래 및 고액현금거래 보고서를 포함한 내 · 외부 보고서 및 관련 자료 등을 고객과의 거래관계 종료 후 3년 이상 보존하여야 한다.
④ 금융기관 등은 의심스러운 거래보고를 한 경우 당해 보고와 관련된 금융거래의 상대방 및 그의 관계자에 대하여 손해배상책임을 지지 않는다.

정답해설 금융회사는 내 · 외부 보고서 및 관련 자료 등을 고객과의 거래관계 종료 후 5년 이상 보존하여야 한다.

개념 짚어 보기

위반행위에 대한 벌칙 및 과태료

- 1년 이하의 징역 또는 1천만 원 이하의 벌금에 처하는 경우
  - 의심거래보고제도 및 고액현금거래보고제도에 따른 보고를 거짓으로 한 자
  - 의심거래보고제도에 따른 보고를 하려고 하거나 보고를 하였을 때, 그 사실을 그 보고와 관련된 금융거래의 상대방을 포함하여 다른 사람에게 누설한 자
- 1천만 원 이하의 과태료를 부과하는 경우 : 의심거래보고제도 또는 고액현금거래보고제도를 위반하여 보고를 하지 아니한 자

[개념 확인 문제 정답] 01 ①　02 ①　**[실전 확인 문제 정답]** ③

26 분쟁조정제도

개념 확인 문제

▶ **금융기관과 예금자 등 금융수요자 기타 이해관계인 사이에 발생하는 금융관련 분쟁의 조정에 관한 사항을 심의 · 의결하기 위하여 금융감독원에 (   )를 둔다.**

① 금융분쟁조정위원회　　② 금융소송판결위원회

실전 확인 문제

▶ **분쟁조정제도에 대한 설명 중 틀린 것은?**

① 분쟁에 대하여 소송에 따른 비용과 시간의 문제점을 해결하고 당사자 간의 분쟁해결을 유도하는 제도이다.

② 수사기관이 수사 중이거나 법원에 제소된 경우는 분쟁조정위원회에 회부하지 않고 종결처리할 수 있다.

③ 조정결정 또는 각하결정을 통지받은 당사자의 경우 재조정신청을 하는 것이 불가능하다.

④ 분쟁조정위원회 조정안을 수락한 경우 민법상 화해계약의 효력을 갖게 된다.

정답해설 분쟁조정신청의 당사자는 조정의 결과에 중대한 영향을 미치는 새로운 사실이 나타난 경우 조정결정 또는 각하결정을 통지받은 날로부터 30일 이내에 재조정신청이 가능하다.

개념 짚어 보기

분쟁조정절차

분쟁조정신청 접수/통지 → 사실조사 → 합의권고 → 회부 전처리 → 위원회 회부 → 심의 → 각하/조정결정 → 조정안 통지 → 조정의 성립 → 재조정신청

- **분쟁조정신청 접수/통지** : 신청인이 금융투자협회에 분쟁조정신청서 제출
- **합의권고** : 분쟁의 원만한 해결을 위하여 당사자가 합의하도록 함이 상당하다고 인정되는 경우 합의를 권고
- **회부 전처리** : 분쟁조정신청 취하서가 접수되거나 수사기관의 수사진행, 법원에의 제소, 신청내용의 허위사실 등의 경우 위원회에 회부하지 않고 종결처리 하는 것이 가능
- **위원회 회부** : 당사자 간 합의가 성립하지 않은 경우 협회는 조정신청서 접수일로부터 30일 이내에 분쟁조정위원회에 사건을 회부하며 위원회는 회부된 날로부터 30일 이내에 심의하여 조정 또는 각하결정함(15일 이내에서 기한 연장 가능)
- **조정의 성립** : 당사자가 조정결정통지를 받은 날로부터 20일 이내에 기명날인한 수락서를 출석 또는 작성하여 협회에 제출함으로써 성립(민법상 화해계약의 효력)
- **재조정신청** : 분쟁조정신청의 당사자는 조정의 결과에 중대한 영향을 미치는 새로운 사실이 나타난 경우 조정결정 또는 각하결정을 통지받은 날로부터 30일 이내에 재조정신청이 가능

[개념 확인 문제 정답] ①　[실전 확인 문제 정답] ③

27 금융투자상품 관련 분쟁

개념 확인 문제

▶ **금융투자상품의 투자결과는 (   ) 귀속이 원칙이므로, 해당 금융투자상품에 대해 충분히 이해하고 투자해야 한다.**

① 투자자 본인 ② 금융투자회사 임직원

실전 확인 문제

▶ **금융투자상품 관련 분쟁의 특징으로 옳지 않은 것은?**

① 금융투자상품은 높은 기대수익이 있는 반면 가격변동성으로 인한 위험이 있어 거래과정에서 분쟁소지가 있다.

② 고객과 금융투자회사 임직원 간 분쟁발생 시 개연성으로 인해 당사자 간 분쟁해결이 쉽지 않다.

③ 금융투자상품 관련 분쟁은 어떠한 거래단계에서 분쟁이 발생되었는지 여부에 따라 임의매매, 일임매매의 유형으로 구분된다.

④ 금융투자상품은 투자원금 손실 가능성, 투자결과에 대한 본인 책임, 투자상품의 손익상황에 따라 주기적인 관리 및 확인이 필요하다.

정답해설 금융투자상품 관련 분쟁은 어떠한 거래단계에서 분쟁이 발생되었는지 여부와 거래대상이 되는 금융투자상품의 종류 등에 따라 임의매매, 일임매매, 부당권유, 집합투자증권 등 불완전판매, 주문관련 분쟁 등의 유형으로 구분된다.

개념 짚어 보기

금융투자상품 관련 분쟁의 유형

- **임의매매** : 증권회사 임직원이 투자자로부터 주문을 받지 않았음에도 투자자의 예탁자산으로 금융투자상품을 매매한 경우, 투자자가 손해를 입은 경우 증권회사는 손해배상책임이 성립됨
- **일임매매** : 투자자가 증권회사에 유가증권의 종목선정, 종목별 수량, 가격, 매매 등을 전부 맡기는 것을 일임매매라 하는데 일임계약을 체결한 상태에서 과도한 매매를 일삼은 경우에는 손해배상책임이 발생
- **불완전판매** : 적법한 절차를 거치지 않고 가입자의 투자성향에 맞지 않는 고위험 상품의 투자를 권유하는 '적합성 원칙 위반'과 상품의 중요내용에 대한 설명을 이행하지 않는 '설명의무 위반', 상품과 관련하여 거짓의 내용을 알리는 등의 '부당권유금지 위반' 등의 경우
- **부당권유** : 금융투자회사가 고객에게 투자권유를 하면서 금융투자상품에 대한 설명의무 불충분으로 인해 고위험성 있는 투자를 부당하게 권유한 경우에는 손해배상책임이 발생
- **주문관련** : 주문권한이 없는 자로부터 매매주문을 제출받아 처리한 경우, 고객이 낸 주문을 금융투자회사가 다르게 처리한 경우 등은 손해배상책임이 발생
- 기타 전산장애가 발생하여 매매가 불가능하게 되어 발생한 손해, 무자격상담사로 인한 분쟁, 금융투자회사의 부적절한 반대매매처리로 인한 분쟁 등

[개념 확인 문제 정답] ① **[실전 확인 문제 정답]** ③

28 증권 주요 분쟁사례(1) – 임의 · 일임매매

 **사례 1**

사건개요 고객이 증권회사 직원A에게 투자위임을 하기로 하고 직원A가 같은 회사 직원B에게 고객의 주민등록증 등을 교부하여 주식위탁계좌를 개설함. 3개월 뒤 직원A가 직원B에게 고객명의의 신용거래계좌를 추가로 개설해 줄 것으로 요청하였고 이에 직원B는 고객이 비밀번호 변경을 위해 제시한 주민등록증을 고객 모르게 복사하여 계좌개설 서류를 만듦. 후에 직원A가 특정주식을 매수할 것을 직원B에게 지시하였고 고객이 일주일 뒤 신용거래사실을 파악하고 본인 계좌의 거래중지를 요구하였음. 결국 증권회사는 신용융자원리금 미변제를 이유로 신용매수한 주식 및 대용주식에 대한 반대매매를 실행하여 신용융자금 상환에 충당하였음

판단내용 비록 증권회사의 직원이 고객으로부터 포괄적인 투자위임을 받았다고 하더라도 같은 회사 다른 직원이 고객의 의사를 확인하지 않고 신용거래계좌를 개설하고 신용매수를 한 행위는 임의매매로서 불법행위에 해당한다고 볼 수 있고, 임의의 신용주식매수와 신용융자금 상환을 위해 반대매매가 이루어져 발생한 손해에 대해 고객에게 배상할 책임이 인정됨. 그러나 고객의 경우도 자신이 직접 주식위탁계좌를 개설하지 않고 신용거래사실을 인지하고도 안이하게 대처하여 손실발생과 확대에 기여한 점 등을 고려하여 증권회사의 책임을 60%, 고객의 책임을 40%로 과실을 인정함

[참 조] 임의매매의 금지(자본시장법과 금융투자업에 관한 법률 제70조)

투자매매업자 또는 투자중개업자는 투자자나 그 대리인으로부터 금융투자상품의 매매의 청약 또는 주문을 받지 아니하고는 투자자로부터 예탁받은 재산으로 금융투자상품의 매매를 하여서는 아니 된다.

주식위탁계좌 임의매매 시 손해배상

- 증권회사 직원에게 계좌관리를 맡긴 사실이 없는데도 불구하고 증권회사 직원이 마음대로 고객의 계좌에서 주식매매를 하여 고객에게 손해가 발생한 경우를 '임의매매'라고 함
- 고객이 실수로 비밀번호를 누설하거나 증권카드 또는 인장, 통장을 증권사 직원에게 위임한 경우에 주로 발생하는데 이런 경우 고객은 증권회사와 그 직원을 상대로 법원에 손해배상을 청구해 그 손해를 보전받을 수 있음
- 증권회사 직원의 임의매매가 인정될 경우 고객은 임의매매가 없었다면 계좌에 남아 있을 금액(A)에서 고객이 임의매매를 알게 된 당시 계좌에 남아 있는 금액(B)을 뺀 차액(A – B)의 60~90% 가량을 배상받을 수 있음(고객에게 비밀번호를 누설하거나 증권카드를 분실한 책임이 있기 때문에 증권회사가 차액을 전액 배상할 책임이 없음)
- 증권회사의 일반위탁자의 경우는 통장이 발급되지 않고 증권카드를 들고 교부하게 되며 계좌에서의 출금은 반드시 증권카드가 있어야 가능하므로 사고를 예방하기 위해서는 투자자(고객)는 증권카드와 인감 등을 증권회사 직원에게 보관시켜서는 안됨
- 위탁자계좌에서 매매거래가 발생한 경우에는 일반적으로 그 다음 월에 매매거래내역과 잔고통보가 우편으로 발송되므로 잔고확인 후에 이상이 있을 경우에는 당해 증권회사 자체감사실 등에 이의를 제기해야함

사례 2

사건개요 고객이 증권회사 A지점에 계좌를 개설하였고 직원 ㅇ모씨가 당해 계좌의 관리자가 되었으나 이듬해 직원 ㅇ모씨가 B지점으로 자리를 옮기면서 고객에게 부탁하여 계좌를 A지점에서 B지점으로 옮겨 다시 관리하게 되었음. 그 다음 해에는 고객이 제3자의 명의로 계좌를 개설하여 주식을 모두 이관하였다가 다시 본인의 명의로 주식을 이관시키고 본인이 보유하고 있던 다른 주식까지 추가로 위탁하였음. 고객이 자신의 기존 계좌를 이용한 증권회사 직원의 과당매매행위로 인하여 손해가 발생하였음을 확인하고도 이에 대한 책임을 추궁하는 대신 제3자 명의의 계좌에 주식을 이관하여 두었다가 다시 그 직원의 권유에 따라 자신 명의의 새로운 계좌를 개설하여 주식을 이관시킨 후 그에게 관리를 맡기고 그 거래에 관하여 포괄위임을 하여 준 경우, 기존 계좌를 통한 과당매매거래에 대한 손해배상청구권을 포기한 것이라고 본 원심의 판단을 수긍한 사례

판단내용 고객은 직원 ㅇ모씨가 임의매매라는 주장을 하고 있으나 고객이 직접 우편잔고통보사절원을 작성해주고 고객이 스스로 잔고현황을 확인하여 왔던 점, 직원 ㅇ모씨가 근무처를 옮길 때마다 새로운 근무처에 계좌를 개설하여 준 점 등을 판단하여 볼 때 포괄적 일임매매로 봄이 마땅하나 고객의 계좌에서 직원 ㅇ모씨의 과다한 매매로 손실이 발생한 사실을 고객이 인지했음에도 불구하고 계좌를 이관하면서까지 계좌관리를 맡긴 점에 있어서 고객은 과다매매거래에 대한 손해배상청구권을 포기한 것으로 볼 수 있고, 증권회사의 직원 ㅇ모씨가 이용한 주식거래가 증권거래법상의 방식에 위반한 포괄일임매매의 위임에 따른 것이라고 하더라도 그것만으로는 증권거래법상 일임매매방식에 위반한 주식거래 그 자체가 불법행위가 된다고 할 수는 없다고 판단함

[참 조] 일임매매거래의 제한(증권거래법 제107조)

① 증권회사는 고객으로부터 유가증권의 매매거래에 관한 위탁을 받은 경우 그 수량 · 가격 및 매매의 시기에 한하여 그 결정을 일임받아 매매거래를 할 수 있다. 이 경우 그 유가증권의 종류 · 종목 및 매매의 구분과 방법에 관하여는 고객의 결정이 있어야 한다.

② 증권회사는 제1항의 규정에 의하여 유가증권의 매매에 관하여 고객으로부터 일임받아 이를 매매거래(이하 "일임매매"라 한다)하는 경우에는 선량한 관리자로서의 주의를 다하여야 하며, 다음 각 호의 행위를 하여서는 아니된다.

1. 고객의 자기판단과 자기책임에 의한 투자원칙에 반하여 일임매매에 관한 위탁을 권유하거나 위탁받는 행위
2. 위탁받은 취지와 위탁받은 금전 및 유가증권의 규모에 비추어 지나치게 자주 매매거래를 하는 행위
3. 자기 또는 제3자의 이익을 위하여 일임매매를 이용하는 행위

③ 증권회사가 제1항의 규정에 의하여 유가증권의 매매거래를 하는 경우에는 총리령이 정하는 바에 따라야 한다.

29 증권 주요 분쟁사례(2)－부당권유

 **사례 1**

사건개요 증권회사 직원이 확실한 투자정보가 있다면서 고객으로 하여금 특정주식을 대량으로 매수하도록 유도하고 주식을 매수하였으나 해당 주식의 주가가 상승하다가 지속적인 하락을 보이자 고객이 직원에게 매도를 요청하였음. 그 후 거듭된 고객의 매도요청에도 불구하고 직원은 주가상승이 확실하고 손실을 보전해 주겠다는 각서까지 써 주면서 고객의 매도를 거부하였음

판단내용 증권회사 직원이 확실한 투자정보가 있다면서 고객으로 하여금 특정주식을 대량매수하도록 유도하였고 고객의 거듭된 매도요청을 거부한 것은 고객에게 중대한 위험을 수반하는 거래를 적극적으로 권유하면서 그에 수반되는 위험성에 대한 인식을 방해한 행위이자 고객에 대한 보호의무를 위반한 불법행위에 해당한다고 판단한 사례로서 고객의 경우에도 상당함 투자경험이 있음에도 불구하고 잔고확인 소홀 등으로 직원이 임의매수할 수 있는 기회를 제공한 것으로 보아 고객의 과실을 40%, 증권회사의 책임은 60%로 인정함

[참 조] 부당권유의 금지(자본시장법과 금융투자업에 관한 법률 제40조)

금융투자업자는 투자권유를 함에 있어서 다음 각 호의 어느 하나에 해당하는 행위를 하여서는 아니 된다.

1. 거짓의 내용을 알리는 행위
2. 불확실한 사항에 대하여 단정적 판단을 제공하거나 확실하다고 오인하게 할 소지가 있는 내용을 알리는 행위
3. 투자자로부터 투자권유의 요청을 받지 아니하고 방문 · 전화 등 실시간 대화의 방법을 이용하는 행위. 다만, 투자자 보호 및 건전한 거래질서를 해할 우려가 없는 행위로서 대통령령으로 정하는 행위를 제외한다.
4. 투자권유를 받은 투자자가 이를 거부하는 취지의 의사를 표시하였음에도 불구하고 투자권유를 계속하는 행위. 다만, 투자자 보호 및 건전한 거래질서를 해할 우려가 없는 행위로서 대통령령으로 정하는 행위를 제외한다.
5. 그 밖에 투자자 보호 또는 건전한 거래질서를 해할 우려가 있는 행위로서 대통령령으로 정하는 행위

설명의무(자본시장과 금융투자업에 관한 법률 제47조)

① 금융투자업자는 일반투자자를 상대로 투자권유를 하는 경우에는 금융투자상품의 내용, 투자에 따르는 위험, 그 밖에 대통령령으로 정하는 사항을 일반투자자가 이해할 수 있도록 설명하여야 한다.

② 금융투자업자는 제1항에 따라 설명한 내용을 일반투자자가 이해하였음을 서명, 기명날인, 녹취, 그 밖의 대통령령으로 정하는 방법 중 하나 이상의 방법으로 확인을 받아야 한다.

③ 금융투자업자는 제1항에 따른 설명을 함에 있어서 투자자의 합리적인 투자판단 또는 해당 금융투자상품의 가치에 중대한 영향을 미칠 수 있는 사항(이하 "중요사항"이라 한다)을 거짓 또는 왜곡(불확실한 사항에 대하여 단정적 판단을 제공하거나 확실하다고 오인하게 할 소지가 있는 내용을 알리는 행위를 말한다)하여 설명하거나 중요사항을 누락하여서는 아니 된다.

30 증권 주요 분쟁사례(3) – 주문관련

사례 1

사건개요 고객A는 타 증권회사 계좌를 통해 보유중이던 자신의 주식을 자택 근처 증권회사로 옮겨 장기투자하기로 하고 처를 대리인으로 하여 계좌를 개설하여 주식을 이관하였음. 평소 고객A의 처와 거래가 있던 증권회사 직원이 고객A의 계좌가 자신이 근무하는 지점에 개설된 사실을 알고 고객A의 처에게 남편 보유주식을 교체할 것을 거듭 권유하였고 이에 해당 증권회사 직원과 고객A의 처가 협의하에 고객A의 보유계좌 내에서 매매를 하게 되었음. 고객A가 후에 해당 계좌를 확인한 결과 자신도 모르게 진행되어온 매매에 대해 이의를 제기한 사례

판단내용 부부관계에 있는 자라 할지라도 주식거래는 일상적인 가사에 대하여 부부 상호 간에 인정되는 대리권(일상가사대리권)에 속하지 않고, 증권회사 직원이 고객A와의 전화통화 등으로 대리권 수여의사 사실을 쉽게 판단할 수 있었음에도 불구하고 이행하지 않은 점 등을 미루어 볼 때 증권회사의 직원은 물론 고객A의 처도 공동불법행위자에 포함되어 고객A에게 손해배상을 해야 하는 바, 본 분쟁조정에서는 손해배상금액을 산정하여 당사자 간에 최종합의로 성사됨

[참 조] 일상가사대리권

- 부부는 일상의 가사에 관하여 서로 대리권이 있는데, 이는 현행 민법 제827조에서 보장하고 있다. 부부 상호 간의 가사대리권과 관련하여 문제가 되는 것은 민법 제126조의 표현대리의 적용 여부이다.
- 일상가사란 부부의 공동생활에서 필요로 하는 통상의 사무를 말하는데, 학설과 판례는 부부공동생활에 통상 필요로 하는 쌀 · 부식 등의 식료품의 구입, 연료 · 의복류의 구입, 가옥의 임차, 집세 · 방세 등의 지급 또는 접수, 전기요금 · 수도요금 · 전화요금의 지급, 세금의 납부 등의 가족의 의식주에 관한 사무나, 가족의 보건 · 오락 · 교제, 자녀의 양육 · 교육 등에 관한 사무가 일상가사의 범위에 속하나, 일상생활비로서 객관적으로 타당시되는 범위를 초과한 소비대차, 전화가입권의 매도담보, 가옥의 임대, 순수한 직무상의 사무, 입원, 어음배서행위 등은 일상가사에 포함되지 않는 것으로 본다.

부부 간의 가사대리권(민법 제827조)

① 부부는 일상의 가사에 관하여 서로 대리권이 있다.
② 전 항의 대리권에 가한 제한은 선의의 제3자에게 대항하지 못한다.

대리권 수여의 표시에 의한 표현대리(민법 제125조)

제3자에 대하여 타인에게 대리권을 수여함을 표시한 자는 그 대리권의 범위 내에서 행한 그 타인과 그 제3자 간의 법률행위에 대하여 책임이 있다. 그러나 제3자가 대리권 없음을 알았거나 알 수 있었을 때에는 그러하지 아니한다.

권한을 넘은 표현대리(민법 제126조)

대리인이 그 권한 외의 법률행위를 한 경우에 제3자가 그 권한이 있다고 믿을 만한 정당한 이유가 있는 때에는 본인은 그 행위에 대하여 책임이 있다.

31 증권 주요 분쟁사례(4) – 전산장애

 **사례 1**

사건개요 고객은 증권회사 모지점을 통하여 주식위탁계좌를 개설한 후 HTS를 설치하였고 '전자증권거래서비스 이용약관'을 통해 전산장애가 발생할 경우 증권회사의 본사 고객지원센터 및 영업부, 지역 영업점에 전화로 대체주문이 가능하다는 것을 알고 있었음. 계좌개설 이후 해당 증권회사의 전산매매시스템과 연결되는 IP가 충돌하는 현상이 발생하여 전산장애가 발생하였음. 당시에도 고객은 해당 증권회사의 지점에 전화로 ㅇㅇ종목에 대한 시세문의는 있었으나 실제 매도를 주문한 사실이 없는데 고객은 ㅇㅇ종목을 매도하여 매도차익을 실현하려했지만 전산장애로 인해 해당 종목의 매도가 불가능했고 전산장애 복구 이후 동 종목에 대한 시세하락으로 손해가 발생했다면서 증권회사를 상대로 손해배상을 요구함

판단내용 고객은 HTS 신청을 할 당시부터 증권회사의 전산장애 발생이 대체주문방식에 대하여 이미 인지하고 있었고, 영업점과 통화 당시에도 매도주문한 사실이 없는바, 당시 고객의 매도의사를 확인할 증거가 없고, 전산장애 발생과 고객이 주장하는 손해발생 사이에 인과관계가 없으므로 고객은 증권회사를 상대로 손해배상책임을 물을 수 없다고 판단함

[참 조] 홈트레이딩시스템(HTS : Home Trading System)

- 주식을 사고팔기 위해 증권사 객장을 방문하거나 전화를 거는 대신 집이나 사무실에 설치된 PC를 통해 거래할 수 있도록 하는 시스템을 말한다. HTS를 이용하면 매매주문은 물론 계좌조회와 증권사가 제공하는 각종 증권시장 관련 정보를 받아볼 수 있다.
- 1980년대 말과 1990년대 초에 단순히 주식시세를 조회할 수 있도록 제공되던 가정용 투자정보시스템에서 발전된 것으로 1997년 이후에 여러 증권회사에서 도입하였다. 초기에는 주식시세 보기와 매매주문 기능 정도밖에 없었으나 2000년대에 들어와 각종 분석은 물론 매매상담까지 할 수 있게 되었다.
- 매매수수료가 저렴하고 인터넷이 연결된 곳이면 어느 곳에서나 거래할 수 있고, 각 종목의 등락에 따라 어떻게 매매할 것인지의 조건을 입력하면 매매를 자동으로 진행하는 기능이 첨가되는 등의 장점을 지닌다.

전산장애 관련 손해배상 조정

- 실제 매매가 이루어지지 않은 상태라면 주문에 의한 손해배상 범위는 특별한 사정이 없는 한 해당 계좌의 예탁잔고범위 내의 주문수량(시스템이 정상적이었다면 매매 가능한 한도)에 대해서만 손해배상 범위를 인정할 수 있다. 증권회사의 전산장애와 관련한 손해배상에 있어서 고객은 아무런 주문기록 없이 단순히 '전산장애가 없었더라면 샀을 텐데(팔았을 텐데)...'와 같은 기회이익은 손해배상의 대상에서 제외되는 것이 원칙이므로 실제 매매의사가 있었음을 확인하는 자료는 배상 여부의 중요한 판단기준이 된다. 따라서 전산장애가 발생한 경우 지체 없이 거래증권사나 홈페이지에 게시된 비상주문수단을 이용해 매매의사를 적극적으로 알리거나, 화면캡처 등 실제 매매의사가 있었음을 확인하는 자료와 전산장애 사실을 입증할 수 있는 근거자료를 확보하는 것이 원만한 분쟁해결에 도움이 된다.
- 신종금융투자상품은 보다 다양하고 복잡해질 것으로 예상되는바 향후 이러한 추세는 지속될 것으로 보이며 매매시점, 제반조건을 제대로 설정하였는지 등을 확인하는 등 투자자들의 주의가 필요하다.

핵심플러스

OX 문제

01 오늘날 금융투자업의 고객인 투자자는 정확한 정보에 의해 투자 여부를 스스로 판단한다고 전제하고 투자권유 한다. (   )

02 신의성실의 원칙은 권리의 행사와 의무를 이행하는 데 있어서 행위준칙이 된다. (   )

03 자본시장법에서는 투자자를 전문투자자와 일반투자자로 구분하는데 장외파생상품 거래 시 주권상장법인은 법인투자자로 간주된다. (   )

04 전문가로서의 주의를 강조하는 주의의무에 대해 금융기관과 일반 주식회사는 동일한 수준을 요한다. (   )

05 투자중개업자가 투자자에게 증권 · 파생상품시장에서의 매매위탁을 받아 매매가 진행되도록 한 경우에도 자기계약금지규정이 적용된다. (   )

06 자신이 발행주식총수의 100분의 1 이상의 주식 등을 보유하고 있는 법인은 조사분석자료에 이해관계를 명시해야 한다. (   )

07 금융투자업종사자는 특정한 경우에 한하여 임의매매하는 것이 가능하다. (   )

08 금융투자업자는 내부통제기준, 위험관리 등 준법감시 관련 자료와 임원 · 대주주 · 전문인력의 자격, 이해관계자 등과의 거래내역 관련 자료에 대해서 3년간 기록 · 유지하여야 한다. (   )

09 금융실명법상 비밀보장의 원칙에서 예외 사유에 해당할 때에는 명의인에게 통보하지 않고 금융거래 정보를 제공하는 것이 가능하다. (   )

해설

01 점차 전문화 · 복잡화 · 다양화되어 가는 금융투자상품으로 인해 정보의 정확성뿐만 아니라, 적극적인 투자자 보호가 필요하다. 윤리적 업무자세의 중요성이 더욱 강조된다.

03 주권상장법인은 장외파생상품 거래 시 일반투자자로 간주되는데, 금융투자업자에게 서면을 통해 전문투자자로의 전환을 요구할 수 있다.

04 금융투자업자는 고객의 재산을 보호해야 하는 등 공공적 역할을 담당하기 때문에 일반 주식회사보다 더욱 높은 수준의 주의의무가 요구된다.

05 해당 경우에는 상대방이 우연히 결정되기 때문에 투자자의 이익을 해칠 가능성이 없어 자기계약금지규정 적용에서 제외된다.

07 임의매매는 금지되어 있고, 형사벌칙이 가해진다.

08 해당 내용의 기록 · 유지기간은 5년이다. 그 밖의 내부통제 관련 자료 등은 3년간 기록 · 유지해야 한다.

09 명의인의 동의가 있거나 예외 사유에 해당하여 금융거래정보 등을 제공한 경우, 제공한 날부터 10일 이내에 제공한 거래정보 등의 주요내용 · 사용목적 · 제공받은 자 및 제공일자 등을 명의인에게 서면으로 통보하고 이를 금융위원회가 정하는 표준양식에 의하여 기록 · 관리해야 한다.

[정답] 01 × 02 ○ 03 × 04 × 05 × 06 ○ 07 × 08 × 09 ×

핵심플러스

OX 문제

10 거래상대방에게 재산상 이익을 제공할 수 없기 때문에, 문화활동과 관련된 상품권을 제공하는 것도 금지된다. ( )

11 민원 및 분쟁처리를 위한 전담조직 설치가 어려울 때에는 감사부서 또는 준법감시부서가 민원 및 분쟁처리를 수행한다. ( )

12 미공개정보는 공개 시 주식가격에 영향을 줄 수 있는 정보로 주식의 매입 · 보유 · 매도를 결정하는 데에 중요하다고 고려할 수 있는 정보를 말한다. ( )

13 임직원의 대외활동 중 회사, 주주 및 고객 등과의 이해상충이 사전에 회사에 보고한 범위보다 확대되는 경우 회사는 그 대외활동의 중단을 요구할 수 있다. ( )

14 절취, 기망, 협박, 그 밖의 부정한 수단으로 영업비밀을 취득하는 행위 또는 그 취득한 영업비밀을 사용하거나 공개하는 행위 영업비밀 침해행위에 해당한다. ( )

15 중간감독자가 관리감독권한을 하부로 이양했을 때에는 관리감독책임으로부터 면제된다. ( )

16 조사분석자료 공표 시, 금융투자회사는 투자등급의 의미와 공표일로부터 과거 5년간 해당 금융투자상품에 대하여 제시한 투자등급 및 목표가격 변동추이를 게재한다. ( )

17 준법감시인은 해당 금융투자업자가 영위하고 있는 금융투자업 및 그 부수업무에 관한 직무를 담당하기도 한다. ( )

18 준법감시인은 회사가 정하는 준법서약서를 작성하여 임원진에게 제출하여야 한다. ( )

19 자율규제는 금융위원회, 증권선물위원회, 금융감독원 등에 의한 제재가 중심이 된다. ( )

20 금융분쟁조정위원회에 신청이 이루어져 조정이 시작되면 해당 분쟁에 대해 합의를 볼 수 없다. ( )

해설

10 공연 · 운동경기 관람, 도서 · 음반구입 등 문화활동과 관련된 상품권을 제공하는 경우는 허용한다.

12 중요정보에 대한 설명이다. 미공개정보는 발행자 · 발행자 단체의 주식과 관련하여 공개되지 않은 정보를 말한다.

15 면제되지 않는다. 민법상 사용자책임규정에 의하여 배상책임을 질 수도 있다.

16 조사분석자료 공표 시 공표일로부터 과거 2년간의 변동추이를 게재한다. 이때에는 목표가격과 해당 금융투자상품의 가격의 변동추이를 그래프로 표기하여야 한다.

17 준법감시인은 해당 금융투자업자의 고유재산의 운용업무 또는 금융투자업 및 그 부수업무 등을 수행하는 직무를 담당할 수 없다. 이는 독립성 보장을 위한 것이다.

18 준법서약서는 임직원이 작성하여 준법감시인에게 제출한다.

19 자율규제업무를 담당하는 곳은 금융투자협회이며, 금융위원회, 증권선물위원회, 금융감독원 등의 제재는 행정제재이다.

20 분쟁조정 신청 시 금융감독원장은 당사자들에게 내용을 통지하고 우선적으로 합의를 권고한다.

[정답] 10 × 11 ○ 12 × 13 ○ 14 ○ 15 × 16 × 17 × 18 × 19 × 20 ×

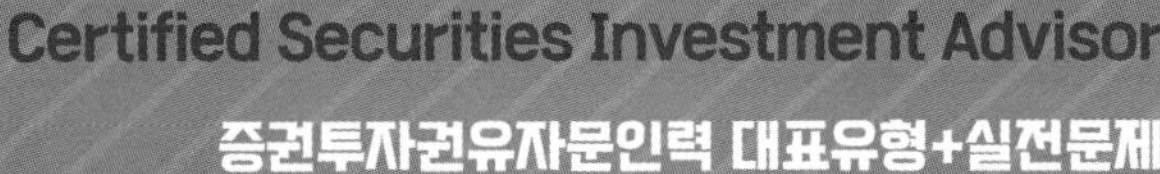

4과목

법규 및 세제

1장 자본시장과 금융투자업에 관한 법률 / 금융위원회규정

2장 한국금융투자협회규정

3장 회사법

4장 증권세제

1장 자본시장과 금융투자업에 관한 법률 / 금융위원회규정

대표 유형 문제

자본시장법에 대한 설명으로 옳지 않은 것은?

① 열거주의에서 포괄주의로 전환되었다.
② 기관별 규제에서 기능별 규제로 전환되었다.
③ 금융투자업 간 겸업을 엄격히 제한하고 있다.
④ 금융투자업자는 고객과의 이해상충이 발생하지 않도록 필요한 준법감시 및 내부통제 체계를 갖추도록 하고 있다.

정답해설 겸업을 엄격히 제한하던 방식에서 겸업을 폭넓게 허용하는 방식으로 변화되었다.

대표 유형 문제 알아 보기

자본시장법의 주요 내용 비교

	구 증권거래법	자본시장법
금융투자상품의 종류	열거주의	포괄주의
규제 체계	기관별 규제	기능별 규제
금융투자업 간 겸업	불허	허용
부수업무 범위	열거주의	포괄주의

[대표 유형 문제 정답] ③

1 자본시장법 개요

개념 확인 문제

01 **자본시장법은 경제적 실질이 동일한 금융기능을 동일하게 규율하는 기능별 규율체제로 전환하고 금융기능을 금융투자업, 금융투자상품, (　　　)를 기준으로 분류하고 있다.**

① 투자자　　② 금융투자업자

02 **자본시장법은 금융투자상품의 개념을 (　　　)을 가진 모든 금융상품으로 포괄하여 정의하였다.**

① 합목적성　　② 투자성(원본손실 가능성)

실전 확인 문제

▶ **다음은 자본시장법에 대한 내용이다. 잘못된 내용은?**

① 자본시장법의 궁극적인 목적은 투자자 보호이기 때문에 당연히 투자자 보호법의 기능을 한다.

② 자본시장법은 이해상충방지체계를 입법함으로써 겸영에 따른 투자자와 금융투자업자 간, 투자자 간 이해상충 가능성을 방지하고 있다.

③ 자본시장법은 금융투자상품의 개념을 구체적으로 열거하여 향후 출현할 모든 금융투자상품을 규제대상으로 하고 있다.

④ 자본시장법은 기초자산의 범위를 금융투자상품, 통화, 일반상품, 신용위험 및 그 밖에 자연적 · 환경적 · 경제적 현상 등에 속하는 위험으로서 산출이나 평가가 가능한 것으로 포괄하여 정의하고 있다.

정답해설 자본시장법은 금융투자상품의 개념을 추상적으로 정의하여 향후 출현할 모든 금융투자상품을 법률의 규율대상으로 포괄하고 있다.

개념 짚어 보기

자본시장법의 주요내용

- **금융투자상품의 포괄주의 도입** : 금융투자상품의 정의 방식을 종전 열거주의방식에서 포괄주의방식으로 전환하여 투자성(원본손실 가능성)이 있는 모든 금융투자상품을 법률의 규제대상으로 포괄하여 금융투자업자의 취급 가능상품과 투자자 보호 규제의 대상을 대폭 확대하였다.
- **기능별 규율체제로의 전환** : 기관별 규율체계를 경제적 실질이 동일한 금융기능을 동일하게 규율하는 기능별 규율체계로 전환, 경제적 실질에 따라 기능적으로 정의 · 분류하여 그동안 투자자 보호가 미흡했던 부분을 해소할 수 있게 되었다.
- **금융투자업자의 업무범위 확대** : 업무범위의 제한에 따른 문제해결을 위해 금융투자업자가 원할 경우 6개 금융투자업 상호 간 겸영을 허용하는 등 금융투자업자의 업무범위를 확대하고 있으며, 업무범위 확대에 따른 투자자의 피해를 방지하기 위해 일정한 이해상충방지체계의 구축을 전제로 하고 있다.
- **투자자 보호제도의 강화** : 일반투자자에 대한 투자권유와 관련하여 고객알기의무, 적합성의 원칙, 설명의무, 적정성의 원칙 등과 그 위반시의 손해배상책임 강화를 골자로 하는 선진적인 투자자 보호장치를 도입 · 강화하였다.

[개념 확인 문제 정답] 01 ① 02 ② [실전 확인 문제 정답] ③

2 금융투자업 감독 · 관계기관

개념 확인 문제

01 (   )은/는 증권 및 장내파생상품의 공정한 가격 형성과 그 매매, 그 밖에 거래의 안정성 및 효율성을 도모하기 위하여 설립된, 자본금 1천억 원 이상의 주식회사로 유가증권시장, 코스닥시장, 파생상품시장의 개설 · 운영에 관한 업무 등을 담당하는 기관이다.

① 금융감독원　　② 한국거래소

02 금융기관 및 시장을 대상으로 전반적인 금융규제 및 감독에 대한 최고의사결정기구, 각종 금융관련 법률에서 위임받은 사항에 대한 심의 · 의결 기능을 수행하기 위해 설치된 국무총리소속의 합의제 행정기관으로 금융에 관한 정책 및 제도에 관한 사항을 담당하는 곳은 (   )이다.

① 한국금융투자협회　　② 금융위원회

실전 확인 문제

▶ 다음의 업무를 수행하는 자본시장의 행정기관은 어디인가?

- 증권 등의 계좌 간 대체업무
- 증권 등의 보호예수업무
- 증권의 명의개서 대행업무
- 증권 등의 집중예탁업무

① 한국거래소　　② 명의개서대행회사
③ 증권금융회사　　④ 한국예탁결제원

정답해설 증권의 집중예탁과 이에 관련되는 결제 등 복합서비스를 제공하는 한국예탁결제원의 업무들이다.

개념 짚어 보기

금융투자업 감독 · 관계기관

금융위원회	금융기관 및 시장을 대상으로 전반적인 금융규제 및 감독에 대한 최고의사결정기구
금융감독원	금융기관에 대한 검사와 감독업무를 수행하는 특수기관
증권선물위원회	자본시장 분야를 담당하기 위해 금융위원회 내에 설치된 감독기구
한국거래소	금융투자업의 건전한 발전을 위하여 설립
한국금융 투자협회	금융투자업의 건전한 발전을 위하여 설립
한국예탁결제원	증권 등의 집중예탁과 계좌 간 대체 및 유통의 원활을 위하여 설립된 중앙예탁결제기관
증권금융회사	증권의 거래업무와 관련해 자금을 공급하는 주식회사(한국증권금융)
금융투자상품 거래청산회사	금융투자업자 및 청산대상업자를 대상으로 청산대상업자가 청산대상거래를 함에 따라 발생하는 채무를 채무인수, 경개(更改) 등의 방법으로 부담
신용평가회사	금융투자상품, 기업 · 집합투자기구 등 신용상태를 평가하여 등급 부여, 제공 · 열람

[개념 확인 문제 정답] 01 ② 02 ② [실전 확인 문제 정답] ④

3 금융투자상품의 분류

개념 확인 문제

01 금융투자상품은 원본손실위험과 대상상품의 기능을 기준으로 (　　　)과 파생상품으로 구분하고, 파생상품은 거래소시장에서의 거래 여부에 따라 장내파생상품과 장외파생상품으로 세분화된다.

① 예금　　　② 증권

02 (　　　)이란 특정 투자자가 그 투자자와 타인(다른 투자자를 포함) 간의 공동사업에 금전 등을 투자하고 주로 타인이 수행한 공동사업의 결과에 따른 손익을 귀속받는 계약상의 권리가 표시된 것을 말한다.

① 투자계약증권　　　② 지분증권

실전 확인 문제

▶ **다음 중 금융투자상품에 대한 설명으로 옳지 않은 것은?**

① 투자성 판단 시 판매 수수료 등 투자자가 지급하는 수수료는 투자원본에서 제외하여 산정한다.
② 금융투자상품에는 원본손실 가능성을 가진 모든 금융투자상품을 포함한다.
③ 파생상품은 거래구조에 따라 선도, 옵션, 스왑으로 구분된다.
④ 파생상품은 증권과는 달리 금전 등의 지급시기가 장래의 일정시점이고, 투자원본 이상의 손실발생 가능성을 가지고 있다.

정답해설 금융투자상품에서 원화로 표시된 양도성 예금증서(CD), 수탁자에게 신탁재산의 처분 권한이 부여되지 않은 관리형 신탁의 수익권을 제외한다.

개념 짚어 보기

금융투자상품

- **정의** : 이익을 얻거나 손실을 회피할 목적으로 현재 또는 장래의 특정시점에 금전, 그 밖의 재산적 가치가 있는 것(금전 등)을 지급하기로 약정함으로써 취득하는 권리로서, 그 권리를 취득하기 위하여 지급하였거나 지급하여야 할 금전 등의 총액(판매수수료 등 대통령령으로 정하는 금액을 제외)이 그 권리로부터 회수하였거나 회수할 수 있는 금전 등의 총액(해지수수료 등 대통령령으로 정하는 금액을 포함한다)을 초과하게 될 위험(투자성)이 있는 것을 말한다.
- **구분** : 증권, 파생상품(장내파생상품, 장외파생상품)
- **증권의 분류** : 채무증권, 지분증권, 수익증권, 투자계약증권, 파생결합증권, 증권예탁증권
- **원본대비 손실비율과 금융투자상품의 종류**

범위	손실비율≤0%	0%<손실비율≤100%	100%<손실비율
상품	원본보전형	원본손실형	추가지급형
	예금, 보험	증권	파생상품

[개념 확인 문제 정답] 01 ② 02 ① [실전 확인 문제 정답] ②

4 금융투자업자 규제 – 인가 · 등록요건

개념 확인 문제

01 금융투자업이란 이익을 얻을 목적으로 계속적이거나 반복적인 방법으로 행하는 행위로서 고객과 직접 채무관계를 가지거나 고객의 자산을 수탁하는 금융투자업에 대해서는 (　　　)를 적용하고, 고객의 자산을 수탁하지 않는 금융투자업에 대해서는 (　　　)를 적용한다.

① 인가제, 등록제　　② 등록제, 인가제

02 금융투자업자는 인가 또는 등록 이후에도 인가 · 등록요건을 계속 유지하여야 하는데 해당 인가업무 단위별로 진입 시 자기자본의 (　　　) 이상을 유지하여야 한다.

① 50%　　② 70%

실전 확인 문제

▶ 금융투자업의 인가 및 등록에 관한 사항으로 잘못된 것은?

① 일정한 자격을 갖추지 않은 자는 금융투자업을 영위할 수 없다.
② 장외파생상품을 대상으로 하는 인가에 대해서는 완화된 진입요건을, 전문투자자를 상대로 하는 금융투자업의 경우는 강화된 진입요건을 설정하였다.
③ 동일한 금융기능에 대해서는 동일한 인가요건 및 등록요건이 적용되도록 금융기능별로 진입요건을 마련하였다.
④ 금융투자업 진입요건은 인가제가 등록제보다 엄격하게 설정되었다.

정답해설 장외파생상품 등 위험금융투자상품을 대상으로 하는 인가와 일반투자자를 상대로 하는 금융투자업의 경우에는 강화된 진입요건을 설정하였다.

개념 짚어 보기

금융투자업의 분류

- **투자매매업** : 누구의 명의로 하든지 자기의 계산으로 금융투자상품의 매도 · 매수, 증권의 발행 · 인수 또는 그 청약의 권유, 청약, 청약의 승낙을 영업으로 하는 것
- **투자중개업** : 누구의 명의로 하든지 타인의 계산으로 금융투자상품의 매도 · 매수, 그 청약의 권유, 청약, 청약의 승낙 또는 증권의 발행 · 인수에 대한 청약의 권유, 청약, 청약의 승낙을 영업으로 하는 것
- **투자자문업** : 금융투자상품의 가치 또는 금융투자상품에 대한 투자판단에 관한 자문에 응하는 것을 영업으로 하는 것
- **투자일임업** : 투자자로부터 금융투자상품에 대한 투자판단의 전부 또는 일부를 일임받아 투자자별로 구분하여 금융투자상품을 취득 · 처분, 그 밖의 방법으로 운용하는 것을 영업으로 하는 것
- **집합투자업** : 집합투자를 영업으로 하는 것으로서, 펀드를 설정하고 다수의 투자자에게 자금을 모은 뒤 이 자금을 운용하여 수익을 분배하여 갖는 업무
- **신탁업** : 일반투자자들로부터 자금을 모아 신탁재산을 만든 후 그 재산을 특정 금융투자상품에 투자하여 운영하는 것

[개념 확인 문제 정답] 01 ①　02 ②　[실전 확인 문제 정답] ②

5 금융투자업 인가 요건과 등록 심사

개념 확인 문제

01 금융투자업자의 자기 자본은 인가 업무 단위별 (   )과 대통령령에서 정하는 금액 중 큰 금액 이상이어야 한다.

① 3억 원 ② 5억 원

02 집합투자증권의 투자매매업자와 투자중개업자는 투자권유자문인력을 (   ) 이상 갖추어야 한다.

① 2인 ② 5인

실전 확인 문제

▶ 금융투자업의 인허가 및 등록에 대한 설명으로 옳지 않은 것은?

① 집합투자업과 신탁업은 인가제이다.
② 투자자문업은 등록제, 투자일임업은 인가제이다.
③ 인가를 받은 후에도 금융투자업자는 인가 시 인가업무 단위별 최저자기자본 수준을 유지하여야 한다.
④ 온라인 소액투자중개업자는 증권 취득이 불가하며 단순 중개만 가능하다.

정답해설 투자일임업은 등록제이다.

개념 짚어 보기

인가제와 등록제

- 인가제 : 투자매매업, 투자중개업, 신탁업, 집합투자업
- 등록제 : 투자자문업, 투자일임업

[개념 확인 문제 정답] 01 ② 02 ② [실전 확인 문제 정답] ②

6 경영건전성 감독

개념 확인 문제

01 겸영금융투자업자와 전업 투자자문업자와 투자일임업자를 제외한 금융투자업자는 영업용순자본을 (   ) 이상으로 유지해야 한다.

① 자기자본비율　　② 총위험액

02 금융투자업자는 대주주가 발행한 증권을 소유할 수 없고, 그 계열회사가 발행한 주식 채권 및 약속어음을 자기자본의 (   )를 초과하여 소유할 수 없다.

① 8%　　② 15%

실전 확인 문제

▶ **다음 중 금융투자업자의 건전성 규제에 관한 사항으로 옳지 않은 것은?**

① 겸영금융투자업자를 제외한 금융투자업자는 그 금융투자업자의 대주주가 발행한 증권을 소유하는 행위를 해서는 안 된다.
② 모든 금융투자업자는 영업용순자본(NCR)을 총위험액 이상으로 유지해야 하는 규제를 받는다.
③ 금융투자업자는 금융투자업자의 고유재산과 신탁재산, 투자자가 예탁한 재산, 집합투자재산을 명확히 구분하여 회계처리해야 한다.
④ 금융투자업자는 매 분기마다 업무보고서를 작성하여 그 기간 경과 후 45일 이내에 금융위원회에 제출해야 한다.

정답해설 겸영금융투자업자, 전업투자자문업자 · 투자일임업자는 영업용순자본(NCR) 규제 적용대상에서 제외된다.

개념 짚어 보기

금융투자업자의 건전성에 관한 규제

- **재무건전성 유지** : 영업용순자본을 총위험액 이상으로 유지해야 함
- **경영건전성 기준** : 자기자본비율 등 자본의 적정성, 자산의 건전성, 유동성에 관하여 금융위원회가 정하여 고시하는 사항을 준수해야 함
- **회계처리**
  - 투자매매업, 투자중개업, 투자자문업 및 투자일임업 : 매년 4월 1일부터 다음 해 3월 31일까지의 기간
  - 신탁업, 종합금융회사 및 자금중개회사 : 정관에서 정하는 기간
- **업무보고서 및 경영공시** : 매 사업연도 개시일부터 3개월간 · 6개월간 · 9개월간 및 12개월간의 분기별 업무보고서를 작성하여 그 기간 경과 후 45일 이내에 금융위원회에 제출해야 함
- **대주주와의 거래제한** : 그 금융투자업자의 대주주가 발행한 증권을 소유하는 행위, 그 금융투자업자의 특수관계인 중 계열회사가 발행한 주식, 채권 및 약속어음을 소유하는 행위 등을 할 수 없음

[개념 확인 문제 정답] 01 ② 02 ① [실전 확인 문제 정답] ②

7 공통 영업행위 규칙

개념 확인 문제

01 금융투자업자는 투자자 보호 및 건전한 거래질서를 해할 우려가 없는 금융업무를 겸영할 수 있으며, 이 경우 금융투자업자는 그 업무를 영위하고자 하는 날의 ( ) 전까지 이를 ( )에 신고하여야 한다.

① 7일, 금융위원회　　② 14일, 한국금융투자협회

02 금융투자업자는 금융투자업에 부수하는 업무를 영위하고자 하는 경우에는 그 업무를 영위하고자 하는 날의 ( ) 전까지 금융위원회에 ( )하여야 한다.

① 5일, 보고　　② 7일, 신고

실전 확인 문제

▶ 자본시장법에서 규정하고 있는 금융투자업의 공통 영업행위 규칙에 해당되지 않는 것은?

① 업무를 위탁받은 자가 위탁받은 업무를 제3자에게 재위탁하는 것은 원칙적으로 금지된다.
② 금융투자업자는 자기의 명의를 대여하여 타인에게 금융투자업을 영위하게 해서는 안 된다.
③ 금융투자업자가 아닌 자가 상호 중에 '금융투자'라는 문자를 사용해서는 안 되지만 financial investment 등의 외국어 문자를 사용하는 것은 가능하다.
④ 금융투자업자는 이해상충이 발생할 가능성을 파악 · 평가한 결과 이해상충이 발생할 가능성이 있다고 인정되는 경우에는 그 사실을 미리 해당 투자자에게 알려야 한다.

정답해설 금융투자업자가 아닌 자는 그 상호 중에 '금융투자'라는 문자 또는 이와 같은 의미를 가지는 외국어 문자로서 financial investment(그 한글표기문자를 포함)나 그와 비슷한 의미를 가지는 다른 외국어 문자(그 한글표기문자를 포함)를 사용하여서는 안 된다.

개념 짚어 보기

금융투자업자의 공통 영업행위 규칙

- **신의성실의무** : 신의성실의 원칙에 따라 공정하게 금융투자업을 영위하여야 한다.
- **상호규제** : 금융투자업자가 아닌 자는 그 상호 중에 '금융투자'라는 문자 또는 이와 같은 의미를 가지는 외국어 문자를 사용해서는 안 된다.
- **명의대여 금지** : 자기의 명의를 대여하여 타인에게 금융투자업을 영위하게 해서는 안 된다.
- **부수업무 영위** : 금융투자업에 부수하는 업무를 영위하고자 하는 경우에는 그 업무를 영위하고자 하는 날의 7일 전까지 이를 금융위원회에 신고해야 한다.
- **업무위탁** : 금융투자업, 부수업무와 관련하여 그 금융투자업자가 영위하는 업무의 일부를 제3자에게 위탁할 수 있다.
- **이해상충관리** : 금융투자업의 영위와 관련하여 금융투자업자와 투자자 간, 특정 투자자와 다른 투자자 간의 이해상충을 방지하기 위하여 이해상충이 발생할 가능성을 파악 · 평가하고, 내부통제기준이 정하는 방법 및 절차에 따라 적절히 관리하여야 한다.
- **정보교류의 차단** : 금융투자업자는 그 영위하는 금융투자업 간에 이해상충이 발생할 가능성이 큰 경우의 어느 하나에 해당하는 행위를 해서는 안 된다.

[개념 확인 문제 정답] 01 ① 02 ② [실전 확인 문제 정답] ③

8 투자권유 규제

개념 확인 문제

01 투자권유는 (　　　)를 상대로 금융투자상품의 매매의 체결을 권유하는 것을 의미하며, 투자광고는 (　　　)를 상대로 금융투자상품에 대해 광고하는 것을 의미한다.

① 특정 투자자, 불특정 다수　　　② 불특정 다수, 특정 투자자

02 투자권유대행인은 금융투자협회가 정한 교육을 이수하고, 등록이 취소된 경우 그 등록이 취소된 날로부터 (　　　)이 경과한 자로서, 금융투자업자는 투자권유대행인에게 투자권유를 위탁하는 경우 위탁받은 자를 금융위원회에 등록해야 한다.

① 1년　　　② 3년

실전 확인 문제

▶ 다음 중 투자권유 영업행위 규제에 대한 설명으로 옳지 않은 것은?

① 고객파악 의무는 적정성 원칙에 해당한다.
② 금융투자업자는 설명의무 위반으로 인해 발생한 손해를 배상할 책임이 있다.
③ 불확실한 사항에 대하여 단정적 판단을 제공하는 행위는 금지된다.
④ 투자권유대행인은 투자자로부터 금전을 수취해서는 안된다.

정답해설 금융투자업자는 일반투자자에게 투자권유를 하기 전에 투자자의 투자목적과 재산 상황등의 정보를 파악할 고객 파악 의무를 지는데 이를 적합성의 원칙이라고 한다.

개념 짚어 보기

투자권유대행인의 금지행위

- 위탁한 금융투자업자를 대리하여 계약을 체결하는 행위
- 투자자로부터 금전 · 증권, 그 밖의 재산을 수취하는 행위
- 금융투자업자로부터 위탁받은 투자권유대행업무를 제3자에게 재위탁하는 행위
- 둘 이상의 금융투자업자와 투자권유위탁계약을 체결하는 행위
- 그 밖에 투자자 보호 또는 건전한 거래질서를 해할 우려가 있는 행위로서 대통령령으로 정하는 행위

[개념 확인 문제 정답] 01 ① 02 ② **[실전 확인 문제 정답]** ①

9 투자매매업 · 투자중개업 행위규칙(1) – 매매관련 규제

개념 확인 문제

01 ( )는 투자매매업자 또는 투자중개업자는 금융투자상품에 관한 같은 매매에 있어 자신이 본인이 됨과 동시에 상대방의 투자중개업자가 되어서는 안 된다는 영업행위 규칙을 말한다.

① 자기계약의 금지 ② 임의매매의 금지

02 투자매매업자는 투자자로부터 그 투자매매업자가 발행한 자기주식으로서 증권시장의 매매수량 단위 미만의 주식에 대하여 매도주문을 받은 경우에는 이를 증권시장 밖에서 취득할 수 있다. 이 경우 예외적으로 취득한 자기주식은 취득일부터 ( ) 이내에 처분하여야 한다.

① 3개월 ② 1년

실전 확인 문제

▶ 투자매매업자 및 투자중개업자의 업무 관련 규제에 대한 설명으로 옳지 않은 것은?

① 투자자로부터 매매 주문을 받는 경우 사전에 자기가 투자매매업자인지 투자중개업자인지를 밝혀야 한다.
② 고객으로부터 금융투자상품의 매매를 위탁받은 투자중개업자는 고객의 대리인이 됨과 동시에 그 거래 상대방이 될 수 없다.
③ 금융투자상품의 매매에 관한 투자자의 청약 또는 주문을 처리하기 위하여 최선집행기준을 마련하여야 한다.
④ 투자매매업자는 어떠한 경우에도 투자자로부터 그 투자매매업자가 발행한 자기주식을 취득할 수 없다.

정답해설 자기주식이라도 증권시장의 매매 수량단위 미만의 주식에 대하여 매도의 청약을 받은 경우에는 이를 증권시장 밖에서 취득할 수 있다. 이 경우 취득한 자기주식은 3개월 이내에 처분하여야 한다.

개념 짚어 보기

투자매매업자 및 투자중개업자의 영업행위 규제

- **매매형태의 명시** : 투자자로부터 금융투자상품 매매에 관한 주문을 받는 경우 사전에 그 투자자에게 자기가 투자매매업자인지 투자중개업자인지를 밝혀야 한다.
- **자기주식의 예외적 취득** : 투자매매업자는 투자자로부터 그 투자매매업자가 발행한 자기주식으로서 증권시장의 매매수량 단위 미만의 주식에 대하여 매도주문을 받은 경우에는 이를 증권시장 밖에서 취득할 수 있다.
- **최선집행의 의무** : 투자매매업자 또는 투자중개업자는 금융투자상품의 매매에 있어서 투자자의 청약 또는 주문을 처리하기 위하여 최선의 거래조건으로 집행하기 위한 기준을 마련하고 이를 공표하여야 한다.
- **자기거래의 금지** : 투자매매업자 또는 투자중개업자는 금융투자상품에 관한 동일한 매매에 있어서 자신이 본인이 됨과 동시에 상대방의 투자중개업자가 되어서는 안 된다.
- **임의매매의 금지** : 투자매매업자 또는 투자중개업자는 투자자나 그 대리인으로부터 금융투자상품의 매매주문을 받지 않고 투자자에게 예탁받은 재산으로 금융투자상품을 매매해서는 안 된다.

[개념 확인 문제 정답] 01 ① 02 ① [실전 확인 문제 정답] ④

10 투자매매업 · 투자중개업 행위규칙(2) – 불건전 영업행위 규제 등

개념 확인 문제

01 투자자로부터 금융투자상품의 가격에 중대한 영향을 미칠 수 있는 매수 또는 매도주문을 받거나 받게 될 가능성이 큰 경우 이를 체결시키기 전에 그 금융투자상품을 자기의 계산으로 매수 또는 매도하거나 제3자에게 매수 또는 매도를 권유하는 행위를 (　　　)라 한다.

① 과당매매　　② 선행매매

02 투자매매업자 또는 투자중개업자는 특정 금융투자상품의 조사분석자료를 투자자에게 공표함에 있어서 그 조사분석자료의 내용이 사실상 확정된 때부터 공표 후 (　　　)이 경과하기 전까지 그 조사분석자료의 대상이 된 금융투자상품을 자기의 계산으로 매매하는 행위를 해서는 안 된다.

① 24시간　　② 7일

실전 확인 문제

▶ 다음 중 투자매매업자 및 투자중개업자의 불건전 영업행위로 볼 수 없는 것은?

① 투자자에게 해당 투자매매업자 · 투자중개업자가 발행한 자기주식의 매매를 권유하는 행위
② 오로지 금융투자업자 내부에서 업무를 수행할 목적의 조사분석자료 작성을 담당하는 자에게 기업금융업무와 연동된 성과보수를 지급하는 행위
③ 투자권유대행인 및 투자권유자문인력이 아닌 자에게 투자권유를 하게 하는 행위
④ 일반투자자의 투자목적, 재산상황, 투자경험을 고려하지 않고 지나치게 자주 투자권유를 하는 행위

정답해설 해당 조사분석자료가 투자자에게 공표되거나 제공되지 않고 금융투자업자 내부에서 업무를 수행할 목적으로 작성된 경우에는 조사분석자료 작성을 담당하는 자에 대하여 기업금융업무와 연동된 성과보수를 지급하는 행위는 금지예외 사유에 해당된다.

개념 짚어 보기

불건전 영업행위의 금지

- 선행매매 · 일임매매의 금지
- 조사분석자료 공표 후 매매금지
- 조사분석자료 작성자에 대한 성과보수지급 금지
- 주권 등의 모집 · 매출과 관련된 조사분석자료의 공표 · 제공 금지
- 투자권유대행인 및 투자권유자문인력이 아닌 자의 투자권유 금지
- 매매명세의 통지

[개념 확인 문제 정답] 01 ② 02 ① [실전 확인 문제 정답] ②

11 투자매매업 · 투자중개업 행위규칙(3) – 투자자예탁금의 별도예치

개념 확인 문제

01 투자매매업자 또는 투자중개업자는 투자자로부터 금융투자상품의 매매 및 그 밖의 거래와 관련하여 받은 예탁금을 고유재산과 구분하여 증권금융회사에 예치하거나 신탁해야 하는데 은행 및 (　　　), 한국산업은행, 중소기업은행은 증권금융회사를 제외한 신탁업자에게 신탁할 수 있다.

① 증권회사　　　② 보험회사

02 예치금융투자업자는 파산선고, 인가취소 등에 해당하게 된 경우에는 예치기관에 예치 또는 신탁한 투자자예탁금을 인출하여 투자자에게 우선하여 지급하여야 하며, 사유발생일로부터 (　　　) 이내에 그 사실과 투자자예탁금의 지급시기 · 지급장소, 그 밖에 투자자예탁금의 지급과 관련된 사항을 둘 이상의 일간신문에 공고하고, 인터넷 홈페이지 등을 이용하여 공시하여야 한다.

① 2개월　　　② 3개월

실전 확인 문제

▶ 투자매매업자 또는 투자중개업자의 투자자예탁금의 별도 예치에 관한 사항으로 옳지 않은 것은?

① 은행과 보험회사 등은 투자자예탁금을 신탁업자에게 신탁할 수 있다.
② 예치금융투자업자는 투자매매업자 또는 투자중개업자의 인가가 취소된 경우 예치기관에 예치 · 신탁한 투자자예탁금을 인출하여 투자자에게 우선 지급해야 한다.
③ 예치 또는 신탁한 투자자예탁금은 상계 또는 압류가 가능하다.
④ 예치기관은 국채증권 또는 지방채증권을 매수하여 투자자예탁금을 운용할 수 있다.

정답해설 투자자 예탁금은 상계나 압류가 금지된다.

개념 짚어 보기

투자자예탁금의 우선지급

예치금융투자업자는 다음의 어느 하나에 해당하게 된 경우에는 예치기관에 예치 또는 신탁한 투자자예탁금을 인출하여 투자자에게 우선하여 지급하여야 한다. 이 경우 그 예치금융투자업자는 2개월 이내에 그 사실과 투자자예탁금의 지급시기 · 지급장소, 그 밖에 투자자예탁금의 지급과 관련된 사항을 둘 이상의 일간신문에 공고하고, 인터넷 홈페이지 등을 이용하여 공시하여야 한다.

- 인가가 취소된 경우
- 해산의 결의를 한 경우
- 파산선고를 받은 경우
- 투자매매업 또는 투자중개업 전부의 양도 · 폐지가 승인된 경우
- 투자매매업 또는 투자중개업 전부의 정지명령을 받은 경우
- 그 밖에 위의 사유에 준하는 사유가 발생한 경우

[개념 확인 문제 정답] 01 ② 02 ① [실전 확인 문제 정답] ③

12 증권의 발행 및 유통(1) – 증권신고서

개념 확인 문제

01 일정한 방법에 따라 산출한 50인 이상의 투자자에게 새로 발행하는 증권 취득의 청약을 권유하는 행위를 ( ), 일정한 방법에 따라 산출한 50인 이상의 투자자에게 이미 발행된 증권 매도의 청약을 하거나, 매수의 청약을 권유하는 행위를 ( )이라 한다.

① 모집, 매출　　② 매출, 모집

02 증권의 모집 또는 매출은 일정한 방법에 따라 산정한 모집가액 또는 매출가액 각각의 총액이 ( ) 이상인 경우에는 발행인이 그 모집 또는 매출에 관한 신고서를 금융위원회에 제출하여 수리되지 않으면 이를 할 수 없다.

① 1억 원　　② 10억 원

실전 확인 문제

▶ 다음 중 증권의 발행시 증권신고서에 대한 설명으로 거리가 먼 것은?

① 증권을 매출하는 경우 증권 신고서의 제출의무자는 발행인이 된다.

② 효력의 발생은 그 증권신고서의 기재사항이 진실 또는 정확하다는 것을 인정하거나 정부에서 그 증권의 가치를 보증 또는 승인하는 효력을 갖지 않는다.

③ 신고의 효력이 발생하지 않은 증권의 취득 또는 매수의 청약이 있는 경우에 그 증권의 발행인·매출인과 그 대리인은 그 청약의 승낙을 해서는 안된다.

④ 원칙적으로 신고서의 효력이 발생하기 전까지는 투자설명서를 사용하여 청약의 권유를 하여야 한다.

정답해설 신고서의 효력이 발생한 후 투자설명서를 사용하여 청약의 권유를 하여야 한다.

개념 짚어 보기

신고의 효력발생시기

종류	효력발생시기
담보부사채, 보증사채권, 일괄신고서에 의한 채무증권	5일
채무증권, 주주 또는 제3자에게 배정하는 방식의 주식의 모집 및 매출	7일
주권상장법인, 환매금지형집합투자기구의 집합투자증권의 모집 및 매출	10일
지분증권, 기타 증권의 모집 및 매출	15일

[개념 확인 문제 정답] 01 ① 02 ② [실전 확인 문제 정답] ④

13 증권의 발행 및 유통(2) – 투자설명서

개념 확인 문제

01 투자설명서 중 증권신고서가 수리된 후 증권신고서의 효력이 발생하기 전에 작성하는 것으로 신고의 효력이 발생되지 않은 사실을 덧붙인 투자설명서를 (　　　)라 한다.

① 간이투자설명서　　② 예비투자설명서

02 투자설명서에 중요사항의 허위기재 또는 중요사항을 표시하지 않아 증권의 취득자가 손해를 입은 때에는 (　　　), 사업설명서를 작성하거나 교부한 자 등이 그 손해에 대해 배상할 연대책임이 있다.

① 그 증권의 발행자　　② 그 증권의 취득자

실전 확인 문제

▶ 다음 중 투자설명서의 작성 및 공시에 대한 사항으로 잘못된 것은?

① 투자설명서에는 증권신고서에 기재된 내용과 다른 내용을 표시하거나 그 기재사항을 누락해서는 안 된다.
② 투자설명서는 증권신고서의 제출과 효력발생 기간에 따라 간이투자설명서, 예비투자설명서, 투자설명서 등의 형태로 작성 · 이용된다.
③ 일반투자자 외에 전문투자자와 신용평가업자에게도 투자설명서의 교부의무가 적용된다.
④ 누구든지 증권신고의 효력이 발생한 증권을 취득하고자 하는 자에게 적합한 투자설명서를 미리 교부하지 않으면 그 증권을 취득하게 하거나 매도해서는 안 된다.

정답해설 전문투자자와 신용평가업자 등의 일정한 전문가, 투자설명서를 받기를 거부한다는 의사를 표시한 자, 이미 취득한 것과 같은 집합투자증권을 계속하여 추가로 취득하려는 자 등에게는 투자설명서 교부의무가 면제된다.

개념 짚어 보기

투자설명서의 종류

구분	내용
투자설명서	• 증권신고서의 효력이 발생한 후 사용 • 증권의 모집, 매출을 위해 발행인이 일반투자자에게 제공하는 투자권유문서
예비투자설명서	• 증권신고서가 수리된 후 신고의 효력이 발생하기 전에 작성 • 신고의 효력이 발생되지 않은 사실과 기재사항이 일부 변경될 수 있음
간이투자설명서	• 증권신고서가 수리된 후 신문, 방송, 잡지 등을 이용한 광고 · 안내문 또는 전자매체를 통하여 작성 • 투자설명서에 기재할 사항 중 생략 또는 중요한 사항을 발췌하여 기재한 문서

[개념 확인 문제 정답] 01 ② 02 ① [실전 확인 문제 정답] ③

4과목 법규 및 세제

14 유통시장공시제도 – 사업보고서 · 주요사항보고서

개념 확인 문제

01 주권상장법인, 그 밖에 사업보고서 제출대상법인은 사업보고서, 반기보고서, 분기보고서 등의 사업보고서를 (　　　) 이내에 금융위원회와 거래소에 제출하여야 한다.

① 각 영업활동 개시 후 60일　　② 각 사업연도 경과 후 90일

02 사업보고서 제출대상법인은 사업연도 말일부터 90일 이내, 반기보고서와 분기보고서는 각각 반기 및 분기 말일부터 (　　　) 이내에 금융위원회와 거래소에 제출해야 한다.

① 45일　　② 60일

실전 확인 문제

▶ 다음 중 상장법인의 사업보고서 제출에 대한 설명으로 거리가 먼 것은?

① 사업보고서를 제출하여야 하는 법인은 사업보고서 제출대상법인에 해당하게 된 날부터 5일 이내에 그 직전 사업연도의 사업보고서를 금융위원회와 거래소에 제출해야 한다.
② 외국법인 등의 경우에도 사업보고서의 제출의무기한은 동일하게 적용된다.
③ 사업보고서 제출대상법인이 파산 및 그 밖의 사유로 인하여 사업보고서의 제출이 사실상 불가능하거나 실효성이 없는 경우에는 사업보고서를 제출하지 않을 수 있다.
④ 사업보고서 제출대상법인은 영업활동의 전부 또는 중요한 일부가 정지된 때에는 그 사실이 발생한 날의 다음 날까지 그 내용을 기재한 주요사항보고서를 금융위원회에 제출해야 한다.

정답해설 외국법인 등의 경우에는 대통령령으로 정하는 기준 및 방법에 따라 제출의무를 면제하거나 제출기한을 달리하는 등 그 적용을 달리할 수 있다. 외국법인 등은 사업보고서를 법에서 정하는 기간 경과 후 30일 이내에 제출할 수 있고, 반기보고서와 분기보고서는 법에서 정하는 기간 경과 후 15일 이내에 제출할 수 있다.

개념 짚어 보기

주요사항보고서의 제출

사업보고서 제출대상법인은 다음의 어느 하나에 해당하는 사실이 발생한 경우에는 그 사실이 발생한 날의 다음 날까지 그 내용을 기재한 주요사항보고서를 금융위원회에 제출하여야 한다.

- 발행한 어음 또는 수표가 부도로 되거나 은행과의 당좌거래가 정지 또는 금지된 때
- 영업활동의 전부 또는 중요한 일부가 정지된 때 및 그 정지에 관한 이사회 등의 결정이 있은 때
- 채무자 회생 및 파산에 관한 법률에 따른 회생절차개시의 신청이 있은 때
- 이 법, 상법, 그 밖의 법률에 따른 해산사유가 발생한 때
- 자본증가 또는 자본감소에 관한 이사회의 결의가 있은 때
- 조건부자본증권의 발행에 따른 부채의 증가
- 대통령령으로 정하는 중요한 영업 또는 자산을 양수하거나 양도할 것을 결의한 때
- 그 밖에 그 법인의 경영 · 재산 등에 관하여 중대한 영향을 미치는 사항으로서 대통령령으로 정하는 사실이 발생한 때

[개념 확인 문제 정답] 01 ② 02 ① [실전 확인 문제 정답] ②

15 기업의 인수 · 합병 관련 제도(1) – 공개매수제도

개념 확인 문제

01 공개매수기간은 20일 이상 (　　　) 이내여야 하며, 공개매수자가 공개매수신고서의 정정신고서를 제출하는 경우 공개매수기간 종료일 전 10일 이내에 해당하는 경우에는 (　　　)이 공개매수기간의 종료일이 된다.

① 90일, 그 공개매수기간이 종료하는 날
② 60일, 그 정정신고서를 제출한 날부터 10일이 경과한 날

02 공개매수는 공개매수의 공고 → 공개매수신고서 제출 → 공개매수신고서 사본의 송부 및 공고 → 발행인의 의견표명 → (　　　) → 공개매수설명서 교부 → 공개매수의 철회 → 공개매수결과보고서의 제출 순으로 이루어진다.

① 금융위원회의 공개매수신고서 정정요구　　② 공개매수의 실시

실전 확인 문제

▶ 다음 중 공개매수제도에 관한 설명으로 맞지 않는 것은?

① 소각을 목적으로 하는 주식 등의 매수는 공개매수를 하지 않아도 된다.
② 공개매수자가 공개매수를 하는 경우 그 매수가격은 균일해야 한다.
③ 불특정 다수인에 대하여 의결권 있는 주식, 그 밖에 주식 등의 매수의 청약을 하거나 매도의 청약을 권유하고 증권시장 밖에서 그 주식 등을 매수하는 것을 말한다.
④ 공개매수자는 공개매수공고일 이후에는 어떠한 경우에도 공개매수를 철회할 수 없다.

정답해설 공개매수자는 공개매수공고일 이후에는 공개매수를 철회할 수 없다. 다만, 대항공개매수(공개매수기간 중 그 공개매수에 대항하는 공개매수)가 있는 경우, 공개매수자가 사망 · 해산 · 파산한 경우, 그 밖에 투자자 보호를 해할 우려가 없는 경우에는 공개매수기간의 말일까지 철회할 수 있다.

개념 짚어 보기

공개매수 적용대상

해당 주식 등의 매수 등을 하는 날부터 과거 6개월간 10인 이상으로부터 매수 등을 하고자 하는 자는 그 매수 등을 한 후에 본인과 그 특별관계자가 보유(소유, 그 밖에 이에 준하는 경우로서 대통령령으로 정하는 경우를 포함)하게 되는 주식 등의 수의 합계가 그 주식 등의 총수의 100분의 5 이상이 되는 경우에는 공개매수를 하여야 한다.

공개매수 적용면제

소각을 목적으로 하는 주식 등의 매수 등, 주식매수청구에 응한 주식의 매수, 신주인수권이 표시된 것, 전환사채권, 신주인수권부사채권 또는 교환사채권의 권리행사에 따른 주식 등의 매수 등, 파생결합증권의 권리행사에 따른 주식 등의 매수 등, 특수관계인으로부터의 주식 등의 매수 등, 증권의 매매를 중개하는 방법에 의한 주식의 매수, 그 밖에 다른 투자자의 이익을 해칠 염려가 없는 경우로서 금융위원회가 정하여 고시하는 주식 등의 매수 등

[개념 확인 문제 정답] 01 ② 02 ② [실전 확인 문제 정답] ④

16 기업의 인수 · 합병 관련 제도(2) – 대량보유상황 보고제도

개념 확인 문제

01 주식 등의 대량보유상황 보고제도는 주권상장법인의 주식 등을 그 주식 등의 총수의 (   ) 이상 대량보유하게 된 자는 그 날부터 (   ) 이내에 그 보유상황, 보유목적, 그 보유주식 등에 관한 주요 계약내용 등을 금융위원회와 거래소에 보고해야 하는 제도를 말한다.

① 3%, 3일　　　② 5%, 5일

02 주식 등의 대량보유자가 주식 등의 변동내용 및 보유상황을 보고해야 하는 경우 보고기한 계산의 기산일을 보고기준일이라 하는데 증권시장에서 주식 등을 매매한 경우는 (   )이 보고기준일이 된다.

① 해당 주식 등을 인도하는 날　　　② 그 계약체결일

실전 확인 문제

▶ **다음 대량보유상황 보고제도에 대한 설명으로 거리가 먼 것은?**

① 보고대상증권에는 상장지수집합투자기구인 투자회사의 주식도 포함된다.
② 본인과 특별관계자, 주권상장법인의 주식 등을 5% 이상 보유하게 된 자, 보유하고 있는 자가 보고의무자가 된다.
③ 새로 5% 이상을 보유하게 되는 경우는 신규보고, 5% 이상 보유자가 보유비율의 1% 이상이 변동되는 경우에는 변동보고의무가 발생된다.
④ 자본감소로 보유주식 등의 비율이 변동된 경우에는 보고의무가 없다.

정답해설 상장지수집합투자기구인 투자회사의 주식은 제외된다. (자본시장법 제147조)

개념 짚어 보기

주식 등의 대량보유상황 보고제도(5% 보고제도)

- 보고의무 사유
  - 신규보고 : 새로 5% 이상을 보유하게 되는 경우
  - 변동보고 : 5% 이상 보유자가 보유비율의 1% 이상이 변동되는 경우
- 보고의무의 면제사유
  - 주주가 가진 주식수에 따라 배정하는 방법으로 신주를 발행하는 경우로서 그 배정된 주식만을 취득하는 경우
  - 주주가 가진 주식수에 따라 배정받는 신주인수권에 의하여 발행된 신주인수권증서를 취득하는 것만으로 보유주식 등의 수가 증가하는 경우
  - 자기주식의 취득 또는 처분으로 보유주식 등의 비율이 변동된 경우
  - 자본감소로 보유주식 등의 비율이 변동된 경우
  - 신주인수권이 표시된 것(신주인수권증서는 제외), 신주인수권부사채권 · 전환사채권 또는 교환사채권에 주어진 권리행사로 발행 또는 교환되는 주식 등의 발행가격 또는 교환가격 조정만으로 보유주식 등의 수가 증가하는 경우

[개념 확인 문제 정답] 01 ② 02 ② [실전 확인 문제 정답] ①

17 기업의 인수 · 합병 관련 제도(3) – 의결권 대리행사권유제도

개념 확인 문제

01 위임장 용지는 주주총회의 목적사항 각 항목에 대하여 의결권피권유자가 찬반을 명기할 수 있도록 하여야 하며, 의결권권유자는 위임장 용지 및 참고서류를 (   )까지 이를 금융위원회와 거래소에 제출해야 한다.

① 주주총회일 전일　　　② 의결권피권유자에게 제공하는 날 2일 전

02 의결권권유자가 위임장 용지 및 참고서류의 기재사항을 정정하고자 하는 경우에는 그 권유와 관련된 주주총회일 (   )까지 이를 정정하여 제출할 수 있다.

① 7일 전　　　② 전일

실전 확인 문제

▶ 다음 중 의결권 대리행사권유제도에 대한 설명이 틀린 것은?

① 주주총회가 그 기능을 발휘할 수 있도록 하기 위하여 또는 현재의 경영진에 대한 불만을 갖는 측에게는 회사경영권의 변동 및 개선을 위하여 사용할 수 있는 수단이 된다.

② 의결권피권유자는 위임장 용지 및 참고서류를 일정한 방법으로 의결권 대리행사의 권유 이전이나 그 권유와 동시에 의결권권유자에게 내주어야 한다.

③ 의결권권유자는 위임장 용지에 나타난 의결권피권유자의 의사에 반하여 의결권을 행사할 수 없다.

④ 해당 상장주권의 발행인과 그 임원 외의 자가 10인 미만의 의결권피권유자에게 그 주식의 의결권 대리행사의 권유를 하는 경우에는 의결권 대리행사의 권유로 보지 않는다.

정답해설 상장주권의 의결권 대리행사의 권유를 하고자 하는 자(의결권권유자)는 그 권유에 있어서 그 상대방(의결권피권유자)에게 일정한 방법에 따라 위임장 용지 및 참고서류를 교부하여야 한다.

개념 짚어 보기

의결권 대리행사의 권유

다음의 어느 하나에 해당하는 행위를 말한다. 다만, 의결권피권유자의 수 등을 고려하여 대통령령으로 정하는 경우에는 의결권 대리행사의 권유로 보지 않는다.

- 자기 또는 제3자에게 의결권의 행사를 대리시키도록 권유하는 행위
- 의결권의 행사 또는 불행사를 요구하거나 의결권 위임의 철회를 요구하는 행위
- 의결권의 확보 또는 그 취소 등을 목적으로 주주에게 위임장 용지를 송부하거나, 그 밖의 방법으로 의견을 제시하는 행위

[**개념 확인 문제 정답**] 01 ② 02 ① [**실전 확인 문제 정답**] ②

18 장외거래

개념 확인 문제

01 **증권시장 및 다자간매매체결회사에서 증권이나 장외파생상품을 매매하는 경우는 금융투자협회를 통한 비상장주권의 장외거래 및 채권중개전문회사를 통한 채무증권의 장외거래를 제외하고는 (　　　) 간에 매매하는 방법으로 하여야 한다.**

① 투자매매업자 또는 투자중개업자　　　② 단일의 매도자와 매수자

02 **파생결합증권을 포함한 월별 장외파생상품의 매매, 그 중개 · 주선 또는 대리의 거래내역을 (　　　) 금융위원회에 보고해야 하며, 장외파생상품을 신규로 취급하는 경우에는 협회의 사전 심의를 받아야 한다.**

① 거래 당일　　　② 다음 달 10일까지

실전 확인 문제

▶ **다음 중 증권의 장외거래 시 매매원칙에 대한 설명으로 옳지 않은 것은?**

① 장외파생상품의 매매를 할 때마다 파생상품업무책임자의 승인을 받아야 한다.
② 장외파생상품의 매매에 따른 위험액이 금융위원회가 정하여 고시하는 한도를 초과하지 않아야 한다.
③ 증권의 대차거래 또는 그 중개 · 주선이나 대리업무를 하는 경우에는 증권의 대차거래 내역을 금융위원회를 통하여 거래 다음 날까지 공시해야 한다.
④ 종목별 외국인 및 외국법인 등의 전체 취득한도는 해당 종목의 지분증권총수의 40%를 초과하여 공공적 법인이 발행한 지분증권을 취득할 수 없다.

정답해설 증권의 대차거래 또는 그 중개 · 주선이나 대리업무를 하는 경우에는 증권의 대차거래 내역을 협회를 통하여 거래 당일에 공시해야 한다.

개념 짚어 보기

장외거래의 방법

- 금융투자협회를 통한 장외거래
- 채권중개전문회사(IDB)를 통한 장외거래
- 채권전문자기매매업자를 통한 장외거래
- 환매조건부매매
- 기업어음증권의 장외거래
- 해외시장 거래
- 증권의 대차거래 등

[개념 확인 문제 정답] 01 ② 02 ② [실전 확인 문제 정답] ③

19 주권상장법인에 대한 특례(1) – 자기주식 취득 및 처분의 특례

개념 확인 문제

▶ 주권상장법인이 자기주식을 취득하려는 경우에는 (   )부터 3개월 이내에 금융위원회가 정하여 고시하는 방법에 따라 증권시장에서 자기주식을 취득하여야 한다.

① 유상증자의 신주배정에 관한 기준일　　② 이사회 결의 사실이 공시된 날의 다음 날

실전 확인 문제

▶ 자기주식 취득의 특례에 관한 사항 중 주권상장법인이 자기주식을 취득하는 방법에 해당하지 않는 것은?

① 거래소에서 시세가 있는 주식의 경우에는 거래소
② 각 주주가 가진 주식 수에 따라 균등한 조건으로 취득하는 방법
③ 신탁계약에 따라 자기주식을 취득한 신탁업자로부터 신탁계약이 해지되거나 종료된 때 반환받는 방법
④ 신탁업자가 해당 법인의 자기주식을 증권시장, 공개매수의 방법 외의 방법으로 취득하는 방법

정답해설 주권상장법인이 자기주식을 취득하는 경우에는 ①, ②, ③의 방법에 따라야 한다. 다만, 신탁업자가 해당 주권상장법인의 자기주식을 해당 방법으로 취득한 경우만 해당한다. 이 경우 그 취득금액은 이익배당을 할 수 있는 한도 이내이어야 한다.

개념 짚어 보기

자기주식 취득 및 처분의 특례(법 제165조의3)

① 주권상장법인은 다음 각 호의 방법으로 자기주식을 취득할 수 있다.
1. 「상법」 제341조 제1항에 따른 방법
2. 신탁계약에 따라 자기주식을 취득한 신탁업자로부터 신탁계약이 해지되거나 종료된 때 반환받는 방법(신탁업자가 해당 주권상장법인의 자기주식을 「상법」 제341조 제1항의 방법으로 취득한 경우로 한정한다)

② 제1항의 경우 자기주식의 취득가액의 총액은 「상법」 제462조 제1항에 따른 이익배당을 할 수 있는 한도 이내이어야 한다.
③ 주권상장법인은 제1항의 방법 또는 「상법」 제341조 제1항 각 호의 어느 하나에 해당하는 방법으로 자기주식을 취득하는 경우에는 같은 조 제2항에도 불구하고 이사회의 결의로써 자기주식을 취득할 수 있다.
④ 주권상장법인은 제1항에 따라 자기주식을 취득(자기주식을 취득하기로 하는 신탁업자와의 신탁계약의 체결을 포함한다)하거나 이에 따라 취득한 자기주식을 처분(자기주식을 취득하기로 하는 신탁업자와의 신탁계약의 해지를 포함한다)하는 경우에는 대통령령으로 정하는 요건 · 방법 등의 기준에 따라야 한다.

[개념 확인 문제 정답] ②　[실전 확인 문제 정답] ④

20 주권상장법인에 대한 특례(2) – 주식매수청구권에 대한 특례

개념 확인 문제

01 주권상장법인이 「상법」에서 규정하는 의결사항에 관한 이사회 결의에 반대하는 주주는 주주총회 전에 해당 법인에 대하여 서면으로 그 결의에 반대하는 의사를 통지한 경우에만 자기가 소유하고 있는 주식을 매수하여 줄 것을 해당 법인에 대하여 주주총회의 결의일부터 (   )에 주식의 종류와 수를 기재한 서면으로 청구할 수 있다.

① 1개월 이내　　② 20일 이내

02 주권상장법인은 합병 등 결의사항에 관한 주주총회 소집의 통지 또는 공고를 하거나 같은 법에 따른 통지 또는 공고를 하는 경우에는 주식매수청구권의 내용 및 행사방법을 명시하여야 하는데 이 경우 (   )에게도 그 사항을 통지하거나 공고하여야 한다.

① 의결권 없는 주주　　② 주식매수청구 대상행위에 반대하는 주주

실전 확인 문제

▶ 다음 주식매수청구권에 대한 특례내용 중 바르지 못한 것은?

① 청구를 받으면 해당 법인은 매수청구기간이 종료하는 날부터 1개월 이내에 해당 주식을 매수하여야 한다.
② 주식의 매수가격은 주주와 해당 법인 간의 협의로 결정하는 것이 원칙이다.
③ 매수가격에 대한 협의가 이루어지지 않은 경우에는 이사회 결의일 이전 증권시장에서 거래된 주식의 거래가격을 기준으로 하여 규정에 따라 산정된 금액을 매수가격으로 하며 이에 불복할 수 없다.
④ 주권상장법인이 매수한 주식은 대통령령으로 정하는 기간 이내에 처분하여야 한다.

정답해설 주식의 매수가격은 협의가 이루어지지 않은 경우 이사회 결의일 이전에 증권시장에서 거래된 해당 주식의 거래가격을 기준으로 하여 대통령령으로 정하는 방법에 따라 산정된 금액으로 한다. 단, 해당 법인이나 매수를 청구한 주주가 그 매수가격에 대하여도 반대하면 법원에 매수가격의 결정을 청구할 수 있다.

개념 짚어 보기

주식매수청구권의 특례(법 제165조의5) – ①, ⑤ 생략

② 제1항의 청구를 받으면 해당 법인은 매수청구기간이 종료하는 날부터 1개월 이내에 해당 주식을 매수하여야 한다.
③ 제2항에 따른 주식의 매수가격은 주주와 해당 법인 간의 협의로 결정한다. 다만, 협의가 이루어지지 아니하는 경우의 매수가격은 이사회 결의일 이전에 증권시장에서 거래된 해당 주식의 거래가격을 기준으로 하여 대통령령으로 정하는 방법에 따라 산정된 금액으로 하며, 해당 법인이나 매수를 청구한 주주가 그 매수가격에 대하여도 반대하면 법원에 매수가격의 결정을 청구할 수 있다.
④ 주권상장법인이 제1항에 따라 매수한 주식은 대통령령으로 정하는 기간 이내에 처분하여야 한다.

[개념 확인 문제 정답] 01 ② 02 ① [실전 확인 문제 정답] ③

21 불공정거래의 규제(1) – 내부자거래 등의 규제

개념 확인 문제

01 주권상장법인의 임원 또는 주요주주는 임원 또는 주요주주가 된 날부터 5일 이내에 누구의 명의로 하든지 자기의 계산으로 소유하고 있는 특정증권 등의 소유상황을, 그 특정증권 등의 소유상황에 변동이 있는 경우에는 그 변동이 있는 날부터 5일까지 그 내용을 각각 (　　　)와 거래소에 보고하여야 한다.

① 증권선물위원회　　② 금융위원회

02 내부자의 단기매매차익반환의 투자매매업자에 대한 준용규정은 투자매매업자가 인수계약을 체결한 날부터 (　　　) 이내에 매수 또는 매도하여 그날부터 (　　　) 이내에 매도 또는 매수하는 경우에 준용한다.

① 3개월, 6개월　　② 6개월, 1년

실전 확인 문제

▶ 다음 중 내부자의 단기매매차익 반환제도에 관한 설명이 옳지 않은 것은?

① 단기매매차익의 반환청구권은 2년이 경과하면 소멸한다.
② 증권선물위원회는 단기매매차익의 발생사실을 알게 된 경우에는 해당 법인에 이를 통보하여야 한다.
③ 단기매매차익 반환대상이 되는 증권은 당해 법인이 발행한 증권으로 한정된다.
④ 법령에 따라 불가피하게 매수 · 매도하는 경우는 단기매매차익 반환청구권 규정을 적용하지 않는다.

정답해설 단기매매차익 반환대상에는 당해 그 법인이 발행한 증권, 이와 관련된 증권예탁증권, 당해 법인 이외의 자가 발행한 것으로서 위의 증권과 교환을 청구할 수 있는 교환사채권, 앞의 증권만을 기초자산으로 하는 금융투자상품이 있다.

개념 짚어 보기

단기매매차익 반환의 예외

- 법령에 따라 불가피하게 매수하거나 매도하는 경우
- 정부의 허가 · 인가 · 승인 등이나 문서에 의한 지도 · 권고에 따라 매수하거나 매도하는 경우
- 안정조작이나 시장조성을 위하여 매수 · 매도 또는 매도 · 매수하는 경우
- 주식매수선택권의 행사에 따라 주식을 취득하는 경우
- 이미 소유하고 있는 지분증권, 신주인수권이 표시된 것, 전환사채권 또는 신주인수권부사채권의 권리행사에 따라 주식을 취득하는 경우
- 모집 · 매출하는 특정증권 등의 청약에 따라 취득하는 경우
- 주식매수청구권의 행사에 따라 주식을 처분하는 경우
- 공개매수에 응모함에 따라 주식 등을 처분하는 경우
- 모집 · 사모 · 매출하는 특정증권 등의 인수에 따라 취득하거나 인수한 특정증권 등을 처분하는 경우 등

[개념 확인 문제 정답] 01 ① 02 ① [실전 확인 문제 정답] ③

22 불공정거래의 규제(2) – 시세조종행위 등의 규제

개념 확인 문제

01 그 증권 또는 장내파생상품의 매매를 함에 있어서 매매할 의사 없이 또는 권리이전의 목적이 없이 동일가격으로 매매하는 행위를 (　　　)라 한다.

① 가장매매　　② 통정매매

02 투자매매업자가 일정한 방법에 따라 모집 또는 매출한 증권의 수요 · 공급을 그 증권이 상장된 날부터 (　　　)의 범위에서 인수계약으로 정하는 기간 동안 시장을 조성하는 매매거래를 하는 경우는 가격고정 안정조작행위 금지의 예외사유에 해당한다.

① 1개월 이상 3개월 이하　　② 1개월 이상 6개월 이하

실전 확인 문제

▶ **다음 중 자본시장법상 시세조종행위 규제에 관한 내용으로 옳지 않은 것은?**

① 자기가 매도하는 것과 같은 시기에 그와 같은 가격 또는 약정수치로 타인이 그 증권 또는 장내파생상품을 매수할 것을 사전에 그 자와 서로 짠 후 매도하는 행위를 해서는 안 된다.

② 시세조종금지를 위반한 자는 10년 이하의 징역 또는 5억 원 이하의 벌금에 처한다.

③ 시세조종행위의 배상책임은 청구권자가 시세조종행위 금지를 위반한 행위가 있었던 사실을 안 때부터 3년간 이를 행사하지 않으면 소멸된다.

④ 시세조종행위 금지를 위반한 자는 그 위반행위로 인하여 형성된 가격에 의하여 해당 상장증권 또는 장내파생상품의 매매를 하거나 위탁을 한 자가 그 매매 또는 위탁으로 인하여 입은 손해를 배상할 책임을 진다.

정답해설 시세조종행위의 배상책임에 따른 손해배상청구권은 청구권자가 시세조종행위 금지를 위반한 행위가 있었던 사실을 안 때부터 1년간, 그 행위가 있었던 때부터 3년간 이를 행사하지 않은 경우에는 시효로 인하여 소멸한다.

개념 짚어 보기

규제대상 시세조종행위의 유형

- 위장거래에 의한 시세조종
- 현실거래에 의한 시세조종
- 허위표시에 의한 시세조종
- 가격고정 · 안정조작에 의한 시세조정
- 현 · 선물 연계 시세조종

[개념 확인 문제 정답] 01 ① 02 ② [실전 확인 문제 정답] ③

23 불공정거래의 규제(3)–시장질서 교란행위 규제

개념 확인 문제

01 직무와 관련하여 미공개정보를 생산하거나 알게 된 자가 이를 이용하여 매매하는 것은 시장질서 교란행위 중 (　　　)에 해당한다.

① 정보이용 교란행위　　② 시세관여 교란행위

02 거래 성립 가능성이 희박한 호가를 대량으로 제출하는 행위는 시장질서 교란행위 중 (　　　)에 해당한다.

① 정보이용 교란행위　　② 시세관여 교란행위

실전 확인 문제

▶ 자본시장법의 부정거래행위 규제에 대한 설명으로 옳지 않은 것은?

① 자본시장법은 부정거래행위를 포괄적 금지가 아닌 세부적 열거적 금지로 규정하고 있다.
② 누구든지 부정한 수단 또는 기교를 사용하여 거래할 수 없다.
③ 매매를 유인할 목적으로 거짓의 시세를 이용하는 행위는 금지된다.
④ 부정거래행위 금지를 위반한 자는 형사벌칙을 받을 수 있다.

정답해설 증권시장에서 발생하는 불공정행위 수법이 다양하여 자본시장법은 포괄적으로 부정거래행위를 금지하고 있다.

개념 짚어 보기

부정거래의 유형

- 부정한 수단, 계획 또는 기교를 사용하는 행위
- 중요 사항에 관하여 거짓의 기재 또는 표시가 누락된 문서, 그 밖의 기재 또는 표시를 사용하여 금전, 그 밖의 재산상의 이익을 얻고자 하는 행위
- 금융투자상품의 매매, 그 밖의 거래를 유인할 목적으로 거짓의 시세를 이용하는 행위

시장질서 교란행위

- **정보 이용 교란행위** : 2차 이상의 다차 정보 수령자의 미공개 정보 이용, 외부 정보 이용, 해킹 등 부정한 방법으로 지득한 정보 이용이 규제됨
- **시세 관여 교란행위** : 매매유인이나 부당이득을 얻을 목적이 없더라도 허수성 주문을 대량으로 제출하거나, 가장성 매매, 통정성 매매, 풍문 유포등으로 시세에 부당한 영향을 준다고 판단되면 과징금 부과

[**개념 확인 문제 정답**] 01 ① 02 ② [**실전 확인 문제 정답**] ①

24 금융소비자 보호에 관한 법률

개념 확인 문제

01 '금융소비자 보호에 관한 법률'상 금융상품의 유형은 보장성 상품, 투자성 상품, 예금성 상품, (　　　) 상품으로 분류한다.

① 대출성 상품　　② 대부성 상품

02 '금융소비자 보호에 관한 법률'에서는 금융상품 계약을 체결한 일반금융 소비자가 대출성 상품의 경우 계약 서류를 제공받은 날부터 (　　　)일 이내에 청약을 철회할 수 있도록 하고 있다.

① 7일　　② 14일

실전 확인 문제

▶ '금융소비자 보호에 관한 법률'에서 분류한 금융상품판매업자에 해당하지 않는 것은?

① 직접 판매업자　　② 판매 대리 · 중개업자
③ 자문업자　　④ 신탁업자

정답해설 직접 판매업자, 판매 대리 · 중개업자, 자문업자로 분류한다.

개념 짚어 보기

'금융소비자 보호에 관한 법률'상 금융상품의 분류

구분	대상
예금성	예금, 적금 등
투자성	펀드, 신탁 등
보장성	보험업법상 보험 상품 등
대출성	은행법상 대출, 신용카드 등

'금융소비자 보호에 관한 법률'상 금융상품판매업자의 분류

구분	대상
직접 판매업자	은행, 보험사, 저축은행 등
판매 대리 · 중개업자	투자권유대행인, 보험설계, 카드 · 대출 모집인 등
자문업자	투자자문업자

[개념 확인 문제 정답] 01 ① 02 ② [실전 확인 문제 정답] ④

핵심플러스

OX 문제

01 금융투자상품 거래 시 그 속성 일부가 도박에 해당될 우려가 높은 점을 고려하여 허가받은 금융투자업자가 금융투자업을 영위하는 경우 자본시장법상 "금융투자업자가 영업으로 행하는 금융투자상품 거래는 형법상 도박죄에 해당하지 않는다"는 예외규정이 있어 도박죄 적용이 배제된다. (　　)

02 금융투자상품은 거래소시장 거래 여부에 따라 증권과 파생으로 구분한다. (　　)

03 주권상장법인은 어떤 금융투자상품을 거래하더라도 별도의 의사표시가 없는 한 원칙상 전문투자자로 간주된다. (　　)

04 일반투자자에 대하여는 투자권유, 설명의무, 부당권유의 금지, 적합성 및 적정성의 원칙 등의 투자권유 규제가 적용된다. (　　)

05 전업 투자자문업자, 투자일임업자를 제외한 금융투자업자에게는 영업용순자본비율을 총위험액 이상으로 유지해야하는 재무건전성기준이 적용된다. (　　)

06 투자매매업자 또는 투자중개업자는 투자자로부터 받은 투자자예탁금 및 예탁증권을 고유재산과 함께 증권금융회사에 예치한다. (　　)

07 청약의 권유를 받는 자의 수가 50인 미만인 경우 증권의 발행일로부터 1년 이내 50인 이상의 자에게 양도될 수 있는 경우로 금융위원회가 정하는 경우는 간주모집이라 한다. (　　)

08 지방채를 모집 또는 매출하는 경우에도 투자자 보호가 이루어지고 있다고 인정되는 등 일정한 요건에 해당하는 경우에는 증권신고서를 제출해야 한다. (　　)

09 증권의 모집과 매출 산출 시 제외되는 자로는 한국은행, 회계법인, 발행인의 계열회사, 발행인의 임원 등이 있다. (　　)

10 상법상 주식, 사채청약서를 보완한 제도는 증권신고서이고, 발행인이 투자자에게 제공하는 투자권유문서는 투자설명서이다. (　　)

해설

02 증권과 파생은 금융투자상품이 원본초과손실 발생 가능성(원본손실 여부)을 기준으로 구분한다.

03 모든 금융투자상품 거래시 별도의 의사표시가 없는 한 주권상장법인에 대해 전문투자자로 간주해 왔지만 자본시장법 개정안은 장외파생상품 거래에 한해 상장법인을 일반투자자로 간주해 투자자 보호대상을 확대했다.

06 자본시장법에 따라 금융투자회사는 투자매매업자 또는 투자중개업자가 파산할 경우 투자자예탁금 등이 파산재산에 속하는 것을 방지하기 위해 한국증권금융에 별도로 예치해야 하며, 금융투자회사가 도산하는 경우 투자자는 금융투자회사의 다른 채권자보다 우선하여 한국증권금융에 별도로 예치된 투자자 예탁금을 변제받을 수 있다.

08 국채, 지방채, 특수채, 복수의 증권사가 매출해 일본 내에서도 유통시장이 형성돼 있는 해외 국채는 증권신고서를 제출하지 않아도 된다.

[정답] 01 ○ 02 × 03 × 04 ○ 05 ○ 06 × 07 ○ 08 × 09 ○ 10 ○

핵심플러스

OX 문제

11 중요경영사항공시제도는 자본시장법에서 법률상의 공시인 주요사항보고서와 수시공시제도로 일원화되어 있어 주요사항보고서는 물론 수시공시사항 위반 시 동일한 법적인 제재가 따른다. (　　)

12 발행한 어음 또는 수표의 부도가 발생한 때, 채무자 회생 및 파산에 관한 법률에 따른 회생절차가 개시된 때 주요사항보고서의 제출대상이 된다. (　　)

13 사업보고서, 반기보고서, 분기보고서 등은 증권을 증권시장에 상장하거나 모집 또는 매출한 실적이 있는 법인은 모두 제출한다. (　　)

14 공개매수란 주식 등 유가증권을 증권시장 외에서 10인 이상 불특정 다수인으로부터 청약을 받아 공개적으로 매수하는 것으로, 소각을 목적으로 하는 주식 등의 매수는 공개매수를 하지 않아도 된다. (　　)

15 공개매수자는 공개매수 종료일 이후 지체 없이 응모자에게 공개매수 대금을 지급하고 결과 보고서를 금감위에 제출하는 것으로 모든 절차가 마무리된다. (　　)

16 5% 보고 시 보유상황, 보유목적과 관계없이 최초의 보고는 보고사유 의무발생일부터 5일 이내에 해야 한다. (　　)

17 주권을 유가증권시장에 상장하려는 법인이 주식을 모집하거나 매출하는 경우 해당 법인의 우리사주조합원은 모집하거나 매출하는 주식총수의 20% 범위에서 우선적으로 주식을 배정받을 받을 권리가 있다. (　　)

18 주권상장법인은 법원의 인가가 없더라도 주주총회의 특별결의만 있으면 주식을 액면에 미달하는 가액으로 발행할 수 있다. (　　)

19 협회가 아닌 자는 증권시장 밖에서 동시에 다수의 매도자와 매수자 간 비상장주권 매매의 중개업무를 영위할 수 없다. (　　)

20 투자자의 투자판단에 중대한 영향을 미치는 정보가 증권선물거래소 등을 통하여 공시된 경우에는 공시된 시점 즉시 미공개 중요정보에 해당하며 증권의 매매거래가 제한된다. (　　)

해설

11 수시공시에 대한 권한이 한국거래소로 이관되어 주요사항보고서는 공적 공시로서 위반시 형사처벌이 적용되고 수시공시는 거래소에 의한 사적 공시로 위반시에는 거래소 차원의 시장조치만 가능하다.

12 회생절차개시의 신청이 있은 때 주요사항보고서를 제출한다.

13 파산으로 인해 사업보고서의 제출이 사실상 불가능한 경우, 해산사유가 발생한 법인으로서 제출이 사실상 불가능한 경우 등 사업보고서, 반기보고서 및 분기보고서의 제출대상법인에 해당하나 파산, 그 밖의 사유로 인해 사업보고서 등의 제출이 불가능하거나 실효성이 없는 경우는 제출이 면제된다.

16 보유목적이 경영에 영향을 주기 위한 것이 아닌 경우의 보유상황의 변동 또는 변동내용은 그 변동이 있었던 달의 다음 달 10일까지 금융위원회와 한국거래소에 보고할 수 있다.

20 증권의 매매거래 자체가 금지되는 것이 아니라 미공개 중요정보의 이용행위가 금지되는 것으로, 공시하고 해당사항이 정한 기간이나 일정시간이 경과해야 공시효력이 발생한다.

[정답] 11 × 12 × 13 × 14 ○ 15 ○ 16 × 17 ○ 18 ○ 19 ○ 20 ×

Notes

2장 한국금융투자협회규정

대표 유형 문제

다음 중 금융투자회사의 투자권유에 대한 설명으로 옳은 것은?

① 투자권유 시 적합성을 확보하지 않아도 된다.
② 고객에 대한 정보는 대면을 통해서만 파악할 수 있다.
③ 확인한 투자자정보 내용은 5년 이상 기록 · 보관하여야 한다.
④ 금융투자회사는 일반투자자의 투자성향 등 분석결과를 서명, 기명날인, 그 밖의 전자통신 등의 방법을 통해 고객의 확인을 받아야 한다.

정답해설 금융투자회사는 고객이 일반투자자인 경우 투자권유를 하기 전에 고객의 투자목적과 재산상황 및 투자경험 등의 정보를 파악하여 그 분석결과를 서명, 기명날인, 전자우편 등의 방법을 통하여 고객에게 확인받아야 한다.

오답해설 ① 투자권유 시 적합성을 확보해야 한다.
② 고객정보파악은 대면뿐만 아니라 전화 등 기록 · 보관이 가능한 여러 가지 매체를 통해서도 가능하다.
③ 확인한 투자자정보 내용은 10년 이상 기록 · 보관해야 한다.

대표 유형 문제 알아 보기

투자권유의 적합성 확보

- 금융투자회사가 일반투자자에게 투자권유를 할 때에는 해당 일반투자자의 투자자정보를 감안하여 가장 적합한 금융투자상품의 매매, 투자자문계약, 투자일임계약 또는 신탁계약 등의 체결을 권유하여야 한다.
- 금융투자회사는 고객의 정보를 분석한 결과를 서명, 녹취, 전자우편, 우편 등의 방법을 통하여 고객에게 확인받아야 하며 확인한 내용은 10년 이상 기록 · 보관해야 한다.
- 금융투자회사는 투자자정보를 제공하지 않은 일반투자자에게 금융투자업규정에 해당하는 금융투자상품에 대한 투자나 거래를 권유하면 안 된다.
- 금융투자회사는 자체적인 적합성 기준에 따라 일반투자자에게 적합하지 않다고 판단되는 투자권유를 하지 말아야 한다. 일반투자자가 본인에게 부적합한 금융투자상품을 거래하거나 매매하려 할 경우, 투자에 대한 위험성을 일반투자자에게 한 번 더 알려주고, 투자위험성을 고지받았음을 서명 등의 방법을 통해 고객에게 확인받아야 한다.
- 파생상품 등을 일반투자자에게 판매하려면 투자자에 대한 정보를 파악해야 하며, 정보를 파악하지 못했을 경우에는 일반투자자에게 상품을 판매할 수 없다.

[대표 유형 문제 정답] ④

1 투자권유

개념 확인 문제

01 일반 투자자의 경우 투자권유를 하기 전에 질문을 통하여 고객의 투자목적, 재산상황, 투자경험 등의 정보를 파악하는 것은 (   )을 확보하기 위한 것이다.

① 적합성　　② 적정성

02 파생상품처럼 투자위험이 높은 경우, 투자권유를 하지 아니하더라도 일반투자자에게 파생상품 등을 판매하고자 하는 경우에는 질문을 통해 일반투자자의 투자자 정보를 파악하는 것을 (   ) 원칙이라 한다.

① 적합성　　② 적정성

실전 확인 문제

▶ 금융투자회사의 투자권유에 대한 설명으로 옳지 않은 것은?

① 주권상장법인이 장외파생상품 거래시에는 전문투자자의 대우를 받겠다는 의사를 금융투자회사에 서면으로 통지하여야 전문투자자가 될 수 있다.

② 금융투자업자가 일반투자자와 장외파생상품 매매를 할 경우, '일반투자자가 위험 회피 목적의 거래를 하는 경우'로 한정된다.

③ 투자설명서는 준법감시인 또는 금융소비자보호총괄책임자의 사후 승인을 받아야 한다.

④ 일반투자자가 최초로 ELW, ETN 등을 매매하고자 하는 경우 별도 거래신청서를 작성하여야 한다.

정답해설 투자설명서는 사후 승인이 아니라 사전 심의를 받아야 한다.

개념 짚어 보기

파생상품에 대한 일반투자자 보호 장치

- 주권상장법인은 장외파생상품 거래 시에는 전문투자자의 대우를 받겠다는 의사를 금융투자회사에 서면으로 통지하여야 전문투자자가 될 수 있다.
- 금융투자업자는 파생상품등의 투자권유 시, 투자목적과 경험 등을 고려하여 일반투자자 등급별로 차등화된 투자권유준칙을 마련해야 한다.
- 파생상품등에 대해서는 투자권유대행 위탁을 불허한다.
- 금융투자업자가 일반투자자와 장외파생상품 매매를 할 경우, '일반투자자가 위험 회피 목적의 거래를 하는 경우'로 한정된다.

[개념 확인 문제 정답] 01 ① 02 ② [실전 확인 문제 정답] ③

2 금융투자회사의 영업 및 업무에 관한 규정 – 투자권유

개념 확인 문제

01 (　　　)은/는 금융투자회사와의 계약에 따라 투자권유업무를 위탁받은 개인을 말하며, 파생상품에 대한 투자권유를 위탁받을 수 없다.

① 투자상담사　　② 투자권유대행인

02 투자권유대행인은 협회가 시행하는 보수교육을 (　　　)마다 1회 이상 받아야 한다.

① 1년　　② 2년

실전 확인 문제

▶ **투자권유대행인에 대한 설명으로 옳은 것은?**

① 고객으로부터 금전이나 증권을 수취할 수 있다.
② 고객이 자신을 회사의 임직원으로 오인하게 할 수 있는 명칭을 사용해서는 안 된다.
③ 고객을 대리하여 계약을 체결할 수 있다.
④ 여러 금융투자회사와 투자권유 위탁계약을 체결할 수 있다.

정답해설 투자상담사, 부장 등 자신이 회사의 임직원인 것으로 고객이 잘못 생각할 수 있는 명칭이나 명함을 사용하거나 기타의 표시 등을 하는 행위는 협회의 표준투자권유준칙에서 금지하고 있다.
①, ③, ④는 법령 및 금융투자업규정상 금지되는 행위이다.

개념 짚어 보기

투자권유대행인 금지사항

- 회사를 대리하여 계약을 체결하는 것
- 고객을 대리하여 계약을 체결하는 것
- 고객에게 금전, 증권 등의 재산을 받는 것
- 고객에게 금융투자상품 매매권을 위탁받는 것
- 제3자가 고객에게 금전을 빌려주도록 주선 · 중개하거나 대리하는 것
- 회사로부터 위탁받은 투자권유대행업무를 제3자에게 재위탁하는 것
- 회사가 이미 발행한 주식을 매수하거나 매도할 것을 권유하는 것
- 두 개 이상의 금융투자회사와 투자권유 위탁계약을 체결하는 것
- 고객에게 빈번하고 지나치게 투자권유를 하는 것 등

[개념 확인 문제 정답] 01 ② 02 ② [실전 확인 문제 정답] ②

3 조사분석자료

개념 확인 문제

01 금융투자회사 임직원으로 조사분석자료 작성, 심사, 승인 등의 업무를 수행하는 금융투자전문인력을 ( )라 한다.

① 금융투자상담사　　② 금융투자분석사

02 다수의 일반인이 조사분석자료 내용을 알 수 있도록 조사분석 담당부서나 금융투자회사가 공식적 내부 절차를 밟아서 발표하는 것을 ( )라고 한다.

① 공표　　② 공시

실전 확인 문제

▶ **조사분석자료에 대한 설명으로 옳지 않은 것은?**

① 금융투자분석사는 자신의 금융투자상품 매매내역을 분기별로 작성하여 보고해야 한다.

② 소속회사가 발행주식총수의 100분의 1 이상의 주식 등을 보유하고 있는 법인에 대해서 공표할 경우 그 이해관계를 고지해야 한다.

③ 소속회사에서 조사분석자료를 공표하는 경우 자신이 담당하는 업종이 아닐 경우에도 공표일로부터 7일간 같은 방향으로 매매는 가능하다.

④ 금융투자회사는 자신이 발행한 주식을 기초자산으로 하는 주식워런트증권에 대해서는 조사분석자료를 공표할 수 없다.

정답해설 금융투자분석사는 자신의 금융투자상품 매매내역을 매월 작성하여 보고해야 한다.

개념 짚어 보기

금융투자분석사의 매매거래 규제

금융투자분석사는 소속 금융투자회사에서 조사분석자료를 공표한 금융투자상품을 매매하려면 공표 후 24시간이 지나야 하며, 해당 금융투자상품의 공표일로부터 7일 동안은 공표한 투자의견과 같은 방향으로 매매하여야 하나 다음은 24시간 매매거래제한에 해당되지 않는다.

- 조사분석자료의 내용이 직간접적으로 특정한 금융투자상품의 매매를 유도하는 것이 아닌 경우
- 조사분석자료에 공표된 내용을 이용하여 매매하지 않았음을 증명한 경우
- 조사분석자료의 공표로 말미암은 매매유발 또는 가격변동을 의도적으로 이용했다고 보기 어려운 경우
- 조사분석자료가 이미 공표한 조사분석자료와 비교하여 새로운 내용을 담고 있지 않은 경우

[개념 확인 문제 정답] 01 ② 02 ① [실전 확인 문제 정답] ①

4 투자광고

개념 확인 문제

▶ **투자광고 시 의무적으로 표시해야 하는 사항(펀드 제외)에는 금융투자업자의 명칭, 금융투자상품의 내용, (　　　) 등이 있다.**

① 투자로 인한 위험　　② 투자에 대한 이익 보장 문구

실전 확인 문제

▶ **투자광고에 대한 설명으로 옳지 않은 것은?**

① 위험의 고지는 바탕색과 구별되는 색상으로 선명하게 표시해야 한다.
② 집합투자기구의 운용실적이 포함되는 광고는 텔레비전, 라디오 등의 방송매체를 이용할 수 없다.
③ 홈쇼핑 광고는 녹화방송이 아닌 생방송으로 진행해야 한다.
④ 홈쇼핑 광고는 쇼호스트가 아닌 금융투자회사의 임직원이 직접 해야 한다.

정답해설 홈쇼핑 광고는 녹화방송으로 제작하고 방송해야 한다.

개념 짚어 보기

TV홈쇼핑 투자광고 시 주의사항
- 홈쇼핑 광고는 생방송이 아닌 녹화방송으로 제작하고 방송해야 한다.
- 금융투자업과 금융투자상품에 대한 내용은 해당 금융투자업, 금융투자상품 관련 자격 보유자인 금융투자회사의 임직원이 직접 설명해야 한다.
- 투자자의 전화 문의에는 해당 금융투자업, 금융투자상품 관련 자격 보유자인 해당 금융투자회사의 임직원이 응대한다는 것을 안내 자막 · 음성을 통해 알려야 한다.
- 수익률이나 운용실적에 대한 내용을 포함시켜서는 안 된다.
- 광고의 1/3 이상의 시간을 안내 자막 · 음성을 통한 위험사항 고지에 소요해야 한다.
- 집합투자증권과 관련된 내용을 다룰 경우 다음 사항을 충분히 설명해야 한다.
  - 환매청구 방법
  - 환매대금 지급시기
  - 환매청구 시 적용되는 기준가격
  - 환매 수수료 등 환매 관련 사항

[개념 확인 문제 정답] ①　[실전 확인 문제 정답] ③

5 재산상 이익의 제공 · 수령

개념 확인 문제

▶ **자본시장법 시행령에서 재산상 이익으로 보지 않는 범위는 경제적 가치가 (㉠) 이하의 물품, 식사 또는 (㉡) 이하의 경조비 및 화환이다.**

① ㉠ 3만 원, ㉡ 20만 원　　② ㉠ 5만 원, ㉡ 10만 원

실전 확인 문제

▶ **자본시장법 시행령 상의 재산상 이익의 제공 및 수령에 관한 내용으로 적절하지 못한 것은?**

① 매매정보 또는 주문 집행 등을 위하여 자체적으로 개발한 소프트웨어를 제공하는 것은 재산상 이익으로 보지 않는다.

② 금융투자업규정 개정에 따라 재산상 이익의 제공 한도 규제는 폐지하였으나, 위험성이 높은 파생상품에 대해서는 한도 규제를 유지하고 있다.

③ 재산상 이익의 제공에 대한 한도가 폐지되면서 이사회 등을 통한 금융투자회사의 자체적인 내부통제기능도 대폭 완화되었다.

④ 재산상 이익의 가치를 선정할 때 물품의 경우는 구입비용으로 한다.

정답해설 재산상 이익의 제공에 대한 한도가 폐지되면서 이사회 등을 통한 금융투자회사의 자체적인 내부통제기능도 대폭 강화되었다. 이사회가 정한 금액을 초과하는 재산상 이익을 제공하고자 하는 경우에는 미리 이사회 의결을 거쳐야 한다.

개념 짚어 보기

재산상 이익으로 보지 않는 범위

- 매매정보 또는 주문 집행 등을 위하여 자체적으로 개발한 소프트웨어 및 소프트웨어 활용에 불가피한 전산기기
- 자체적으로 작성한 조사 분석 자료
- 3만 원 이하의 물품, 식사, 신 유형 상품권
- 20만 원 이하의 경조비 및 화환
- 불특정 다수를 대상으로 하는 세미나로서 1인당 제공 금액을 산정하기 곤란한 경우

[개념 확인 문제 정답] ①　[실전 확인 문제 정답] ③

6 계좌관리 · 예탁금이용료의 지급

개념 확인 문제

01 금융투자회사는 예탁자산 평가액이 10만 원 이하이고 최근 6개월 동안 매매거래, 입출금, 입출고 등이 (   ) 계좌는 다른 계좌와 구분하여 통합계좌로 별도 관리 가능하다.

① 발생한 ② 발생하지 않은

02 주식워런트증권, 상장주권, 상장지수집합투자기구의 집합투자증권은 (   )에 따라 예탁자산을 평가한다. 다만, 회생절차개시신청으로 말미암아 거래가 정지되었을 때에는 금융투자회사가 자체적으로 평가한 가격으로 하며, 주식워런트증권의 권리행사 시에는 결제금액으로 한다.

① 취득가액 ② 당일 종가

실전 확인 문제

▶ 금융투자회사의 계좌관리 및 예탁금이용료에 관한 사항으로 옳지 않은 것은?

① 투자자 계좌의 잔액 · 잔량이 "0"이 된 날에서 6개월이 지났을 때에는 그 계좌를 폐쇄할 수 있다.
② 장내파생상품거래예수금 전액에 대해서 투자자에게 협회가 정한 이용료를 지급해야 한다.
③ 금융투자회사는 투자자에게 받는 수수료 부과 기준과 절차에 관한 사항을 정하고 인터넷 홈페이지 등을 이용하여 공시해야 한다.
④ 예탁자산 평가액이 10만 원 이하이고, 최근 6개월 간 투자자의 매매거래 및 입출금 · 입출고 등이 발생하지 않은 계좌는 다른 계좌와 구분하여 통합계좌로 별도 관리할 수 있다.

정답해설 장내파생상품거래예수금 중 한국거래소의 "파생상품시장 업무규정"에 따른 현금예탁필요액은 제외할 수 있다. 투자자예탁금이용료 지급에 관한 기준은 금융투자회사가 제정하고 운영해야 한다.

개념 짚어 보기

투자자 계좌 폐쇄

- 금융투자회사는 투자자의 계좌가 다음의 어느 하나에 해당하는 경우 이를 폐쇄할 수 있다.
  - 투자자가 계좌 폐쇄를 요청할 때
  - 계좌 잔액 · 잔량이 "0"이 된 날에서 6개월이 지났을 때
- 폐쇄된 계좌의 투자자가 배당금(주식) 등의 출금(고)을 요청하면 본인임을 확인한 뒤에 처리해야 한다.
- 금융투자회사는 계좌를 폐쇄한 날에서 6개월이 지났을 때에는 해당 계좌번호를 새로운 투자자에게 줄 수 있다.

[개념 확인 문제 정답] 01 ② 02 ② [실전 확인 문제 정답] ②

7 신용공여

개념 확인 문제

▶ 담보가격 산정 시 유가증권시장에서 상장되지 않은 투자회사의 주식은 (　　　)을 담보가격으로 한다.

① 금융투자회사가 산정한 가격　　② 기준가격

실전 확인 문제

01 신용공여 시 담보가격 산정 방법에 대한 설명으로 옳지 않은 것은?

① 담보가격 산정 방법에는 금융투자업규정상의 방법과 협회가 정하는 방법이 있다.
② 상장채권의 경우에는 2 이상의 채권평가회사가 제공하는 가격정보를 기초로 금융투자회사가 산정한 가격으로 한다.
③ ETF를 제외한 집합투자증권의 경우에는 당일 종가로 한다.
④ 청약하여 취득하는 주식은 취득가액으로 한다.

정답해설 ETF를 제외한 집합투자증권의 경우에는 당일에 고시된 기준가격으로 담보가격을 산정한다.(당일에 고시된 기준가격에 따른 평가가 불가능한 경우에는 최근일에 고시된 기준가격)

02 신용공여에 대한 설명으로 옳지 않은 것은?

① 예탁증권 담보융자 시 상장채권은 담보로서 인정될 수 있다.
② 예탁증권 담보융자 시 외화증권은 담보로서 인정될 수 있다.
③ 예탁증권 담보융자 시 주식워런트증권은 담보로서 인정되지 않는다.
④ 담보가격 산정 시 유가증권시장에서 상장되지 않은 투자회사의 주식을 기준가격으로 한다.

정답해설 협회규정에서는 외화증권을 담보금지 대상으로 하고 있지 않다. 다만, 회사에 따라 자체 규정으로 담보에서 제외할 수 있다.

개념 짚어 보기

담보가격 산정 방법(협회규정)

- **유가증권시장에 상장되지 않은 투자회사의 주식** : 기준가격
- **공모파생결합증권 및 기업어음증권(주가연계증권, 상장지수증권 제외)** : 금융위원회에 등록된 채권평가회사 중 둘 이상의 채권평가회사가 제공하는 가격정보를 기초로 금융투자회사가 산정한 가격
- **상장지수증권** : 당일 종가(당일 종가에 따른 평가가 불가능한 경우에는 최근일 기준가격)
- **기타 증권** : 금융투자회사와 투자자가 사전에 합의한 방법

[개념 확인 문제 정답] ②　[실전 확인 문제 정답] 01 ③　02 ②

8 증권인수업무에 관한 규정

개념 확인 문제

▶ **무보증사채의 인수에 있어서 발행회사와 주관회사는 증권신고서 제출 (　　　) 전에 대표주관계약을 체결해야 하며 계약체결일로부터 (　　　) 내에 협회에 신고해야 한다.**

① 5영업일, 10영업일　　② 10영업일, 5영업일

실전 확인 문제

▶ **다음 중 증권인수업무에 관한 설명으로 옳지 않은 것은?**

① 금융투자회사는 주식의 인수를 의뢰받은 때에는 대표주관계약을 체결하여야 한다.
② 주관회사는 주식가치에 영향을 주는 사항들을 분석하여 이에 관한 평가의견을 발행회사가 제출하는 증권신고서에 기재하여야 한다.
③ 인수회사는 청약증거금을 받은 경우 회사별로 증권금융회사나 은행에 예치하여야 한다.
④ 금융투자회사와 금융투자회사의 이해관계인이 합하여 발행회사의 주식을 10% 미만을 보유하고 있다면 단독으로 주관업무를 수행할 수 있다.

정답해설 100분의 5 이상, 100분의 10 미만 보유시에는 다른 금융투자회사와 공동으로 주관업무를 수행하여야 한다.

개념 짚어 보기

주관회사의 제한

금융투자회사가 발행회사와 다음과 같은 이해관계가 있는 경우 기업공개 또는 장외 법인공모를 위한 주식의 주관회사의 업무를 하거나 최대 물량 인수를 할 수 없다.

- 발행회사 및 발행회사의 이해관계인이 합하여 금융투자회사의 주식 등을 100분의 5 이상 보유
- 금융투자회사가 발행회사의 주식 등을 100분의 5 이상 보유
- 금융투자회사와 금융투자회사의 이해관계인이 합하여 발행회사의 주식 등을 100분의 10 이상 보유
- 금융투자회사의 주식 등을 100분의 5 이상 보유하고 있는 주주와 발행회사의 주식 등을 100분의 5 이상 보유하고 있는 주주가 동일인이거나 이해관계인인 경우
- 금융투자회사의 임원이 발행회사의 주식 등을 100분의 1 이상 보유
- 금융투자회사의 임원이 발행회사의 임원인 경우
- 금융투자회사가 발행회사의 최대주주이거나 계열회사인 경우

[개념 확인 문제 정답] ②　[실전 확인 문제 정답] ④

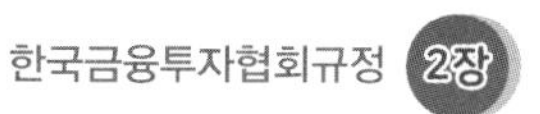

9 금융투자회사의 약관 운용에 관한 규정

개념 확인 문제

01 금융투자회사는 표준약관의 본질을 해치지 않는 범위 안에서 약관의 수정이 가능하며, 이때 금융투자회사는 수정하여 사용하려는 약관을 시행예정일 ( ) 전까지 협회에 보고해야 한다.

① 10영업일 ② 20영업일

02 금융투자회사는 외화증권매매거래계좌설정 약관을 수정하여 사용할 수 ( ).

① 있다 ② 없다

실전 확인 문제

▶ 금융투자회사의 약관에 대한 사항으로 옳은 설명은?

① 금융투자업무와 관련한 표준약관은 금융감독원장이 정한다.

② 표준약관이 없어 개별약관을 제정하거나 변경하고자 할 때에는 시행예정일 10영업일 전까지 협회에 보고해야 한다.

③ 금융투자업무와 관련한 표준약관이 있는 경우 금융투자회사는 본질을 해치지 않는 범위 내에서만 수정하여 사용할 수 있다.

④ 전문투자자만을 대상으로 하는 약관을 제정하거나 변경하고자 할 때에는 제정 또는 변경한 후 15일 내로 협회에 보고해야 한다.

정답해설 ① 금융투자업무와 관련한 표준약관은 금융투자협회에서 정한다.
② 시행예정일 20영업일 전까지 보고해야 한다.
④ 제정 또는 변경한 후 7일 내로 보고해야 한다.

개념 짚어 보기

약관 보고의 특례

약관 제정 · 변경과 관련하여 다음 사항 중 해당되는 것이 있을 때 금융투자회사는 약관을 제정하거나 변경한 후 7일 내로 협회에 보고해야 한다.

- 약관 내용 가운데 고객의 권리나 의무와 상관없는 사항을 변경할 때
- 협회의 표준약관을 그대로 사용할 때
- 제정하거나 변경하려는 약관의 내용이 다른 금융투자회사가 협회에 먼저 신고한 약관 내용과 동일할 때
- 전문투자자만을 대상으로 하는 약관을 제정하거나 변경할 때

[개념 확인 문제 정답] 01 ① 02 ② **[실전 확인 문제 정답]** ③

10 금융투자전문인력과 자격시험에 관한 규정

개념 확인 문제

▶ 등록요건을 갖춘 날 또는 최근 업무수행일로부터 (   )이 경과하여 전문성 강화교육을 이수하여야 하는 자를 등록 신청한 경우 협회는 등록을 거부할 수 있다.

① 3년 ② 5년

실전 확인 문제

▶ 금융투자협회가 금융투자전문인력에 대해 제재를 부과하는 사유에 해당하지 않는 것은 무엇인가?

① 횡령, 배임 등 범죄 행위를 한 경우
② 정당한 사유 없이 보수 교육을 이수하지 아니한 경우
③ 협회가 실시하는 자격시험에서 부정행위를 한 경우
④ 금융투자상품의 매매주문을 수탁한 경우

정답해설 금융투자전문인력이 아닌 자를 고용하여 투자자를 유치하거나 금융투자상품의 매매주문을 수탁한 경우이다.

개념 짚어 보기

금융투자전문인력에 대한 제재 사유

- 금융투자전문인력으로서의 업무 또는 계약 체결 권유와 관련하여 관련 법규를 위반한 경우
- 횡령, 배임, 절도, 업무와 관련한 금품 수수 등 범죄행위를 한 경우
- 금융투자전문인력이 아닌 자를 고용하여 투자자를 유치하거나 금융투자상품의 매매주문을 수탁한 경우
- 금융투자전문인력의 자격 또는 명의를 대여한 경우
- 다른 금융투자전문인력에게 위법 · 부당한 행위를 지시한 경우
- 정당한 사유 없이 보수 교육을 이수하지 아니한 경우
- 협회가 실시하는 자격시험에서 부정행위를 한 경우
- 미공개중요정보 이용행위 금지 위반
- 시세조종행위 금지 위반
- 부정거래행위 금지 위반

[개념 확인 문제 정답] ② [실전 확인 문제 정답] ④

11 신상품 보호, 직원 채용

개념 확인 문제

▶ 신상품을 개발한 금융투자회사가 일정기간 동안 독점적으로 신상품을 판매할 수 있는 권리를 (　　　)이라 한다.

① 배타적 사용권　　② 독점적 사용권

실전 확인 문제

▶ 금융투자회사의 직원 채용 및 복무에 대한 설명으로 옳지 않은 것은?

① 금융투자회사는 직원을 채용한 이후 즉시 협회에 징계면직 전력을 조회하여야 한다.
② 금융투자회사의 직원은 본인의 계산으로 매매거래를 함에 있어 타인의 명의나 주소를 사용하는 행위를 해서는 안된다.
③ 금융투자회사는 임직원에게 징계 처분을 부과한 경우 부과일로부터 10영업일 이내에 협회에 보고하여야 한다.
④ 감봉 이상의 징계를 받은 임직원은 준법교육을 이수하여야 한다.

정답해설 금융투자회사는 직원을 채용하기 전에 협회에 징계면직 전력을 조회하여야 한다.

개념 짚어 보기

금융투자회사 직원의 금지행위

- 관계법규를 위반하는 행위
- 투자자에게 매매거래, 계약의 체결 등과 관련하여 본인 또는 제3자의 명의나 주소를 사용토록 하는 행위
- 본인의 계산으로 매매거래, 계약의 체결을 함에 있어 타인의 명의나 주소를 사용하는 행위
- 매매거래, 계약의 체결을 함에 있어 투자자와 금전의 대차를 하거나 제3자와의 금전의 대차를 중개하는 행위
- 그 밖에 사회적 상규에 반하거나 투자자 보호에 배치되는 행위

[개념 확인 문제 정답] ①　**[실전 확인 문제 정답]** ①

핵심플러스

OX 문제

01 금융투자회사는 사모의 방법으로 발행된 파생결합증권(주식워런트증권 제외)을 일반투자자가 매매 또는 신용융자거래 또는 유사해외통화선물거래를 하고자 할 때 핵심설명서를 추가로 교부해야 한다. (　)

02 금융투자회사는 전문투자자가 주식워런트증권을 매매하고자 하는 경우 주식워런트증권의 투자설명 사항 등이 포함되고 협회가 인정하는 교육을 사전에 이수하도록 해야 한다. (　)

03 금융투자상품 잔고가 100억 원 이상(지정신청일 전날 기준)인 개인 중 금융투자업자에 계좌를 개설한 날에서 1년이 지난 일반투자자는 협회에서 지정을 받음으로써 전문투자자로 전환될 수 있다. (　)

04 투자권유대행인은 금융투자회사의 임직원이 아닌 자로서 금융투자회사와의 계약에 의해 투자권유업무를 위탁받은 개인을 말한다. (　)

05 금융투자회사는 소속 금융투자분석사에 대하여 연간 5시간 이상의 윤리교육을 실시해야 하며, 교육 실시 결과를 교육 종료일로부터 7영업일까지 협회에 보고해야 한다. (　)

06 협회에 투자광고 심사청구를 위하여는 투자광고계획신고서와 투자광고안을 함께 제출해야 하며, 협회는 신고서 접수일부터 3영업일 이내에 심사결과를 금융투자회사에 통보해야 한다. (　)

07 금융투자회사는 분기별 영업보고서를 금융위원회에 제출한 날부터 1년간 영업보고서를 해당 금융투자회사의 본점 및 영업점에 비치하고 인터넷 홈페이지 등을 통하여 일반인이 열람할 수 있도록 해야 한다. (　)

08 금융투자회사가 거래상대방에게 재산상 이익을 제공하거나 제공받고자 하는 경우 반드시 준법감시인에게 사전보고해야 한다. (　)

09 금융투자회사는 금고 이상의 형을 선고받고 그 집행이 종료되거나 면제된 지 5년이 경과하지 않은 자를 직원으로 채용할 수 없다. (　)

10 금융투자회사의 직원은 본인의 계산으로 금융투자상품의 매매거래, 투자자문계약, 투자일임계약, 신탁계약을 체결할 때 타인의 명의나 주소 등을 사용할 수 없다. (　)

해설

01 사모가 아니라 공모의 방법으로 발행된 파생결합증권에 한해 적용되며 주식워런트 증권은 제외된다.

02 전문투자자가 아니라 일반투자자에 해당하는 내용이다. 금융투자회사는 일반투자자에게 교육을 이수하도록 해야 하며 그 이수 여부까지 확인해야 한다. 다만 법인 · 단체 · 외국인의 경우 사전 교육 이수 요건이 제외된다.

03 법인 또는 단체 중 금융투자상품 잔고가 100억 원 이상(지정신청일 전날 기준)인 일반투자자는 전문투자자로 지정받을 수 있다. 개인의 경우 금융투자상품 잔고가 50억 원 이상(지정신청일 전날 기준)인 일반투자자로서 금융투자업자에 계좌를 개설한 날에서 1년이 지나면 전문투자자로 지정받을 수 있다.

05 금융투자회사는 소속 금융투자분석사에 대하여 연간 2시간 이상의 윤리교육을 실시해야 하며, 교육실시 결과를 교육 종료일의 익월 말일까지 협회에 보고해야 한다.

08 사전보고가 부득이하게 곤란할 때에는 사후에 보고할 수 있다.

[정답] 01 × 02 × 03 × 04 ○ 05 × 06 ○ 07 ○ 08 × 09 ○ 10 ○

핵심플러스

OX 문제

11 금융투자회사가 배타적 사용권이 부여된 신상품을 판매하기 위해서는 배타적 사용권을 부여받은 금융투자회사로부터 서면에 의한 동의를 받아야 한다. (   )

12 금융투자회사는 투자자예탁금 이용료 지급에 관한 내부기준을 제정 · 운영해야 하며 이용료 지급기준을 제정하거나 변경하고자 하는 경우에는 시행일 5영업일 전까지 그 내용을 협회에 신고해야 한다. (   )

13 협회에 등록된 미수채권 발생정보의 변동시점은 변동이 발생한 날의 다음 매매거래일로 하되, 협회를 통해 해당 미수채권 발생정보를 다른 금융투자회사로부터 통보받은 경우에는 통보받은 날의 다음 매매거래일에 변동이 발생한 것으로 본다. (   )

14 기업공개시 대표주관회사가 당초 공모하기로 한 주식의 수량을 초과하여 청약자에게 배정하는 것을 조건으로 그 초과배정 수량에 해당하는 신주를 발행회사로부터 미리 정한 가격으로 매수할 수 있는 권리를 초과배정옵션이라고 한다. (   )

15 기업공개를 위한 주식의 대표주관회사는 공모주식의 유가증권시장 또는 코스닥시장 상장일부터 5년간 발행회사와 관련된 사항을 협회에 제출해야 한다. (   )

16 금융투자회사는 "전자금융거래 이용에 관한 기본약관"을 수정하여 사용하고자 할 때에는 수정약관을 시행예정일 10영업일 전까지 협회에 보고해야 한다. (   )

17 분쟁조정위원회는 분쟁조정위원회 위원장 1인을 포함하여 15인 이내의 위원으로 구성되는데, 협회의 분쟁조정 담당 집행임원이 위원장이 되고, 외부전문가들로 위원이 구성된다. (   )

18 분쟁조정위원회 위원장은 접수일로부터 45일 이내에 신청사건을 위원회에 회부하여야 한다. (   )

19 자율규제위원회는 위원장 1인을 포함하여 총 7인으로 구성된다. (   )

20 금융투자협회는 회원 및 임직원에 대한 자율규제위원회의 제재조치 부과 시 제재의 종류가 경미하더라도 대상 회원이나 임직원명을 공표해야 한다. (   )

해설

12 금융투자회사는 시행일 7영업일 전까지 그 내용을 협회에 보고해야 한다.

15 기업공개를 위한 주식의 대표주관회사는 공모주식의 유가증권시장 또는 코스닥시장 상장일부터 3년간 발행회사와 관련된 사항을 협회에 제출해야 한다.

16 금융투자회사는 업무와 관련하여 표준약관이 있는 경우 이를 우선적으로 사용하여야 하나, 본질을 해하지 않는 범위 안에서 수정하여 사용할 수 있다. 이때 수정약관을 시행예정일 10영업일 전까지 협회에 보고하여야 하나, "전자금융거래이용에 관한 기본약관"은 금융위원회에 보고해야 한다.

18 분쟁조정위원회 위원장은 신청사건을 30일 이내에 위원회에 회부하여야 하나, 위원장이 불가피하다고 인정하는 경우에는 사유 발생일로부터 30일 이내에 위원회 회부를 연기할 수 있다.

20 금융투자협회는 회원 및 그 임직원에 대한 제재조치 부과 시 의결일자, 대상 회원 또는 임직원, 제재의 종류 및 내용, 위반행위의 주요 내용을 공표해야 하나, 제재의 종류가 경미한 경우(주의)에는 대상 회원명을 비공개로 하고 제재 권고 대상 회원 임직원의 실명도 비공개로 하고 있다.

[정답] 11 ○ 12 × 13 ○ 14 ○ 15 × 16 × 17 ○ 18 × 19 ○ 20 ×

3장 회사법

대표 유형 문제

다음 중 주주총회결의에 관한 설명으로 옳은 것은?

① 상법상 서면결의는 인정되지 않는다.
② 모든 주주의 의결권은 1주마다 1개이며, 공탁하지 않은 무기명주식도 의결권이 있다.
③ 정관 위반의 결의에 대하여는 결의취소의 소를 제기할 수 있다.
④ 주주총회의 보통결의사항은 출석주주 의결권의 2/3 이상의 수와 발행주식총수의 1/3 이상의 수가 충족되어야 한다.

정답해설 총회의 소집절차 및 결의방법이 법령이나 정관에 위반 또는 현저하게 불공정한 때, 결의의 내용이 정관에 위반한 때에는 주주, 이사 또는 감사가 결의취소의 소를 제기할 수 있다.

오답해설 ① 주주는 정관이 정한 바에 따라 총회에 출석하지 않고 서면에 의하여 의결권을 행사할 수 있다.
② 무기명식의 주권을 가진 자는 회의일 1주 전에 그 주권을 회사에 공탁하여야만 의결권을 행사할 수 있다.
④ 총회의 보통결의는 출석주주 의결권의 과반수와 발행주식총수의 1/4 이상의 수로써 하여야 한다. 지문의 내용은 특별결의사항이다.

대표 유형 문제 알아 보기

주주총회 결의취소의 소

- 총회의 소집절차 및 결의방법이 법령이나 정관에 위반 또는 현저하게 불공정한 때, 결의의 내용이 정관에 위반한 때에는 주주, 이사 또는 감사가 결의취소의 소를 제기할 수 있다.
- **결의취소의 사유**
  - 주주총회소집의 이사회결의하자
  - 일부 주주의 소집통지 결여
  - 의결정족수의 부족
  - 소집통지 미기재사항의 결의
  - 의장의 부당한 발언 제한
  - 정관 위반의 결의
- **제소권자** : 주주 · 이사 · 감사
- **제소기간** : 결의일로부터 2개월 내

[대표 유형 문제 정답] ③

1 주식회사의 이해(1) – 주식회사법의 특징

개념 확인 문제

01 주식회사는 주식으로 분할된 지분을 가지고 있는 주주로 조직된 회사로 자본, 주식, (　　　)을 특징으로 한다. 이는 주주는 회사에 대하여 그가 가지는 주식의 인수가액을 한도로 하여 출자의 무만을 부담하는 것을 의미한다.

① 주주의 유한책임　　② 주주의 무한책임

02 형식적인 자본액의 감소를 방지하기 위한 것으로 회사의 자본액은 법정절차를 밟지 않고서는 변경 또는 감소할 수 없다는 원칙은 주식회사의 자본의 3원칙 중 (　　　)에 해당한다.

① 자본유지의 원칙　　② 자본불변의 원칙

실전 확인 문제

▶ 주식회사의 자본에 대한 설명으로 틀린 것은?

① 자본불변의 원칙은 자본의 감소나 자본증가 시 적용된다.
② 이익배당의 제한, 주식의 액면미달발행의 제한 등은 자본유지의 원칙의 예에 해당한다.
③ 우리나라 상법상의 자본제도는 독일법상의 확정자본제도를 적용하고 있다.
④ 회사가 보유해야 할 순재산액의 기준이 되는 것으로 발행주식의 액면가 총액을 의미한다.

정답해설 우리나라 상법상의 자본제도는 미국법상의 수권자본제도를 적용하고 있다.

개념 짚어 보기

주식회사의 자본제도

- **확정자본제도** : 회사설립 시 정관에 규정된 자본 총액을 확정하여 그 발행주식총수가 인수되어야 하고, 증자 시 주주총회의 특별결의로 자본액을 변경해야 신주를 발행할 수 있는 제도(총액자본주의)
- **수권자본제도** : 정관에 기재한 자본 총액 중 일부 주식의 발행만으로 회사설립을 인정하고, 회사설립 후 필요에 따라 잔여 주식을 이사회의 결의로 신주발행하는 제도

주식회사의 자본의 3원칙

- **자본의 확정의 원칙** : 회사설립 시 발행주식은 총수가 인수되어야 하며, 지체 없이 각 주식에 대하여 그 인수가액의 전액을 납입해야 함
- **자본의 유지(충실)의 원칙** : 회사설립 시 또는 존속 시 장래의 투자자 보호와 기업의 유지를 위해 회사의 자본액에 상당하는 재산을 확보 또는 유지하고 있어야 함
- **자본의 불변의 원칙** : 회사의 자본액은 상법에 의한 채권보호절차, 주주총회의 특별결의 등의 법정절차를 거치지 않으면 자본액의 감소 등의 변경을 할 수 없음

[개념 확인 문제 정답] 01 ① 02 ② **[실전 확인 문제 정답]** ③

2 주식회사의 이해(2) – 주식회사의 설립

개념 확인 문제

01 주식회사의 설립절차는 복잡성과 엄격성을 띠고 있으며, 발기인 조합 → 정관작성 → (　　　) → 설립등기의 단계로 진행된다.

① 설립하자　　② 실체구성

02 주식회사의 설립등기는 발기인이 회사설립시에 발행한 주식의 총수를 인수한 경우에는 절차가 종료한 날로부터, 발기인이 주주를 모집한 경우에는 창립총회가 종결한 날 또는 절차가 종료한 날로부터 (　　　) 내에 해야 한다.

① 2주　　② 1개월

실전 확인 문제

▶ 주식회사의 설립에 관한 설명이다. 다음 중 옳지 않은 것은?

① 정관은 공증인의 인증을 받아야 효력이 생긴다.
② 주식회사 설립 시 발기인이 정관을 작성해야 한다.
③ 발기설립의 경우는 발기인이 발행되는 모든 주식을 인수하고, 모집설립의 경우는 발기인이 발행주식의 일부만을 인수한다.
④ 발기인은 회사의 설립과 관련해 자본충실의 책임을 지고 있어 엄격한 자격제한을 두고 있으므로 법인은 발기인이 될 수 없다.

정답해설 발기인의 자격에는 제한이 없으므로, 법인도 발기인이 될 수 있다.

개념 짚어 보기

발기설립과 모집설립의 비교

구분	발기설립	모집설립
주식의 인수	발기인이 전부 인수	발기인이 부분 인수, 나머지는 주주를 모집
주금납입장소	제한 없음	주식청약서에 기재된 금융기관에 납입
창립총회	불필요	필요
이사 · 감사의 선임	발기인 의결권의 과반수로 선임	창립총회에 출석한 주식인수인 의결권의 2/3 이상, 인수된 주식총수의 과반수에 해당하는 다수결로 선임
검사인의 선임	이사가 법원에 청구하여 법원이 선임	발기인이 법원에 청구하여 법원이 선임
설립경과의 조사	이사 · 감사가 조사하여 발기인에게 보고	이사 · 감사가 조사하여 창립총회에 보고(변태설립사례에 대하여는 검사인이 법원에 보고)
설립 중의 회사구성원	발기인	발기인, 주식인수인

[개념 확인 문제 정답] 01 ② 02 ① [실전 확인 문제 정답] ④

3 주식과 주주(1) – 주식 · 주권

개념 확인 문제

01 회사는 이익의 배당, 잔여재산의 분배, 주주총회에서의 의결권의 행사, 상환 및 전환 등에 관하여 내용이 다른 종류의 주식인 ( )을 발행할 수 있다.

① 종류주식 ② 후배주식

02 회사는 성립 후 또는 ( ) 지체 없이 주권을 발행해야 한다. 이를 위반하여 발행한 주권은 무효로 하며, 발행자는 손해배상 청구의 제재가 따른다.

① 신주의 납입기일 후 ② 정관작성 후

실전 확인 문제

▶ 상법상 주식에 관한 내용으로 거리가 먼 것은?

① 액면주식의 금액은 균일해야 하며, 1주의 금액은 100원 이상으로 해야 한다.
② 상법은 액면주식뿐 아니라 무액면주식의 발행도 허용하고 있다.
③ 기명주식의 양도는 주주명부의 명의개서를 필요로 한다.
④ 종류주식의 총수는 발행주식총수의 4분의 1을 초과하지 못한다.

정답해설 회사는 정관으로 정한 경우에는 주식의 전부를 무액면주식으로 발행할 수 있다. 다만, 무액면주식을 발행하는 경우에는 액면주식을 발행할 수 없다.

개념 짚어 보기

주식의 종류

구분	내용
액면의 기재 여부	• 액면주식 : 정관과 주권에 1주의 금액이 기재된 주식 • 무액면주식 : 정관과 주권에 주금액의 기재가 없고, 주식수 또는 자본참가비율만 기재된 주식
기명 유무	• 기명주식 : 주주의 성명이 주주명부 및 주권에 기재된 주식 • 무기명주식 : 주주의 성명이 주주명부 및 주권에 기재되지 않은 주식(2014년 상법개정에 의해 폐지됨)
의결권의 유무	• 의결권주식 : 회사의 경영참가나 지배권을 획득하고 유지하기 위한 권리가 부여된 주식 • 무의결권주식 : 우선적 이익배당에 대한 반대급부로 의결권을 행사할 수 없는 주식
재산적 내용	• 보통주식 • 우선주식, 후배주식, 혼합주식
특수한 주식	• 상환주식 : 발행시점부터 이익에 의한 소각이 예정되어 있는 우선주식 • 전환주식 : 회사가 수종의 주식을 발행한 경우에 주주가 그 인수한 주식을 다른 종류의 주식으로 전환청구할 수 있는 권리가 부여된 주식

[개념 확인 문제 정답] 01 ① 02 ① **[실전 확인 문제 정답]** ②

4 주식과 주주(2) – 주주 · 주주명부

개념 확인 문제

01 주주는 회사에 대하여 주식의 인수가액에 대한 납입의무만을 부담하며, 주주가 사원의 지위에서 회사에 대하여 가지는 권리에는 (　　　)과 공익권이 있다.

① 특별권　　② 자익권

02 (　　　)이란 주주의 주주권 남용을 방지하기 위해 발행주식총수의 일정 비율의 주식을 가진 주주만이 행사할 수 있도록 규정한 것을 말하며, 회계장부열람청구권, 이사 등 해임청구권, (　　　), 해산판결청구권 등이 속한다.

① 단독주주권, 신주발행유지청구권　　② 소수주주권, 주주총회소집청구권

03 주주명부의 기준일은 권리의 행사일로부터 (　　　) 이내의 날로 정해야 한다.

① 3개월　　② 6개월

실전 확인 문제

▶ 다음 중 주주와 주주명부에 관한 설명으로 옳지 않은 것은?

① 주주명부의 폐쇄기간에는 제한이 없으며, 그 기간 중에도 명의개서가 가능하다.
② 주식회사에 있어서는 발행주식의 전부를 1인의 주주가 소유하는 1인 회사가 인정된다.
③ 주주는 주식의 인수 또는 양수로 인하여 주식이 나타내는 권리 · 의무의 주체가 되는 자로, 주주의 자격에는 제한이 없다.
④ 주주와 회사채권자는 영업시간 내 언제든지 주주명부의 열람 또는 등사를 청구할 수 있다.

정답해설 주주명부의 폐쇄기간은 3개월을 초과할 수 없으며, 그 기간 중에는 주식의 명의개서는 물론 권리변동에 관한 일체의 기재를 할 수 없다.(주주명부의 폐쇄)

개념 짚어 보기

공익권

- **단독주주권** : 지분수에 관계없이 각 주주가 단독으로 행사할 수 있는 권리(의결권, 설립무효판결청구권, 총회결의취소판결청구권, 총회결의무효판결청구권, 감자무효판결청구권, 신주발행유지청구권, 정관 등의 열람권, 재무제표 열람권)
- **소수주주권** : 회사의 발행주식총수의 일정비율을 지닌 주주만이 행사할 수 있는 권리(주주총회소집청구권, 업무 · 재산상태검사청구권, 회계장부열람청구권, 이사의 위법행위유지청구권, 대표소송제기권, 이사 등 해임청구권, 주주제안권, 집중투표청구권, 회사의 해산판결청구권)

[개념 확인 문제 정답] 01 ② 02 ② 03 ① **[실전 확인 문제 정답]** ①

5 주식과 주주(3) – 주식의 양도

개념 확인 문제

01 주식은 타인에게 양도할 수 있으며 주식의 양도를 목적으로 한 당사자 간의 의견합의와 (　　　) 로 가능하다.

① 주권의 교부　　② 주주명부의 기재

02 (　　　)의 이전은 취득자의 성명과 주소를 주주명부에 기재(명의개서)하지 않으면 회사에 대항하지 못한다.

① 의결권주식　　② 기명주식

03 주권의 발행 전에 한 주식의 양도는 회사에 대하여 효력이 없으나 회사성립 후 또는 신주의 납입기일 후 (　　　)이 경과한 때에는 주권의 발행 전의 주식양도의 효력을 인정한다.

① 3개월　　② 6개월

실전 확인 문제

▶ 주식양도에 관한 설명으로 옳지 않은 것은?

① 주식의 양도에 있어서는 주권을 교부하여야 한다.
② 주식의 양도는 법률 또는 정관에 의하지 않으면 주식양도를 제한하지 못한다.
③ 권리주의 양도와 주권발행 전에 한 주식의 양도는 회사에 대하여 효력이 없다.
④ 주주가 주식매수청구권을 행사한 때에는 회사는 자기주식을 취득하지 못한다.

정답해설 배당가능이익 범위 내의 취득, 특정목적의 취득 등 취득 가능한 재원이 있거나 예외적인 취득목적이 있는 경우에 한해 자기주식의 취득을 허용하고 있다.

개념 짚어 보기

주식양도의 자유에 대한 제한

구분	내용
법률상의 제한	• 권리주의 양도제한 • 주권발행 전의 주식양도제한 • 자기주식의 취득금지 • 주식의 상호보유제한
정관에 의한 제한	• 주식양도의 자유를 원칙으로 하되 회사가 필요한 경우 주식양도에 이사회 승인을 얻어야 하는 것으로 규정함 • 양도승인 청구 시 1개월 이내에 승인 여부를 주주에게 통지하여야 하고 기간 내에 거부통지가 없으면 승인한 것으로 봄

[개념 확인 문제 정답] 01 ① 02 ② 03 ② [실전 확인 문제 정답] ④

6 주식과 주주(4)–주식의 담보

개념 확인 문제

01 기명주식의 질권설정방법에 있어서 (   )은 질권설정의 합의와 주권을 질권자에게 교부함으로써 그 효력이 발생하는 방법, (   )은 질권설정자의 청구에 따라 질권자의 성명과 주소를 주주명부에 덧붙여 쓰고 그 성명을 주권에 기재하는 입질방법을 말한다.

① 등록질, 약식질　　② 약식질, 등록질

02 (   )는 당사자 간 질권설정의 합의와 주권 교부에 의해 담보의 효력이 발행한다는 면에서는 주식입질과 같으나 처분승락서가 첨부된다는 점에서 차이가 있다.

① 양도담보　　② 주식담보

실전 확인 문제

▶ 다음 중 주식의 담보에 관한 설명으로 옳지 않은 것은?

① 기명주식을 질권의 목적으로 하는 때에는 주권을 질권자에게 교부하여야 한다.
② 질권자는 계속하여 주권을 점유하지 않으면 그 질권으로써 제3자에게 대항하지 못한다.
③ 양도담보권자가 제3자에게 주식을 양도하면 양도담보설정자는 주주권을 상실하게 된다.
④ 양도담보의 경우에는 주권의 교부만으로도 회사와 제3자에 대한 대항요건이 된다.

정답해설 양도담보도 주권의 계속점유가 회사와 제3자에 대한 대항요건이 된다.

개념 짚어 보기

주식의 담보

- 양도담보
  - 주권의 지속적인 유지와 점유가 회사와 제3자에 대한 대항요건이며, 양도담보권자가 제3자에게 주식을 양도하면 양도담보설정자는 주주권을 상실한다.
  - 채무변제가 없을 경우 채권자가 처분승락서에 의해 주식을 처분하여 채권 확보의 목적을 달성한다.
- 기명주식의 입질
  - 기명주식을 질권의 목적으로 하는 때에는 주권을 질권자에게 교부하여야 한다.
  - 질권자는 계속하여 주권을 점유하지 않으면 그 질권으로써 제3자에게 대항하지 못한다.
- **기명주식의 등록질** : 기명주식을 질권(質權)의 목적으로 한 경우에 회사가 질권설정자의 청구에 따라 그 성명과 주소를 주주명부에 덧붙여 쓰고 그 성명을 주권(株券)에 적은 경우에는 질권자는 회사로부터 이익배당, 잔여재산의 분배 또는 금전의 지급을 받아 다른 채권자에 우선하여 자기채권의 변제에 충당할 수 있다.

[개념 확인 문제 정답] 01 ② 02 ① [실전 확인 문제 정답] ④

7 주식과 주주(5) – 주식의 포괄적 교환과 이전

개념 확인 문제

01 주식의 (　　　)은 기존 회사를 지주회사로 전환하는 방법, 주식의 (　　　)은 지주회사를 신설하는 방법이라는 점에서 차이가 있지만 두 경우 모두 완전모회사의 성립을 목적으로 한다.

① 포괄적 이전, 포괄적 교환　　② 포괄적 교환, 포괄적 이전

02 완전모회사가 되는 회사가 주식교환을 위해 발행하는 신주의 총수가 완전모회사가 되는 회사의 발행주식총수의 10%를 초과하지 않는 주식교환의 경우에는 (　　　)의 승인으로도 가능하다.

① 이사회　　② 주주총회

실전 확인 문제

▶ 다음은 주식의 포괄적 교환과 포괄적 이전에 대한 설명이다. 옳지 않은 것을 모두 고르면?

> ㉠ 주식의 포괄적 교환은 회사 간에 주식 전부를 포괄적으로 주고받는 방법에 의해 완전모회사 또는 완전자회사가 성립되도록 하는 제도이다.
> ㉡ 주식의 포괄적 교환에 의해 다른 회사의 발생주식의 총수를 소유하는 회사를 완전자회사라 한다.
> ㉢ 주식의 포괄적 교환과 달리 포괄적 이전의 경우에는 주주총회의 승인절차가 필요없다.
> ㉣ 주식의 포괄적 교환으로 인한 주식이전과 주식배정은 주식교환일에 그 효력이 발생한다.

① ㉠, ㉢　　② ㉡, ㉢

③ ㉠, ㉣　　④ ㉢, ㉣

정답해설 ㉡ 주식의 포괄적 교환에 의해 다른 회사의 발생주식의 총수를 소유하는 회사를 완전모회사라 한다.
㉢ 주식의 포괄적 이전의 경우에도 주식이전계획서를 작성하여 주주총회 특별결의에 의한 승인을 받아야 한다.

개념 짚어 보기

주식의 포괄적 교환과 이전

- **주식의 포괄적 교환** : 한 회사가 신주를 발행하여 다른 회사가 가진 주식 전부와 교환하면서 신주를 발행한 회사는 완전모회사가 되고 다른 회사는 완전자회사가 되는 것을 말한다.
- **주식의 포괄적 이전** : 기존회사가 별도의 회사를 설립하여 주주가 가진 기존회사의 주식 전부를 새로 설립하는 회사에 포괄적으로 이전하고, 기존회사의 주주는 새로 설립한 회사가 발행하는 신주를 배정받음으로써 새로 설립하는 회사의 주주가 되는 것을 말한다.

[개념 확인 문제 정답] 01 ② 02 ①　**[실전 확인 문제 정답]** ②

8 주식과 주주(6) – 주식매수선택권

개념 확인 문제

01 주식매수선택권의 (　　　)은 신주를 발행하는 경우에는 주식매수선택권의 부여일을 기준으로 한 주식의 실질가액과 주식의 권면액 중 (　　　) 금액 이상이어야 한다.

① 행사가액, 높은　　② 실질가액, 낮은

02 주식매수선택권 부여로 인해 발행할 신주 또는 양도할 자기의 주식은 회사의 발행주식총수의 (　　　)을/를 초과할 수 없다.

① 100분의 5　　② 100분의 10

실전 확인 문제

▶ 다음 중 주식매수선택권을 부여하기 위한 요건에 해당하는 사항을 모두 고르면?

> ㉠ 주식매수선택권의 행사기간
> ㉡ 주식매수선택권을 부여받을 자의 자격요건
> ㉢ 일정한 경우 주식매수선택권을 부여할 수 있다는 뜻
> ㉣ 주식매수선택권의 행사로 발행하거나 양도할 주식의 종류와 수

① ㉠, ㉡　　② ㉠, ㉢
③ ㉡, ㉢, ㉣　　④ ㉠, ㉡, ㉢, ㉣

정답해설 주식매수선택권에 관한 정관의 규정에는 일정한 경우 주식매수선택권을 부여할 수 있다는 뜻, 주식매수선택권의 행사로 발행하거나 양도할 주식의 종류와 수, 주식매수선택권을 부여받을 자의 자격요건, 주식매수선택권의 행사기간, 일정한 경우 이사회결의로 주식매수선택권의 부여를 취소할 수 있다는 뜻의 사항을 기재하여야 한다.

개념 짚어 보기

주식매수선택권의 요건

- 한도 : 발행주식총수의 100분의 10
- 행사요건 : 주주총회결의일부터 2년 이상 재임 또는 재직하여야 행사 가능
- 행사가액
  - 신주발행의 경우 : 부여일 기준으로 실질가액과 권면액 중 높은 금액
  - 자기주식양도의 경우 : 부여일 기준 주식의 실질가액
- 부여 제외자 : 100분의 10 이상의 주식을 소유한 대주주, 사실상 영향력 행사자, 배우자나 직계존비속

[개념 확인 문제 정답] 01 ① 02 ② **[실전 확인 문제 정답]** ④

9 신주발행(1)

개념 확인 문제

01 **신주의 발행은 회사설립 후 수권자본의 범위 내에서 회사의 자본증가를 위하여 주식을 발행하는 경우를 말하는 것으로, 신주발행의 결정이 있으면 회사는 일정한 날을 정하여 그 날에 주주명부에 기재된 주주가 신주를 배정 받을 권리를 가진다는 뜻과 신주인수권을 양도할 수 있을 경우에는 그 뜻을, 그 날의 (   ) 전에 공고하여야 한다.**

① 2주 ② 1개월

02 **상법상 신주발행은 신주인수인이 납입기일에 납입 또는 현물출자를 하면 (   )부터 주주가 되고 신주발행의 효력이 발생된다.**

① 주금납입기일의 다음 날 ② 신주배정일

실전 확인 문제

▶ **다음 신주발행에 관한 내용 중 옳은 것은?**

① 신주발행 시의 발행가액은 이사회가 결정한다.
② 신주발행의 유지청구권은 소수주주권에 해당한다.
③ 회사는 주주가 아닌 자에게는 신주배정이 제한된다.
④ 회사설립 후 신주의 발행 여부 및 발행사항은 이사회에서 결정하게 된다.

정답해설 회사가 그 설립 후에 주식을 발행하는 경우에는 법에 다른 규정이 있거나 정관으로 주주총회에서 결정하기 정한 경우 외에 정관에 규정이 없는 것은 이사회가 결정한다.
① 액면미달 발행을 위해서는 주주총회의 특별결의가 있어야 하기 때문에 신주발행 시 발행가액을 액면 또는 액면 초과로 정하는 때에만 이사회가 발행가액을 결정한다.
② 신주발행의 유지청구권은 신주의 발행에 의하여 직접 불이익을 받을 염려가 있는 주주만이 할 수 있는 단독주주권이다.
③ 정관에 정하는 바에 따라 주주 외의 자에게 신주를 배정할 수 있다. 다만, 이 경우에는 신기술의 도입, 재무구조의 개선 등 회사의 경영상 목적을 달성하기 위하여 필요한 경우에 한한다.

개념 짚어 보기

신주발행의 절차

신주발행과 발행사항의 결정(이사회) → 신주배정일의 지정과 공고 → 신주인수권자에 대한 통지 → 주주의 모집 → 주식인수의 청약 → 신주의 배정 · 인수 → 현물출자의 검사 → 출자의 이행 → 신주발행의 효력발생 → 신주발행으로 인한 변경등기

신주의 할인발행(원칙적 금지, 요건충족시 예외 가능)

회사 성립 2년 후, 주주총회 특별결의 필요, 법원의 인가 1개월 이내에 발행

[개념 확인 문제 정답] 01 ① 02 ① **[실전 확인 문제 정답]** ④

10 신주발행(2)

개념 확인 문제

01 신주의 발행으로 인한 변경등기가 있은 후에 아직 인수하지 않은 주식이 있거나 주식인수의 청약이 취소된 때에는 이사가 이를 공동으로 인수한 것으로 본다. 이사의 이러한 (　　　)은 이사에 대한 손해배상의 청구에 영향을 미치지 않는다.

① 자본충실의 책임　　② 인수담보책임

02 신주발행의 무효는 주주 · 이사 또는 감사에 한하여 신주를 발행한 날로부터 (　　　) 내에 소만으로 이를 주장할 수 있다.

① 6개월　　② 1년

실전 확인 문제

▶ 불공정가액에 의한 신주발행으로 주주가 불이익을 받는 것을 예방하는 구제방법은?

① 신주발행무효의 소
② 신주발행유지청구권
③ 통모인수인 책임추궁의 소
④ 회사에 대한 손해배상청구권

정답해설 신주발행유지청구권이란 회사가 법령 또는 정관에 위반하거나 현저하게 불공정한 방법에 의하여 주식을 발행함에 있어 불이익을 받을 염려가 있는 경우 주주가 회사에 대해 그 발행을 유지(留止)할 것을 청구하는 것으로, 사전적 · 예방적 구제방법이다. ①, ③, ④는 신주의 효력발생 후에 취할 수 있는 사후적 구제방법에 해당한다.

개념 짚어 보기

신주발행의 하자에 대한 구제수단
- 사전적 구제수단 : 신주발행유지청구권(단독주주권)
- 사후적 구제수단 : 통모인수인의 책임, 신주발행무효의 소

신주발행무효의 원인
- 법정요건을 갖추지 않은 액면미달발행
- 주주의 신주인수권을 무시한 신주발행
- 발행예정주식 총수를 초과한 신주발행
- 전환주식 · 사채를 위해 보유한 주식수를 초과하여 주식을 발행한 경우 등

신주발행의 무효판결의 효과
- 대세적 효과, 비소급적 효력

[개념 확인 문제 정답] 01 ② 02 ① [실전 확인 문제 정답] ②

11 신주인수권

개념 확인 문제

01 (　　　)는 주주의 신주인수권을 나타내는 시한부 증서로, 신주인수권의 양도는 (　　　)의 교부에 의해서만 양도할 수 있다.

① 신주인수권부사채　　② 신주인수권증서

02 주주가 가지는 신주인주권을 양도할 수 있는 것에 관한 사항을 정한 경우에 회사는 신주인수권증서 발행 청구기간의 정함이 있는 때에는 그 정함에 따라, 그 정함이 없는 때에는 신주청약기일의 (　　　) 전에 신주인수권증서를 발행하여야 한다.

① 2주　　② 4주

실전 확인 문제

▶ 다음 중 신주인수권에 대한 설명으로 옳지 않은 것은?

① 신주인수권의 양도는 신주인수권증서의 교부에 의해서만 양도할 수 있다.
② 회사성립 후 신주를 발행하는 경우 정관에 다른 정함이 없는 한 주주가 소유하고 있는 주식의 수에 비례하여 우선적으로 신주를 배정받을 수 있는 권리를 말한다.
③ 신주인수권은 독립된 채권적 권리이므로 주식과 분리하여 양도할 수 있다.
④ 주주 외의 제3자에게는 신주인수권을 부여할 수 없다.

정답해설 주주 외의 자에게도 신주를 배정할 수 있다. 다만, 이 경우에는 신기술의 도입, 재무구조의 개선 등 회사의 경영상 목적을 달성하기 위하여 필요한 경우에 한하며, 주주 외의 자에게 신주를 배정하는 경우 회사는 신주의 종류와 수, 발행가액과 납입기일, 신주의 인수방법에 관한 사항 등을 그 납입기일의 2주 전까지 주주에게 통지하거나 공고하여야 한다.

개념 짚어 보기

주주의 신주인수권

- 주주가 소유하고 있는 주식의 수에 비례하여 신주를 배정받을 수 있는 권리이다.
- 모든 주주는 정관에 다른 규정이 없는 한 주주가 소유하고 있는 주식의 수에 비례하여 평등하게 신주인수권을 갖는다.
- 회사가 임직원에게 주식매수선택권을 부여한 경우와 상장법인이 발행주식총수의 100분의 20의 범위 내에서 우리사주조합원에게 신주의 배정을 하는 경우에는 신주인수권이 배제된다.

신주인수권의 양도방법

- 신주인수권은 독립된 채권적 권리이므로 주식과 분리하여 양도할 수 있다.
- 신주인수권증서가 발행 · 교부되지 않으면 신주인수권의 양도는 불가능하다.
- 신주인수권의 양도는 이사회의 결의와 신주인수권증서의 교부에 의한다.

[개념 확인 문제 정답] 01 ② 02 ① [실전 확인 문제 정답] ④

12 자본감소

개념 확인 문제

01 자본감소는 회사의 자본액을 일정한 방법에 의해 감소시키는 것을 말하며, 자본감소의 방법에는 주금액을 감소하는 방법과 (　　　)이 있다.

① 부채를 감소하는 방법　　② 주식수를 감소하는 방법

02 주금액의 감소에 의한 자본감소의 방법은 이미 납입한 주금액의 일부를 각각의 주주에게 반환하고 나머지 납입액을 새로운 주금액으로 하는 방법으로 자본감소를 하더라도 주금액이 (　　　) 이상인 경우에만 가능하다.

① 100원　　② 1,000원

실전 확인 문제

▶ 다음 자본감소에 관한 설명 중 적절하지 않은 것은?

① 자본감소를 하려면 주식수 또는 주금액을 줄이면 된다.
② 자본감소의 무효는 자본감소의 변경등기 후 6개월 이내에 반드시 소(訴)만으로 주장할 수 있다.
③ 자본감소를 하려면 주주총회의 보통결의로 충분하다.
④ 자본감소의 효력발생시기는 실질적인 절차가 완료되었을 때이다.

정답해설 자본감소를 하려면 주주총회의 특별결의가 필요하며, 경우에 따라서는 종류주주총회의 결의도 있어야 한다.

개념 짚어 보기

자본감소의 방법

구분		내용
주금액의 감소	환급	납입된 주금액의 일부를 주주에게 반환하여 실질적으로 자본을 감소시키는 방법으로, 주금액이 100원 이상일 경우에만 가능함
	절기	이미 납입된 주금액의 일부를 주주의 손실로 처리하여 주금액으로부터 삭제하고 나머지 납입액을 주금액으로 하는 방법
주식수의 감소	소각	회사가 특정한 자기주식을 취득하여 그것을 소멸시켜 자본을 감소시키는 방법(임의소각, 강제소각)
	병합	수 개의 주식을 합하여 그보다 적은 수의 주식으로 만들어 자본을 감소시키는 방법

자본감소 무효의 원인

- 채권자 보호 절차가 없는 경우
- 이의제출한 채권자를 위한 조치가 없는 경우
- 자본감소에 관한 주주총회의 결의가 없는 경우
- 자본감소의 방법이 주주평등의 원칙에 반하는 경우
- 주주총회의 결의가 없거나 결의의 내용 및 절차에 하자가 존재하는 경우 등

[개념 확인 문제 정답] 01 ② 02 ① [실전 확인 문제 정답] ③

13 사채(1) – 사채발행의 방법

개념 확인 문제

01 사채의 모집은 타인자본의 형태로 비교적 (   )에 거액의 자금을 조달할 수 있으며, 원금의 상환기일이 확정되어 있고, 확정이자지급을 보장받기 때문에 주식에 비해 투자의 안전성이 높다.

① 단기간 ② 장기간

02 (   )은 일정기간을 정해 그 기간 내에 개별적으로 채권을 매출하는 방법에 의해 사채를 발행하는 방법으로 사채총액을 확정하지 않는 것이 특징이다.

① 공모발행 ② 매출발행

실전 확인 문제

▶ 다음 중 사채와 주식에 관한 설명으로 옳지 않은 것은?

① 사채는 분할납입이 가능하지만, 주식은 원칙상 전액납입주의에 의한다.
② 사채는 배당가능한 이익이 있어야 일정한 이자를 받을 수 있다.
③ 주식은 액면미달발행이 원칙적으로 허용되지 않는다.
④ 사채권자는 회사가 해산하는 경우 주주에 우선하여 회사재산에서 변제를 받는다.

정답해설 사채는 이익의 유무에도 불구하고 일정한 이자를 받고, 주식은 배당가능한 이익이 있어야만 배당을 받을 수 있다.
① 사채의 모집이 완료한 때에는 이사는 지체 없이 인수인에 대하여 각 사채의 전액 또는 제1회의 납입을 시켜야 한다. 채권은 사채 전액의 납입이 완료한 후가 아니면 이를 발행하지 못한다.
③ 주식은 액면미달의 가액으로 발행하지 못한다.

개념 짚어 보기

사채발행의 방법

- **직접발행** : 직접모집, 매출발행(정해진 기간 내에 개별적 채권을 매출)
- **간접발행** : 위탁모집, 인수모집(잔액인수)
- **사채총액의 인수** : 특정인이 사채발행회사와의 계약에 의해 사채총액을 포괄적으로 인수

주식과 사채의 비교

구분	주식	사채
자본	자기자본	타인자본
귀속자	주주	채권자
분할납입	금지(전액 납입)	가능
액면미달발행	원칙상 제한	가능

[개념 확인 문제 정답] 01 ② 02 ② [실전 확인 문제 정답] ②

14 사채(2) – 사채발행의 절차와 사채의 유통

개념 확인 문제

01 사채발행시에는 주식이나 그 밖의 다른 유가증권으로 교환 또는 상환가능한 사채, (　　　)에 참가할 수 있는 사채, 유가증권이나 통화 또는 그 밖에 대통령령으로 정하는 자산이나 지표 등의 변동과 연계하여 미리 정하여진 방법에 따라 상환 또는 지급금액이 결정되는 사채 등을 포함한다.

① 이익배당　　② 의제배당

02 (　　　)는 회사에 질권설정의 사실을 통지하거나 회사가 이를 승인해야 제3자에게 대항할 수 있고, (　　　)는 질권자가 계속 채권을 점유해야 제3자에게 대항할 수 있다.

① 기명사채, 기명사채　　② 기명사채, 무기명사채

실전 확인 문제

▶ 다음 중 사채의 발행과 관련된 설명으로 틀린 것은?

① 회사는 이사회의 결의로 사채를 발행할 수 있다.
② 채권은 사채전액의 납입이 완료된 후가 아니면 이를 발행하지 못한다.
③ 이사는 사채의 모집이 완료된 때에 사채의 전액을 한 번에 납입시켜야 한다.
④ 정관으로 정하는 바에 따라 이사회는 대표이사에게 사채의 금액 및 종류를 정하여 1년을 초과하지 않는 기간 내에 사채를 발행할 것을 위임할 수 있다.

정답해설 사채의 모집이 완료한 때에는 이사는 지체 없이 인수인에 대하여 각 사채의 전액 또는 제1회의 납입을 시켜야 한다.

개념 짚어 보기

사채의 발행절차

- 발행의 결정 : 사채는 이사회의 결의 또는 정관에 의한 주주총회의 권한으로 발행할 수 있다.
- 사채계약의 성립
  - 청약 : 사채청약서 2통에 그 인수한 사채의 수와 주소를 기재하고 기명날인 또는 서명해야 하나, 사채의 총액 또는 그 일부를 수탁회사가 인수하는 경우에는 사채청약서가 불필요하다.
  - 배정 : 사채의 청약에 의해 기채회사의 이사 또는 수탁회사가 사채를 배정하면 비로소 사채계약이 성립한다.
- 사채의 납입
  - 사채모집이 완료된 후 이사 또는 수탁회사는 지체 없이 인수인에 대하여 각 사채의 전액 또는 제1회의 납입을 시켜야 한다.
  - 사채의 납입은 주식과 달리 상계(相計) 또는 대물변제(代物辨濟)가 가능하다.

[개념 확인 문제 정답] 01 ① 02 ② [실전 확인 문제 정답] ③

15 사채(3) – 특수사채

개념 확인 문제

01 전환사채와 신주인수권부사채는 사채의 소멸 여부, ( ), 사채총액과 신주발행총액의 동일 여부에 있어서 차이가 있다.

① 주식수의 감소 여부 ② 주금액의 납입 여부

02 신주인수권부사채에 있어서 신주인수권을 행사한 자는 ( )에 주주가 된다.

① 사채발행총액을 납입한 때 ② 신주발행가액의 전액을 납입한 때

실전 확인 문제

▶ 특수사채에 관한 설명이다. 다음 중 옳지 않은 것은?

① 전환사채는 전환의 청구가 있는 때에 그 효력이 생긴다.
② 신주인수권부사채에는 분리형과 비분리형이 있다.
③ 각 신주인수권부사채에 부여된 신주인수권의 행사로 인해 발행할 주식의 발행가액의 합계액은 각 신주인수권부사채의 금액을 초과할 수 없다.
④ 전환사채의 경우 전환권의 행사는 주주명부의 폐쇄기간 중에는 행사할 수 없다.

정답해설 주주명부의 폐쇄기간 중 언제라도 전환권의 행사가 가능하나 의결권은 행사할 수 없다.
② 신주인수권부사채란 발행회사의 주식을 매입할 수 있는 권리가 부여된 사채로 분리형과 비분리형이 있다.

개념 짚어 보기

전환사채와 신주인수권부사채의 비교

구분	전환사채	신주인수권부사채
의의	주식전환권이 부여된 사채	신주인수권이 첨부된 사채
행사 후의 지위	주주	주주와 사채권자의 지위
주주화의 시점	전환권 행사 시	신주금액의 납입 시
증권수	단일증권	분리형 선택 시 신주인수권증권 따로 발행
주금액의 납입	불필요	별도의 납입 필요
전환행사 후 사채	사채소멸	사채존속
주식발행총액	사채발행총액과 일치	사채발행총액의 범위 내
사채권자 지위	전환의 청구를 한 때 주주가 됨	신주인수권의 행사 후 신주납입을 한 때 주주가 됨

[개념 확인 문제 정답] 01 ② 02 ② [실전 확인 문제 정답] ④

16 회사의 기관(1) – 주주총회

개념 확인 문제

01 주주총회의 (   )란 출석한 주주의 의결권의 2/3 이상의 수와 발행주식총수의 1/3 이상에 해당하는 주식 수로써 결의가 성립되는 결의방법을 말한다.

① 보통결의 ② 특별결의

02 (   )이란 주주의 공익권의 하나로 주주가 주주총회에서 심의될 의제나 의안을 제안할 수 있는 권리로, 발행주식총수의 3% 이상에 해당하는 주식을 가진 소수주주에게 있다.

① 의결권 ② 주주제안권

03 주주총회의 결의하자를 구제하는 제도로는 결의무효확인의 소, 결의부존재확인의 소, 부당결의 취소 또는 변경의 소, (   )가 있다.

① 결의취소의 소 ② 설립무효의 소

실전 확인 문제

▶ 다음 중 상법상 주주총회 결의요건이 가장 엄격한 것은?

① 정관 변경
② 주식배당결정
③ 타 회사의 영업 전부의 양수
④ 회사에 대한 이사의 책임 면제

정답해설 회사에 대한 이사의 책임 면제는 총주주의 동의가 필요한 특수결의사항이다.

개념 짚어 보기

주주총회의 결의사항

- **보통결의사항** : 출석한 주주의 의결권의 과반수와 발행주식총수의 1/4 이상에 해당하는 주식 수의 결의를 필요로 하는 사항(주식배당, 재무제표 승인, 총회의 연기 또는 속행 결정, 이사 · 감사 · 청산인 선임과 그 보수의 결정, 청산인 해임 · 청산 종료 승인 등)
- **특별결의사항** : 출석한 주주의 의결권의 2/3 이상의 수와 발행주식총수의 1/3 이상에 해당하는 주식 수의 결의를 필요로 하는 사항(정관의 변경, 자본의 감소, 사후 설립, 임의해산, 주식의 포괄적 교환 · 이전, 이사 · 감사의 해임, 주식의 할인발행 등)
- **특수결의사항** : 특별결의보다 결의요건이 더 엄격한 것으로 총주주의 결의를 필요로 하는 사항(이사의 회사에 대한 책임의 면제, 주식회사의 유한회사로의 조직변경 등)

[개념 확인 문제 정답] 01 ② 02 ② 03 ① [실전 확인 문제 정답] ④

17 회사의 기관(2) – 이사와 이사회

개념 확인 문제

01 이사는 ( ) 이상이어야 한다. 다만, 자본금 총액이 ( ) 미만인 회사는 1명 또는 2명으로 할 수 있다.

① 2명, 5억 원 ② 3명, 10억 원

02 ( )는 회사의 상무에 종사하지 않는 이사로서 최근 사업연도 자산총액이 2조 원 이상인 상장회사의 경우에는 3명 이상으로 하되 이사 총수의 과반수가 되도록 해야 한다.

① 대표이사 ② 사외이사

실전 확인 문제

▶ 주식회사의 이사와 이사회에 관한 설명으로 다음 중 옳은 것은?

① 이사는 주주총회의 특별결의에 의해 선임하며, 집중투표의 방법으로 선출한다.
② 이사의 임기는 3년을 초과할 수 없고, 주주총회는 언제든지 특별결의로써 이사를 해임할 수 있다.
③ 이사는 반드시 주주일 필요는 없으나 감사는 이사를 겸직할 수 있다.
④ 이사는 자기의 계산으로 회사와 거래가 가능하다.

정답해설 ① 이사는 주주총회에서 보통결의에 의해 선임하며, 소수주주의 대표를 이사로 선출할 수 있도록 집중투표제로 실시한다.
③ 이사는 반드시 주주일 필요는 없으나 감사가 이사를 겸할 수는 없다.
④ 이사회의 승인 없이 이사는 자기 또는 제3자의 계산으로 회사와 거래를 할 수 없다.

개념 짚어 보기

이사의 의무

- **충실의무** : 이사는 법령과 정관의 규정에 따라 회사를 위하여 그 직무를 충실하게 수행하여야 한다.
- **자기거래금지의무** : 이사는 이사회의 승인 없이 자기 또는 제3자의 계산으로 회사와 거래를 할 수 없다.
- **경업(競業)금지의무** : 이사는 이사회의 승인 없이 자기 또는 제3자의 계산으로 회사의 영업부류에 속한 거래를 하거나, 동종영업을 목적으로 하는 다른 회사의 무한책임사원이나 이사가 되지 못한다.
- **충실의무** : 이사는 법령과 정관의 규정에 따라 회사를 위하여 그 직무를 충실하게 수행하여야 한다.
- **회사기회의 유용금지의무** : 이사는 이사회의 승인 없이 현재 또는 장래에 회사의 이익이 될 수 있는 회사의 사업기회를 자기 또는 제3자의 이익을 위하여 이용해서는 안 된다.
- **비밀유지의무** : 이사는 재임중 뿐만 아니라 퇴임 후에도 직무상 알게된 회사의 영업상 비밀을 누설해서는 안 된다.

이사의 책임

- **회사에 대한 책임** : 자본충실의 책임, 손해배상책임
- **제3자에 대한 책임** : 이사가 악의 또는 중대한 과실로 그 임무를 해태한 때에는 그 이사는 제3자에 대하여 연대하여 손해배상을 할 책임이 있다.
- **회사에 대한 책임의 감면** : 이사의 회사에 대한 책임은 주주 전원의 동의로 면제할 수 있다.(단, 이사의 자본충실책임은 제외) 이사의 회사에 대한 채무불이행책임은 10년 시효의 완성에 의해 소멸된다.

[개념 확인 문제 정답] 01 ② 02 ② [실전 확인 문제 정답] ②

18 회사의 기관(3) – 감사와 감사위원회

개념 확인 문제

01 감사의 임기는 취임 후 (　　　) 내의 최종의 결산기에 관한 정기주주총회의 종결시까지로 한다.

① 3년　　　② 5년

02 감사위원회는 (　　　) 이상의 이사로 구성되며, 감사위원의 해임에 관한 이사회의 결의는 이사 총수의 (　　　) 이상의 결의로 하여야 한다.

① 2인, 2분의 1　　　② 3인, 3분의 2

실전 확인 문제

▶ 상법상 감사의 선임에 관한 내용으로 적절치 않은 것은?

① 감사는 주주총회에서 선임하며, 의결권 없는 주식을 제외한 발행주식총수의 3%를 초과하는 수의 주식을 가진 주주는 그 초과하는 주식에 관하여 감사의 선임 시 의결권을 행사하지 못한다.
② 감사는 이사로부터 정기총회 회일의 6주 전에 재무제표 및 부속명세서, 영업보고서를 제출받아, 4주 내에 감사보고서를 작성하여 이사에게 제출하여야 한다.
③ 감사는 회사 및 자회사의 이사 또는 지배인 기타의 사용인의 직무를 겸하지 못한다.
④ 감사위원회를 설치한 경우에도 감사를 둘 수 있다.

정답해설 감사위원회는 감사의 법정 대체기관이므로 감사와 감사위원회가 병존할 수는 없다. 회사는 정관이 정한 바에 따라 감사에 갈음하여 이사회 내 위원회로서 감사위원회를 설치할 수 있다.

개념 짚어 보기

감사의 권한

- 영업보고청구권, 회계 및 업무감사권, 업무 · 재산상태 조사권, 이사의 위법행위에 대한 유지청구권, 주주총회의 소집청구권, 이사와 회사 간의 소에 대한 회사대표권, 자회사감사권, 이사회참석권, 손해보고수령권, 감사해임에 대한 의견진술권, 이사회의사록 기명 · 날인 또는 서명권
- **각종 소의 제기권** : 회사설립 무효의 소, 총회결의 취소의 소, 신주발행 무효의 소, 자본감소 무효의 소, 합병 및 분할 무효의 소, 주식의 포괄적 교환 · 이전 무효의 소

감사의 의무

- 이사회에 대한 보고의무
- 주주총회에 대한 조사 · 보고의무
- 감사록 작성 및 제출의무

[개념 확인 문제 정답] 01 ① 02 ② [실전 확인 문제 정답] ④

19 회사의 계산(1) – 준비금

개념 확인 문제

01 (　　　)은 매 결산기의 영업이익 중 법률에 의하여 강제로 적립되는 법정준비금으로, 회사는 주식배당의 경우를 제외하고는 자본금의 1/2이 될 때까지 매 결산기 이익배당액의 1/10 이상의 금액을 이 준비금으로 적립해야 한다.

① 자본준비금　　② 이익준비금

02 법정준비금은 자본의 결손을 충당 또는 전보하는 경우에만 사용할 수 있다.

① ○　　② ×

03 회사는 적립된 자본준비금 및 이익준비금의 총액이 자본금의 (　　　)를 초과하는 경우에 주주총회의 결의에 따라 그 초과한 금액 범위에서 자본준비금과 이익준비금을 감액할 수 있다.

① 1.5배　　② 2배

실전 확인 문제

▶ 다음 중 주식회사의 준비금에 대한 설명으로 옳지 않은 것은?

① 법률의 규정에 의해 적립하는 법정준비금과 회사가 자율적으로 정관이나 주주총회의 결의에 의해 적립하는 임의준비금이 있다.
② 이익준비금은 손실의 전보와 영업상태 등의 악화를 대비하기 위한 준비자금으로 주식배당의 경우도 포함된다.
③ 회사는 이사회의 결의에 의해 준비금의 전부 또는 일부를 자본금에 전입할 수 있다.
④ 법정준비금은 자본의 결손보전과 이익배당에 사용할 수 있다.

정답해설 주식배당은 회사재산의 사외유출이 이루어지지 않으므로 이익준비금 적립기준에서 제외된다.

개념 짚어 보기

법정준비금

- **이익준비금** : 매 결산기의 영업이익을 재원으로 하여 그 영업이익의 일부를 적립하여 두는 준비금으로, 회사는 자본의 1/2에 달할 때까지 매 결산기의 금전에 의한 이익배당액의 1/10 이상의 금액을 이익준비금으로 적립해야 한다.
- **자본준비금** : 회사의 자본거래에서 생긴 잉여금을 재원으로 하는 준비금으로, 적립한도를 정하지 않고 그 금액을 모두 자본준비금으로 적립해야 한다.
- **법정준비금의 사용** : 자본금의 결손보전에 충당하는 경우, 자본에의 전입이 인정되는 경우에 사용

[개념 확인 문제 정답] 01 ② 02 ① 03 ① **[실전 확인 문제 정답]** ②

20 회사의 계산(2) – 이익배당

개념 확인 문제

01 이익배당금은 주주총회 또는 이사회가 배당금의 지급시기를 따로 정한 경우를 제외하고는 주주총회나 이사회의 결의를 한 날로부터 (   ) 이내에 지급한다.

① 1개월　　② 3개월

02 연 1회의 결산기를 정한 회사가 영업연도 중 1회에 한하여 이사회의 결의로 일정한 날을 지정해 그 날의 주주에 대하여 금전 또는 현물로 이익을 배당하는 것을 (   )이라 한다.

① 중간배당　　② 분기배당

실전 확인 문제

▶ 다음 중 상법상 이익배당에 관한 설명으로 틀린 것은?

① 주주에게 배당이 가능한 이익이 있어야만 배당을 할 수 있다.
② 주주평등의 원칙에 따라 각 주주가 가진 주식의 수에 따라 지급한다.
③ 매 영업연도 말에 결산하여 손익을 확정한 다음에만 이익배당을 할 수 있다.
④ 위법배당의 경우 회사는 주주에 대하여 반환을 청구할 수 있으나 회사채권자는 청구할 수 없다.

정답해설 위반하여 이익을 배당한 경우에 회사채권자는 배당한 이익을 회사에 반환할 것을 청구할 수 있다.

개념 짚어 보기

적법한 이익배당이 되기 위한 요건

적법한 이익배당이 되려면 실질적 요건과 형식적 요건을 구비하여야 한다. 실질적 요건으로 배당가능이익이 있어야 하고, 형식적 요건으로 주주총회의 승인결의가 있어야 한다. 이와 같은 요건을 결한 이익배당을 위법한 이익배당이라 한다.

- **형식적 요건** : 주주총회의 보통결의에 의한 승인에 의해 임의준비금을 적립하기로 한 때에는 이것을 공제한 후의 잔액이 배당 가능이익이 된다.
- **실질적 요건** : 주식회사의 자본충실의 원칙에 의해 주주에게 배당가능한 이익이 있어야 한다. 배당가능이익은 재무상태표(구 대차대조표)상의 순재산액으로부터 자본금, 결산시까지 적립된 자본준비금과 이익준비금과의 합계액, 결산기에 적립하여야 할 이익준비금의 액을 공제하고 남은 액을 말한다.

> 배당가능이익＝순재산액－(자본금＋결산기까지 적립된 자본준비금＋이익준비금＋결산기에 적립해야 할 이익준비금)

[개념 확인 문제 정답] 01 ① 02 ① **[실전 확인 문제 정답]** ④

21 회사의 계산(3) – 주식배당

개념 확인 문제

01 주식배당의 절차는 주주총회의 ( )에 의하며, 주식배당의 결의가 있는 때에는 이사는 지체 없이 배당받을 주주와 등록질권자에게 받을 주식의 종류와 수를 통지해야 한다.

① 특별결의 ② 보통결의

02 주식으로 배당을 받은 주주는 주식배당의 결의가 있는 ( )부터 신주의 주주가 되며, 신주의 효력도 이때부터 발생된다.

① 주식배당 후 자본금이 증가한 때 ② 주주총회가 종결한 때

실전 확인 문제

▶ 다음 중 주식배당에 관한 설명으로 틀린 것은?

① 주식에 의한 배당은 이익배당총액의 2분의 1에 상당하는 금액을 초과하지 못한다.
② 배당은 주식의 권면액으로 하며, 회사가 종류주식을 발행한 때에는 각각 그와 같은 종류의 주식으로 할 수 있다.
③ 주식배당을 하면 회사의 자본금이 감소하게 되므로 일정기간 내에 변경등기를 해야 한다.
④ 주주에게 이익배당을 현물이 아닌 미발행의 주식으로 배당하는 것을 말한다.

정답해설 주식배당을 하면 그만큼 신주가 발행되어 회사의 자본금도 증가하게 되므로 일정한 기간 내에 변경등기를 해야 한다.

개념 짚어 보기

주식배당의 효과

- **자본의 증가** : 주식배당을 하면 그만큼 신주가 발행되므로 회사의 자본이 증가하게 된다. 따라서 일정기간 내에 변경등기를 해야 한다.
- **신주의 효력발생시기** : 주식으로 배당을 받은 주주는 주식배당의 결의가 있는 주주총회가 종결한 때부터 신주의 주주가 되며, 이때부터 신주의 효력이 발생된다.
- **질권의 효력** : 기명주식의 등록질권자는 주식배당에 의해 주주가 받을 신주에 대하여 질권을 가지며, 질권자의 권리는 주주가 받을 주식에 미친다. 질권자는 회사에 대해 주식에 대한 주권 교부를 청구할 수 있다.
- **일할배당(배당기산일)** : 회계연도 중 신주를 발행한 경우에는 신주의 이익배당을 일할배당으로 한다. 신주의 이익배당에 관하여는 정관으로 정하는 바에 따라 그 청구를 한 때 또는 배당 직전 영업연도 말에 전환된 것으로 할 수 있다.
- **주식배당의 요건** : 배당가능이익의 존재, 주식배당의 한도, 수권주식수의 보유

[개념 확인 문제 정답] 01 ② 02 ② [실전 확인 문제 정답] ③

22 회사의 합병

개념 확인 문제

01 합병이란 2개 이상의 회사가 계약으로 상법상의 특별규정에 의하여 청산을 거치지 않고 한 회사로 합치는 것으로, 당사회사가 모두 해산하고 새로운 회사를 설립하는 (　　　)과 둘 중 하나의 회사만이 존속하고 다른 회사는 해산하여, 존속하는 회사가 해산하는 회사의 재산과 사원을 포괄적으로 승계하는 (　　　)의 두 가지가 있다.

① 신설합병, 흡수합병　　② 수평합병, 혼합합병

02 회사의 합병승인결과에 반대하는 주주는 주주총회일 전에 그 회사에 대하여 서면으로 그 결의에 반대의사를 통지 후 주주총회의 결의일부터 (　　　) 이내에 서면으로 통지하면 회사에 대하여 그 소유주식의 매수청구권을 행사할 수 있다.

① 20일　　② 1개월

실전 확인 문제

▶ 다음 중 주식회사의 합병에 관한 설명으로 옳은 것은?

① 합병에 반대한 주주는 존속회사 또는 신설회사의 주주가 될 수 없다.
② 합병으로 인하여 소멸된 회사도 별도의 청산절차를 거친 후 소멸한다.
③ 주식회사의 간이합병과 소규모합병의 경우에도 주주총회의 결의를 필요로 한다.
④ 합병 후 존속한 회사 또는 합병으로 인하여 설립된 회사는 합병으로 인하여 소멸된 회사의 권리의무를 승계한다.

정답해설 ① 합병에 반대한 주주라도 주식매수청구권을 행사하지 않는 한 존속회사 또는 신설회사의 주주가 될 수 있다.
② 합병으로 인하여 소멸된 회사는 청산절차를 거치지 않고 소멸한다.
③ 주식회사의 간이합병과 소규모합병의 경우에는 이사회 승인만으로 합병이 가능하다.

개념 짚어 보기

회사의 합병(법 제174조)

① 회사는 합병을 할 수 있다.
② 합병을 하는 회사의 일방 또는 쌍방이 주식회사, 유한회사 또는 유한책임회사인 경우에는 합병 후 존속하는 회사나 합병으로 설립되는 회사는 주식회사, 유한회사 또는 유한책임회사이어야 한다.
③ 해산 후의 회사는 존립 중의 회사를 존속하는 회사로 하는 경우에 한하여 합병을 할 수 있다.

[개념 확인 문제 정답] 01 ①　02 ①　[실전 확인 문제 정답] ④

23 회사의 분할

개념 확인 문제

01 분할의 무효는 중대한 하자가 있을 경우에 소로써만 주장할 수 있으며 분할 또는 분할합병의 등기가 있는 날로부터 ( ) 이내에 소를 제기해야 한다.

① 2개월 ② 6개월

02 분할에 있어서는 ( )에 반대하는 주주에게만 주식매수청구권을 부여한다.

① 단순분할 ② 분할합병

실전 확인 문제

▶ 다음 중 주식회사의 분할제도에 관한 설명으로 거리가 먼 것은?

① 분할 또는 분할합병으로 인하여 설립되는 회사 또는 존속하는 회사는 분할 또는 분할합병 전의 회사채무에 연대하여 변제할 책임을 진다.

② 회사의 분할 또는 분할합병으로 인하여 분할 또는 분할합병에 관련되는 각 회사의 주주의 부담이 가중되는 경우에는 주주총회의 결의 외에 그 주주 전원의 동의가 있어야 한다.

③ 회사는 분할에 의하여 1개 또는 수 개의 회사를 설립할 수 있는데 주식회사와 유한회사에서만 인정된다.

④ 회사의 분할 · 분할합병은 분할등기에 의하여 그 효력이 발생한다.

정답해설 회사의 분할은 주식회사에서만 인정된다. 분할부분을 양수하여 회사 신설시나 존립 중 회사가 이를 양수하여 존속하는 경우 그 회사는 주식회사이어야 한다.

개념 짚어 보기

분할의 종류

- **단순분할** : 분할부분이 독립하여 신설회사로 남아있는 형태(신설분할)
- **분할합병** : 분할부분이 존립 중인 기존회사와 합병되는 형태(흡수분할합병, 신설분할합병)
- **인적분할(수평적 · 횡적 분할)** : 재산 양수회사가 발행주식을 양도회사의 주주에게 교부하는 형태
- **물적분할(수직적 · 종적 분할)** : 재산 양수회사가 그 발행주식을 양도회사 자체에 교부하는 형태로, 양도회사가 양수회사의 100% 지주회사(지배회사 · 모회사)가 됨

[개념 확인 문제 정답] 01 ② 02 ② [실전 확인 문제 정답] ③

핵심플러스

OX 문제

01 현행 상법상 주식회사는 액면주식으로 발행하거나 무액면주식으로 발행할 수 있는데 한 회사가 액면주식과 무액면주식을 동시에 발행할 수 없으며, 둘 중 하나를 선택해야 한다. (　　)

02 회사가 액면주식을 발행하는 경우 발행주식의 액면총액이 자본금이 되며, 액면주식을 무액면주식으로 전환하게 되면 회사의 자본금도 변경된다. (　　)

03 정관에 변태설립사항을 정하고 있는 경우에는 이에 관한 조사를 위해 검사인을 법원에 청구해야 하는데 발기설립의 경우는 반드시 법원이 선임한 검사인의 조사를 받아야 한다. (　　)

04 회사는 주주의 의결권을 배제하거나 제한하는 종류주식을 발행할 수 있고 우선주식은 반드시 의결권 없는 주식으로 발행하여야 한다. (　　)

05 회사는 주주가 주권불소지의 뜻을 회사에 신고한 때에는 주권을 발행하지 않을 수 있다. (　　)

06 명의개서에 의해 주식 취득인이 실질적 권리 입증 없이 주주로서의 권리를 행사할 수 있게 되는데 명의개서를 하더라도 회사에 주주의 지위에 대한 책임이 주식 취득인에게 온전히 전가되는 것은 아니다. (　　)

07 주주가 사원의 지위에서 회사에 대하여 가지는 공익권에는 소수주주권과 단독주주권이 있는데 의결권, 감자무효판결청구권, 신주발행유지청구권은 단독주주권이다. (　　)

08 전환주식이란 회사가 수종의 주식을 발행할 경우에 있어서 일정한 요건하에 있는 어느 종류의 주식으로부터 다른 주식으로 전환하는 것을 청구할 권리가 주어진 주식으로, 전환주식의 가장 일반적인 형태는 보통주를 우선주로 전환하는 것이다. (　　)

09 주주명부의 폐쇄기간 중에는 전환청구를 할 수 없고, 그 폐쇄기간 중의 총회에서 의결권을 행사할 수도 없다. (　　)

10 주식의 전환은 주주가 전환을 청구한 경우에는 그 청구를 한 때, 회사가 전환을 청구를 한 경우에는 주권제출기간이 종료한 때 그 효력이 생긴다. (　　)

해설

02 회사의 자본금은 액면주식을 무액면주식으로 전환하거나 무액면주식을 액면주식으로 전환하더라도 이를 변경할 수 없다.

03 변태설립사항에 대해서만 법원이 조사권을 가지며 변태설립사항에 대한 조사는 공증인의 조사 및 보고와 감정인의 감정으로 대체할 수 있다.

04 개정상법에서는 이익배당 우선 여부에 관계없이 의결권을 배제 또는 제한하는 주식을 발행할 수 있도록 하였다.

06 회사는 명의개서를 한 주식 취득인에게 주주의 권리행사를 인정함으로써 책임이 면제된다. 명의개서란 주식을 갖고 있는 사람이 회사로부터 주주로 인정받기 위해 주주명부에 성명과 주소 등을 기재하는 것이다. 주식을 명의개서 하지 않으면 주주로 인정받지 못하고 주주총회에서 의결권을 행사할 수 없으며, 또 배당금, 배당주식 증자 등의 권리가 절차상 종전 명의인에게 귀속되어 손실을 입을 수 있다.

08 전환주식의 가장 일반적인 형태는 우선주를 보통주로 전환하는 것이며 이 경우의 전환주식을 전환우선주라고 한다.

09 주주명부의 폐쇄는 주주총회를 앞두고 일정기간 동안 주주명부 기재사항의 변경을 정지하는 것으로, 주주명부의 폐쇄기간 중에도 전환청구는 가능하나 그 폐쇄기간 중의 총회에서 의결권을 행사하지는 못한다.

[정답] 01 ○ 02 × 03 × 04 × 05 ○ 06 × 07 ○ 08 × 09 × 10 ○

핵심플러스

OX 문제

11 보통의 신주발행은 회사가 실질적인 자본의 증가를 위하여 주식을 발행하는 경우를 말하고 이사회결의가 원칙이며 정관의 규정이 있는 경우에만 주주총회결의로 할 수 있다. ( )

12 신주발행은 집단적으로 하게 되므로 모집설립과 유사하나 모집설립과 달리 엄격한 제한이 없고 실권절차를 밟을 필요가 없고 창립절차도 불필요하다. ( )

13 신주인수권부사채를 분리형으로 발행하는 경우에 신주발행청구권을 표창하는 유가증권은 신주인수권증서이다. ( )

14 주주총회를 소집하는 경우 주주명부상의 주주가 통지의 대상이 되며 이 경우 의결권이 없는 주주에 대해서도 통지의무가 있다. ( )

15 집중투표제도는 의결권 없는 주식을 제외한 발행주식총수의 일정량 이상에 해당하는 주식을 가진 주주가 주주총회일의 3일 전까지 서면 또는 전자문서로 청구할 수 있다. ( )

16 이사는 주주총회에서 선임하여 임기는 3년을 초과하지 못하지만 연임이 가능하고 주주총회 특별결의로 임기만료 전에 언제나 해임할 수 있다. ( )

17 이사는 신주발행의 경우 자본충실의 책임을 지게 되며 인수담보책임은 이사에 대한 손해배상책임에 영향을 미치지 않는다. ( )

18 최근 사업연도말 현재 자산총액 5천억 원 이상인 상장회사는 주주총회 결의에 의하여 회사에 상근하면서 감사업무를 수행하는 상근감사를 1인 이상 두어야 한다. ( )

19 자본금 총액이 5억 원 미만인 법인을 설립할 경우에는 감사를 선임하지 않아도 된다. ( )

20 합병에 반대한 주주는 존속회사나 신설회사의 주주가 되지 못하며, 합병에 반대한 회사채권자는 합병무효의 소를 제기할 수 있다. ( )

해설

13 신주인수권부사채를 분리형으로 발행하는 경우에 신주발행청구권을 표창하는 유가증권은 신주인수권증권이며, 주주의 구체적 신주인수권을 표창하는 유가증권은 신주인수권증서이다.

14 이 경우 주주총회의 소집통지 및 공고는 의결권 없는 주주에 대해서는 적용하지 않는다. 주주총회 소집 시 반드시 소집통지서를 발송해야 하는데 주주명부에 기재된 주주의 주소에 통지를 발송하면 회사는 면책된다.

15 집중투표제도는 의결권 없는 주식을 제외한 발행주식총수의 100분의 3 이상에 해당하는 주식을 가진 주주가 주주총회일의 7일 전까지 서면 또는 전자문서로 청구할 수 있다.

18 최근 사업연도말 현재 자산총액 1천억 원 이상인 상장회사는 주주총회 결의에 의하여 회사에 상근하면서 감사업무를 수행하는 상근감사를 1인 이상 두도록 하고 있다.

19 개정상법은 자본금 총액이 10억 원 미만인 회사를 설립하는 경우에 감사 선임을 회사가 자율적으로 선택할 수 있도록 하고 감사를 선임하지 않을 경우 주주총회가 직접 이사의 업무 및 재산상태에 관하여 감독하고 감시하도록 하였다.

20 합병에 반대한 주주라도 주식매수청구권을 행사하지 않는 한 존속회사, 신설회사의 주주가 된다. 합병무효는 각 회사의 주주 · 이사 · 감사 · 청산인 · 파산관재인 또는 합병을 승인하지 아니한 채권자에 한하여 소(訴)만으로 이를 주장할 수 있다.

[정답] 11 ○ 12 ○ 13 × 14 × 15 × 16 ○ 17 ○ 18 × 19 × 20 ×

4장 증권세제

대표 유형 문제

다음 중 현행 소득세법상 그 내용이 옳지 않은 것은?

① 분류과세는 퇴직소득, 양도소득으로 구분된다.

② 배당세액공제는 배당소득에 대한 법인세와 소득세의 이중과세를 조정하기 위한 제도이다.

③ 종합과세란 개인에게 귀속되는 소득 중 매년 반복적으로 발생하는 소득을 합산하여 과세하는 방식이다.

④ 분류과세란 종합과세소득 중 특정한 소득에 대해 법정률만을 원천징수함으로써 종합소득세의 납세의무가 종료되는 소득이다.

정답해설 분류과세는 소득이 장기간에 걸쳐 발생된 것으로 종합소득과 구분하여 각 소득별로 소득세를 과세하는 것이다. 분리과세란 특정한 소득에 대하여 일정한 세액을 원천징수함으로써 납세의무를 종료시키고 해당 종합소득에 합산하지 않는 과세방식이다.

오답해설 ① 분류과세란 소득세의 과세에 있어 소득의 종류별 · 발생장소별로 과세표준과 세액을 계산하여 과세하는 방식을 말하는 것으로 퇴직소득과 양도소득이 해당한다.

② 거주자의 종합소득 과세표준에 배당소득금액이 합산되어 있는 경우에는 그 합산된 배당소득금액의 일정한 비율에 상당하는 금액을 종합소득 산출세액에서 공제하는데, 이를 배당세액공제라고 한다.

③ 종합과세란 개인에게 귀속되는 소득을 발생원천 · 종류를 불문하고 그 과세기간에 획득한 모든 소득을 합하여 단일 과세표준으로 하여 소득세를 과세하는 방법이다.

대표 유형 문제 알아 보기

소득세의 과세방법(거주자의 경우)

구분	내용
종합과세	• 개인에게 귀속되는 소득 중 매년 반복적으로 발생하는 소득을 하나의 과세표준으로 합산하여 과세하는 방법 • 대상소득 : 이자소득, 배당소득, 근로소득, 사업소득, 연금소득, 기타 소득
분류과세	• 소득이 장기간에 걸쳐 발생된 것으로 종합소득과 구분하여 소득의 종류별 · 발생장소별로 소득세를 과세하는 방법 • 대상소득 : 퇴직소득, 양도소득
분리과세	• 특정한 소득에 대하여 일정한 세액을 원천징수함으로써 납세의무를 종결시키고 당해 소득을 종합소득에 합산하지 않는 과세방법 • 대상소득 : 분리과세 이자소득, 분리과세 배당소득, 분리과세 연금소득, 분리과세 기타 소득
비과세소득	과세소득 중 특정 소득에 대해서 소득의 성질 또는 정책상 · 공익상의 이유로 과세에서 제외되는 소득

[대표유형문제 정답] ④

1 국세기본법(1) – 조세

개념 확인 문제

01 조세란 공법상의 단체가 수입을 목적으로 반대급부 없이, 법률이 정한 과세요건에 해당하는 경우 일반인에게 부과 · 징수하는 1회 또는 계속적인 금전급부를 이르는 것으로, (　　　)에 따라 국세와 지방세로 분류할 수 있다.

① 과세주체　　② 세율의 구조

02 국세기본법에서는 공시송달의 서류를 송달받아야 할 자가 서류의 주요 내용을 공고한 날부터 (　　　)이 지나면 서류송달이 된 것으로 본다.

① 7일　　② 14일

03 세법의 기간계산 시 세법에 규정하는 신고 · 신청 · 청구 · 납부 또는 징수에 관한 기한이 공휴일 또는 토요일이거나 근로자의 날에 해당하는 경우에는 (　　　)을 기한으로 한다.

① 전일　　② 다음 날

실전 확인 문제

▶ 다음 중 국세에 속하지 않는 것은?

① 종합부동산세　　② 소득세
③ 증권거래세　　④ 취득세

정답해설 과세주체를 기준으로 볼 때 취득세는 과세권자가 지방자치단체인 조세이므로 지방세에 속하고, 나머지는 과세권자가 국가인 조세이므로 국세에 속한다.

개념 짚어 보기

우리나라의 조세체계

국세				지방세	
내국세	보통세	직접세	소득세, 법인세, 종합부동산세, 상속세, 증여세	보통세	취득세, 등록면허세, 재산세, 주민세, 지방소득세, 지방소비세, 자동차세, 레저세, 담배소비세
		간접세	부가가치세, 개별소비세, 주세		
		유통세	인지세, 증권거래세		
	목적세	독립세	교통 · 에너지 · 환경세	목적세	지역자원시설세, 지방교육세
		부가세	교육세, 농어촌특별세		
관세		관세			

[개념 확인 문제 정답] 01 ① 02 ② 03 ② **[실전 확인 문제 정답]** ④

2 국세기본법(2) – 납세의무

개념 확인 문제

01 (　　　)은 과세요건을 충족한 납세의무를 현실적인 금전채무로 확정하는 절차로 납세의무의 성립이 성립하는 때에 과세표준과 세액이 확정되는 것을 말한다.

① 부과확정　　　② 자동확정

02 국세의 징수를 목적으로 하는 국가의 권리는 이를 행사할 수 있는 때로부터 (　　　)간 행사하지 않으면 소멸시효가 완성되어 납세의무가 소멸된다.

① 5년　　　② 10년

03 국세는 규정된 기간이 끝난 후에는 부과할 수 없으며, 확정된 납세의무는 국세부과의 (　　　)이/가 만료된 경우에는 소멸한다.

① 소멸시효　　　② 제척기간

실전 확인 문제

▶ 국세와 납세의무의 성립시기를 연결한 것으로 옳지 않은 것은?

① 법인세 – 과세기간이 종료되는 때
② 증권거래세 – 매매거래가 확정되는 때
③ 증여세 – 증여에 의하여 재산을 취득하는 때
④ 소득세 – 소득금액 및 수입금액이 발생하는 때

정답해설 납세의무는 각 세법이 규정하고 있는 과세요건(납세의무자, 과세물건, 과세표준, 세율)이 충족될 때 성립하는데 소득세는 과세기간이 끝나는 때 납세의무가 성립된다.

개념 짚어 보기

납세의무의 성립시기

구분	성립시기
상속세	상속이 개시되는 때
증여세	증여에 의하여 재산을 취득하는 때
증권거래세	해당 매매거래가 확정되는 때
종합부동산세	과세기준일
인지세	과세문서를 작성한 때
소득세, 법인세, 부가가치세	과세기간이 끝나는 때
원천징수하는 소득세 · 법인세	소득금액 또는 수입금액을 지급하는 때
가산세	가산할 국세의 납세의무가 성립하는 때

[개념 확인 문제 정답] 01 ② 02 ① 03 ② **[실전 확인 문제 정답]** ④

3 국세기본법(3)

개념 확인 문제

01 **국세기본법상 ( )는 당초 신고한 과세표준 또는 세액이 과다한 경우에 신고한 법정신고기한이 지난 후 ( ) 이내에 관할 세무서장에게 청구해야 한다.**

① 심사청구, 1년 ② 경정청구, 5년

02 **이의신청을 거친 후 심사청구를 하려면 이의신청에 대한 결정의 통지를 받은 날부터 ( ) 이내에 제기하여야 하며, 불복의 사유를 갖추어 해당 처분을 하였거나 하였어야 할 세무서장을 거쳐 국세청장에게 하여야 한다.**

① 30일 ② 90일

실전 확인 문제

▶ **국세기본법상 수정신고와 경정청구에 대한 설명 중 틀린 것은?**

① 과세표준신고서에 기재된 과세표준 및 세액이 세법에 따라 신고하여야 할 과세표준 및 세액에 미치지 못할 때 과세표준수정신고서를 제출할 수 있다.

② 과세표준수정신고서를 법정신고기한 경과 후 1년 이내 제출하는 경우에는 최초 부과 가산세의 절반을 경감한다.

③ 과세표준신고서에 기재된 과세표준 및 세액이 세법에 따라 신고하여야 할 과세표준 및 세액을 초과할 경우 경정을 청구할 수 있다.

④ 국세의 과세표준 및 세액의 결정 또는 경정을 법정신고기한이 지난 후 5년 이내에 관할 세무서장에게 청구할 수 있다.

정답해설 과세표준수정신고서를 법정신고기한 경과 후 6개월 이내 제출하는 경우에는 해당 가산세액의 50%에 상당하는 금액을 경감한다.

개념 짚어 보기

수정신고와 경정청구

- **수정신고** : 당초 신고한 과세표준 또는 세액의 신고내용 중 정정사유발생 시 이를 수정하는 신고
  - 법정신고기한 내에 과세표준신고서를 제출한 자에 한함
  - 신고사유 : 과세표준신고서에 기재된 과세표준 및 세액이 세법에 따라 신고하여야 할 과세표준 및 세액에 미치지 못할 때, 과세표준신고서에 기재된 결손금액 또는 환급세액이 세법에 따라 신고하여야 할 결손금액이나 환급세액을 초과할 때, 원천징수의무자의 정산 과정에서의 누락, 세무조정 과정에서의 누락 등 대통령령으로 정하는 사유로 불완전한 신고를 하였을 때
- **경정청구** : 당초 신고한 과세표준 또는 세액이 과다한 경우 이를 경정하는 청구(법정신고기한 경과 후 5년 이내에 청구)
  - 법정신고기한 내에 과세표준신고서를 제출한 자에 한함
  - 청구사유 : 과세표준신고서에 기재된 과세표준 및 세액이 세법에 의해 신고해야 할 과세표준 및 세액을 초과할 때, 과세표준신고서에 기재된 금액 또는 환급세액이 세법에 의해 신고해야 할 결손금액 또는 환급세액에 미치지 못할 때

[개념 확인 문제 정답] 01 ② 02 ② **[실전 확인 문제 정답]** ②

4 소득세법(1) – 소득의 과세방법

개념 확인 문제

01 소득세법은 각자의 소득에 대한 납세할 의무를 지는 개인을 (   )와/과 (   )로/으로 구분하고 과세방법과 과세소득의 범위를 달리하고 있다.

① 내국인, 외국인 ② 거주자, 비거주자

02 거주자가 주소 또는 거소를 국외로 이전하여 비거주자가 되는 경우의 과세기간은 1월 1일부터 (   )까지로 한다.

① 출국한 날 ② 납세지를 변경한 날

실전 확인 문제

▶ 다음 중 소득세의 과세방법에 대한 설명으로 틀린 것은?

① 소득세의 과세기간은 1월 1일부터 12월 31일까지 1년으로 한다.
② 거주자란 국내에 주소를 두거나 1년 이상의 거소를 둔 개인을 말한다.
③ 거주자의 소득세 납세지는 국내사업장으로 한다.
④ 납세지가 변경된 경우 변경된 날부터 15일 이내에 변경 후의 납세지 관할 세무서장에게 신고하여야 한다.

정답해설 거주자의 소득세 납세지는 그 주소지로 하며, 비거주자의 소득세 납세지는 국내사업장(국내사업장이 둘 이상 있는 경우에는 주된 국내사업장)의 소재지로 한다. 다만, 국내사업장이 없는 경우에는 국내원천소득이 발생하는 장소로 한다.

개념 짚어 보기

납세의무자와 과세범위

납세의무자	과세범위
비거주자(거주자가 아닌 개인)	국내 · 외 모든 소득
거주자(국내에 거소를 두거나 1년 이상 거소를 둔 개인)	국내 원천소득

소득의 구분

종합소득	소득세법에 따라 과세되는 모든 소득에서 퇴직소득과 양도소득에 따른 소득을 제외한 소득으로서 당해 연도에 발생하는 이자소득, 배당소득, 근로소득, 사업소득, 연금소득과 기타 소득을 합산한 것
퇴직소득	퇴직으로 인하여 발생하는 소득과 국민연금법 또는 공무원연금법 등에 의하여 지급받는 일시금
양도소득	자산의 양도로 발생하는 소득

[개념 확인 문제 정답] 01 ② 02 ① [실전 확인 문제 정답] ③

5 소득세법(2) – 이자소득과 배당소득

개념 확인 문제

01 이자소득은 해당 과세기간에 발생한 국가나 지방자치단체가 발행한 채권 또는 증권의 이자와 할인액, 내국법인이 발행한 채권 또는 증권의 이자와 할인액, 국외에서 받는 예금의 이자 등을 과세대상으로 하며, 소득세법상 필요 경비가 인정되지 않으므로 해당 과세기간의 (   )을 이자소득금액으로 한다.

① 이자상당액　　② 총수입금액

02 소득세법상 금융소득에 해당하는 이자소득과 배당소득의 과세방법으로는 종합과세와 (   )가 있다.

① 분리과세　　② 분류과세

실전 확인 문제

▶ 다음 중 이자소득의 수입시기가 바르게 연결된 것은?

① 통지예금의 이자 – 약정에 의한 이자지급일
② 기명 채권 또는 증권의 이자와 할인액 – 그 지급을 받은 날
③ 무기명 채권 또는 증권의 이자와 할인액 – 약정에 의한 지급일
④ 보통예금 · 정기예금 · 적금 또는 부금의 이자 – 실제로 이자를 지급받는 날

정답해설 보통예금 · 정기예금 · 적금 또는 부금의 이자는 실제로 이자를 지급받는 날, 계약기간을 연장하는 경우에는 그 연장하는 날 등이 이자소득의 수입시기가 된다.

개념 짚어 보기

이자소득의 수입시기

구분	수입할 시기
무기명채권 또는 증권의 이자와 할인액	그 지급을 받은 날
기명채권 또는 증권의 이자와 할인액	약정에 의한 이자지급 개시일
보통예금 · 정기예금 · 적금 또는 부금의 이자	• 실제로 이자를 지급 받는 날 • 원본에 전입하는 뜻의 특약이 있는 이자는 그 특약에 의하여 원본에 전입된 날 • 해약으로 인하여 지급되는 이자는 그 해약일 • 계약기간을 연장하는 경우에는 그 연장하는 날 • 정기예금연결 정기적금의 경우 정기예금의 이자는 정기예금 또는 정기적금이 해약되거나 정기적금의 저축기간이 만료되는 날
통지예금의 이자	인출일
저축성보험의 보험차익	보험금 또는 환급금의 지급일
채권 등의 보유기간이자 등 상당액	해당 채권 등의 매도일 또는 이자 등의 지급일

[개념 확인 문제 정답] 01 ② 02 ① **[실전 확인 문제 정답]** ④

6 소득세법(3) – 배당소득

개념 확인 문제

01 상법상으로 법인의 이익배당은 아니지만 자본거래에서 발생하는 소득으로서 실질적으로 배당한 것과 같은 경제적 이익을 주는 경우에는 의제배당이라고 하여 배당소득으로 과세한다. 의제배당은 법인의 합병, 분할, ( ) 시에는 발생할 수 있으나, ( ) 시에는 발생하지 않는다.

① 해산, 설립 ② 설립, 해산

02 배당소득이 종합소득과세표준에 포함된 경우 그 배당소득이 부담한 법인세 상당액으로 배당소득 금액에 가산하는 배당가산금액은 배당금의 ( )이다.

① 10% ② 11%

03 이자소득 등의 종합과세기준금액을 초과하는 배당소득금액은 이자소득 등의 금액을 순차적으로 합산하여 계산한 금액에 의하는데, 이자소득과 배당소득이 함께 있는 경우에는 ( )부터 먼저 합산한다.

① 배당소득 ② 이자소득

실전 확인 문제

▶ 의제배당의 종류 및 범위에 해당하지 않는 것은?

① 투자의 회수 ② 자본의 증가
③ 잉여금의 자본전입 ④ 합병으로 인해 소멸된 법인

정답해설 의제배당에는 주식의 소각이나 자본의 감소로 인하여 주주가 취득하는 금전 등의 가액이 당해 주식 또는 출자를 취득하기 위하여 소요된 금액을 초과하는 금액이 해당된다.

개념 짚어 보기

의제배당의 범위
- 투자의 회수(자본의 감소)
  의제배당금액=주주 등이 받는 재산가액－주식 또는 출자의 취득가액
- 잉여금의 자본전입
  의제배당금액=자본 또는 출자 전입액 × $\frac{\text{소유주식수(또는 지분수)}}{\text{총주식수(또는 총지분수)}}$
- 법인의 해산
  의제배당금액=분배받은 재산가액－주식 등의 취득가액
- 법인의 합병
  의제배당금액=합병대가－주식 등의 취득가액
- 법인의 분할
  의제배당금액=분할대가－주식 등의 취득가액

[개념 확인 문제 정답] 01 ① 02 ② 03 ② [실전 확인 문제 정답] ②

7 원천징수제도

개념 확인 문제

01 원천징수는 징세의 편의 및 조세수입 · 납세자부담의 분산을 도모하는 제도로서 소득금액 또는 수입금액을 지급하는 자가 법이 정하는 바에 의하여 지급받는 자가 부담할 세액을 정부를 대신하여 징수하는 것을 말하며, 소득의 원천이 되는 이자금액을 지급하는 자가 (   )가 된다.

① 원천징수의무자　　② 원천납세의무자

02 원천징수의무자는 원천징수한 소득세를 그 징수일이 속하는 달의 (   )까지 「국제징수법」에 의한 납부서와 함께 원천징수 관할 세무서, 한국은행 또는 체신관서에 납부하여야 한다.

① 말일　　② 다음 달 10일

실전 확인 문제

▶ **소득세법 중 원천징수제도에 대한 설명으로 옳지 않은 것은?**

① 비영업대금의 이익과 그 밖의 이자소득에 대해서는 14%의 세율을 적용한다.
② 법정소득을 지급하는 자가 상대방의 소득세를 징수하여 납부하는 제도를 원천징수제도라고 한다.
③ 원천징수는 소득의 지급자가 이자소득과 배당소득의 지급시점에 소득세를 원천징수하여 다음 달 10일까지 납부해야 한다.
④ 거주자에게 이자소득 등을 지급하는 경우 장기채권의 이자와 할인액으로서 그 장기채권을 보유한 거주자가 해당 금융회사 등 또는 그 지급자에게 분리과세를 신청한 경우에는 그 이자와 할인액에 대해서는 30%의 세율을 적용한다.

정답해설 거주자에게 이자소득 등을 지급하는 경우 비영업대금의 이익에 대해서는 25%, 그 밖의 이자소득에 대해서는 14%의 세율을 적용한다.

개념 짚어 보기

원천징수세율

구분	세율
장기채권의 이자와 할인액으로서 분리과세를 신청한 경우	30%
비영업대금의 이익	25%
기타 이자소득금액, 배당소득	14%
출자공동사업자의 배당소득	25%
이자소득 및 배당소득으로서 지급시기까지 지급받는 자의 실지명의가 확인되지 않는 경우(지급자 비금융기관)	42%
비실명금융자산소득(지급자 금융기관)	90%

[개념 확인 문제 정답] 01 ① 02 ② **[실전 확인 문제 정답]** ①

8 증권거래세법

개념 확인 문제

▶ 증권거래소에서 주권을 계좌 간 대체로 매매결제하는 경우 증권거래세의 납세의무자는 (　　　) 이/가 된다.

① 한국예탁결제원(대체결제회사)　　　② 당해 양도자

실전 확인 문제

▶ 증권거래세법에 대한 설명으로 옳지 않은 것은?

① 국가 또는 지방자치단체가 주권을 양도하는 경우 비과세한다.

② 상장 주권을 장외거래할 경우 거래소가 공표하는 양도일의 매매거래 기준 가격으로 과세 표준을 정한다.

③ 유가증권 시장에서 양도되는 주권의 증권거래세율은 0.15%이다.

④ 한국예탁결제원과 금융투자업자는 매월 분의 증권거래세 과세 표준과 세액을 다음달 10일까지 신고 납부하여야 하고, 그 밖의 납세 의무자는 매 반기분의 과세표준과 세액을 양도일이 속하는 반기의 말일부터 2개월 이내에 신고하여야 한다.

정답해설 유가증권 시장의 거래세율은 현재 0.08%이다.

개념 짚어 보기

증권거래세율

구분	세율
유가증권 시장에서 양도되는 주권	0.08%
코스닥 시장, K－OTC 양도 주권	0.23%
코넥스 시장에서 양도되는 주권	0.10%
상기 외의 주권	0.43%

증권거래세의 납세의무자

과세표준	납세의무자
장내 또는 장외에서 거래되는 주권	한국예탁결제원
금융투자를 통한 거래주권을 양도하는 경우	해당 금융투자업자
그 외에 주권을 양도하는 경우	당해 양도자
국내 사업장을 가지고 있지 않은 비거주자가 주권 등을 금융투자업자를 통하지 않고 양도하는 경우	당해 주권의 양수인

[개념 확인 문제 정답] ①　[실전 확인 문제 정답] ③

9 상속세

개념 확인 문제

01 상속세란 증여자의 사망으로 인하여 효력이 발생하는 증여로 상속세법상 배우자 공제의 최저액은 (　　　), 최고액은 (　　　)이다.

① 3억 원, 10억 원　　② 5억 원, 30억 원

02 상속세는 상속재산의 가액을 과세가액으로 하며 거주자의 사망으로 인하여 상속이 개시되는 경우에는 상속개시일 현재 피상속인이나 상속재산에 관련된 공과금, (　　　), 채무의 가액 또는 비용은 상속재산의 가액에서 제외한다.

① 장례비용　　② 퇴직금

실전 확인 문제

▶ 다음 상속세의 공제내용으로 옳지 않은 것은?

① 일반상속의 경우 기초공제액은 2억 원이다.
② 배우자 단독상속의 경우 일괄공제는 배제된다.
③ 상속세의 과세표준이 50만 원 미만일 경우에는 상속세를 부과하지 않는다.
④ 금융자산 공제 시 순금융자산이 1천만 원 이하인 경우에는 전액을 공제한다.

정답해설 금융자산 공제 시 상속재산가액에 순금융자산이 2천만 원 이하인 경우에는 전액을, 2천만 원을 초과할 경우에는 2억 원 한도 내에서 공제한다.

개념 짚어 보기

상속세의 인적공제

- 상속세 과세가액=(상속재산가액, 생전 증여재산가액, 생전 재산처분가액)−법정공제액(공과금, 장례비용, 채무)
- 상속세 과세표준=상속세 과세가액−상속공제액(기초공제+인적공제+물적공제+감정평가수수료)

공제내용	공제액
배우자공제	• 상속재산을 분할하여 신고한 경우에는 상속받은 재산가액 • 상속재산을 분할하지 않거나 상속받은 금액이 5억 원 미만인 경우는 5억 원(최저한도)
자녀공제	1인당 5천만 원
미성년자공제	1인당 1천만 원×19세까지 년수
경로공제	65세 이상 동거가족 1인당 5천만 원
장애자공제	1인당 1천만 원×기대여명의 년수
일괄공제	일반상속 5억 원, 기업상속 6억 원, 영농상속 7억 원(단, 배우자 단독상속의 경우는 일괄공제 배제)

[개념 확인 문제 정답] 01 ② 02 ① [실전 확인 문제 정답] ④

10 증여세

개념 확인 문제

01 수증자의 주소, 거소가 불분명한 경우와 수증자가 담세능력이 없는 경우, ( )에는 증여자가 연대하여 납세할 의무를 진다.

① 수증자가 비영리법인인 경우 ② 수증자가 비거주자인 경우

02 증여재산 공제액은 해당 증여일 전 ( ) 이내에 동일인으로부터 받은 증여재산가액을 합한 금액이 1천만 원 이상인 경우에는 그 가액을 증여세 과세가액에 가산한다.

① 5년 ② 10년

03 증여세 과세표준은 증여재산의 종류에 따라 산출한 금액으로 하며, 과세표준이 ( ) 미만일 경우에는 증여세를 부과하지 않는다.

① 50만 원 ② 100만 원

실전 확인 문제

▶ **다음 중 증여세에 관한 설명으로 옳지 않은 것은?**

① 직계존속 및 직계비속의 경우 증여재산 공제액은 1,500만 원이다.
② 증여세 산출세액은 증여세 과세표준에 규정된 세율을 적용하여 계산한다.
③ 증여세 신고기한 이내에 자연재해로 인해 멸실 · 훼손된 경우에는 그 손실가액을 공제받을 수 있다.
④ 국가, 지방자치단체 또는 공공단체가 증여받은 재산의 가액에 대해서는 증여세를 부과하지 않는다.

정답해설 직계존속의 증여재산 공제액은 성년의 경우 5,000만 원, 미성년자의 경우 2,000만 원이다. 직계비속의 경우 증여재산 공제액은 5,000만 원이다.

개념 짚어 보기

증여세의 인적공제

증여세 과세가액=증여재산가액+동일인 10년 내 1천만 원 이상 수증액−인수채무

증여재산 공제액

구분	공제액	비고
배우자	6억 원	10년 이내에 공제받은 금액을 합계한 금액으로 함
직계존속	성년 5,000만원 미성년 2,000만 원	
직계비속	5,000만 원	
기타 친족	1,000만 원	

[개념 확인 문제 정답] 01 ② 02 ② 03 ① [실전 확인 문제 정답] ①

11 상속세 및 증여세의 납부

개념 확인 문제

01 상속세는 피상속인의 유산으로 (   )의 재산에 과세하고, 증여세는 증여에 의하여 수증되는 재산을 과세대상으로 수증자에게 과세하는 조세로 (   )의 재산에 과세한다.

① 사후 이전, 생전 이전　　② 생전 이전, 사후 이전

02 상속세 및 증여세를 법정신고기간 내에 신고한 경우에는 산출세액의 (   )를 공제한다.

① 3%　　② 20%

실전 확인 문제

▶ **상속세 및 증여세액의 납부에 관한 내용으로 옳은 것은?**

① 상속 또는 증여세액이 2천만 원을 초과하는 경우, 납세지 관할세무서장의 허가를 얻어 연부연납을 할 수 있다.

② 증여세의 납부의무자가 있는 자는 증여개시일이 속하는 달의 말일을 기준으로 30일 이내에 납세지 관할 세무서장에게 신고 및 납부하여야 한다.

③ 상속재산과 증여재산 중 부동산과 유가증권이 전체 재산가액의 50%를 초과하고 그 증여세 납부세액이 1천만 원을 초과하는 경우 물납이 가능하다.

④ 상속세 또는 증여세액이 1천만 원을 초과하는 경우로 다음의 금액을 납부기한이 지난 후 2개월 이내에 분납할 수 있고 연부연납 허가를 받은 경우에도 가능하다.

정답해설 ② 증여세의 납부의무자가 있는 자는 증여개시일이 속하는 달의 말일을 기준으로 3개월 이내에 납세지 관할 세무서장에게 신고 및 납부하여야 한다.
③ 상속재산과 증여재산 중 부동산과 유가증권이 전체 재산가액의 50%를 초과하고 그 증여세 납부세액이 2천만 원을 초과하는 경우 물납이 가능하다.
④ 연부연납 허가를 받은 경우에는 분납할 수 없다.

개념 짚어 보기

상속 · 증여세의 공제 · 가산세율

- **신고세액공제** : 법정신고기간 내 신고한 경우, 산출세액 × 3%
- **과소신고가산세** : 법정신고기간 내 무신고 · 과소신고의 경우, 과소신고세액 × (40% 또는 10%) + 무신고세액(40% 또는 20%)
- **미납부가산세** : 법정기간 내 납부하지 않은 경우, 미납세액 × 일수 × 0.03%

[개념 확인 문제 정답] 01 ① 02 ① **[실전 확인 문제 정답]** ①

핵심플러스

OX 문제

01 증여세를 무신고한 경우와 종합소득세를 사기 등 부정행위로 포탈 또는 환급받는 경우의 국세부과의 제척기간은 각각 15년이다. (　　)

02 국세의 납부 또는 충당, 세금의 부과가 취소된 때, 국세부과의 제척기간이 만료된 때, 국세징수권의 소멸시효가 완성된 때 확정된 납세의무가 소멸한다. (　　)

03 납세의무는 확정－소멸－성립되는 단계를 거치며, 각 세법이 규정하고 있는 과세요건이 충족되어야 납세의무가 성립한다. (　　)

04 체납세액에 미달하는 경우 법인의 체납세액에 대해 제2차 납세의무를 지는 과점주주는 발행주식의 70% 이상을 초과하여 보유한 주주이다. (　　)

05 비거주자의 과세방법은 비거주자가 부동산소득이나 국내사업장 소유 여부에 따라 과세방법이 달라지는데 국내사업장이 있는 비거주자와 부동산 등의 임대소득 등이 있는 비거주자는 이자소득 등을 종합하여 과세한다. (　　)

06 금융소득종합과세란 낮은 세율로 분리과세하던 이자소득과 배당소득을 종합소득에 합산하여 과세하는 것을 말하는데 금융소득 전부를 합산하여 과세한다. (　　)

07 배당소득은 소득세법상 필요경비가 인정되지 않으므로 배당소득으로 수입된 총수입금액이 배당소득금액이 된다. (　　)

08 잉여금의 처분에 의한 배당, 출자공동사업의 배당소득에 대한 총수입금액의 수입시기는 그 지급을 받는 날이 속하는 연도로 한다. (　　)

09 의제배당은 상법에 따른 배당이 아니면서 세법상 배당으로 간주되는 것인데 자본잉여에 해당하는 금액을 말하며 이는 법인이 합병, 분할, 해산, 설립되는 경우에 배당소득으로 처리되어 과세된다. (　　)

10 금융소득 중 경매보증금의 이자, 세금우대저축의 이자는 무조건 분리과세 된다. (　　)

해설

01 증여세를 무신고한 경우의 국세부과의 제척기간은 15년, 사기 등 부정행위로 국세를 포탈 또는 환급받는 경우의 국세부과의 제척기간은 10년이다.

03 납세의무는 성립된 후, 확정(신고확정, 부과확정)이 되고, 소멸이 되는 단계를 거친다.

04 과점주주란 대주주라고도 하며, 주주 또는 유한책임사원 1인과 그와 대통령령이 정하는 친족 기타 특수관계에 있는 자로서 그들의 소유주식의 합계 또는 출자액의 합계가 당해 법인의 발행주식총액 또는 출자총액의 100분의 51 이상(50% 초과)의 자들을 말한다.

06 금융소득종합과세의 대상은 비과세소득과 분리과세 대상 금융소득을 제외한 나머지 금융소득이다. 무조건 분리과세 대상 소득을 제외한 이자소득과 배당소득의 합계액이 2,000만 원을 초과하면 종합과세한다.

08 잉여금의 처분에 의한 배당은 당해 법인의 잉여금 처분결의일이 속하는 연도, 출자공동사업의 배당소득에 대한 총수입금액의 수입시기는 과세기간 종료일이 속하는 연도로 한다.

09 법인이 합병, 분할, 해산하는 때에는 의제배당이 발생할 수 있으나 법인이 설립되는 때에는 의제배당이 발생하지 않는다.

[정답] 01 × 02 ○ 03 × 04 × 05 ○ 06 × 07 ○ 08 × 09 × 10 ○

핵심플러스

OX 문제

11 양도소득은 자산을 유상으로 양도하는 경우에 발생하는 소득으로 주권상장법인의 주식 중 소액주주의 장내 양도 주식은 양도소득세가 과세되지 않는다. (　　)

12 자산이 보유한 토지를 양도하기로 하고 2014년 10월 1일에 잔금을 수령하면서 소유권이전등기접수를 했다면 양도소득예정신고기한은 2014년 11월 1일까지이다. (　　)

13 법인의 주식 또는 지분을 취득함으로써 과점주주가 된 때에는 취득세를 과세하나 법인설립 시에 발행하는 주식 또는 지분을 취득함으로써 과점주주가 된 경우에는 취득세를 과세하지 않는다. (　　)

14 취득세의 과세물건을 취득하고 그 취득한 날부터 1개월 이내에 자진신고 납부하지 않은 때는 납부불성실가산세가 과세된다. (　　)

15 증권거래세율의 기본세율은 0.5%이며, 상속 또는 증여되는 주권의 경우의 세율은 0.15%이다. (　　)

16 주권의 양도인만이 증권거래세의 납세의무자가 된다. (　　)

17 장내시장에서 거래되는 유가증권시장 상장법인의 주권, 코스닥시장 상장법인의 주권, 장외시장에서 거래되는 비상장 영리법인의 주권은 증권거래세의 과세대상이다. (　　)

18 거주자의 사망으로 상속이 개시되는 경우에 상속인이나 수유자는 상속세 및 증여세법에 따른 공제액을 합친 금액과 5억 원 중 큰 금액으로 공제받을 수 있는데 배우자가 상속을 포기한 경우에도 배우자공제 5억 원을 공제받을 수 있다. (　　)

19 상속세 과세대상에 포함하는 단기증여재산 중 상속인이 증여받은 것은 10년 이내에 증여받은 것까지 포함한다. (　　)

20 상속개시 후 상속인이나 수유자의 사망으로 다시 상속이 개시되는 경우에는 기간의 제한 없이 전의 상속세가 부과된 상속재산 중 재상속분에 대한 전의 상속세 상당액을 상속세산출세액에서 공제한다. (　　)

해설

12 양도소득세 과세대상 자산 중 주권상장법인주식, 주권비상장주식을 양도한 경우에는 양도일이 속하는 분기의 말일부터 2개월 이내, 이외의 자산을 양도한 경우에는 양도일이 속하는 달의 말일부터 2개월 이내에 예정신고 납부하여야 한다. 따라서 토지 소유권이전등기접수 양도소득예정신고기한은 2014년 12월 31일까지이다.

14 취득세의 과세물건을 취득하고 그 취득한 날부터 60일 이내에 자진신고 납부하지 않은 때는 납부지연 1일당 0.03%씩 납부불성실가산세가 과세된다.

15 증권거래세는 주권 또는 지분의 유상양도에 대하여 부과하는 조세로, 상속 또는 증여되는 주권은 증권거래세의 과세대상이 아니다.

16 주권 등의 양도의 경우에는 당해 주권 등의 양도자가 납세의무자가 되나 국내사업장을 가지고 있지 않은 비거주자 또는 국내사업장을 가지고 있지 않은 외국법인이 주권 등을 금융투자업자를 통하지 않고 양도하는 경우에는 당해 주권 등의 양수인으로 한다.

20 상속개시 후 10년 이내에 상속인이나 수유자의 사망으로 다시 상속이 개시되는 경우에는 전의 상속세가 부과된 상속재산 중 재상속분에 대한 전의 상속세 상당액을 상속세산출세액에서 공제한다.

[정답] 11 ○ 12 × 13 ○ 14 × 15 × 16 × 17 ○ 18 ○ 19 ○ 20 ×

제1회

증권투자권유 자문인력

실전모의고사

평가 영역	문항 수	시험 시간
증권분석 증권시장 금융상품 및 직무윤리 법규 및 세제	100문항	120분

시스컴 SISCOM

증권투자권유자문인력 제1회 실전모의고사

001

경기지표에 관한 설명 중 옳은 것은?

① 현재 사용하고 있는 국제수지 분류에서 경상수지는 무역수지, 무역외 수지, 이전수지로 구분된다.
② GDP 디플레이터는 물가수준을 측정하는 지수로 사용될 수 있다.
③ 통화유통속도는 사전적으로 추계가 가능하므로 경기변화 및 인플레이션 압력 예측에 유용성이 높다.
④ 소비자물가지수는 임금이 차지하는 비중이 상대적으로 매우 낮다.

002

경제시계열에 대한 설명으로 옳은 것은?

① 추세변동이란 단기간 빠르게 움직이는 변동을 말한다.
② 순환변동은 추세선을 중심으로 가파른 진폭을 보인다.
③ 계절변동은 매년 반복적으로 발생하는 단기적 변동이다.
④ 불규칙변동은 장기적이고 반복적인 변동을 말한다.

003

거시경제계량모형을 이용한 경제예측시 제약성에 해당되지 않는 것은?

① 모형은 현실경제를 축약한 것이므로 현실경제에 작용하는 요인 모두를 변수화할 수 없기 때문에 오차는 필연적으로 발생한다.
② 모형에 표기되지 않는 변수의 중요성이 커지는 경우 커다란 오차가 발생할 수 있다.
③ 정책변경에 따라 소비자들의 최적 행위의 변화에 따른 모수추정치의 변화로 인하여 모형의 예측이 빗나갈 수 있다.
④ 별다른 실명변수의 도입 없이 예측하고자 하는 변수의 과거치와 교란항만을 가지고 예측모형을 만들기 때문에 예측대상 변수와 관련이 깊은 변수의 움직임은 반영하지 못한다.

004

Hymans는 선행지수의 생명력을 동태적인 경제활동의 변화방향에 관한 신호, 즉 경기전환점에 관한 신호를 제시해주는 데 있다고 보고 있다. 다음 중 Hymans의 법칙으로 가장 거리가 먼 것은?

① 선행지수를 이용한 예측을 매월 실시하여, 그 결과를 경기측면에 '변화가 없다(NC)', '정점이 다가온다(P)', '저점이 다가온다(T)' 등으로 구분한다.
② t 시점에서 나타난 신호를 이용하여 t+1 시점의 경기예측을 행한다.
③ 경기팽창기의 경우에 선행지수가 2번 연속 하락하면 두 번째 하락이 발생한 달에 정점이 도래할 것으로 예상한다.
④ 경기팽창국면에서 선행지수가 2번 연속 하락한 다음에 다시 2번 연속 상승하면 처음의 신호는 거짓 신호이므로 경기방향의 판단은 '정점이 다가온다(P)'가 아니라 '변화가 없다(NC)'가 된다.

005

국제수지의 항목을 연결한 것이다. 옳지 않은 것은?

① 수출, 수입 – 상품수지
② 운송, 여행 – 서비스수지
③ 급료, 임금 – 본원소득수지
④ 개인송금 – 금융계정

006

원화 환율의 상승에 의한 환율경로에 대한 설명으로 옳은 것은?

① 환율상승은 달러로 표시된 수출품 가격을 높이게 된다.
② 환율상승은 수입품 가격을 높여 국내 물가에 악영향을 미친다.
③ 환율의 상승은 해외부채가 많은 기업에게는 수익성 개선의 기회가 된다.
④ 환율의 상승은 수출감소로 이어져 경상수지가 악화될 가능성이 높다.

007

통화량과 주가에 관한 설명으로 옳은 것은?

① 통화량이란 한국은행이 보유하고 있는 현금을 의미한다.
② 기업부문에서 통화량의 증가는 수익성을 악화시키는 요인이 된다.
③ 민간부문에서 통화량의 증가는 주식매입자금의 감소 요인이 된다.
④ 통화량의 증가는 단기적으로는 주가에 긍정적 영향을 주지만, 장기적으로는 부정적 영향을 줄 가능성이 높다.

008

다음 중 재무제표 계정 분류상 다른 하나는?

① 주식발행초과금
② 주식할인발행차금
③ 자기주식
④ 해외사업환산대

009

다음 중 재무상태표의 작성기준으로 가장 거리가 먼 것은?

① 각 수익항목과 이에 관련되는 비용항목을 대응하여 표시한다.
② 자산 · 부채 · 자본은 총액에 의해 기재함을 원칙으로 한다.
③ 가지급금 및 가수금 등의 미결산항목은 그 내용을 나타내는 적절한 과목으로 표시한다.
④ 자본거래에서 발생한 자본잉여금과 손익거래에서 발생한 이익잉여금을 혼동하여 표시해서는 안 된다.

010

타인자본비용과 자기자본비용을 모두 고려한 성과측정 수단으로 주주부의 관점에서 기업가치를 평가한 지표는 무엇인가?

① EV ② EVA
③ EBITDA ④ ROI

011

재무비율 분석에 대한 설명으로 가장 거리가 먼 것은?

① PER은 주당순이익의 몇 배가 주가로 나타나는가를 의미하는 비율이다.
② PSR은 주당시장가치와 주당장부가치의 비율이다.
③ 토빈의 q는 기업의 부채 및 자기자본의 시장가치를 보유자산의 대체비용으로 나눈 비율이다.
④ PBR는 PSR과 유사한 크기를 갖는다.

012

다우이론의 일반원칙으로 가장 거리가 먼 것은?

① 특정 종목의 평균주가의 변동은 다른 종목의 주가도 변동시킨다.
② 추세전환시점까지는 강세 또는 약세추세가 지속된다.
③ 보합국면에서 주가가 추세선을 이탈하면 하락신호이다.
④ 모든 시세는 대내외적 복합요인에 의해 결정된다.

013

지표분석 중 다음에서 설명하는 것은 무엇인가?

> 현재의 주가수준이 주식수급 관계에 영향을 미치고, 이러한 영향이 새로운 주가를 형성하게 된다는 것을 배경으로 하는 장기적 후행지표로 월별 평균주가의 전년 동월대비 등락률을 계산하여 과거 10개월 간 각 월의 가중치를 등락률에 곱해서 더한 후 10으로 나누어 구한다.

① 스윙차트
② RSI
③ 코포크지표
④ 트라이던트 시스템

014

다음 중 거래량 지표에 관한 설명으로 가장 거리가 먼 것은?

① 거래량 지표에는 OBV, VR 등이 있다.
② 거래량 이동평균선에서 거래량이 감소추세에서 증가추세로 전환되면 앞으로 주가는 상승할 것으로 예상된다.
③ OBV선은 그랜빌이 만든 거래량 지표로서, 거래량은 주가에 후행한다는 전제하에 주가가 전일에 비해 상승한 날의 거래량 누계에서 하락한 날의 거래량 누계를 차감하여 이를 매일 누적적으로 집계 · 도표화한 것이다.
④ OBV의 결점을 보완하기 위하여 거래량의 누적차가 아닌 비율로 분석한 것이 VR(Volume Ratio)이다.

015

주가이동평균선의 성질에 대한 설명으로 옳은 것은?

① 하락추세선은 저점을 연결한 선이다.
② 주가가 이동평균선을 돌파하기 직전이 매매신호이다.
③ 주가는 이동평균선으로부터 점점 멀어지려는 경향이 있다.
④ 이동평균선의 기준기간이 길수록 이동평균선이 유연하다.

016

다음에서 설명하는 용어는?

> • 유가증권을 발행함에 있어서 이를 매출할 목적으로 유가증권의 발행인으로부터 그 전부 또는 일부를 취득하는 것
> • 유가증권을 발행함에 있어서 이를 취득하는 자가 없는 때에 그 잔여분을 취득하는 계약을 하는 것

① 모집 ② 인수
③ 청약 ④ 매매

017

다음 ㉠~㉢ 안에 들어갈 적절한 단어가 바르게 연결된 것은?

- 간접발행은 발행위험의 부담 정도에 따라 모집주선, 잔액인수, 총액인수로 구분되는데 이 중 수수료가 가장 싼 방법은 (㉠)이다.
- (㉡)는 인수단이 공모증권 발행총액의 전액을 자기의 책임과 계산하에서 인수하고 이에 따른 발행위험과 발행 및 모집사무를 모두 담당하는 방법이다.
- 발행기관의 가장 중요한 기능은 증권을 모집하거나 매출할 때 (㉢)을 수행하는 것이다.

	㉠	㉡	㉢
①	총액인수	모집주선	간사기능
②	모집주선	총액인수	청약대행기능
③	잔액인수	직접발행	인수기능
④	모집주선	총액인수	인수기능

018

다음 중 매매계약의 특례 내용으로 거리가 먼 것을 모두 고르면?

㉠ 주권상장법인의 자기주식매매를 하는 경우에는 정규시장이 종료되기 30분 전 이후에는 신규호가 또는 정정호가를 제출할 수 없다.

㉡ 시간외단일가매매는 10분 단위로 가격제한은 전일 종가에서 상 · 하한가 10% 범위 내의 단일가매매를 하며, 매매시간은 7 : 30 ~ 8 : 30과 15 : 30 ~ 18 : 00이다.

㉢ 주권상장법인이 자기주식 취득을 하는 경우에 하루 중 제출할 수 있는 최대 호가수량은 총취득예정수량의 10%에 해당하는 수량과 이사회결의일 전일을 기산일로 하여 소급한 1개월간 일평균거래량의 25%에 해당하는 수량 중 많은 수량이다.

㉣ 유가증권 시장에서 시간외바스켓매매의 경우 바스켓구성 종목수는 5종목 이상이고, 그 수량은 10억 원에 해당하는 수량 이상이어야 한다.

㉤ 장중대량매매의 호가는 당일 상 · 하한가 범위 내에서 제출하여야 한다.

① ㉠, ㉡
② ㉡, ㉤
③ ㉢, ㉣
④ ㉠, ㉣, ㉤

019

다음 중 주권의 질적 심사요건과 가장 거리가 먼 것은?

① 법적 성격과 운영방식측면에서 상법상 주식회사로 인정될 것
② 영업, 재무상황 및 경영환경 등에 비추어 기업의 계속이 인정될 것
③ 기타 투자자 보호 및 거래소시장의 건전한 발전을 저해하지 않는다고 인정될 것
④ 모든 상장 자회사의 발행주식총수를 소유하고 있을 것

020

다음 설명 중 틀린 것을 모두 고른 것은?

> ㉠ 주식매수선택권은 당해 법인에 기여한 당해 법인의 임직원에게만 부여할 수 있다.
> ㉡ 신규상장신청인이 증권을 모집 또는 매출하기 위해서는 증권신고서를 거래소에 제출하고 동 신고서가 수리되어 효력이 발생되어야 청약을 받아들일 수 있고 납입을 할 수 있다.
> ㉢ 주권상장법인이 주권비상장법인을 합병하면 그 주권비상장법인이 자동상장되는 효과가 있다.
> ㉣ 증권의 상장은 당해 증권의 발행인으로부터 상장신청이 있어야 가능하다.

① ㉠, ㉡
② ㉢, ㉣
③ ㉡, ㉢, ㉣
④ ㉠, ㉡, ㉣

021

다음 중 유상증자의 발행가액 결정과 관련된 설명으로 가장 거리가 먼 것은?

① 일반공모방식은 기준주가의 70% 이상으로 정하고 있다.
② 기업구조조정을 위한 유상증자의 경우 그 발행가액을 예외적으로 적용할 수 있다.
③ 제3자배정방식의 발행가액은 기준주가의 90% 이상으로 정하고 있다.
④ 주주배정방식의 최종발행가액은 1차 발행가액과 2차 발행가액 중 높은 가격으로 한다.

022

다음 설명 중 옳지 않은 것을 모두 고른 것은?

> ㉠ 상장과 관련하여 적용하는 재무내용에 관한 사항은 주식회사의 외부감사에 관한 법률에 의한 감사인의 감사보고서상 수정된 재무제표를 기준으로 한다.
> ㉡ 증권의 상장은 당해 증권의 발행인으로부터 상장신청이 있어야만 가능하다.
> ㉢ 상장 신청한 주권의 1주 금액은 반드시 5,000원 이상이어야 한다.
> ㉣ 주권을 상장하고자 하는 경우 이미 발행한 주권 중 그 일부만을 상장 신청할 수 없다.
> ㉤ 주권의 배당기산일이 주권의 종류별로 동일하지 않은 경우에는 상장을 유예할 수 없다.

① ㉢ ② ㉢, ㉤
③ ㉠, ㉤ ④ ㉢, ㉣, ㉤

023

다음이 설명하는 상장의 종류는?

> 주가지수에 연동하여 운용되는 투자계약증권으로 주가지수에 연동하도록 편입종목 및 편입비율이 결정되며, 주식과 마찬가지로 실시간 매매가 가능한 증권을 말한다. 거래소는 2002년 9월에 이 시장을 개설하였다.

① 수익증권의 상장
② 외국주식예탁증서의 상장
③ 주식워런트증권(ELW)의 상장
④ 상장지수집합투자기구(ETF)의 상장

024

다음 중 코스닥시장에 대한 설명으로 맞는 것은?

① 코스닥증권(주) 초기에는 주식장외거래중개실의 운영방식과 마찬가지로 매매계약의 체결은 각 증권회사(금융투자업자)가 상대매매방식에 의해 수행하였다.
② 정규시장, 비정규시장(장외시장)의 구별 없이 우리나라 증권시장의 매매는 경쟁매매의 방식으로 이루어지고 있다.
③ 고위험, 고수익의 새로운 투자수단을 제공해주는 시장으로 투자자의 자기책임원칙이 중요하다.
④ 코스닥시장의 운영과 관련한 제 규정(코스닥시장 상장규정, 코스닥시장 업무규정, 코스닥시장 공시규정)의 승인권한은 기획재정부의 소관이다.

025

코스닥시장에서의 매매체결에 관한 설명이다. 가장 거리가 먼 것은?

① 동시호가로 간주되는 경우 자기매매호가가 위탁매매에 우선한다.
② 저가의 매도호가는 고가의 매도호가에 우선하고, 고가의 매수호가는 저가의 매수호가에 우선한다.
③ 동시호가로 간주되는 경우 수량우선의 원칙이 적용된다.
④ 동일한 호가 간의 우선순위는 먼저 접수된 호가가 뒤에 접수된 호가에 우선한다.

026

다음 중 매매거래 정지사유에 해당하지 않는 것은?

① 조회공시 위반사항이 발생하는 경우
② 관리종목 지정사유가 발생하는 경우
③ 풍문, 보도 등으로 주가의 급등락이 예상되는 경우
④ 투자주의종목 지정사유가 발생하는 경우

027

채권의 분류 중 이자지급방법에 따른 분류 중 다른 하나는?

① 할인채 ② 복리채
③ 이표채 ④ 특수채

028

채권공모 입찰시 사용되는 Dutch Auction에 대한 설명으로 가장 거리가 먼 것은?

① 단일가격 경매방식이다.
② 복수의 발행조건이 생긴다.
③ 통화안정증권, 국채의 입찰시 사용한다.
④ 낙찰된 부분 중에서 최고수익률 혹은 최저가격으로 낙찰분을 통일한다.

029

채권의 기본적 특성을 설명한 것으로 가장 거리가 먼 것은?

① 채권발행에 의한 자금조달은 한시적이다.
② 채권은 장기의 자금을 조달하기 위한 증권이다.
③ 채권은 발행시 약속된 대로 확정이자율 또는 여타 이자율 결정기준에 의해 이자가 확정적으로 지급되는 채무증서이다.
④ 채권은 누구나 발행할 수 있고, 보통의 차용증서와는 달리 법적인 제약과 보호를 받게 된다.

030

다음 빈칸 A와 B에 들어갈 적절한 용어를 고른 것은?

- 채권의 매매일로부터 만기일까지의 기간을 (A)이라고 한다.
- 채권의 권면에 기재된 이율로 액면금액에 대해 연단위로 지급하는 이자율을 (B)이라고 한다.

	A	B
①	잔존기간	표면이율
②	잔존기간	만기수익률
③	경과기간	시장수익률
④	경과기간	표면이율

031

수익률 예측전략의 포트폴리오 구성에 대한 설명으로 가장 거리가 먼 것은?

① 수익률 하락예상시 듀레이션이 긴 장기채를 매입한다.
② 수익률 상승예상시 듀레이션이 짧은 단기채를 매입한다.
③ 수익률 하락예상시 유통수익률이 낮은 채권을 매입한다.
④ 수익률 상승예상시 변동금리부 채권을 매입한다.

032

다음 ㉠~㉢ 안에 들어갈 말로 맞게 짝지어진 것은?

- Repo거래란 (㉠)라고도 하며, 참여자에 따라 개인 및 일반법인을 대상으로 하는 대고객 Repo와 금융기관과 기관투자자 상호 간에 이루어지는 기관 간 Repo 등이 있다.
- 채권전문 자기매매업자는 채권액면 10억 원 미만의 매매를 하는 소액투자자에 대해서 7종목 이상의 채권에 대한 매매호가를 지속적으로 제시하여 (㉡)을(를) 한다.
- (㉢)는 채권의 보유기관이 투자전략을 위하여 채권을 필요로 하는 기관에게 채권을 빌려주고 일정기간 후에 상환받는 거래이다.

① ㉠ MMF편입채권매매
   ㉡ 시장조성
   ㉢ 채권대여거래
② ㉠ MMF편입채권매매
   ㉡ 시장참여
   ㉢ 채권대차거래
③ ㉠ 환매조건부 채권매매(RA)
   ㉡ 시장조성
   ㉢ 채권대여거래
④ ㉠ 환매조건부 채권매매(RA)
   ㉡ 시장조성
   ㉢ 채권대차거래

033

다음 설명 중 틀린 것을 모두 고른 것은?

㉠ 이표채는 표면이 낮을수록 동일한 크기의 수익률 변동에 대한 가격변동률이 커진다.
㉡ 동일한 크기의 수익률변동이 발생하면 채권의 가격변동률은 수익률이 하락할 때와 상승할 때가 동일하다.
㉢ 표면이율이 높을수록 동일한 크기의 수익률변동에 대한 가격변동률은 커진다.
㉣ 채권의 수익률이 하락하면 채권가격은 상승한다.
㉤ 채권의 잔존기간이 길어질수록 동일한 수익률변동에 대한 가격변동률은 감소한다.
㉥ 수의상환채권 발행자는 시장수익률이 상승하면 수의상환권을 행사한다.

① ㉠, ㉤, ㉥
② ㉡, ㉣, ㉥
③ ㉢, ㉤, ㉥
④ ㉡, ㉢, ㉤, ㉥

034

다음 (　　)안에 들어갈 내용은?

> 코넥스시장에서 (　　)은 기업의 상장적격성을 판단하는 자로, 기업에게는 코넥스시장 상장 및 상장유지를 지원하는 후견인 역할을 수행하고, 투자자에게는 코넥스시장의 완화된 규제를 보완하는 역할을 담당한다.

① 상장주선인　　② 지정자문인
③ 감사인　　④ 심사청구인

035

K-OTC시장의 지정법인 관리제도에 관한 설명으로 가장 거리가 먼 것은?

① 지정법인의 자본이 완전잠식된 경우에는 투자관리종목으로 지정된다.
② K-OTC시장 지정법인이 공시불이행, 공시번복 또는 허위공시를 한 경우 불성실공시법인으로 지정된다.
③ 유가증권시장 또는 코스닥시장 상장을 제외한 그 밖의 K-OTC 지정해제사유가 발생한 경우에는 3영업일간 매매거래가 정지된다.
④ 최근 2년간 불성실공시법인으로 지정된 횟수가 4회 이상인 경우 투자유의사항으로 공시된다.

036

은행에 대한 설명으로 가장 거리가 먼 것은?

① 한국은행은 중앙은행으로 일반대중으로부터는 예금을 수입하지 않는다.
② 모든 예금은행은 법정지급준비금을 중앙은행에 지급준비예금으로 예치해야 한다.
③ 중소기업은행은 시중은행에 속한다.
④ 지방은행도 은행법에 의해 설립된 일반은행이다.

037

다음 은행의 금전신탁 상품 중에서 원금을 보장해 주는 상품은?

① 단위형 신탁　　② 연금신탁
③ 추가형 신탁　　④ 맞춤형 신탁

038

「자본시장과 금융투자업에 관한 법률」에 의한 금융투자회사 분류가 아닌 것은?

① 단기금융업
② 투자매매업
③ 집합투자업
④ 투자중개업

039

금융투자상품에 대한 설명으로 가장 거리가 먼 것을 고르면?

> ㉠ 금융채의 발행금리는 시중금리와 연동되어 있다.
> ㉡ 표지어음의 발행인 및 지급인은 해당 기업이다.
> ㉢ 금융채는 모두 할인채로 발행된다.
> ㉣ 후순위채는 단기자금운용에 유리하다.
> ㉤ RP를 이용할 경우 자금의 수요자는 채권매각에 따른 자본손실을 줄일 수 있다.

① ㉠, ㉡, ㉣　　② ㉡, ㉢, ㉣
③ ㉠, ㉢, ㉤　　④ ㉢, ㉣, ㉤

040

다음은 금융투자회사에 대한 설명이다. 가장 거리가 먼 것을 모두 고르면?

> ㉠ 증권금융회사는 일반인을 상대로 공모주 청약예치금, 환매조건부채권, 발행어음 등의 금융상품을 취급한다.
> ㉡ 증권회사의 위탁매매업, 중개업, 모집 · 매출의 주선업은 투자매매업에 해당된다.
> ㉢ 자산운용회사는 투자를 대행하여 수행하는 회사로서 집합투자업을 영위한다.
> ㉣ 증권회사는 부수업무로서 고객에 대한 신용공여, 금고대여업무를 취급하고 있다.

① ㉡　　② ㉢, ㉣
③ ㉡, ㉣　　④ ㉠, ㉢, ㉣

041

다음 중 금융투자회사의 금융상품이 아닌 것은?

① 수익증권
② 랩어카운트
③ 주가지수연계증권(ELS)
④ 주식워런트증권(ELW)

042

다음은 랩어카운트의 종류에 대한 설명이다. 순서대로 바르게 연결된 것을 고르면?

> ㉠ 고객의 성향을 파악하여 고객에게 가장 적합한 최우수 펀드로 포트폴리오를 구성하는 투자전략을 제안한다.
> ㉡ 자산포트폴리오 구성에서 운용까지 모두 금융투자회사가 대행한다.
> ㉢ 금융투자회사는 투자자에 대한 조언과 자문만하고 실제 주문은 투자자가 직접 수행한다.

	㉠	㉡	㉢
①	펀드형 랩어카운트	자문형 랩어카운트	일임형 랩어카운트
②	일임형 랩어카운트	펀드형 랩어카운트	자문형 랩어카운트
③	자문형 랩어카운트	일임형 랩어카운트	펀드형 랩어카운트
④	펀드형 랩어카운트	일임형 랩어카운트	자문형 랩어카운트

043

주가지수연동 금융상품의 설명으로 옳은 것은?

① ELS의 상품형태는 수익증권이다.
② ELD는 예금자보호대상에 포함되지 않는다.
③ ELF는 중도환매가 가능하다.
④ ELS의 자금운용은 채권이 허용되지 않는다.

044

다음은 상장지수펀드(ETF)에 대한 설명이다. 거리가 먼 것을 모두 고르면?

> ㉠ 투자시에는 당일 종가로 설정되고, 환매시에는 익일 종가로 결정되기 때문에 의사결정과 투자 간의 차이가 발생할 수밖에 없다.
> ㉡ 주식과 같이 공매도 또는 대주주에 의한 매도가 가능하다.
> ㉢ ETF발행시장은 차익거래시나 대규모 설정시, 해지시에만 이용하면 된다.
> ㉣ 특정주가지수를 따라가 수익을 내는 것을 목적으로 하는 인덱스 펀드다.
> ㉤ HTS(홈트레이딩시스템) 또는 전화로 매매가 불가능하다.

① ㉠, ㉤
② ㉢, ㉤
③ ㉠, ㉡, ㉣
④ ㉡, ㉣, ㉤

045

적립식 펀드에 대한 설명으로 가장 거리가 먼 것은?

① 투자원금은 보장되지 않는다.
② 일반적으로 장기투자시 더 유리한 상품이다.
③ 원하는 펀드형, 주식형, 채권형 등을 혼합해서 적립식으로 투자한다.
④ 적립식 펀드로 주식만 매입할 경우 평균매입단가를 낮추는 효과가 있다.

046

변액보험에 대한 설명으로 가장 거리가 먼 것은?

① 보험의 기능에 투자의 기능을 추가한 일종의 금융투자상품이다.
② 지급되는 보험금이 투자수익에 따라 달라진다.
③ 인플레이션 발생시 위험에 취약하다는 것이 단점이다.
④ 위험보장이 전제되며 특약을 통해 다양한 보장을 추가로 받을 수 있다.

047

다음이 정의하는 용어는?

> 기대수익률과 위험수준이 다양한 여러 자산집단(asset class)을 대상으로 투자자금을 배분하여 최적의 자산 포트폴리오를 구성하는 일련의 투자과정을 말한다.

① 분산투자
② 자산배분
③ 포트폴리오전략
④ 투자관리

048

자산집단은 개별증권이 모여 마치 큰 개념의 증권처럼 움직이며, 의사결정의 대상이 된다. 자산집단에 대한 설명으로 거리가 먼 것은?

① 투자자산은 투자수익이 확정되어 있지 않고, 투자성과에 따라 투자수익이 달라지는 자산을 말한다.
② 자산집단 내에 분산투자가 가능하도록 충분하게 많은 개별증권이 존재해야 한다.
③ 이자지급형 자산은 금융기관이나 채권발행자에게 자금을 맡기거나 빌려주고 대가로 지급하는 이자수익을 주목적으로 하는 자산을 말한다.
④ 하나의 자산집단은 다른 자산집단과 상관관계가 높아서 분산투자시 위험의 감소 효과가 충분하게 발휘될 수 있는 통계적인 속성을 지녀야 한다.

049

다음 중 고객관리를 해야 하는 이유로 가장 거리가 먼 것은?

① 고객욕구의 개별화와 다양화
② 경쟁의 과열
③ 수익성위주의 금융기관 경영전략
④ 시장의 고도성장

050

다음 설명 중 옳은 것을 모두 고르면?

> ㉠ 관계마케팅에서는 고객점유율과 고객차별화에 더 중점을 둔다.
> ㉡ 고객관계 관리를 통해 고객이탈률이 감소하고, 고객유지율이 증대된다.
> ㉢ 고객의 욕구가 개별화되고 다양화되어 고객관리가 더 중요하게 되었다.
> ㉣ 신규고객 확보를 위한 많은 비용이 기존고객을 유지하는 비용보다 낮다.
> ㉤ 관계마케팅은 바로 신규고객의 확보에 초점을 맞춘 경영전략이다.

① ㉠, ㉡, ㉣
② ㉡, ㉢
③ ㉠, ㉡, ㉢
④ ㉡, ㉣, ㉤

051

금융투자분석 및 제안의 마지막 단계인 투자동의 절차에 대한 설명으로 가장 거리가 먼 것은?

① 투자동의는 투자자 보호는 물론 금융기관의 신뢰를 높이기 위한 것이다.
② 투자위험성 요인이 존재한다는 점을 고객과의 상담을 통해 동의절차를 확실히 받아야 한다.
③ 고객에게 투자의 수익률과 위험성에 대한 충분한 인지를 시키지 못하면 최악의 경우 집단 소송 · 재판으로까지 이어질 수 있다.
④ 고객이 투자제안에 만족할 경우에는 곧바로 투자를 실행하면 된다.

052

다음 중 질문의 수법이 아닌 것은?

① 개방형 질문
② 축소형 질문
③ 폐쇄형 질문
④ 확대형 질문

053

고객응대시 기본매너에 관한 사항으로 옳은 것은?

① 상대방을 한 번도 만나지 못한 상황에서 전화로 처음 대화할 때는 4단계에 따라 통화한다.
② 전화는 벨이 3번 이상 울리기 전에 받아야 한다.
③ 사무실의 자리를 비울 때는 동료에게 고객의 전화 메모를 부탁하고 나간다.
④ 대화시 전문용어나 외래어를 사용하여 전문적인 모습을 보인다.

054

오늘날 윤리경영과 직무윤리를 강조하는 이유로 가장 거리가 먼 것은?

① 기업윤리는 지속적인 성장을 위한 인프라가 된다.
② 윤리경영은 가치 있는 장기생존을 목적으로 하며, 전문가가 지녀야 할 핵심요소이다.
③ 기업의 비윤리적인 행동으로 인한 신뢰와 평판의 실추를 만회하기 위해서는 더 큰 비용과 시간이 소요된다.
④ 고도의 윤리의식으로 고객의 신뢰를 확보하는 것은 평판위험을 관리하는 차원에서 더욱 중요하다.

055

매년 각 국가의 부패지수를 조사하여 발표하는 국제기구에 대한 설명으로 가장 거리가 먼 것은?

① 국제투명성기구에서 매년 부패지수(CPI)를 발표하고 있다.
② 우리나라는 아직도 경제규모에 비해 윤리수준이 낮게 평가되어 국제신인도 등에 부정적인 영향을 미치고 있는 실정이다.
③ 기업의 비리와 부패수준을 나타내는 지수이다.
④ 각 국가별 전문가, 기업인, 애널리스트들의 견해를 반영한다.

056

직무윤리와 법규범의 차이 및 상관관계를 설명한 것으로 가장 거리가 먼 것은?

① 직무윤리가 법규범으로 입법화되어 있지 않아 여전히 윤리적 영역으로 남아 있는 경우도 있다.
② 직무윤리는 자율성을 기반으로 하나, 법규범은 타율성을 그 특징으로 한다.
③ 직무윤리에 반하는 행위는 법규범 위반으로 법적 제재가 따른 경우와는 구분된다.
④ 직무윤리는 법규범이 요구하는 수준보다 더 높은 수준으로 설정되어 있다.

057

자본시장과 금융투자업에 관한 법률 제37조 제1항에서 명시적으로 규정하고 있는 금융투자업자의 영업행위규칙으로서 윤리적 성격을 띠는 것에 해당하지 않는 것은?

① 공정의 원칙
② 독립의 원칙
③ 성실의 원칙
④ 신의의 원칙

058

다음 직무윤리강령에 대한 설명 중 옳은 것은?

① 직무윤리를 준수하여야 할 의무는 해당 업무의 담당자뿐만 아니라 소속회사와 중간감독자에게도 있다.
② 직무윤리의 준수에 있어서 관련 업무종사자 간의 경쟁관계가 주된 것이고, 상호협조관계는 부차적인 것이다.
③ 도덕은 법의 최소한이다.
④ 신의성실의무는 단순히 윤리적 기준에 그치고 법적 의무는 아니다.

059

금융위원회의 행정제재에 대한 설명으로 가장 거리가 먼 것은?

① 금융투자업자의 내부통제기준 변경
② 금융투자업자에 대한 금융업등록 취소권
③ 금융투자업자의 직원에 대한 면직, 정직 등 조치권
④ 금융위원회의 처분 또는 조치에 대한 이의신청권 인정

060

다음은 투자상담업무종사자의 고지 및 설명의무에 대한 내용이다. 가장 거리가 먼 것은?

① 고객이 쉽게 이해할 수 있도록 투자대상의 선정과 포트폴리오 구성에 대한 내용을 간략하게 설명하였다.
② 자본시장법에서는 설명의무에 관한 제도를 도입하였는데, 이는 전문투자자에 대해서는 적용되지 않는다.
③ 고객으로부터 상품에 대한 설명 내용을 이해하였음을 휴대폰으로 녹취하였다.
④ 정보를 미제공한 고객에 대해서는 파생상품 등의 금융투자상품의 매매거래를 권유해서는 안 된다.

061

적합성의 원칙(Suitability Rule)에 따라 파악하여야 할 고객정보와 가장 거리가 먼 것은?

① 고객의 재무상황
② 고객의 투자경험
③ 고객의 소비성향
④ 고객의 투자기간

062

투자상담업무를 담당하고 있는 자가 고객에 대하여 투자를 권유할 때에 직무윤리기준을 위반하지 않은 것은?

① 중요한 사실이 아니라면 오히려 그것을 설명함으로써 고객의 판단에 혼선을 가져줄 수 있는 사항은 설명을 생략할 수 있다.
② 주가는 미래의 가치를 반영하는 것이므로 투자정보를 제시할 때에 현재의 객관적인 사실보다는 미래의 전망을 위주로 하여 설명한다.
③ 고객을 강하게 설득하기 위하여 필요하다면 투자성과가 어느 정도 보장된다는 취지로 설명하는 것도 가능하다.
④ 정밀한 조사 · 분석을 거치지는 않았지만 자신의 주관적인 예감에 확실히 수익성이 있다고 생각되는 투자상품을 권한다.

063

내부통제기준에 대한 다음 설명 중 옳은 것은?

① 금융투자회사가 내부통제기준을 변경하려면 주주총회의 특별결의를 거쳐야 한다.
② 금융투자회사는 준법감시인을 반드시 둘 필요는 없다.
③ 금융투자회사의 임시직에 있는 자는 내부통제기준의 적용대상이 아니다.
④ 금융투자회사는 내부통제기준 변경시 이사회의 결의를 거쳐야 한다.

064

Y금융투자회사의 투자상담전문가인 M은 민간단체가 개최하는 증권투자권유에 관한 제도개선 세미나에 발표자로 초청을 받아 퇴근시간 이후에 대가를 받고 참석하려고 한다. M은 이 세미나에서 자신이 소속한 Y금융투자회사의 공식적인 견해와는 무관한 자신의 개인적인 의견을 발표하고자 한다. M이 밟아야 할 내부통제절차로 부적절한 것은?

① 직장 상사 또는 준법감시부서에 이 사실을 통보한다.
② 회사의 입장과 배치될 우려가 있는 견해를 제시할 경우 그 견해가 Y금융투자회사의 공식적인 견해가 아니라는 점을 명백히 밝혔다.
③ 우선 M은 Y금융투자회사의 직무에 전념할 의무가 있다.
④ 근무시간 외의 시간이므로 직장상사에게 보고하지 않아도 된다.

065

금융투자상품의 판매와 관련하여 금융투자회사의 임직원이 지켜야 할 사항으로 다음 중 가장 거리가 먼 것은?

① 직무수행과정에서 알게 된 고객 또는 회사에 관한 비밀정보를 누설한다든지 자기가 이용하거나 타인으로 하여금 이용하게 해서는 안 된다.
② 고객에 관한 사항이 비밀정보인지 여부가 불명확 경우에는 공개되는 정보인 것으로 취급한다.
③ 임직원이 고객 또는 회사의 비밀정보를 제공하는 경우에는 준법감시인의 사전승인을 받아 직무수행에 필요한 최소한의 범위 내에서 제공하여야 한다.
④ 고객이 동의하지 않는 상황에서 특정고객에 대한 언급이나 확정되지 않은 기획단계의 상품 등에 대한 언급을 해서는 안 된다.

066

자본시장법의 제정목적으로 다음 중 가장 거리가 먼 것은?

① 새로운 금융업의 유형으로 제시되는 '금융투자업'의 경쟁과 혁신 촉진
② 투자자 보호를 한층 강화하여 자본시장의 안정적 발전 도모
③ 자본시장의 자금중개기능 강화
④ 금융투자업의 영위와 관련된 제도적 제약을 제거로 금융투자업자 보호

067

자본시장법상 증권의 분류 중 특정 투자자가 그 투자자와 타인 간의 공동사업에 투자하고 주로 타인이 수행한 공동사업의 결과에 따른 손익을 귀속받는 계약상의 권리가 표시된 증권을 무엇이라 하는가?

① 수익증권
② 투자계약증권
③ 지분증권
④ 파생결합증권

068

다음의 업무를 수행하는 자본시장 행정기관은 어디인가?

> • 증권 등의 계좌 간 대체업무
> • 명의개서 대행업무
> • 증권 등의 보호예수, 증권 등의 관리업무
> • 증권거래세 원천징수, 실질주주 의결권 대리행사

① 한국거래소
② 명의개서 대행회사
③ 증권금융회사
④ 한국예탁결제원

069

금융투자업의 인가 및 등록에 관한 사항으로 가장 거리가 먼 것은?

① 일정한 자격을 가지고 있지 않은 자는 금융투자업을 영위할 수 없다.
② 장외파생상품을 대상으로 하는 인가에 대해서는 완화된 진입요건을, 전문투자자를 상대로 하는 금융투자업의 경우는 강화된 진입요건을 설정하였다.
③ 동일한 금융기능에 대해서는 동일한 인가 및 등록요건이 적용되도록 금융기능별로 진입요건을 마련하였다.
④ 금융투자업 진입요건은 인가제가 등록제보다 엄격하게 설정되었다.

070

다음 설명 중 옳은 것은?

① 투자자문업과 투자일임업의 경우 금융위원회에 등록을 한 후 영업행위를 하도록 하고 있으나, 대주주 변경승인은 필요하다.
② 인가업무의 전제로써 인정되는 금융투자업의 종류에는 투자매매업, 투자중개업, 집합투자업, 신탁업, 그리고 투자자문업과 투자일임업이 포함된다.
③ 자본시장법은 금융투자업자에 대하여 투자자가 노출되는 위험의 크기에 따라 진입규제방식을 차별적으로 적용하고 있다.
④ 대주주 변경승인을 받고자 하는 자의 공통요건 위반 정도가 경미하더라도 승인이 불가능하다.

071

투자자에게 투자권유시 규제사항에 대한 설명으로 가장 거리가 먼 것은?

① 요청하지 않은 투자권유는 고위험 금융투자상품인 장외파생상품에 대해서만 적용되고, 투자성 있는 보험계약이나 증권 등에 대해서는 적용하지 않는다.

② 금융투자회사는 투자권유를 하기 전에 투자자의 특성을 파악하고 서면으로 확인받도록 하는 'Know-Your-Customer-Rule' 원칙을 준수해야 한다.

③ 금융투자회사가 투자자에게 금융투자상품의 투자를 권유하는 경우에는 권유하는 상품의 내용과 위험 등에 대하여 투자자가 이해할 수 있도록 설명해야 한다.

④ 투자권유대행인의 불완전한 판매로 인하여 고객에게 손해를 끼친 경우에는 투자권유대행인만이 손해배상책임 의무를 진다.

072

다음 설명 중 틀린 것은?

① 자기계약은 금융투자업자가 금융투자상품에 관해 동일한 매매에서 자신이 본인이 됨과 동시에 상대방의 투자중개업자가 되는 것이다.

② 투자매매업자는 자기계산으로 금융투자상품을 매매하는 것이고, 투자중개업자는 타인(투자자)의 계산으로 매매가 이루어지는 것으로 금융투자상품의 매매에 관한 주문을 받는 금융투자업자가 투자매매업자인지, 투자중개업자인지를 밝혀야 한다.

③ 과당매매는 금융투자회사가 수수료 수입을 올리기 위해 고객의 투자목적, 재산상황, 투자경험에 비추어 지나치게 빈번하게 거래하게 하는 것이다.

④ 신용공여는 투자매매업자 또는 투자중개업자가 증권과 관련하여 금전을 융자하거나 증권을 대여하는 방법으로 자본시장법은 신용공여를 허용한다.

073

증권의 모집과 매출에 대한 설명으로 가장 거리가 먼 것은?

① 모집이나 매출에 해당하기 위해서는 청약의 권유대상자가 다수에 해당하여야 한다. 이때의 다수의 기준은 100인이다.

② 모집과 매출의 차이는 공모대상인 증권이 신규로 발행되는 것인지(모집), 아니면 이미 발행된 것인지(매출)에 있다.

③ 모집을 하는 주체는 발행인임에 반해 매출을 하는 주체는 증권의 보유자가 된다.

④ 자본시장법에서는 공모라는 용어 대신 '모집과 매출'이라는 용어를 사용하고 있다.

074

다음 중 수시공시제도에 대한 설명으로 옳은 것은?

① 사업보고서 제출대상에 포함되나 파산으로 인해 사업보고서의 제출이 사실상 불가능한 경우에는 제출이 면제된다.

② 자본시장법 시행 후에는 모든 수시공시제도가 자율규제로 전환되어 공시제도 운영권한이 한국거래소로 일원화되었다.

③ 상장기업의 경영상황 및 장래계획에 대한 주요 정보를 기업 스스로 공시하도록 하여 정보의 지속성과 정확성을 확보한다.

④ 사업보고서 제출대상법인은 주요사항으로 일정한 사유에 해당하는 경우 그 사실이 발생한 경우 발생일의 다음 날까지 주요사항보고서를 한국거래소에 제출하여야 한다.

075

다음은 자기주식 취득 · 처분 신고제도에 대한 내용이다. (　　)안에 들어갈 내용으로 옳은 것은?

> 자본시장법상 자기주식의 취득 및 자기주식취득을 목적으로 하는 신탁계약 등의 체결, 그 처분 및 자기주식취득을 목적으로 하는 신탁계약 등의 해지에 관한 이사회의 결의가 있는 때에는 (　　)를 금융위원회에 제출하여야 한다.

① 대량보유보고서
② 공개매수신고서
③ 주요사항보고서
④ 증권신고서

076

단기매매차익반환제도에 대한 설명 중 옳은 것은?

① 단기매매차익 반환청구 및 반환청구에 대한 요구 및 대위청구는 이익을 취득한 날로부터 2년 이내에 행사하지 않은 경우에는 소멸한다.
② 단기매매차익반환대상이 되는 증권은 당해 법인이 발행한 증권으로 한정된다.
③ 직원의 경우에는 누구든지 단기매매차익반환규제 대상에서 제외된다.
④ 주요주주는 매도, 매수한 시기 중 어느 한 시기에 주요주주가 아닌 경우에도 단기매매차익반환규정이 적용된다.

077

다음의 금융위원회규정에 대한 설명 중 옳은 것은?

① 단기매매차익반환 등에 관한 규정은 금융위원회규정이다.
② 금융투자업규정은 자본시장을 규율하는 법원이 될 수 없다.
③ 금융위원회규정은 대외적으로 법적 구속력을 가지지 않는다.
④ 금융위원회규정에서 구체적인 서식 등을 감독원장에게 위임할 수 있다.

078

주권비상장법인이 지분증권을 직접 공모하는 경우 증권의 가치를 평가할 수 있는 증권분석기관에는 해당되지 않는 것은?

① 회계법인
② 보증기관
③ 인수업무 인가를 받은 자
④ 신용평가업자

079

상장법인 등의 공시에 대한 사항으로 가장 거리가 먼 것은?

① 각 사업연도 경과 후 90일 이내에 사업보고서를 금융위와 거래소에 제출하여야 한다.
② 일상적인 영업활동으로 인한 자산의 양수 · 양도의 경우에는 주요사항보고서의 제출이 제외된다.
③ 국제금융기구에 대해서는 사업보고서 등의 제출이 면제된다.
④ 외국법인 등이 법령 또는 규정에 따라 금융위, 증선위에 제출하거나 신고하는 신청서나 신고서류 등은 영문으로 작성하여야 한다.

080

다음 중 주권상장법인의 유상증자 발행가액 결정방법으로 가장 거리가 먼 것은?

① 제3자 배정증자의 경우 주주가치의 희석화를 방지하기 위하여 발행가액의 산정을 그 할인율은 100분의 10 이내이어야 한다.
② 일반공모증자는 청약일 전 제5거래일부터 소급한 1개월 평균종가, 1주일 평균종가, 청약일 전 제5거래일의 종가 중 높은 가격을 기준주가로 산정한다.
③ 시가가 형성되어 있지 않은 종목의 주식을 발행하고자 하는 경우에는 권리내용이 유사한 다른 주권상장법인의 주식의 시가 및 시장상황을 고려하여 이를 산정한다.
④ 신주를 발행하는 주권상장법인은 그 발행가액이 확정되는 때에 그 내용을 지체 없이 공시하여야 한다.

081

다음 중 금융투자업자에 대한 내부통제로 가장 거리가 먼 것은?

① 당해 영업관리자가 대상지점 중 1개의 지점에 상근해야 한다.
② 파생상품영업관리자는 계좌의 실현 · 미실현 손익규모 등에 대한 주기적인 점검을 해야 한다.
③ 증권의 위탁매매와 관련한 미수금이 발생하지 않도록 필요한 예방조치를 취해야 한다.
④ 투자자의 주문이 주문내용과 달리 체결되었거나 체결 가능한 주문이 체결되지 못한 경우에는 그 증빙자료를 5년 이상 보관 · 유지해야 한다.

082

다음 중 투자매매업자와 투자중개업자의 불건전 영업행위에 속하지 않는 것은?

① 선행매매, scalping, 과당매매, 일임매매
② 투자자에게 협회가 정하는 한도 내에서 금전을 제공받는 행위
③ 인수하는 증권의 청약자에게 증권을 정당한 사유 없이 차별하여 배정하는 행위
④ 증권의 매매와 관련하여 손실을 보전하거나 이익을 보장하는 행위

083

다음의 투자매매업자 · 투자중개업자의 불건전 영업행위 유형 중 이해상충발생 우려가 있어 금지된 투자권유행위는?

① 투자자로부터 성과보수를 받기로 하는 약정을 체결하는 행위 및 그에 따른 성과보수를 받는 행위
② 특정 금융투자상품의 매매를 권유한 대가로 권유대상 금융투자상품의 발행인 및 그의 특수관계인 등 권유대상 금융투자상품과 이해관계가 있는 자로부터 재산적 이익을 제공받는 행위
③ 금융투자상품의 시장가격에 중대한 영향을 미칠 것으로 예상되는 투자자의 매매주문을 위탁받고 이를 시장에 공개하기 전에 당해 주문에 관한 정보를 제3자에게 제공하는 행위
④ 경쟁을 제한할 목적으로 다른 투자매매업자 또는 투자중개업자와 사전에 협의하여 금융투자상품의 매매호가, 매매가격, 매매조건 또는 수수료 등을 정하는 행위

084

다음 중 증권금융회사에 대한 설명으로 가장 거리가 먼 것은?

① 매월 업무보고서를 금융위원회에 제출하여야 한다.
② 감독원장은 자기자본의 100분의 2에 상당하는 금액을 초과하는 손실에 대해서는 손실예상액 전액을 특별대손충당금으로 적립할 것을 요구할 수 있다.
③ 위험가중자산에 대한 자기자본비율을 100분의 8 이상 유지하여야 한다.
④ 보유자산의 건전성을 5단계로 분류하고 적정한 수준의 대손충당금을 적립 · 유지하여야 한다.

085

다음 중 증권선물위원회의 기능이 아닌 것은?

① 기업회계기준 및 회계감리 업무
② 금융기관에 대한 검사 · 제재 업무
③ 자본시장의 관리 · 감독과 관련된 주요사항의 사전 심의
④ 자본시장의 불공정거래 조사

086

다음 중 일반투자자에 대한 투자권유에 대한 설명으로 옳은 것은?

① 증권신고서를 제출한 집합투자증권의 경우 판매시 투자설명서 대신 회사가 작성한 설명서를 대신 교부하여도 된다.
② 투자권유 전 파악한 일반투자자의 투자성향 등 분석결과는 서명 또는 기명날인의 방법으로만 일반투자자로부터 확인을 받을 수 있다.
③ 장외파생상품의 경우 투자권유시에 일반투자자의 투자성향 등의 정보를 파악하면 이후 일반투자자가 장외파생상품 거래시 정보파악을 다시 할 필요가 없다.
④ 투자목적, 재산상황, 투자경험 등 고객정보를 파악하지 않은 일반투자자에 대하여는 투자권유를 할 수 없다.

087

다음 중 투자광고시 금지행위와 가장 거리가 먼 것은?

① 운용실적이 좋은 기간의 수익률만을 표시하였다.
② 사모의 방법으로 발행하거나 발행된 금융투자상품에 관한 내용을 표시하였다.
③ 별 근거 없이 다른 비교대상이 열등한 것처럼 표시하였다.
④ 다른 종류의 금융투자상품에 대한 광고내용을 형식적으로 분리하여 표시하였다.

088

다음 ㉠~㉡ 안에 들어갈 내용이 순서대로 바르게 짝지어진 것을 고르면?

금융투자회사는 최근 1년간 (㉠) 이상의 투자의견이 구체적으로 명시된 조사분석자료를 공표한 경우 (㉡) 이내에 해당 금융투자상품에 대한 조사분석자료를 추가로 공표하지 않고자 할 경우에는 중단사실을 고지하여야 한다.

	㉠	㉡
①	3회	6개월
②	3회	1년
③	5회	6개월
④	5회	1년

089

다음 중 금융투자회사의 약관에 대한 설명으로 가장 거리가 먼 것은?

① 표준약관이 없어 별도의 개별약관을 제정하거나 변경하는 경우에는 사전에 협회에 보고하여야 한다.
② 약관내용 중 고객의 권리 또는 의무와 관련이 없는 사항을 변경하는 경우에는 협회에 보고할 필요가 없다.
③ 금융투자회사가 이미 사용하고 있는 약관이 관계법령 개정 등의 사유로 변경이 필요한 경우 협회는 해당 약관의 변경을 권고할 수 있다.
④ 금융투자회사는 외국 집합투자증권 매매거래에 관한 표준약관은 수정하여 사용할 수 없다.

090

소수주주권과 관련하여 상법상 일반법인의 주주총회소집청구권의 행사요건은?

① 발행주식총수의 1% 이상 주식을 가진 주주
② 발행주식총수의 3% 이상 주식을 가진 주주
③ 발행주식총수의 5% 이상 주식을 가진 주주
④ 발행주식총수의 10% 이상 주식을 가진 주주

091

주주명부에 관한 우리 상법의 규율로서 옳은 것은?

① 주주와 회사채권자는 영업시간 내에는 언제나 주주명부를 열람 또는 등사할 수 있다.
② 주주명부의 폐쇄기간에는 제한이 없으며, 그 기간 중에도 명의개서가 가능하다.
③ 기명주식, 무기명주식을 발행한 때에 주주명부에 기재하는 사항은 동일하다.
④ 주주명부의 기준일은 권리의 행사일로부터 1개월 이내의 날로 정해야 한다.

092

다음 중 신주의 발행에 관한 설명으로 옳은 것은?

① 회사는 주주가 아닌 자에게 신주를 배정할 수 없다.
② 신주발행의 무효는 주주, 이사 또는 감사에 한하여 신주발행일로부터 6개월 내에 소(訴)만으로 주장할 수 있다.
③ 신주발행의 유지청구권은 소수주주에게만 인정된다.
④ 신주발행의 무효는 소급적 절대적 효력을 가진다.

093

주식회사의 준비금에 관한 다음 설명 중 옳은 것은?

① 액면 이상으로 주식을 발행한 경우 그 액면초과액은 자본준비금으로 적립하여야 하며, 적립한도는 자본의 1/10이다.
② 준비금의 자본전입은 이사회의 결의가 원칙이나, 정관으로 주주총회의 결의사항으로 정할 수 있다.
③ 회사는 이익배당액의 1/3 이상을 이익준비금으로 적립하여야 한다.
④ 법정준비금은 자본의 결손 보전과 이익배당에 사용할 수 있다.

094

주식회사의 합병에 관한 설명 중 옳은 것은?

① 주식회사가 유한회사와 합병하는 경우 존속회사 또는 신설회사는 주식회사만이 가능하다.
② 소규모 합병시에도 주주총회의 승인을 얻어야 한다.
③ 소멸회사의 권리의무는 별도의 절차 없이 존속회사 또는 신설회사로 승계된다.
④ 합병에 반대한 주주는 존속회사 또는 신설회사의 주주가 되지 못한다.

095

감사 및 감사위원회에 관한 설명으로 가장 거리가 먼 것은?

① 감사위원의 해임에는 이사총수의 3분의 2 이상의 결의를 필요로 한다.
② 감사위원회는 3인 이상의 이사로 구성된다.
③ 업무담당이사는 감사위원회 위원의 3분의 1을 초과할 수 없다.
④ 감사와 감사위원회는 병존할 수 있다.

096

국세의 성립에 필요한 과세요건이 아닌 것은?

① 과세기간
② 세율
③ 납세의무자
④ 과세표준

097

과세관청의 부과처분에 의해 과세표준과 세액이 확정되는 조세로 옳은 것은?

① 부가가치세
② 증여세
③ 중간예납법인세
④ 인지세

098

의제배당과 그 범위에 관한 설명으로 가장 거리가 먼 것은?

① 주식의 소각이나 자본의 감소로 인하여 당해 주주가 취득하는 금전 등의 가액이 당해 주식 또는 출자를 취득하기 위하여 소요된 금액을 초과하는 금액이다.
② 법인이 잉여금의 전부 또는 일부를 자본 또는 출자의 금액에 전입함으로써 취득하는 주식 또는 출자의 가액이다.
③ 해산한 법인의 주주가 그 법인의 해산으로 인한 잔여재산의 분배로서 취득하는 재산의 가액이 당초 주식을 취득하기 위하여 소요된 금액을 초과하는 금액이다.
④ 의제배당은 상법상의 이익배당으로서, 주주들에게 실질적으로 이익을 주는 것이다.

099

증권거래세의 과세대상이 아닌 것은?

① 주식의 인수로 인한 권리의 양도
② 주권 발행 전의 주식의 양도
③ 국가 및 지방자치단체가 양도하는 주권
④ 상법에 의해 설립된 합명회사 사원의 지분 양도

100

장외거래된 비상장주권의 거래세율은?

① 0.15%
② 0.3%
③ 0.43%
④ 0.7%

제2회

증권투자권유자문인력 실전모의고사

평가 영역	문항 수	시험 시간
증권분석 증권시장 금융상품 및 직무윤리 법규 및 세제	100문항	120분

시스컴 SISCOM

증권투자권유자문인력 제2회 실전모의고사

001

경기통계 시계열에서 변동요인에 속하지 않는 것은?

① 계절변동
② 순환변동
③ 추세변동
④ 규칙변동

002

통화지표 가운데 협의통화(M1)에 포함되지 않는 것은?

① 요구불예금
② MMDA
③ 수시입출식 저축성예금
④ 시장형 금융상품

003

선행지수를 이용한 예측을 매월 실시하여, 그 결과를 '경기국면에 변화가 없다(NC)', '정점이 다가온다(P)', '저점이 다가온다(T)' 등으로 구분하는 경기예측기법은?

① Hymans의 법칙
② 연속신호법칙
③ Neftci의 확률법칙
④ 3연속법칙

004

다음 중 거시경제계량모형을 사용하여 추정한 결과 얻어지는 통계량에 대한 설명으로 옳은 것은?

① R^2 : 0에 가까울수록 독립변수들과 종속변수들의 긴밀함을 의미한다.
② t : 절댓값이 2 이상이면 독립변수가 종속변수를 설명하는 변수로서 의미가 있는 것으로 본다.
③ F : 1에 가까울수록 독립변수들의 유의성이 검증된다.
④ DW : 5 이상이면 오차항 사이의 자기상관이 없는 것으로 판단된다.

005

다음 A와 B에 적합한 것을 옳게 연결한 것은?

> 추세변동과 순환변동을 분리하기 위해서는 추세변동의 추정이 필요한데, 이에는 일반적으로 60개월 이상의 (A)와 (B)가 이용된다.

	A	B
①	이동평균법	단순평균법
②	이동평균법	최소자승법
③	단순평균법	장기이동평균법
④	장기이동평균법	최소자승법

006

다음 〈보기〉에서 설명하고 있는 내용 중 옳지 않은 것을 모두 고르면?

보기

㉠ 통화정책은 내부시차가 길고 외부시차가 짧은 반면에, 재정정책은 내부시차가 짧고 외부시차가 길다.
㉡ 자동안정장치가 정상적으로 작동될 경우 내부시차는 0이라고 할 수 있다.
㉢ 경기순환의 원인을 케인즈학파는 불안정한 지출이라고 보았고, 통화주의자들은 통화공급의 불안정 때문이라고 보았다.
㉣ 경기순환이론은 기술충격과 같은 총공급의 변동이 불안하기 때문에 경기순환이 발생한다고 보았다.

① ㉠, ㉣ ② ㉠, ㉡, ㉣
③ ㉡, ㉢ ④ ㉡, ㉢, ㉣

007

주가에 영향을 주는 요인들에 대한 설명으로 가장 거리가 먼 것은?

① 일반적으로 이자율의 상승은 주가상승의 요인이 된다.
② 완만한 물가상승은 기업수지개선 효과가 있어 주가상승의 요인이 될 수 있다.
③ 스태그플레이션하에서는 비용인상형 인플레이션이 발생하여 주가하락의 가능성이 높아진다.
④ 디플레이션하에서는 실물자산보다 금융자산을 선호하게 되어 주가가 상승한다.

008

다음 중 재무상태표의 작성기준으로 가장 거리가 먼 것은?

① 부채는 유동부채 및 고정부채로 구분한다.
② 재무상태표는 자산 · 부채 및 자본으로 구분한다.
③ 자산 · 부채 및 자본은 총액으로 기재함을 원칙으로 한다.
④ 자산은 자본금 · 자본잉여금 · 이익잉여금 및 자본조정으로 각각 구분한다.

009

다음 중 재무비율 분석의 한계점으로 가장 거리가 먼 것은?

① 기업별로 회계기준이 달라 비교가 어렵다.
② 비율분석은 과거의 회계정보를 이용하였다.
③ 과거의 주가 추세와 패턴이 미래에도 반복될 수 있다는 점이 비현실적이다.
④ 재무제표가 일정시점을 중심으로 작성되어 있어서 계절적 변화를 나타내지 못한다.

010

기업이 위탁된 자본을 이용하여 일정기간 동안 어느 정도의 경영활동성과를 나타내었는가를 측정하고 그 원인을 분석하는 재무비율 분석은?

① 수익성 분석 ② 성장성 분석
③ 안정성 분석 ④ 활동성 분석

011

다음 〈보기〉의 설명 중 옳지 않은 것을 모두 고르면?

보기

㉠ PER은 이익성장률이 클수록 작아진다.
㉡ PBR을 계산할 때 분모는 시장가치를, 분자는 장부가치를 사용한다.
㉢ 주가가 높으면 배당수익률은 작아진다.
㉣ 항상성장모형에서 요구수익률이 클수록 주가는 상승한다.
㉤ 항상성장모형에서 배당수익률이 클수록 주가는 상승한다.

① ㉠, ㉡　　② ㉠, ㉡, ㉣
③ ㉡, ㉢, ㉣　　④ ㉡, ㉣, ㉤

012

전문투자자는 공포심을 갖는 반면 일반투자자는 확신을 갖는 국면은?

① 강세 제1국면
② 강세 제2국면
③ 약세 제1국면
④ 약세 제3국면

013

다음 도표에 대한 설명으로 틀린 것은?

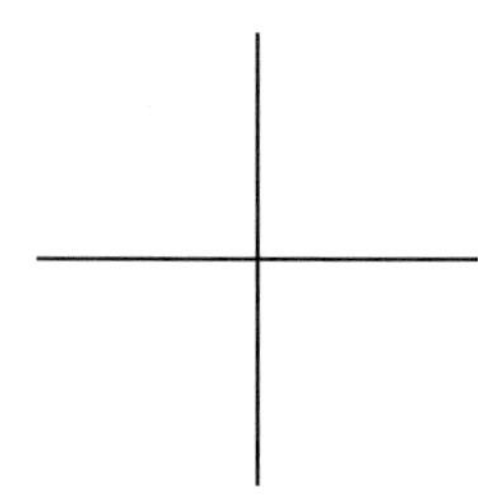

① 급등락하다 시가와 종가가 같이 끝난다.
② 상승추세에서 긴 양선 이후 출현하게 되며 추세전환신호로 높은 신뢰도를 갖게 된다.
③ 십자형은 시장의 매수세와 매도세가 서로 균형을 이루지 못한 경우이다.
④ 장족십자형은 급등락으로 출현하는 경우 불안정한 모습을 나타내고 있다.

014

엘리어트 파동이론에 대한 설명으로 적절하지 않은 것을 모두 고르면?

㉠ 절대불가침의 법칙에서 2번 파동의 저점이 1번 파동의 저점 아래에 위치해서는 안 된다.
㉡ 절대불가침의 법칙에서 4번 파동의 저점이 1번 파동의 고점과 겹칠 수 없다.
㉢ 파동의 연장은 주로 1번 파동이나 4번 파동에서 발생한다.
㉣ 3번 파동이 1, 3, 5번 파동 중에서 가장 짧은 파동이 될 수 없다.

① ㉠, ㉢　　② ㉡, ㉣
③ ㉢　　④ ㉡, ㉢, ㉣

015

OBV에 대한 설명으로 가장 거리가 먼 것은?

① 거래량은 주가에 후행한다는 것이 전제이다.
② OBV선의 상승은 매입세력의 집중을 나타낸다.
③ 강세장에서는 OBV선의 고점이 이전 고점보다 높게 형성된다.
④ OBV선이 상승함에도 불구하고 주가가 하락하면 조만간 주가상승이 예상된다.

016

다음 중 발행주체가 50인 이상의 투자자를 대상으로 증권을 공개적으로 모집하는 발행형태를 나타내는 것은?

① 모집과 매출(공모) ② 청약
③ 사모 ④ 배정

017

다음 중 상장으로 인한 혜택으로 가장 거리가 먼 것은?

① 주권상장법인은 전환사채와 신주인수권부사채 이외에 이익참가부사채, 교환사채를 발행할 수 있으며, 전환사채와 신주인수권부사채 중 주식으로 행사가 가능한 부분에 해당하는 금액은 상법상 사채발행한도의 제한을 받지 않는다.
② 주식매수선택권은 타인에게 양도와 상속이 가능하다.
③ 장내매매에도 불구하고 양도소득세의 대상이 되는 대주주의 범위는 유가증권시장은 발행주식총수의 3% 또는 시가총액 100억 원 이상, 코스닥시장은 발행주식총수의 5% 또는 시가총액 50억 원 이상이다.
④ 주권상장법인은 시가가 액면가 이상인 경우에는 이익배당총액에 상당하는 금액까지 주식배당을 할 수 있다.

018

비상장주권의 발행인이 기업을 공개하여 일반에게 주식을 매각한 후 처음으로 거래소시장에 주권을 상장하는 것은?

① 신규상장 ② 재상장
③ 변경상장 ④ 신주상장

019

다음 중 상장의 준비단계가 아닌 것은?

① 대표주관계약의 체결
② 명의개서 대행계약
③ 우리사주조합 결성 및 지주관리 위탁계약
④ 시장조성

020

다음 설명 중 틀린 것은?

① 신규주권상장법인의 우리사주조합원은 모집 또는 매출하는 주식총수의 20% 범위 안에서 우선적으로 주식을 배정받을 권리가 있다.
② 거래소의 상장예비심사결과는 주권상장예비심사청구서를 접수한 날부터 3개월 내에 상장예비심사청구인과 금융위원회에 문서로 통지하여야 한다.
③ 이미 분산요건을 충족한 기업이 상장예비심사 후 주식분산을 하지 않고 바로 주권을 상장하는 형태의 신규상장을 직상장이라 한다.
④ 최종공모가격은 수요예측의 결과를 감안하여 대표주관회사를 포함한 인수회사와 발행회사가 협의하여 자율적으로 정한다.

021

자금조달을 목적으로 하지 않고 자본구성의 시정, 사내유보의 적정화 또는 주주에 대한 자본이득의 환원을 목적으로 총자산의 변화 없이 재무제표상의 항목변경을 통해 신주를 발행하는 것은?

① 주식병합　　② 주식배당
③ 유상증자　　④ 무상증자

022

다음 상장의 원칙에 대한 설명으로 거리가 먼 것을 고른 것은?

> ㉠ 상장을 신청한 종목은 당해 종목의 발행주식 전부를 상장해야 하지만 일부만 상장하는 것도 허용된다.
> ㉡ 상장 신청한 주권의 1주 금액은 100원, 500원, 1,000원 중에 하나이어야 한다.
> ㉢ 주권을 상장하고자 하는 법인이 상장 신청한 주권이 신주효력발생과 관련하여 소송의 분쟁이 발생한 경우 그 사유가 해소될 때까지 상장을 유예할 수 있다.

① ㉠　　② ㉠, ㉡
③ ㉡, ㉢　　④ ㉠, ㉡, ㉢

023

다음은 무엇에 대한 설명인가?

> 주식을 보유하지 않은 위탁자 또는 주식을 차입한 위탁자로부터 매매거래의 위탁을 받거나 금융투자업자가 주식을 보유하지 않거나 주식을 차입하여 매도하는 호가를 말한다.

① 공매도호가　　② 시장가호가
③ 최유리지정가호가　　④ 조건부지정가호가

024

다음 중 코스닥시장의 운영체제에 대한 설명으로 옳은 것은?

① 한국거래소가 개설 · 운영하는 시장이다.
② 매매방법은 상대매매방식으로 운영된다.
③ 금융투자협회가 장외시장을 조직화하여 운영하고 있다.
④ 매매대상 증권은 코스닥시장 상장법인의 주권 및 채권에 한정된다.

025

거래소시장에서 신규상장종목의 평가가격이 10,000원으로 정해졌다면 신규 상장일 시초가 결정시 호가범위로 적절한 것은?

① 8,000~20,000
② 9,000~20,000
③ 8,000~15,000
④ 9,000~15,000

026

다음 중 거래소시장에서 주권 재상장을 신청할 수 있는 자에 해당하지 않는 경우는?

① 유가증권 시장에서 상장 폐지된 후 5년이 경과하지 않은 주권의 발행인
② 주권상장법인간의 합병에 의해 설립된 법인
③ 주권상장법인의 분할 또는 분할합병에 따라 설립된 법인
④ 코스닥 시장에서 상장 폐지된 후 3년이 경과하지 않은 주권의 발행인

027

우리나라 유통시장의 현황에 대한 설명으로 가장 거리가 먼 것은?

① 장내거래 중심
② 기관투자가 중심의 시장
③ 새로운 채권 관련 상품의 도입
④ 국채의 지표수익률로서의 중요성 증대

028

수익률곡선이 수평적으로 상승할 경우 예상되는 투자 전략으로 가장 거리가 먼 것을 모두 고르면?

> ㉠ 표면이자율이 낮은 장기채에 투자한다.
> ㉡ 유통수익률이 높은 채권을 매수한다.
> ㉢ 듀레이션이 큰 채권에 투자한다.
> ㉣ 현금비중을 늘린다.

① ㉠, ㉡, ㉢
② ㉠, ㉢, ㉣
③ ㉡, ㉢
④ ㉢, ㉣

029

금융긴축으로 시중의 단기 자금사정이 악화되었을 때 자주 나타나는 수익률곡선의 형태는?

① 상승형 곡선
② 수평형 곡선
③ 하강형 곡선
④ 낙타형 곡선

030

다음 만기수익률에 대한 설명 중 옳은 것으로만 묶인 것은?

> ㉠ 채권의 만기까지 단위기간별로 발생하는 이자와 액면금액에 의해 이루어지는 현금흐름의 현재가치의 합을 채권의 가격과 일치시키는 할인율이다.
> ㉡ 채권시장에서의 거래호가 및 가격계산을 위해 사용하는 가장 일반적인 수익률이다.
> ㉢ 이표채의 경우 표면이자 등 만기 전까지 발생하는 현금흐름을 최초 투자시의 수익률로 재투자하고 만기까지 보유한 수익률을 말한다.
> ㉣ 만기 일시상환채권은 채권투자 후 만기까지 보유하면 실효수익률이 만기수익률과 일치한다.

① ㉠
② ㉠, ㉡
③ ㉠, ㉡, ㉢
④ ㉠, ㉡, ㉢, ㉣

031

채권의 거래절차에 대한 설명 중 옳은 것은?

① 증권회사를 통해 채권에 투자하는 경우에는 기존계좌를 이용할 수 없으므로 신규계좌를 개설해야 한다.
② 기타 소액채권의 거래시 거래인감, 주민등록증을 지참하여 증권회사에서 계좌를 개설해야만 한다.
③ 채권매도시에는 주식거래와 같은 이율로 증권거래세가 부과된다.
④ 거래소의 일반채권시장을 이용해 매매할 경우 당일 결제가 이루어진다.

032

다음의 채권들이 일반 연단위 후급 이표채일 경우 듀레이션이 큰 순서대로 나열한 것은?

구분	표면이율	잔존기간	시장수익률
A	6%	7년	8%
B	8%	5년	8%
C	8%	7년	8%
D	8%	5년	10%

① A > C > D > B
② A > C > B > D
③ C > A > D > B
④ C > A > B > D

033

다음 설명의 (　　)안에 공통적으로 들어갈 단어는?

> • 채권시장에서는 채권가격보다는 (　　)에 의해 채권의 가치가 호가될 뿐만 아니라 실제 거래가 이루어진다.
> • (　　)은(는) 채권의 발행조건에 의하여 채권의 현금흐름과 매매하고자 하는 시점에서 만기까지의 잔존기간을 알 경우 매매를 위한 가격산정을 위하여 매매당사자 간 결정되어야 하는 것이다.
> • 채권의 원금 및 이자와 같은 현금흐름을 할인한 현재가치의 합을 채권의 가격과 일치시키는 할인율로도 정의되는 개념은 (　　)이다.

① 표면할인률
② 액면가
③ 만기수익률
④ 표면이율

034

K-OTC시장 신규지정절차에 관한 설명으로 가장 거리가 먼 것은?

① 정관에 주식양도제한 규정이 있을 때는 이를 삭제하고 신규지정요건에 맞도록 정관을 정비하여야 한다.
② 투자자가 K-OTC시장에서 지정종목의 매도주문을 내는 행위는 자본시장과 금융투자업에 관한 법률에서 정의하는 증권의 발행에 해당한다.
③ 협회는 지정신청회사로부터 신규지정신청이 있는 경우 지정신청일 다음 날로부터 7영업일 이내에 지정 여부를 결정한다.
④ 증권신고서나 소액공모공시서류를 제출하는 경우는 신규지정신청시에 한한다.

035

다음은 K-OTC시장의 매매거래제도에 관한 설명이다. 옳은 것은?

① K-OTC시장의 매매거래방식은 경쟁매매방식이다.
② 지정된 가격으로만 거래가 이루어지며 지나치게 불합리한 호가제출을 제한한다.
③ K-OTC시장의 호가수량단위는 10주이고, 호가가격단위는 7단계로 나누어지며, 가격제한폭은 30%이다.
④ K-OTC시장은 장외시장이므로 투자자는 지정종목의 매매주문을 금융투자회사를 통할 필요 없이 K-OTC시장 홈페이지를 통해 직접 한국금융투자협회에 제출할 수 있다.

036

비은행예금취급기관(제2금융권)에 대한 설명으로 옳은 것은?

① 새마을금고는 신용협동기구에 속한다.
② 상호저축은행은 은행업법에 의해 설립되었다.
③ 신용협동조합은 단기금융업무, 외자업무 및 리스업무 등을 주로 취급한다.
④ 상호저축은행은 수신업무는 가능하나 여신업무는 금지되어 있다.

037

다음 금융상품의 이자계산방법으로 바르게 연결된 것은?

① 정기적금-월 단위로 이자지급
② 정기예금-3개월마다 원금에 가산
③ 저축예금-매 3개월마다 평균예금잔액에 대해 이자계산
④ 양도성예금증서-일정기간마다 이자지급

038

「자본시장과 금융투자업에 관한 법률」의 기본 취지에 어긋나는 것은?

① 6개 금융투자업무의 내부겸영을 허용하는 등 업무범위의 확대
② 투자권유제도의 도입, 이해상충 방지체제마련 등 투자자 보호 강화
③ 동일한 금융기능을 수행하면 동일한 규율을 적용하는 기능별 규제로의 전환
④ 간접투자와 관련한 각종 규제책 마련

039

연금저축에 대한 설명으로 옳지 않은 것은?

① 연금 수령시 이자소득에 대해 3.3% 원천징수한다.
② 만 18세 이상의 국내 거주자가 가입할 수 있다.
③ 분기별 총 600만원까지 저축이 가능하다.
④ 가입자는 만기전에는 연금의 지급 기간을 변경할 수 있다.

040

금융상품에 대한 설명으로 옳지 않은 것은?

① 분리과세 특정금전신탁은 채권의 만기 기간과 무관하게 이자소득에 대해 분리과세를 신청할 수 있다.
② CMA는 예탁금액에 제한이 없다.
③ 양도성예금증서의 만기 후에는 별도의 이자가 지급되지 않는다.
④ 주택연금의 대상은 9억 원 이하의 주택이다.

041

다음 A와 B에 적합한 용어로 바르게 연결된 것을 고르면?

- (A)는 고객과 상담을 통해 고객의 성향을 파악하여 고객에게 가장 적합한 우수 펀드로 포트폴리오를 구성하는 전략을 제안한다.
- (B)는 고객과 상담을 통해 최적 포트폴리오 및 개별 주식에 대한 투자전략을 제시한다.

	A	B
①	펀드형 랩	자문형 랩
②	자문형 랩	펀드형 랩
③	펀드형 랩	일임형 랩
④	일임형 랩	자문형 랩

042

다음의 비과세상품 중 은행권의 상품이 아닌 것은?

① 농어가목돈마련저축
② 개인연금신탁
③ 비과세생계형저축
④ 근로자우대저축

043

주식워런트증권(ELW)의 가격구조와 가격결정 요인에 대한 설명으로 옳은 것은?

① 만기일에 가까워질수록 프리미엄이 높아진다.
② 풋 워런트는 기초자산가격이 오를수록 가격이 상승한다.
③ 잔존기간이 길면 콜 워런트는 상승, 풋 워런트는 하락한다.
④ 기초자산의 가격변동성이 클수록 콜, 풋 워런트 관계 없이 모두 가격이 상승한다.

044

다음의 해외펀드에 대한 설명 중 옳은 것은?

① 역내펀드는 엄밀히 말하면 투자대상을 해외로 확대하였을 뿐 기존의 국내펀드와 크게 다를 바 없다.
② 역외펀드는 펀드운용자가 환위험관리주체가 된다.
③ 환매신청 후 3~4일 내외로 자금을 받을 수 있다.
④ 역외 해외펀드의 주식매매차익에 대해서는 2009년 말까지 한시적으로 비과세가 적용된다.

045

보험회사의 금융상품에 대한 설명으로 가장 거리가 먼 것은?

① 일반적으로 암보험은 보장성 보험, 교육보험은 저축성 보험에 속한다.
② 피보험자가 보험기간 종료일까지 생존하는 경우에만 보험금을 지급하는 것을 생존보험이라 한다.
③ 연금보험은 생존보험으로 노후설계가 가능하다.
④ 사망보험은 보험기간 만료일까지 생존했을 때에는 납입한 보험료를 환급해 준다.

046

예금보호대상 예금에 대한 설명으로 가장 거리가 먼 것은?

① 은행의 예금, 적금, 부금은 항상 보호대상이다.
② 은행의 실적배당 신탁상품은 보호대상이 아니다.
③ 법인의 보험계약 중 퇴직보험계약은 보호대상이 아니다.
④ 증권회사의 위탁자예수금은 항상 보호대상이다.

047

자산배분의 중요성이 높아지고 있는 이유로 가장 거리가 먼 것은?

① 투자위험에 대한 관리 필요성이 증대하고 있다.
② 투자상품의 다양화로 투자대상자산군이 확대되면서 위험관리의 필요성이 대두되고 있기 때문이다.
③ 투자수익률 결정에 자산배분 효과가 절대적인 영향력을 미친다는 투자자들의 인식이 증가하고 있다.
④ 시장의 변동성보다 나은 성과를 얻기 위해 자산시장의 단기 변동성에 대한 적극적인 대응의 필요성이 증가하고 있기 때문이다.

048

최적자산배분을 실행하기 위한 투자전략 수립기준에 속하지 않는 것은?

① 분산투자의 상 · 하한선 설정
② 자산배분을 위한 투자전략의 선택
③ 자산배분을 위한 집단의 선정기준
④ 투자분석을 근간으로 전반적인 자본시장 가정

049

다음 중 기존고객 관리의 필요성으로 볼 수 있는 것으로 가장 거리가 먼 것은?

① 기존의 신규고객 발굴활동은 더 이상 할 필요가 없게 되었다.
② 고유의 업무영역이 더 이상 의미가 없어지게 되었다.
③ 신규고객 확보의 대상인 가망고객들은 여타 다른 금융기관의 고객이라는 사실이다.
④ 고객의 욕구가 개별화, 다양화 되었다.

050

다음 중 핵심 금융서비스가 아닌 것은?

① 금융투자보고서 작성
② 금융 · 투자 관리
③ 금융 · 투자정보 제공
④ 금융투자분석 및 투자전략 제안 서비스

051

다음 설명 중 틀린 것을 모두 고르면?

> ㉠ 관계제고 서비스를 위해서는 자주 그리고 주기적으로 고객과 연락을 취하는 것이 매우 중요하다.
> ㉡ 금융투자 관리 서비스는 금융내역 관리와 만기관리를 뜻한다.
> ㉢ 최초고객에 대한 서비스가 중요한 이유는 금융투자상품 가입 후 고객이 느끼게 되는 '심리적 인지부조화 현상을 최소화'시킴으로써 고객의 금융투자상품에 대한 추가가입을 유도해야 하기 때문이다.
> ㉣ 핵심 금융 서비스란 컨설팅 수행능력과 고객확보 능력을 뜻하는 것이다.
> ㉤ 비금전적 서비스는 상대적으로 특화시킬 수 있는 부분이 금전적 서비스보다는 강하기 때문에 활발한 서비스 개발이 이루어지고 있다.

① ㉢, ㉣　　② ㉡, ㉢
③ ㉣, ㉤　　④ ㉠, ㉣

052

다음 중 반감처리 화법이 아닌 것은?

① Yes, but화법　　② 질문법
③ 부메랑법　　④ 양자택일법

053

다음 투자상담사의 대화 중 비즈니스 대화 및 언어표현이 적절한 것은?

① "우리가 제시하는 수익률에 만족하십니까?"
② "날씨가 무척 덥습니다. 시원한 음료수 한 잔 드릴까요?"
③ "김 대리, 아무래도 채권이 더 안정한 상품이지요."
④ "얼마 전 제가 다른 고객님께 추천한 종목이 완전 대박 났습니다!"

054

다음 ㉠~㉡ 안에 들어갈 말로 맞게 짝지어진 것은?

> (㉠)는(은) 본인과 대리인의 이익이 상충하는 문제를 말한다. 오늘날의 경영자본주의하에서는 소유와 경영이 분리되는 경우, 주주의 목표와 경영자의 목표가 상충됨으로써 발생한다. (㉠)은(는) 대리인의 이기심과 (㉡)에서 비롯된다.

① ㉠ 대리인비용(Agency Cost)
　㉡ 도덕적 해이(Moral Hazard)
② ㉠ 대리인비용(Agency Cost)
　㉡ 사리사욕과 탐욕(Greed)
③ ㉠ 대리인문제(Agency Problem)
　㉡ 단기실적주의
④ ㉠ 대리인문제(Agency Problem)
　㉡ 도덕적 해이(Moral Hazard)

055

비윤리적인 기업의 국제거래를 규제하는 다자간 협상을 뜻하는 용어는?

① Ethics Round ② Blue Round
③ Global Standard ④ Green Round

056

다음 ㉠~㉡ 안에 들어갈 적당한 용어로 짝지어진 것을 고르면?

> 직무윤리의 총론에 해당하는 것이 (㉠)이고, 직무윤리의 각론에 해당하는 것이 (㉡)이다.

	㉠	㉡
①	직무윤리강령	직무윤리기준
②	직무윤리기준	직무윤리강령
③	직무윤리강령	신의성실의무
④	직무윤리기준	신의성실의무

057

직무윤리강령 중 윤리적 의무이자 법적 의무인 신의성실의 원칙의 양면성에 대한 사항으로 가장 거리가 먼 것은?

① 권리의 행사와 의무를 이행함에 있어서 행위준칙이 된다.
② 법규의 형식적 적용에 의해 야기되는 불합리와 오류를 시정하는 역할을 한다.
③ 법률관계를 해석함에 있어서 해석상의 지침이 된다.
④ 신의성실의 원칙 위반이 법원에서 다투어지는 경우, 당사자의 주장이 있어야 위반 여부를 판단할 수 있다.

058

다음 중 직무윤리기준(각칙)의 실체적 규정에 해당하지 않는 것은?

① 고객에 대한 의무
② 기본적 의무
③ 자본시장에 대한 의무
④ 공정성 유지의무

059

과당매매의 경우 다음 중 가장 문제가 되는 의무는?

① 자기거래의 금지의무
② 투자적합성의 의무
③ 고객 최선이익의 의무
④ 고객정보의 부당이용의 금지의무

060

「자본시장과 금융투자업에 관한 법률」상의 적정성의 원칙에 대한 설명으로 가장 거리가 먼 것은?

① 적정성의 원칙을 적용하는 경우에는 주권상장법인을 일반투자자의 범위에 포함하고 있다.
② 모든 금융투자상품의 판매에 대하여 적용된다.
③ 일반투자자를 상대로 하는 경우에만 적용된다.
④ 금융투자업자는 투자자의 투자목적 등에 비추어 해당 상품이 그 투자자에게 적정하지 않다고 판단되는 경우에는 그 사실을 알려주어야 한다.

061

다음 중 「자본시장과 금융투자업에 관한 법률」 제55조에 의한 손실보전 등의 금지 행위에 포함되지 않는 것은?

① 투자자가 입을 손실의 전부 또는 일부를 보전하여 줄 것을 사전에 약속하는 행위
② 금융투자회사의 위법행위로 인한 손해를 배상하는 행위
③ 투자자에게 일정한 이익을 보장할 것을 사전에 약속하는 행위
④ 투자자에게 일정한 이익을 사후에 제공하는 행위

062

다음 중 자본시장에 대한 의무에 위배되는 행위로 묶여진 것은?

① 과당매매, 시세조종행위
② 선행매매, 스캘핑
③ 과당매매, 선행매매
④ 스캘핑, 시세조종행위

063

다음 중 내부통제기준에 대한 설명으로 가장 거리가 먼 것은?

① 금융투자회사의 고유재산 운용에 관한 업무에 종사하는 자는 준법감시인을 겸할 수 없다.
② 내부통제기준 및 관련 절차는 문서화되어야 한다.
③ 금융감독원은 검사결과 법령을 위반한 사실이 드러난 금융투자업자에 대해 내부통제기준의 변경을 권고할 수 있다.
④ 준법감시인은 직무수행에 필요한 경우 장부 등 회사의 각종 기록에 접근하거나 각종 회의에 직접 참석할 수 있는 권한이 있어야 하며, 대표이사와 감사 또는 감사위원회에 아무런 제한 없이 보고할 수 있어야 한다.

064

내부통제 위반행위 발견시 처리절차로 볼 수 없는 것은?

① 내부사항이므로 외부전문가인 변호사에게 자문을 의뢰하지 않았다.
② 준법감시부서 직원 중 조사원을 임명하여 임무를 부여한다.
③ 관련 부서 및 직원에 대한 조사를 실시한다.
④ 경영진 및 감사위원회에 신속하게 보고한다.

065

개인정보보호법에 의한 개인정보개념에 대한 설명으로 다음 중 가장 거리가 먼 것은?

① 법률상 개인정보란 살아있는 개인에 관한 정보로서 성명, 주민등록번호 및 영상 등을 통하여 개인을 알아볼 수 있는 정보를 말한다.

② 개인정보에는 주민등록번호, 신용카드번호, 통장계좌번호, 진료기록, 병력, 정당의 가입된 민감정보도 포함된다.

③ 개인정보처리자는 업무를 목적으로 스스로 또는 다른 사람을 통하여 개인정보를 처리하는 개인으로 필요한 범위 외에도 이후에도 활용 가능하도록 개인정보를 수집할 수 있다.

④ 개인정보의 익명처리가 가능한 경우에는 익명에 의하여 처리될 수 있도록 하여야 한다.

066

자본시장법에서 규정하고 있는 투자자에 대한 설명으로 가장 거리가 먼 것은?

① 자본시장법은 투자자를 위험감수능력을 기준으로 전문투자자와 일반투자자로 구분한다.

② 금융투자상품 거래에 있어서 금융투자업자의 거래상대방을 가리키는 용어이다.

③ 전문투자자의 요건을 갖춘 자가 일반투자자 대우를 받기 원하고 금융투자업자가 이에 동의할 경우 일반투자자로서 투자자 보호를 받을 수 있다.

④ 고객구분에 의한 규제 차별화를 통해 규제의 효율성을 높이고 금융시장에 대한 규제가 더 강화되어 규제비용이 증가된다.

067

다음 각 개념에 대한 설명 중 옳은 것은?

① 선도 : 당사자 어느 한쪽의 의사표시에 의해 기초자산이나 기초자산의 가격, 이자율, 지표, 단위 또는 이를 기초로 하는 지수 등에 의해 산출된 금전 등을 수수하는 거래를 성립시킬 수 있는 권리를 부여하는 것을 약정하는 계약

② 옵션 : 장래의 일정기간 동안 미리 정한 가격으로 기초자산이나 기초자산의 가격, 이자율, 지표, 단위 또는 이를 기초로 하는 지수 등에 의해 산출된 금전 등을 교환할 것을 약정하는 계약

③ 스왑 : 기초자산이나 기초자산의 가격, 이자율, 지표, 단위 또는 이를 기초로 하는 지수 등에 의해 산출된 금전 등을 장래의 특정시점에 인도할 것을 약정하는 계약

④ 파생상품 : 선도, 옵션 또는 스왑의 어느 하나에 해당하는 투자성 있는 것

068

투자자로부터 금융투자상품에 대한 투자판단의 전부 또는 일부를 일임받아 투자자별로 구분하여 자산을 취득 · 처분 그 밖의 방법으로 운용하는 금융투자업은 무엇인가?

① 투자중개업

② 신탁업

③ 투자자문업

④ 투자일임업

069

금융투자업의 인가절차로 가장 거리가 먼 것은?

① 자본시장법은 신속한 절차의 진행을 위하여 금융위원회의 심사기간을 제한한다.
② 금융투자업인가에 조건을 붙인 경우 금융위원회는 그 이행 여부를 확인하여야 한다.
③ 대주주의 유지요건 중 사회적 신용요건만은 엄격하게 유지되어야 한다.
④ 유지존속 요건보다는 진입요건이 엄격하다.

070

다음은 무엇에 포함되어야 할 사항인가?

> • 업무의 분장 및 조직구조에 관한 사항
> • 고유재산 및 투자자재산의 운용 또는 업무의 영위 과정에서 발생하는 위험의 관리지침에 관한 사항
> • 임직원이 업무를 수행함에 있어서 반드시 준수하여야 하는 절차에 관한 사항
> • 이해상충의 파악 · 평가 및 관리에 관한 사항

① 자율규제사항
② 내부통제기준
③ 감사위원회의 업무
④ 업무의 공정한 수행을 저해할 우려가 있는 사항에 관한 주지의무

071

다음 ㉠~㉡ 안에 들어갈 단어로 맞게 짝지어진 것은?

> (㉠)은 정보가 시장에 공표되기 전에 거래한다는 점에서 (㉡)와 유사하지만, 전자는 조사분석자료를 거래자가 만들어 내는 것이고, 후자는 투자자의 주문정보를 금융투자업자가 이용한다는 점에서 차이가 있다.

① ㉠ 스캘핑(Scalping)
　㉡ 선행매매(front-running)
② ㉠ 선행매매(front-running)
　㉡ 스캘핑(Scalping)
③ ㉠ 스캘핑(Scalping)
　㉡ 과당매매
④ ㉠ 선행매매(front-running)
　㉡ 일임매매

072

다음 중 금융투자업자가 지켜야 할 공통 영업행위 규칙에 어긋나는 경우는?

① 금융투자업자가 증권의 인수업무를 제3자에게 재위탁하였다.
② 이해상충이 발생할 가능성을 낮추는 것이 곤란하다고 판단되어 매매를 하지 않았다.
③ 증권집합투자기구업자가 'securities'라는 외국어 문자를 사용해서 상호를 등록하였다.
④ 정보교류차단장치가 의무화되는 업무 간에 담당 부서를 독립된 부서로 구분하였다.

073

우리나라의 기업공시구조는 상법상의 공시와 자본시장법상의 공시로 구분된다. 이에 대한 설명으로 가장 거리가 먼 것은?

① 상법상의 공시는 오로지 주주명부상의 주주를 대상으로 직접 공시하는 것이 원칙이다.
② 자본시장법상에서는 공시의 상대방이 투자자이다.
③ 상법상의 공시는 주주와 채권자의 권리 보호를 위한 것이다.
④ 자본시장법상의 공시의 상대방인 투자자는 주주명부상의 주주만 해당된다.

074

다음 중 공개매수신고서에 대한 사항으로 가장 거리가 먼 것은?

① 공개매수신고서를 공개매수를 공고한 날에 금융위원회와 거래소에 제출하여야 한다.
② 공개매수자는 공개매수의 공고 · 신고서 제출 후부터 즉시 공개매수가 가능하다.
③ 공개매수가 공고된 이후에는 공개매수자는 철회가 금지된다.
④ 공개매수자는 공개매수조건의 변경 내지 그 밖에 공개매수신고서의 기재사항을 정정할 수 없다.

075

불공정거래행위의 금지로 인한 투자자 보호 강화의 측면으로 가장 거리가 먼 것은?

① 투자자의 위험관리 내지 차익거래를 위해 시장이 연계되어 기능하는 점을 인식하여 통합적으로 규율하고 있다.
② 포괄주의 규율체제를 도입하여 규제차익을 노리는 업자를 근절한다.
③ 규제에서 벗어나는 사각지대를 예방한다.
④ 불공정거래에 대한 규제를 강화하고 있다.

076

주식 대량보유 상황보고 제도에 대한 설명으로 옳지 않은 것은?

① 자본감소로 보유 비율이 변동된 경우도 보고하여야 한다.
② 5% 이상 보유자가 보유비율의 1% 이상이 변동되는 경우 변동보고를 하여야 한다.
③ 신규로 5% 이상을 보고하게 되는 경우 해당된다.
④ 보고사유발생일로부터 5일 내에 보고하여야 한다.

077

증권의 모집으로 보는 전매기준이다. (　　)안에 들어갈 공통된 수치는?

> 청약의 권유를 받는 자의 수가 (　　)인 미만으로서 증권의 모집에 해당되지 않더라도 해당 증권이 발행일부터 1년 이내에 (　　)인 이상의 자에게 양도될 수 있는 경우에는 모집으로 본다.

① 30
② 50
③ 100
④ 200

078

증권신고서 기재사항의 특례에 관한 설명으로 가장 거리가 먼 것은?

① 발행가액이 확정되어 정정신고서를 제출하는 경우 그 때부터 효력발생일을 다시 기산한다.
② 지분증권을 모집하기 위해 모집가액을 결정하기 전에 신고서를 제출하는 때에는 인수조건에 관한 기재를 하지 않을 수 있다.
③ 회사채를 발행할 때에 발행가액과 발행이자율의 산정방법만을 기재한 신고서를 제출할 수 있다.
④ 전환사채권을 발행할 때에 전환가액의 산정방법만을 기재한 신고서를 제출할 수 있다.

079

다음 중 공개매수제도에 대한 설명으로 옳지 않은 것은?

① 적용대상증권에는 전환사채권과 교환사채권도 포함된다.
② 원칙적으로 공개매수일 이후 공개매수 철회는 금지된다.
③ 특별관계자에는 특수관계인은 포함하나 공동보유자는 포함되지 않는다.
④ 공개매수 기간은 공개매수 신고서의 제출일로부터 20일 이상 60일 이내이어야 한다.

080

금융투자업을 인가할 때에 대주주가 금융기관인 경우 대주주의 요건에 관한 설명 중 가장 거리가 먼 것은?

① 자기자본이 출자금액의 4배 이상일 것
② 대주주가 최근 5년간 벌금형 이상의 형사처벌을 받은 사실이 없을 것
③ 최근 사업연도 말 부채비율이 200% 이하일 것
④ 출자자금이 차입으로 조성된 자금이 아닐 것

081

다음 ㉠~㉡ 안에 들어갈 단어로 알맞게 짝지어진 것을 고르면?

> 금융투자업자는 (㉠)에 따라 공정하게 영업하고, 정당한 사유 없이 (㉡)의 이익을 해하면서 자기가 이익을 얻거나 제3자가 이익을 얻도록 영업을 할 수 없다.

	㉠	㉡
①	이해상충 금지의 원칙	수탁자
②	이해상충 금지의 원칙	투자자
③	신의성실의 원칙	수탁자
④	신의성실의 원칙	투자자

082

다음의 투자매매업자 및 투자중개업자의 신용공여에 대한 사항으로 옳은 것은?

① 총 신용공여 규모는 총자본의 범위 이내로 한다.
② 신용공여금액의 100분의 150 이상에 상당하는 담보를 징구하여야 한다.
③ 투자자계좌의 순재산액이 100만 원에 미달하는 투자자의 경우에도 신규로 신용거래를 할 수 있다.
④ 투자자로부터 신용거래를 수탁 받은 때에는 신용거래계좌를 설정하고 보증금으로 100만 원을 징구한다.

083

다음은 채권의 장외매매방법에 대한 설명이다. 가장 거리가 먼 것은?

① 결제는 매도자와 매수자가 협의하여 매매계약을 체결한 날의 다음 날부터 10영업일 이내에 행한다.
② 투자매매업자는 장외시장에서 체결되어 협회가 직전에 공시한 가격보다 낮은 가격으로 호가할 수 없다.
③ 매매수익률호가를 게시한 채권의 매매약정단가는 액면가액 1만 원에 대하여 호가를 게시한 매매수익률로 정한다.
④ 투자매매업자 등과 금융기관 간 채권의 장외거래의 결제는 채권과 대금을 동시에 결제하여야 한다.

084

다음 ㉠~㉡ 안에 들어갈 적절한 말로 짝지어진 것은?

> 종합금융회사는 (㉠)에 대하여 그 종합금융회사의 자기자본의 (㉡)를(을) 초과하는 신용공여를 할 수 없다.

	㉠	㉡
①	차주	100분의 30
②	대주주	100분의 15
③	관계인	100분의 20
④	동일차주	100분의 25

085

증권회사의 경영실태 평가항목으로 보기 어려운 것은?

① 수익성

② 내부통제

③ 사업계획의 실현 가능성

④ 위험관리

086

다음 중 표준투자권유준칙에 관한 내용으로 가장 거리가 먼 것은?

① 파생상품은 투자권유가 없더라도 면담 · 질문을 통하여 고객의 투자성향을 파악한다.

② 협회의 표준투자권유준칙은 투자자 보호를 위한 최상의 기준을 제시한다.

③ 고객의 투자성향을 파악하여 서명 등을 받아 유지 · 관리한다.

④ 투자권유를 하는 경우 투자에 따르는 위험 등을 투자자에게 설명한다.

087

영업수익이 1천억 원 이하인 경우에는 동일 회계연도 기간 중 제공할 수 있는 재산상 이익의 총액 한도를 수수료 수익의 얼마로 한정하는가?

① 100분의 1

② 100분의 2

③ 100분의 3

④ 100분의 5

088

기업공개 시 주관회사에 대한 제한요건에 대한 설명 중 가장 거리가 먼 것은?

① 금융투자회사의 임원이 발행회사의 주식 등을 100분의 2를 보유하고 있다면 해당 주관회사의 업무를 수행할 수 없다.

② 주관회사와 주관회사의 이해관계인이 합하여 발행회사의 주식 등을 100분의 6을 보유하고 있다면 단독으로 주관업무를 수행할 수 있다.

③ 금융투자회사가 발행회사의 주식 등을 100분의 7을 보유하고 있는 경우에는 해당 회사에 대한 주관업무를 할 수 없다.

④ 발행회사 및 발행회사의 이해관계인이 금융투자회사의 주식 등을 100분의 7을 보유하고 있는 경우 금융투자회사는 해당 주관회사에 대한 업무를 할 수 없다.

089

다음 중 분쟁조정에 관한 내용으로 가장 거리가 먼 것은?

① 협회의 분쟁조정위원회는 위원장을 포함하여 8인 이내로 구성된다.

② 수사기관이 수사 중이거나 법원에 제소된 경우에는 분쟁조정위원회에 회부하기 전에 종결 처리할 수 있다.

③ 사안에 따라 구두 또는 서면으로 당사자에게 합의할 것을 권고할 수도 있다.

④ 분쟁 당사자는 공정한 심의 · 결의를 기대하기 어려운 사정이 있는 위원에 대하여 기피신청을 할 수 있다.

090

다음 중 자본(자본금)에 관한 설명으로 가장 거리가 먼 것은?

① 무액면주식에는 권면액과 함께 주권의 주식수도 함께 기재되며, 액면주식으로 전환하여 자본금을 변경할 수 있다.
② 자본확정의 원칙은 회사 설립 시에 적용된다.
③ 주식의 액면미달발행의 제한은 자본충실원칙의 예이다.
④ 자본불변의 원칙은 자본감소나 자본증가 시 적용된다.

091

주식회사의 이사에 관한 설명으로 옳은 것은?

① 임기만료 전이라도 주주총회의 보통결의로 언제든지 해임할 수 있다.
② 이사는 회사의 필요적 상설기관이다.
③ 이사회의 승인이 없으면 자기 또는 제3자의 계산으로 회사와 거래를 할 수 없다.
④ 이사의 보수는 이사회 결의로 정한다.

092

다음 ㉠~㉡ 안에 순서대로 들어가야 할 내용은?

회사가 성립한 날로부터 (㉠)을 경과한 후에 주식을 발행하는 경우 회사는 주주총회의 (㉡)와 법원의 인가를 얻어서 주식을 액면미달의 가액으로 발행할 수 있다.

	㉠	㉡
①	1년	보통결의
②	2년	특수결의
③	2년	특별결의
④	3년	보통결의

093

다음은 법정준비금에 대한 설명이다. 옳은 것은?

① 회사는 그 자본의 1/2에 달할 때까지 매 결산기마다 금전배당액의 1/10 이상을 자본준비금으로 적립하여야 한다.
② 자본의 결손은 자본준비금으로 먼저 충당하고, 부족한 경우에 이익준비금으로 충당한다.
③ 법정준비금은 자본결손의 전보 목적으로만 그 사용이 제한되어 있다.
④ 자본준비금의 적립은 액면초과액, 감자차익금, 합병차익금 등 회사의 자본거래에서 발생한 잉여금으로 한다.

094

다음 중 우리 상법이 채택하고 있는 자본제도는?

① 미국식 수권자본제도이다.
② 확정자본제도와 수권자본제도가 절반씩 절충된 자본제도이다.
③ 확정자본제도가 4분의 1이 절충된 수정형 수권자본제도이다.
④ 독일식 확정자본제도이다.

095

이사의 업무집행에 대한 소수주주의 직접적인 감독권이 아닌 것은?

① 유지청구권 ② 대표소송제기권
③ 회계장부열람권 ④ 재무제표승인권

096

국세징수권의 소멸시효 중단사유가 아닌 것은?

① 압류 ② 연부연납
③ 납세고지 ④ 교부청구

097

조세구제제도에 관하여 연결이 잘못된 것은?

① 이의신청－세무서장
② 심사청구－국세청장
③ 심사청구－국세심판원장
④ 심판청구－국세심판원장

098

다음은 상속세와 증여세에 관한 설명이다. 옳은 것은?

① 상속세와 증여세의 세율은 다르다.
② 상속세의 신고기한은 상속일로부터 국내 거주자는 3개월, 국외 거주자는 6개월 이내이다.
③ 증여자산 공제액은 5년 이내에 공제받은 금액을 합계한 금액으로 한다.
④ 증여세의 최고세율은 50%이다.

099

다음 증권거래세에 대한 설명 중 옳은 것은?

① 납세의무자는 매월 분의 증권거래세 과세표준과 세액을 다음 달 15일까지 신고 · 납부하여야 한다.
② 미달 납부한 경우 미달세액의 10%를 가산하여 징수한다.
③ 매매거래가 거래소에서 성립된 경우, 그 양도시기는 대금 전부를 결제하는 때이다.
④ 국가 및 지방자치단체가 주권 등을 양도하는 경우도 과세대상이 된다.

100

다음은 취득세에 관한 설명이다. 옳은 것은?

① 취득세의 납세의무가 있는 과점주주는 주식을 60% 이상 소유한 주주이다.
② 취득세의 자진신고기한 위반시 당해 산출세액의 10%에 상당하는 신고불성실가산세가 부과된다.
③ 지방자치단체로부터 부동산을 취득하는 경우 시가표준액이 과세표준이 된다.
④ 취득세의 자진신고기한은 취득한 날로부터 60일 이내이다.

제3회

증권투자권유 자문인력

실전모의고사

평가 영역	문항 수	시험 시간
증권분석 증권시장 금융상품 및 직무윤리 법규 및 세제	100문항	120분

시스컴 SISCOM

증권투자권유자문인력 제3회 실전모의고사

001

다음 중 계절변동의 추정에 사용되는 방법을 모두 고른 것은?

㉠ 장기이동평균법
㉡ 최소자승법
㉢ 전년동기대비 증감률
㉣ 단순평균법

① ㉠, ㉡　② ㉠, ㉢
③ ㉡, ㉢　④ ㉢, ㉣

002

거시경제계량모형 시뮬레이션 분석의 주요 목적으로 가장 거리가 먼 것은?

① 정책효과분석
② 모형의 적합도 평가
③ 내생변수의 미래치 예측
④ 구성개별방정식 오차항의 1차 자기상관관계검정

003

통화정책의 파급경로 중 은행대출규모의 조절이 기업의 생산활동 및 투자계획에 영향을 줌으로써 궁극적으로 실물경제에 영향을 주는 경로는?

① 금리경로　② 신용경로
③ 자산가격경로　④ 환율경로

004

경기종합지수의 구성지표를 선행-동행-후행종합지수의 순으로 묶은 것은?

① 재고순환지표-광공업생산지수-상용근로자수
② 광공업생산지수-회사채유통수익률-기계류내수출하지수
③ 소비자기대지수-회사채유통수익률-내수출하지수
④ 재고순환지표-국제원자재가격지수-소비자기대지수

005

통화정책이 실물경제에 파급되는 경로에 대한 설명으로 가장 거리가 먼 것은?

① 환율경로에 의하면 통화량 증가의 경우 국내 금리가 하락하면서 환율이 평가절하되어 수출상품의 경쟁력이 높아져 해외순수출이 늘어나게 된다.
② 신용경로에 의하면 긴축통화정책의 경우 대출가용자원이 들어들게 되어 금리변화가 없더라도 실물경제가 위축될 것으로 보인다.
③ 우리나라가 1998년 이후 채택한 물가안정목표제에서 단기운용목표의 기준금리의 조작이 장기금리에 미치지 못하면 금리경로를 통한 물가안정목표의 달성은 어렵게 된다.
④ 자산가격경로에 의하면 확장적 통화정책의 경우 채권수익률의 상승이 주식가격의 상승을 유도하면서 소비자지출이 증가하게 된다.

006

다음의 설명 중 옳지 않은 것을 고르면?

> ㉠ 경기확산지수(DI)가 50이면 경기전환점이다.
> ㉡ 기업경기실사지수(BSI)는 중 · 장기 경기예측 수단으로 활용된다.
> ㉢ 후행지표를 이용한 경기전환점 예측방법으로 2연속 · 3연속법칙, 연속신호법칙, 하이만즈의 법칙 등이 있다.
> ㉣ 도시가계소비지출, 상용근로자수 등은 동행구성지표에 해당한다.

① ㉠ ② ㉠, ㉡
③ ㉡, ㉢ ④ ㉡, ㉢, ㉣

007

다음 중 환율과 주가의 관계에 대한 설명으로 거리가 먼 것을 모두 고르면?

> ㉠ 환율의 인하는 수출증가, 수입감소의 요인이 되어 주가상승 가능성이 높다.
> ㉡ 원화의 평가절하는 수출을 증가시켜 주가상승의 요인이 된다.
> ㉢ 외국인 주식투자의 증가는 주가상승의 요인이 된다.
> ㉣ 국제수지의 큰 폭 흑자는 환율인상의 요인이 된다.

① ㉠, ㉡ ② ㉠, ㉢
③ ㉡, ㉣ ④ ㉠, ㉣

008

기본적 분석의 한계점에 대한 설명으로 가장 거리가 먼 것은?

① 분석을 하는 데 시간이 오래 걸린다.
② 내재가치를 평가하기 위한 재무제표가 적정하지 못하다.
③ 투자자마다 견해가 달라 동일한 내재가치를 인식하기 힘들다.
④ 시장의 변동에만 집착하기 때문에 시장이 변화하는 원인을 분석할 수 없다.

009

다음 중 재무비율 분석에 대한 설명으로 옳은 것은?

① 유동비율은 100% 미만이 이상적 수준이다.
② 재고자산회전율이 높으면 판매활동에 문제가 있다.
③ 납입자본이익률은 성장성 지표이다.
④ 이자보상비율은 높을수록 좋다.

010

순이익이 발생하고 있지 않은 기업이나 신생기업들에 대한 상대적 주가수준 파악 시 유용한 재무비율 분석은?

① 토빈의 q비율
② 주가매출액비율
③ 주당장부가치비율
④ 주가수익비율

011

기본적 분석에 대한 설명으로 가장 거리가 먼 것은?

① 기업의 본질가치를 찾고자 하는 분석으로 분석자의 주관에 많이 의존한다.
② 내재가치가 다양하게 나타날 수 있고 내재가치의 적정성이 문제될 수 있다.
③ 투자자의 요구수익률이 중요하며 분석의 융통성이 한계점으로 지적된다.
④ 시장가격이 본질가치보다 크면 고평가된 것으로 본다.

012

엘리어트 파동에서 충격파동은?

① 2번 파동
② b파동
③ 4번 파동
④ 1번 파동

013

다음 중 주가와 거래량의 크기가 일반적으로 상자모양으로 나타나는 기술적 지표는?

① 코포크지표
② 삼선전환도
③ 이큐-볼륨차트
④ 10% 플랜 병용법

014

거래량과 이동평균선에 대한 설명으로 옳은 것은?

① 거래량이 감소추세에서 증가추세로 전환하면 앞으로 주가는 하락할 것으로 예상된다.
② 거래량이 증가추세에서 감소추세로 전환하면 앞으로 주가는 상승할 것으로 예상된다.
③ 주가가 천장국면에 진입하면 주가가 상승함에도 불구하고 거래량은 감소하는 경향을 보인다.
④ 주가가 바닥국면에 진입하면 주가가 하락하면서 거래량도 급속하게 감소한다.

015

다음 〈보기〉에서 적절하지 않은 설명을 모두 고른 것은?

보기

㉠ 반전형 패턴에는 깃대형, 직사각형 등이 있다.
㉡ 삼봉형은 지속형 패턴이다.
㉢ 상승쐐기형은 주가하락을 의미한다.
㉣ 상승깃대형은 주가상승을 의미한다.

① ㉠, ㉡
② ㉡, ㉣
③ ㉢, ㉣
④ ㉠, ㉢

016

다음은 주식에 대한 설명이다. 가장 거리가 먼 것은?

① 이익배당, 잔여재산의 분배 등에 있어 다른 종류의 주식에 대해 우선적 지위가 부여된 주식을 우선주라 한다.

② 특정 연도의 배당이 소정의 우선배당률에 미달할 때 그 부족액을 후년도의 이익에서 추징할 수 있는 우선주를 누적적 우선주라 한다.

③ 상법상 주식의 금액은 균일해야 하며, 1주의 금액은 1,000원 이상으로 해야 한다.

④ 시가발행 시 액면초과금액은 주식발행 초과금으로서 자본잉여금으로 적립된다.

017

인수단이 총액인수 후 구주주와 우리사주조합에게 우선청약권을 부여하고, 청약미달분은 일반투자자를 대상으로 청약을 받으며, 청약 후 잔여주식이 있는 경우 인수단이 인수하는 방식의 유상증자방식은?

① 직접공모

② 일반공모

③ 주주우선공모

④ 구주주배정

018

배당락 및 권리락 제도에 관한 설명으로 옳은 것은?

① 배당락 조치 시 현금배당, 주식배당 모두 기준가격을 조정한다.

② 결산기말이 6월 말(6월 30일이 금요일인 경우)인 기업의 경우 배당락조치일은 6월 30일이다.

③ 배당락 조치는 전 사업연도의 결산에 따른 이익배당을 받을 권리유무를 투자자에게 주지시켜 주는 제도로, 배당락 조치일에 매수한 투자자는 배당금을 받을 권리가 있다.

④ 권리락의 기준가격은 권리락 이전의 주식가치와 증자로 인한 권리락 이후의 주식의 가치가 같아지도록 주식가치를 조정한 가격이다.

019

다음에서 설명하는 공시형태는?

> 기업이 공시되지 않은 중요정보(공정공시 대상정보)를 특정인에게 선별적으로 제공하고자 하는 경우에는 모든 시장참가자들이 이를 알 수 있도록 그 특정인에게 제공하기 전에 거래소에 신고하여 이를 공시하여야하는 의무가 있다.

① 정기공시

② 공정공시

③ 조회공시

④ 수시공시

020

시장관리제도에 대한 설명으로 옳은 것은?

① CB는 주가가 급등 또는 급락시에 발동한다.
② 정적 VI는 호가제출 시점 직전에 체결된 단일가 체결 가격을 참조 가격으로 하여, 동 참조 가격 대비 5% 이상 변동한 경우 발동된다.
③ 렌덤엔드는 모든 단일가 매매시 가격 결정을 위한 호가접수시간을 정규마감시간 이후 30초 이내의 임의시간까지 연장하여, 매매체결 시점이 임의적으로 결정되도록 하는 제도이다.
④ 단일가매매시 동적 VI가 발동되면 당해 단일가 매매를 위한 호가접수시간이 3분간 연장된다.

021

다음 설명 중 맞는 것을 모두 고른 것은?

㉠ 우리나라의 거래소 설립은 허가주의이다.
㉡ 우리나라 증권시장은 수요와 공급의 시장원리에 의해 가격이 결정되는 완전경쟁시장이다.
㉢ 거래소에서는 특정증권에 대하여 특별히 정하고 있는 경우 이외에는 회원만 매매거래를 할 수 있다.
㉣ 거래소가 개설하는 시장은 유가증권시장, 코스닥시장, 파생상품시장이다.

① ㉠　　② ㉣
③ ㉠, ㉡, ㉢　　④ ㉢, ㉣

022

다음은 무엇에 대한 설명인가?

이것은 대표주관회사가 구성한 인수단이 공모증권 발행총액의 전액을 자기의 책임과 계산하에 인수하고 이에 따른 발행위험과 발행 및 모집사무 모두를 담당하는 방법이다.

① 모집주선
② 잔액인수
③ 총액인수
④ 사모발행

023

다음 ㉠~㉢ 안에 들어갈 말로 바르게 짝지어진 것은?

우리나라의 결제방식은 실물결제방식과 차금결제방식 중 (㉠)을, 전량결제방식과 차감결제방식 중 (㉡)을, 개별결제방식과 집중결제방식 중 (㉢)을 채택하고 있다.

	㉠	㉡	㉢
①	실물결제방식	차감결제방식	집중결제방식
②	차금결제방식	차감결제방식	개별결제방식
③	실물결제방식	전량결제방식	집중결제방식
④	차금결제방식	차감결제방식	개별결제방식

024

다음 중 공시운영자의 조회가 있을 때에 이에 응해야 하는 공시는?

① 정기공시
② 특수공시
③ 조회공시
④ 수시공시

025

코스닥시장 상장법인의 상장폐지절차에 대한 설명 중 옳은 것은?

① 신청에 의한 상장폐지의 경우 거래소는 이를 거부할 수 없다.
② 의결권이 없는 우선주의 경우 종목폐지를 결의하는 이사회 결의와 우선주를 보유한 주주 전원의 동의가 있어야 종목의 폐지가 가능하다.
③ 정리매매기간 중 매매방식은 최초매매일의 경우 가격제한폭이 없으며, 2일째부터는 가격제한폭을 적용하고 있다.
④ 최종부도, 피흡수합병, 감사의견, 자본잠식, 상장과 관련한 신청서 등의 허위기재 등을 이유로 하여 상장이 취소된 경우는 코스닥상장 실질심사위원회의 승인을 생략하고 사유발생시 즉시 폐지된다.

026

다음 중 공정공시에 대한 설명으로 가장 거리가 먼 것은?

① 공시범위를 확대하여 정보의 비대칭성을 방지하려는 제도이다.
② 매출액, 당기순손익, 영업손익전망치 등이 대상정보이다.
③ 변호사 등 코스닥시장 상장법인과의 위임계약에 따른 수임업무의 이행 관련 비밀유지의무가 있는 자는 공정공시의무의 면제대상이다.
④ 공정공시 정보제공자가 공정공시 대상정보를 특정집단에게만 선별제공하는 경우 정보제공 후 익일에 신고하여야 한다.

027

다음 중 채권의 발행가액에 대한 설명으로 가장 거리가 먼 것은?

㉠ Dutch방식에 의한 발행은 직접모집이다. ㉡ 총액인수방식은 간접발행방식이다. ㉢ Dutch방식에 의해 복수의 낙찰수익률이 생긴다. ㉣ 매출발행은 개별매출시마다 표면이율이 달라진다.

① ㉠, ㉣
② ㉡, ㉢
③ ㉢, ㉣
④ ㉡, ㉣

028

향후 금리의 흐름이 다음과 같이 예상된다면 A점에서의 투자전략은?

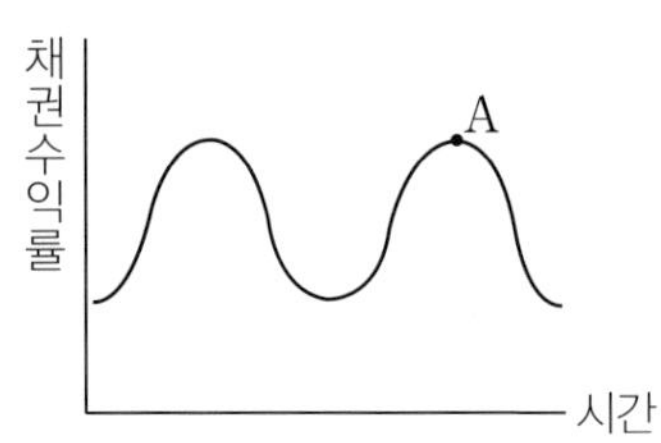

① 듀레이션이 긴 채권 편입
② 듀레이션이 짧은 채권 편입
③ 현금흐름 일치전략
④ 인덱스 펀드전략

029

유가증권을 현금화하는 데 어려운 위험을 무엇이라고 하는가?

① 재투자위험
② 유동성위험
③ 인플레이션위험
④ 채무불이행위험

030

다음은 채권의 발행방법을 설명한 것이다. 옳은 것을 모두 고르면?

> ㉠ 공모발행채권은 사모발행채권보다 발행이율이 높고 만기가 상대적으로 짧다.
> ㉡ 국고채권의 입찰시 사용되는 Dutch Auction 방식은 간접발행방식이다.
> ㉢ Conventional Auction방식은 복수의 낙찰 가격이 발생하게 된다.
> ㉣ 위탁모집, 잔액인수방식, 총액인수방식은 간접발행의 형태이다.
> ㉤ 공모의 대상이 되지 않으려면 채권의 모집 및 매출의 대상인원이 100인 미만이어야 한다.
> ㉥ 매출발행은 채권의 발행조건을 정한 후 일정기간 내에 개별적으로 투자자에게 매도하여 매도한 금액 전체를 발행총액으로 하는 방식이다.

① ㉢, ㉤, ㉥
② ㉠, ㉡, ㉣
③ ㉡, ㉢, ㉣
④ ㉢, ㉣, ㉥

031

채권의 권면에 기재된 이율로 액면금액에 대해 연단위로 지급하는 이자율을 무엇이라 하는가?

① 액면가
② 표면금리
③ 만기수익률
④ 시장수익률

032

채권의 신용평가등급은 투자등급과 투기등급으로 분류된다. 다음 중 채권과 기업어음의 투자등급의 최하위 등급은?

① BB(−)
② BBB(−)
③ A3(+)
④ B(+)

033

다음 중 옳지 않은 설명들로만 묶인 것을 고르면?

> ㉠ 전환사채의 전환권 행사시에는 신규로 주금을 납입하여야 한다.
> ㉡ 우리나라에서는 분리형 신주인수권부사채가 발행된다.
> ㉢ 교환사채는 발행회사가 보유하고 있는 주식으로 교환할 수 있는 권리가 부여된 채권이다.
> ㉣ 수의상환채권(callable bond)이란 채권보유자가 채권의 발행자에게 조기상환을 청구할 수 있는 권리가 첨부된 채권이다.

① ㉠, ㉣
② ㉠, ㉢
③ ㉡, ㉣
④ ㉢, ㉣

034

다음 ㉠~㉢ 안에 들어갈 말로 바르게 짝지어진 것은?

> K-OTC 지정법인은 정기공시서류로 '발행인에 관한 사항을 기재한 서류' 및 감사보고서를 매 결산기 경과 후 (㉠) 이내에, '발행인에 관한 사항을 기재한 서류' 및 (㉡)를 매 반기 경과 후 45일 이내에 방문 또는 우편으로 (㉢)에 제출하여야 한다.

	㉠	㉡	㉢
①	90일	반기검토보고서	한국금융투자협회
②	60일	반기검토보고서	한국금융투자협회
③	90일	사업보고서	금융위원회
④	60일	소액공모공시서류	금융위원회

035

K-OTC시장의 지정해제제도에 관한 설명으로 가장 거리가 먼 것은?

① 한국금융투자협회는 소액주주 등 투자자 보호를 위해 필요하다고 인정되는 경우에는 지정해제요청을 거부할 수 있다.
② 월간거래량이 지정주식총수의 10,000분의 5 미만인 상태가 6개월간 지속되는 경우 지정해제사유에 해당한다.
③ 지정법인이 자진해서 지정해제를 신청하고자 할 경우에는 주주총회의 결의를 거치지 않고 이사회 결의만으로 지정해제신청을 할 수 있다.
④ K-OTC시장의 지정해제란 유가증권시장 또는 코스닥시장의 상장폐지와 동일한 개념이다.

036

다음 중 예금보험가입 금융기관에 해당하는 곳이 아닌 것은?

① 보험회사
② 상호저축은행
③ 종합금융회사
④ 새마을금고

037

금융상품에 대한 가입대상이 잘못 연결된 것은?

① 가계당좌예금－제한 없음
② 저축예금－실명의 개인
③ 일반정기적금－제한 없음
④ 상호부금－개인 및 중소기업자

038

다음 중 「자본시장과 금융투자업에 관한 법률」에서 금융투자업의 경제적 실질에 따른 분류인 것은?

① 기능별로 분류된 6개 금융투자업에 대해서 상호 간 겸영이 허용된다.
② 금융투자상품의 위험의 크기를 기준으로 증권과 파생상품(장내, 장외)으로 구분한다.
③ 투자위험 감수능력에 따라 일반투자자와 전문투자자로 구분된다.
④ 각종 펀드 판매와 관련하여 재산적 가치가 있는 모든 재산을 집합투자대상자산으로 정의한다.

039

수익증권에 대한 설명으로 옳지 않은 것은?

① MMF는 유동성 위험을 최소화하기 위하여 운용자산 전체 가중평균 잔존 만기를 75일 이내로 제한하고 있다.
② 재간접 펀드는 펀드 자산을 다른 펀드가 발행한 집합투자증권에 60% 이상 투자한다.
③ 적립식 펀드의 투자원금은 보장되지 않는다.
④ 회사채 펀드는 우량 회사채와 CP에 60% 이상 투자한다.

040

금융상품인 리츠에 대한 설명으로 적절하지 못한 것은?

① 리츠는 예금자보호 대상이 아니다.
② 부동산 매입시 취득세 및 등록세를 면제한다.
③ 리츠는 증권회사에서 판매한다.
④ 종합부동산세 대상에서 제외된다.

041

다음 중 ETF에 대한 설명으로 가장 거리가 먼 것은?

① ETF는 주식과 동일하게 매매되기 때문에 시간외 시장에서도 사고팔 수 있다.
② 기존 인덱스 펀드에 비해 투자의사결정과 실제 투자 간 시차가 크다.
③ 주가지수를 사고파는 증권상품이다.
④ 투자자와 시장에 부담을 주지 않으면서도 주가지수와 비슷한 수익률을 낼 수 있다.

042

주가지수연동 금융상품을 수익실현방식에 따라 분류할 때 만기일의 주가지수가 사전에 약정한 수준 이하로만 하락하지 않으면 일정수익을 보장하는 상품은?

① 녹아웃형
② 불스프레드형
③ 디지털형
④ 리버스컨버터블형

043

투자회사(뮤추얼펀드)에 대한 설명으로 가장 거리가 먼 것은?

① 수익증권과 비슷하나 투자자들의 지위가 주주라는 점이 다르다.
② 투자방법은 새로 설정되는 펀드에 가입하거나 주식시장에 상장되어 있는 투자회사의 주식을 매입하면 된다.
③ 운용수수료 외에 추가비용이 없는 점이 장점이다.
④ 펀드 자체가 주식회사가 된다.

044

다음에서 설명하고 있는 금융상품은?

> 투자자가 시장 상황에 따라 다른 펀드로 자유롭게 전환할 수 있는 펀드로서, 공동으로 적용되는 집합투자규약 아래 여러 개의 하위 펀드가 있다.

① 엄브렐러 펀드
② 적립식 펀드
③ 뮤추얼 펀드
④ 인덱스 펀드

045

피보험자가 보험기간 중 사망한 경우뿐만 아니라 보험기간 만료일까지 생존한 경우에도 약정된 보험금을 지급하는 생사혼합보험은?

① 생존보험
② 양로보험
③ 연금보험
④ 사망보험

046

보험 상품 중 갑작스런 사고나 질병으로 중병상태가 계속될 때 보험금의 일부를 미리 지급받을 수 있는 상품은 무엇인가?

① 종신보험
② CI보험
③ 건강보험
④ 실손의료보험

047

통합적 투자관리 과정의 단계로 바르게 연결된 것은?

① 투자목표 설정 → 개별종목 선택 → 자산배분 실시 → 포트폴리오 수정과 투자성과의 사후통제
② 투자목표 설정 → 자산배분 실시 → 개별종목 선택 → 포트폴리오 수정과 투자성과의 사후통제
③ 투자시점의 선택 → 자산배분 실시 → 개별종목 선택 → 포트폴리오 수정과 투자성과의 사후통제
④ 투자시점의 선택 → 개별종목 선택 → 자산배분 실시 → 포트폴리오 수정과 투자성과의 사후통제

048

다음 중 전술적 자산배분전략의 실행도구에 해당하지 않는 것은?

① 포뮬러플랜
② 기술적 분석
③ 시장가치접근법
④ 가치평가모형

049

다음은 A은행의 다양한 마케팅활동이다. 관계마케팅에 해당하지 않는 것은?

① 홈페이지를 통해 대대적인 사은행사, 경품행사를 진행하였다.
② 주거래은행 개념을 도입하여 월급이체, 공과금 납부를 할 수 있게 했다.
③ 고객마다 전담직원을 두어 가족단위의 거래계좌를 관리하고 고객에게 대여금고를 이용할 수 있게 하였다.
④ 기존고객의 협조 아래 동창회, 골프모임, 친목회 등에서 재야고수를 초빙해 투자설명회를 개최했다.

050

다음 중 고객의 투자성향 파악에 해당되지 않는 것은?

① 선호하는 투자기간
② 현재 부채현황
③ 과거 투자경험과 지식수준 정도
④ 투자위험 수용도

051

다음은 투자상담사와 고객의 대화이다. 거절처리의 어느 단계에 속하는가?

> 고객 : 사촌이 같은 업종에 종사하고 있습니다.
> 상담사 : 그런데 저의 주요 고객들 중에는 더 나은 판단을 위해 복수거래를 하시는 분들이 많습니다. 재무설계를 전적으로 친지에게 털어놓고 상담하기를 꺼려하시는 분들도 계시구요.

① 공감
② 반전
③ 완화
④ 경청

052

다음의 고객상담 Process에 대한 설명 중 옳은 것을 모두 고르면?

> ㉠ Needs란 현재 고객이 처한 상태와 시간의 흐름 속에 바라는 상태와의 갭, 즉 그 차이를 말한다.
> ㉡ 반감은 또 하나의 고객의 관심의 표현이다.
> ㉢ Buying Signal은 고객이 구매에 대한 결정을 한 후 취하는 태도이다.
> ㉣ 설득할 때에는 Needs를 만족시키는 상품의 이점만을 소개한다.
> ㉤ 고객과의 관계형성 단계에서 필요한 핵심 기술은 고객과의 신뢰구축과 고객의 거절 극복이다.

① ㉣
② ㉠, ㉡
③ ㉡, ㉢, ㉤
④ ㉡, ㉣, ㉤

053

고객에게 금융투자분석 및 투자제안 시 제안의 4단계로 옳은 것은?

① 투자제안 → 투자동의 → 투자정보 수집 → 투자정보 분석
② 투자정보 분석 → 투자제안 → 투자동의 → 투자정보 수집
③ 투자정보 분석 → 투자제안 → 투자정보 수집 → 투자동의
④ 투자정보 수집 → 투자정보 분석 → 투자제안 → 투자동의

054

직업윤리의 사상적 토대를 제공한 사상가와 그 사상을 잘못 연결한 것은?

① 마키아벨리 – 군주론
② 루터 – 소명적 직업관
③ 막스베버 – 프로테스탄티즘의 윤리와 자본주의 정신
④ 칼뱅 – 금욕적 생활윤리

055

직무윤리의 중요성에 대한 설명으로 가장 거리가 먼 것은?

① 금융규제가 완화되면 그에 상응하여 직무윤리의 역할과 중요성이 증가한다.
② 자본시장법하에서는 직무윤리와 내부통제의 역할과 중요성이 예전에 비해 감소되었다.
③ 직무윤리는 대리인비용과 대리인문제를 사전에 예방하는 유용한 수단이 된다.
④ 직무윤리는 결과를 기준으로 하는 강행법규의 결함을 보완하며 자발성과 자율성의 성격을 가진다.

056

직무윤리에 있어서 모든 윤리기준의 근간(뿌리)이 되는 것은?

① 법규 등 준수의무
② 신의성실의무
③ 전문지식배양의무
④ 공정성 유지의무

057

다음의 사례는 어느 직무윤리강령의 윤리기준을 위반하고 있는가?

> A금융투자회사의 리서치센터에서 근무하는 애널리스트 P는 금융투자교육원에서 주관하는 금융투자분석사 직무보수교육이 있었지만, 업무가 바쁘다는 이유로 리서치센터장인 K가 출석을 허락하지 않아 참가하지 못하였다.

① 공정성 유지의무
② 법규 등 준수의무
③ 전문지식 배양의무, 신의성실의무
④ 전문지식 배양의무, 소속회사 등의 지도 · 지원의무

058

다음 중 고객에 대한 충실의무에 대한 설명으로 가장 거리가 먼 것은?

① 수임자는 특별한 경우를 제외하고 자신이 수익자의 거래상대방이 되어서는 안 된다.
② 수임자가 최선의 노력을 다하여 고객에게 최대한의 수익률을 내려 했으나 원금만 보전되는 결과를 낳았다. 이는 충실의무를 위반한 것이다.
③ 수임자는 수익자의 이익과 경합하거나 상충되는 행동을 해서는 안 된다.
④ 수임자는 그 직무를 통해 위임자에 관해 알게 된 정보에 대해 비밀을 유지해야 한다.

059

과당매매와 관련하여 특정 거래가 빈번한 거래인지 또는 과도한 거래인지를 판단할 때에 고려하여야 할 사항과 가장 거리가 먼 것은?

① 투자자의 재산상태 및 투자목적
② 투자자가 투자지식이나 경험에 비추어 당해 거래에 수반되는 위험을 잘 이해하고 있는지 여부
③ 투자자가 당해 거래로 인해 실제 투자손실을 입었는지의 여부
④ 투자자가 부담하는 수수료의 총액

060

다음 중 투자상담업자가 고객에게 투자권유시 직무윤리기준을 위반한 것으로 볼 수 있는 것은?

① 투자정보를 제시할 때 미래의 주가전망보다는 현재의 객관적인 사실에 입각하여 설명하였다.
② 주관적으로는 수익성이 있다고 판단되는 투자상품이 있으나 정밀한 조사과정을 거치지 않았으므로 중립적이고 객관적인 투자자료를 바탕으로 설명하였다.
③ 투자판단에 혼선을 줄 수 있는 사항이 될 수 있으나 해당 상품의 특성과 손실위험에 대해 충분히 설명하였다.
④ 고객설득을 위해 투자성과가 어느 정도 보장된다는 취지로 설명을 하였다.

061

상품 판매 이후의 소비자 보호제도인 해피콜 제도는 상품 가입 후 몇 일 이내에 확인해야 하는가?

① 5일
② 5영업일
③ 7일
④ 7영업일

062

금융투자회사에서 투자상담업무를 담당하고 있는 P가 회사의 동의 없이 사이버공간에서 가명으로 유료의 투자상담업무를 수행하고 있다면, 이는 어떠한 직무윤리 기준을 위반한 것이 되는가?

① 요청하지 않은 투자권유의 금지의무의 위반
② 미공개 중요정보의 이용 및 전달금지의무의 위반
③ 직무전념의무, 이해상충금지의무의 위반
④ 업무의 공정한 수행을 저해할 우려 있는 사항에 관한 주지의무

063

Know－Your－Customer－Rule의 실행순서에서 가장 첫 번째 단계에 해당하는 것은?

① 투자권유를 원하는지 확인한다.
② 일반투자자 여부를 확인한다.
③ 투자목적, 재산상황, 투자경험을 확인한다.
④ 소비자의 정보를 서명 등의 방법으로 확인받는다.

064

다음 ㉠~㉡ 안에 들어갈 말로 바르게 짝지어진 것은?

> 법률행위에 하자가 있는 경우, 그 하자의 경중에 따라 중대한 하자가 있는 경우에는 (㉠)로 하고, 이보다 가벼운 하자가 있는 경우에는 (㉡)할 수 있는 행위가 된다.

	㉠	㉡
①	취소	무효
②	무효	취소
③	해제	해지
④	해지	해제

065

다음의 ( )안에 들어갈 내용으로 옳은 것은?

> 자금세탁행위란 자금의 출처를 숨겨 적법한 것으로 위장하는 행위를 말한다. 자금세탁은 일반적으로 자금의 신속한 이동 및 대량거래의 특성을 갖고 있는 금융회사를 통해 이루어지며, ( )의 3단계를 거친다.

① 배치－통합－반복
② 통합－반복－배치
③ 반복－통합－배치
④ 배치－반복－통합

066

자본시장법은 세부적인 금융투자상품의 개념정의에 있어서 단계적인 정의방식을 채택하고 있다. 단계적인 정의방식이 아닌 것은?

① 일반적 정의　② 개념적 정의
③ 명시적 포함　④ 명시적 배제

067

다음 ㉠~㉡ 안에 들어갈 말로 적절한 것은?

> 자본시장법에 의하면 파생상품과 증권의 구분기준은 (㉠)의 정도로, (㉡) 초과 여부에 따라 구분하게 된다.

	㉠	㉡
①	원본대비 손실비율	70%
②	원본대비 손실비율	100%
③	추가지급의무	수익률
④	추가지급의무	손실비율

068

누구의 명의로 하든지 자기의 계산으로 금융투자상품을 매도 · 매수, 증권의 발행 · 인수 또는 그 청약의 권유 · 청약 · 청약의 승낙을 하는 금융투자업은 무엇인가?

① 집합투자업　② 투자일임업
③ 투자중개업　④ 투자매매업

069

금융투자업의 인가절차와 등록절차의 공통점이 아닌 것은?

① 진입요건은 계속 충족해야 하는 유지조건으로 진입 이후에도 적격성이 지속되어야 한다.
② 대주주의 유지요건 중 사회적 신용여건마저도 완화되었다.
③ 자기자본에 있어서 등록업무 단위별로 최저 5억 원 이상이다.
④ 등록업무 단위의 구성과 단위가 서로 같다.

070

다음은 금융투자업자 규제내용 중 무엇에 관한 내용인가?

> • 영업용순자본의 총위험액 이상의 유지
> • 자기자본비율, 자산건전성, 유동성에 관한 금융위원회가 설정한 기준의 준수

① 금융투자회사의 회계에 관한 기준
② 공시에 관한 기준
③ 내부통제기준
④ 재무 · 경영건전성기준

071

다음 중 투자매매업자 또는 투자중개업자의 매매관련 규제에 대한 설명으로 옳은 것은?

① 증권시장이나 파생상품시장을 통해 거래를 하는 경우 투자자의 이익침해 가능성이 거의 없으므로 자기계약금지 규정이 적용되지 않는다.
② 투자매매업자나 투자중개업자 또는 그 임직원은 투자자로부터 매매주문을 받지 않아도 임의로 예탁받은 재산으로 금융투자상품을 매매할 수 있다.
③ 매매형태의 명시는 사전에 밝혀야 하며, 문서에 의해 명시하여야 한다.
④ 투자중개업자가 투자자로부터 증권시장이나 파생상품시장에서의 매매위탁을 받은 경우에는 반드시 증권시장이나 파생상품시장을 통해 거래를 실행해야 한다.

072

다음 ㉠~㉡ 안에 들어갈 적절한 말로 짝지어진 것은?

> (㉠)은 고객이 신탁재산에 대한 (㉡)을 가진다는 점에서 특정금전신탁과 유사하다고 볼 수 있으나, 특정금전신탁에서는 수탁재산의 범위가 금전으로 제한되지만 (㉠)에서는 증권, 부동산 등 모든 재산을 종합하여 수탁할 수 있다.

	㉠	㉡
①	종합재산신탁	자산운용권
②	종합재산신탁	운용지시권
③	금전 외의 재산신탁	운용지시권
④	금전 외의 재산신탁	자산운용권

073

유통시장에서의 공시에 해당하지 않는 것은?

① 임시공시
② 공정공시
③ 정기공시
④ 수시공시

074

대량보유상황보고제도에 대한 설명으로 옳은 것은?

① 보고의무자는 본인과 그 특별관계자가 보유하게 되는 주식 등의 수의 합계가 주식 등의 총수의 10% 이상 보유한 자이다.
② 주권상장법인의 주식 등을 대량(5% 이상) 보유(본인과 그 특별관계자가 보유하게 되는 주식 등의 수의 합계가 5% 이상인 경우)하거나, 그 보유비율의 1% 이상 변동된 경우 및 보유목적이 변경된 경우 그 변동내용을 5일 이내에 금융위원회와 거래소에 보고해야 한다.
③ 보고대상증권은 주권상장법인이 발행한 의결권 있는 주식만 해당된다.
④ 대량보유보고서 또는 대량변동보고서는 금융위원회에 제출하여야 한다.

075

다음의 미공개 정보이용행위 규제의 내용 중 옳은 것은?

① 공개매수의 실시나 중지에 관한 정보는 공개매수대상회사의 내부정보가 아니기 때문에 미공개 정보 이용금지대상에 해당하지 않는다.

② 이사와 같은 회사의 내부자가 자신의 지위를 통하여 취득한 미공개의 중요한 정보를 이용하여 회사의 증권을 거래하는 행위를 하는 경우, 이를 '내부자거래'라고 한다.

③ 예탁증권(DR), ELW, ELS 등과 같은 파생결합증권과 타인이 발행한 당해 법인의 주식에 대한 call option 또는 put option의 매매는 규제대상에서 제외된다.

④ 공개매수와 관련한 미공개 중요정보 이용금지대상자의 범위에서 공개매수자는 제외된다.

076

다음 중 시세조종행위에 관한 내용으로 가장 거리가 먼 것은?

① 자본시장법에서는 최근 신종불공정거래행위들의 발생이 증가하고 있음을 고려하여 연계불공정거래행위라고 불리는 것들을 규제하고 있다.

② 모집 또는 매출되는 증권을 투자매매업자가 안정조작, 시장조성을 하는 경우에는 시세조종으로 보지 않는다.

③ 선물과 현물 양 방향 간 현 · 선연계 시세조종을 금지하고, 파생결합증권과 기초자산인 증권 간 양 방향연계 시세조종 금지 규정이 있다.

④ 통정매매(matched orders), 가장매매(wash sale)의 경우는 허위표시에 의한 시세조종행위에 해당한다.

077

다음 중 청약권유대상자의 수에서 제외되는 자가 아닌 것은?

① 기관투자자

② 해당회사 임원

③ 해당회사 직원

④ 계열회사 및 그 임원

078

의결권 대리행사의 권유에 교부되어야 하는 서류는?

① 위임장 용지와 그에 따른 첨부서류

② 위임장 용지와 참고서류

③ 권유동의서와 참고서류

④ 대행계약서와 신용평가서

079

다음 ( )안에 들어갈 공통된 숫자는?

> 외부평가기관이 합병당사회사에 그 자본금의 100분의 ( ) 이상을 출자하고 있거나 합병당사회사가 그 외부평가기관에 100분의 ( ) 이상을 출자하고 있는 경우에는 해당 합병에 대한 평가를 할 수 없다.

① 1

② 2

③ 3

④ 5

080

금융투자업자가 설정 · 운용해야 할 내부통제기준에 관한 설명으로 가장 거리가 먼 것은?

① 내부통제에 관하여 이사회, 경영진, 준법감시인의 역할을 명확히 구분하여야 한다.
② 협회는 표준내부통제기준을 작성하여 금융투자업자에게 사용을 권고할 수 있다.
③ 준법감시인은 대표이사에게만 직무수행내용을 보고하여야 한다.
④ 준법감시인이 책무를 공정하게 집행할 수 있도록 업무상 독립을 보장하여야 한다.

081

다음 중 총위험액을 산정하는 데 있어 가장 거리가 먼 설명은?

① 운영위험액은 경상비용에 위험값을 적용하여 산출한다.
② 시장위험액, 신용위험액, 운영위험액을 합한 금액으로 산정한다.
③ 선물, 선도, 스왑 등 파생상품은 시장위험액과 신용위험액을 동시에 산정한다.
④ 일반위험액과 개별위험액으로 구분하여 산정한 후 합산하여 시장위험액을 구한다.

082

예치금융투자업자가 투자자예탁금의 규모를 산정함에 있어 기준이 되는 투자자예탁금의 범위에 속하지 않는 것은?

① 조건부예수금
② 청약자예수금
③ 집합투자증권투자자예수금
④ 위탁자예수금 및 장내파생상품거래예수금

083

외국인의 주식취득한도의 계산기준이 아닌 것은?

① 매수는 호가시점에서 취득한 것으로, 매도는 체결시점에서 처분한 것으로 본다.
② 직접투자와 주식투자를 모두 합산하되, 내국민대우 외국인의 주식투자는 제외한다.
③ 외국인 1인의 종목별 주식취득한도를 계산함에 있어 외국법인의 본점과 지점은 각각 하나의 외국인으로 본다.
④ 하나의 발행인이 발행한 권리내용이 다른 주식은 각각 하나의 종목으로 본다.

084

금융투자회사의 영업용순자본 비율에 대한 설명 중 가장 거리가 먼 것은?

① 영업용순자본 비율이란 총위험에 대한 영업용순자본 비율을 백분율로 표시한 수치로써 150% 이상 유지하여야 한다.
② 영업용순자본은 순재산에서 차감항목을 차감한 후 가산항목을 더한 값이다.
③ 거래상대방위험은 예금, 예치금, 콜론, 환매조건부 채권매도, 유가증권에 대한 집중률 등이다.
④ 신용집중위험액은 주식위험액, 금리위험액, 수익증권위험액, 외환위험액, 옵션위험 등이다.

085

다음 중 환매조건부 채권매매대상 유가증권인 것은?

① 지방채 ② 교환사채
③ 전환사채 ④ 신주인수권부사채

086

자발적 전문투자자 중 개인에 대한 조건으로 적절하지 못한 것은?

① 자산 기준 : 자산 5억 원 이상
② 투자 경험 : 최근 5년 중 1년 이상의 기간 동안 금융투자상품을 월말 평균잔고 기준으로 1억 이상 보유한 경험이 있을 것
③ 소득 기준 : 본인의 직전년도 소득액이 1억 원 이상
④ 전문성 : 해당분야에서 1년 이상 종사한 회계사 · 감평사 · 변호사 · 변리사 · 세무사, 투자운용인력, 재무위험관리사 등 시험 합격자, 금융투자업 주요 직무 종사자

087

다음 중 금융투자회사의 직원으로 채용되기에 적합한 자는?

① 금융투자회사로부터 징계처분을 받은 자
② 금고 이상의 형을 선고받고 그 집행이 종료된 지 7년이 경과한 자
③ 금융관련법규를 위반한 자
④ 다른 금융투자회사와의 근로계약관계가 아직 남아 있는 자

088

주식의 청약에 대한 사항으로 가장 거리가 먼 것은?

① 청약증거금이 납입금에 미달할 경우 인수회사가 주식을 인수하여야 한다.
② 인수회사는 일반청약자 배정수량의 10% 이내에서 적정하게 1인당 청약한도를 정한다.
③ 인수회사는 청약증거금을 증권금융회사나 은행에 별도로 예치하여야 하며, 이를 담보로 제공할 수 있다.
④ 납입금을 초과하는 청약증거금은 지체 없이 청약자에게 반환하여야 한다.

089

다음 중 자율규제위원회가 회원의 임직원에 대하여 권고할 수 있는 제재라고 볼 수 없는 것은?

① 해임
② 6개월 이내의 업무집행정지
③ 감봉
④ 경고

090

상법상 주식에 관한 내용으로 옳은 것은?

① 액면주식의 1주의 금액은 1,000원 이상 균일하여야 한다.
② 기명주식의 양도는 명의개서하지 않으면 회사에 대항하지 못한다.
③ 상환주식의 상환 시 주식이 소각되면 자본도 따라서 감소된다.
④ 상법은 액면주식뿐 아니라 무액면주식의 발행도 인정하고 있다.

091

다음 중 이사의 의무와 가장 거리가 먼 것은?

① 자기거래금지의무
② 주주총회에 대한 조사보고의무
③ 경업금지의무
④ 비밀유지의무

092

다음 중 특수사채에 대한 설명으로 옳은 것은?

① 전환사채의 경우 주주명부의 폐쇄기간 중에는 전환권을 행사할 수 없다.
② 회사가 전환사채를 발행한 때에는 본점 또는 지점의 소재지에서 등기를 하여야 한다.
③ 신주인수권부사채의 경우 신주인수권행사자는 주금액의 일부만 납입해도 주주가 된다.
④ 신주인수권부사채 이익 · 이자배당의 효력발생시기는 신주발행가액 납입을 한 때가 속하는 영업연도 말이다.

093

다음 중 주식배당에 관한 내용으로 가장 거리가 먼 것은?

① 주식으로도 중간배당이 가능하다.
② 주식배당을 하려면 당해 연도에 발생한 배당가능이익이 있어야 한다.
③ 주식으로 배당할 금액 중 주식의 권면액에 미달하는 단주에 대해서는 금전으로 배당한다.
④ 주식배당은 주주총회의 배당결의에 의한다.

094

다음 사항 중 소수주주권에 속하지 않는 것은?

① 이사해임청구권
② 신주발행유지청구권
③ 회계장부열람청구권
④ 주주총회소집청구권

095

다음 중 정관변경에 관한 설명으로 옳은 것은?

① 원시정관에 정관불변경의 규정이 있는 경우에도 정관변경은 가능하다.
② 자본의 증감도 정관변경사항이다.
③ 정관을 변경하면 공증인의 인증을 받아야 한다.
④ 정관의 임의적 기재사항을 변경하는 데에 있어서는 주주총회의 보통결의로 충분하다.

096

다음 중 제2차 납세의무자에 해당하는 자는?

① 청산인과 잔여재산을 분배받은 자
② 양도 · 양수한 사업과 관련하여 양도일 전에 확정된 국세 등에 대하여 당해 사업을 양도한 사업양도인
③ 납세의무 성립일 현재의 유한책임사원
④ 법인의 대표이사

097

다음은 양도소득세에 관한 내용이다. 옳은 것은?

① 양도란 자산의 매도, 교환, 법인에 대한 현물출자 등에 대해 자산의 등기나 등록이 완료되어, 자산이 유상으로 이전되는 것이다.
② 미등기 양도자산이나 주식은 장기보유특별공제에 해당되지 않는다.
③ 주식의 양도가액과 취득가액은 기준시가가 원칙이며, 예외적으로 실지거래가액을 적용할 수 있다.
④ 상장주식, 협회등록주식을 대주주가 장내에서 양도할 경우 양도소득세가 비과세된다.

098

상속세에 대한 설명으로 옳지 않은 것은?

① 공과금과 장례비용은 법정 공제액에 해당한다.
② 과세표준이 1억 원 이하인 경우 세율은 10%이다.
③ 납세의무자들은 상속세를 연대하여 납부할 의무가 있다.
④ 과세표준이 100만원 미만인 경우 상속세를 부과하지 않는다.

099

코스닥 시장과 K－OTC에서 양도되는 주권에 대한 증권거래세율은?

① 0.08%
② 0.10%
③ 0.23%
④ 0.43%

100

과점주주의 취득세 과세대상이 아닌 것은?

① 과점주주가 아닌 주주 또는 사원이 주식이나 지분을 매입하여 과점주주가 된 경우 : 증가한 주식소유비율
② 과점주주가 아닌 주주 또는 사원이 불균등 증자로 과점주주가 된 경우 : 해당일 현재의 주식소유비율
③ 과점주주 또는 사원의 주식소유비율이 증가한 때 : 증가한 주식소유비율
④ 과점주주 또는 사원의 주식소유비율이 감소한 후 5년 이내에 그 비율이 증가한 경우 : 해당일 현재의 주식소유비율－감소 전 주식소유비율

증권투자권유자문인력

실전모의고사

정답 및 해설

시스컴
SISCOM

제1회 정답 및 해설

001 ②	002 ③	003 ④	004 ③	005 ④
006 ②	007 ④	008 ①	009 ①	010 ②
011 ②	012 ③	013 ③	014 ③	015 ④
016 ②	017 ④	018 ②	019 ④	020 ①
021 ④	022 ②	023 ④	024 ③	025 ①
026 ④	027 ④	028 ②	029 ④	030 ①
031 ③	032 ④	033 ④	034 ②	035 ①
036 ③	037 ②	038 ①	039 ②	040 ①
041 ①	042 ④	043 ③	044 ①	045 ③
046 ③	047 ②	048 ④	049 ④	050 ③
051 ④	052 ②	053 ②	054 ④	055 ③
056 ③	057 ②	058 ①	059 ①	060 ①
061 ③	062 ①	063 ④	064 ④	065 ②
066 ④	067 ②	068 ④	069 ②	070 ③
071 ④	072 ④	073 ①	074 ①	075 ③
076 ①	077 ④	078 ②	079 ④	080 ②
081 ④	082 ②	083 ②	084 ①	085 ②
086 ④	087 ④	088 ①	089 ②	090 ②
091 ①	092 ②	093 ②	094 ③	095 ④
096 ①	097 ②	098 ④	099 ③	100 ③

001 ②

GDP 디플레이터는 물가수준을 측정하는 지수로 사용될 수 있다.

오답해설

① 상품수지, 서비스수지, 본원소득수지, 이전소득수지로 분류한다.

③ 통화유통속도는 사후적으로만 추계가 가능하기 때문에 경기변화 및 인플레이션 압력 등을 예측하는 데 유용성이 높지 않다.

④ 소비자물가지수는 조사대상품목이 최종소비재와 서비스이기 때문에 임금이 차지하는 비중이 상대적으로 높다.

002 ③

계절변동은 매년 반복적으로 발생하는 단기적 변동이다.

오답해설

① 추세변동은 10년 이상 상승 또는 하강으로 꾸준히 움직이는 변동이다.

② 순환변동은 추세선을 중심으로 완만한 진폭을 보인다.

④ 불규칙변동은 단기적이고 비반복적인 변동을 말한다.

003 ④

거시경제계량모형은 각 경제변수에 수치를 주어 정량화하고 변수 간에 관계를 설정한 후 경기예측모형을 만들어 경기를 예측하는 방법이다.

tip 거시경제계량모형의 제약성과 유용성

- **제약성** : 현실경제에 작용하는 요인을 모두 변수화 할 수 없기 때문에 모형에 표기되지 않은 변수들의 중요성이 커지는 경우 오차가 발생할 수 있음
- **유용성** : 정립된 이론적 근거를 가지고 있어 모형의 오차에 대한 통계학적 관리가 용이함

004 ③

경기팽창기의 경우에 선행지수가 2번 연속 하락하면 두 번째 하락이 발생한 다음 달에 정점이 도래할 것으로 예상한다.

005 ④

개인송금은 이전소득수지이다. 대가없이 제공되는 것으로서 수혜자의 소득 및 소비에 직접적으로 영향을 주는 근로자 송금 등 대외송금, 구호를 위한 식량, 의약품 등의 무상원조, 국제기구 출연금 등은 이전소득수지에 기록한다.

tip 국제수지의 구성

경상수지	상품수지	수출, 수입
	서비스 수지	여행, 운송, 기타 서비스(건설서비스, 보험서비스, 통신서비스, 정부서비스 사업서비스, 지적재산권 등 사용료)
	본원소득 수지	임금, 급료, 투자소득(이자소득, 배당소득)
	이전소득 수지	개인송금, 무상원조, 국제기구 출연금
자본 · 금융 계정	자본계정	자본이전, 비생산 · 비금융자산 취득 및 처분
	금융계정	직접투자, 포트폴리오투자, 기타 투자, 준비자산

006 ②

환율상승은 수입품 가격을 높여 국내 물가에 악영향을 미친다.

오답해설

① 환율상승은 달러로 표시된 수출품 가격을 낮추게 된다.

③ 환율상승은 해외부채가 많은 기업에게 상환부담이 커지게 된다.

④ 환율의 상승은 달러로 표시된 우리 수출품의 가격을 낮추어 가격경쟁력을 갖게 하므로 수출이 증가되고, 이에 따라 경상수지도 개선된다.

tip 환율경로의 단계

- **1차 단계** : 국내금리 변화가 환율을 변화시킴
- **2차 단계** : 원화 약세인 환율의 상승이 실물경제에 영향을 미침. 수출품가격 하락/수입품가격 상승으로 국내물가에 악영향을 미치고 수출이 늘어나 경상수지가 개선됨. 기업이나 금융기관들의 외화자산과 부채의 가치를 변화시켜 재무구조에 영향을 미침

007 ④

통화량의 증가는 장기적으로는 이자율을 상승시켜 주가에 부정적 영향을 준다.

오답해설

① 통화량이란 시중에 돌아다니고 있는 돈의 유통량을 말한다.

② 기업의 수익성을 상승시키는 요인이 된다.

③ 주식매입자금을 원활히하여 주식가격의 상승요인이 된다.

tip 통화량과 주가의 관계

- **가계부문** : 통화량 증가→주식매입자금 풍부→주가상승
- **기업부문** : 통화량 증가→자금확보→설비투자→수익성 증가→주가상승

008 ①

①은 자본잉여금 계정이고, ②, ③, ④는 자본조정 계정이다.

tip 재무제표 계정의 분류

- **자본잉여금** : 주식발행초과금, 감자차익
- **이익잉여금 또는 결손금** : 이익준비금, 법정적립금, 임의적립금, 차기이월이익잉여금
- **자본조정** : 주식할인발행차금, 배당건설이자, 자기주식, 미교부주식배당금, 투자유가증권평가이익, 해외사업환산대

009 ①

①은 손익계산서의 작성기준이다.

손익계산서는 기업의 경영성과를 밝히기 위해 한 회계기간 동안에 발생한 비용항목과 수익항목을 대응시켜 당해 기간의 순이익 또는 순손해를 표시하는 재무제표이다.

수익과 비용은 총액에 의하여 기재함을 원칙으로 하며, 수익항목과 비용항목을 직접 상계함으로써 그 전부 또는 일부를 손익계산서에 제외해서는 안 된다.

tip 재무상태표의 작성기준

자산과 부채는 1년을 기준으로 하여 유동자산 또는 고정자산, 유동부채 또는 고정부채로 구분하는 것을 원칙으로 한다.

010 ②

EVA는 해당 기업이 투하자본과 비용으로 실제로 얼마나 이익을 많이 벌었는가를 나타내는 지표이다.

오답해설

①, ③ EV/EBITDA 비율은 해당 업체의 내재가치와 기업가치를 비교하는 투자지표이다.

④ 총자본이익률(ROI)=(당기순이익/총자본)×100

011 ②

PSR(주가매출액비율)은 주가를 주당 매출액으로 나눈 것으로, 정상적인 영업활동의 결과로 기업을 평가하는 것이다. 이는 기업의 성장성에 주안점을 두고 상대적으로 저평가된 주식을 발굴하는 데 이용되는 성장성 투자지표이다.

012 ③

보합국면에서 주가가 추세선을 이탈하면 상승신호이다.

tip 다우이론의 일반원칙

- 평균주가는 전체주가의 흐름을 정확히 반영한다.
- 특정 종목의 평균주가의 변동은 다른 종목의 주가도 변동시킨다.
- 모든 시세는 대내외적 복합요인에 의해 결정된다.
- 추세전환시점까지는 강세 또는 약세추세가 지속된다.
- 강세장에서 거래량이 증가하거나, 약세장에서 거래량이 감소하면 주가상승의 저력이 축적되는 과정이다.
- 주가는 장기 · 중기 · 일일파동법칙에 의해 형성된다.
- 보합국면에서 주가가 추세선을 이탈하면 상승신호이다.
- 장기파동은 평균주가가 바로 전에 형성된 최고가를 돌파하여 상승할 때 만들어지며, 중기파동은 최저가를 하향돌파하기 전에 끝난다.
- 초기에는 전문가에 의해 저가주 매입을 하나, 말기에는 일반투자자에 의해 과열된다.

013 ③

코포크지표에 대한 설명이다. 코포크지표는 0선을 기준으로 그 값을 비교 분석한다.

오답해설

① 스윙차트 : 시장가격의 등락을 직선의 굴절로서 표시하는 방법

② RSI : 주가가 상승추세일 때는 얼마나 강세장인지, 주가가 하락추세일 때는 얼마나 약세장인지 나타내는 지표

④ 트라이던트 시스템 : 시장가격이 일방적인 움직임을 나타내기보다는 되돌림 움직임이 반드시 있다는 것을 이용하는 거래기법

tip 코포크지표의 투자전략

- 지표가 상향으로 전환했을 때는 매입신호
- 지표가 하향으로 전환했을 때는 매도신호
- 지표가 (+)상태에서 하락으로 전환하면 0선을 하향돌파할 때까지 하락을 계속하는 경우가 많음(매도신호)
- 지표가 (−)상태에서 상승으로 전환하면 0선을 상향돌파할 때까지 상승을 계속하는 경우가 많음(매입신호)

014 ③

OBV(On Balance Volume)선은 그랜빌이 만든 거래량 지표로서, 거래량은 주가에 선행한다는 전제하에 주가가 전일에 비해 상승한 날의 거래량 누계에서 하락한 날의 거래량 누계를 차감하여 이를 매일 누적적으로 집계 · 도표화한 것이다.

tip 거래량 지표에서 주가와 거래량의 상관관계

- 거래량이 감소추세에서 증가추세로 전환되면 앞으로 주가는 상승할 것으로 예상된다.
- 거래량이 증가추세에서 감소추세로 전환되면 앞으로 주가는 하락할 것으로 예상된다.
- 주가가 천장국면에 진입하면 주가가 상승함에도 불구하고 거래량은 감소하는 경향을 보인다.
- 주가가 바닥국면에 진입하면 주가가 하락함에도 불구하고 거래량은 증가하는 경향을 보인다.

015 ④

이동평균선의 기준기간이 길수록 이동평균선이 유연하다.

오답해설

① 하락추세선은 고점을 연결한 선이다.
② 주가가 이동평균선을 돌파한 후가 매매신호이다.
③ 주가는 이동평균선으로 회귀하려는 성질을 갖는다.

tip 주가이동평균선의 성질

- 주가가 이동평균선을 돌파할 때는 매입 · 매도신호이다.
- 이동평균의 기준기간이 길수록 이동평균선은 유연해진다.
- 강세장에서는 주가가 이동평균선 위에서 파동운동하면서 상승한다.
- 약세장에서는 주가가 이동평균선 아래에서 파동운동하면서 하락한다.
- 주가가 상승하고 있는 이동평균선을 하향돌파할 때는 반전하여 하락할 가능성이 크다.
- 주가가 하락하고 있는 이동평균선을 상향돌파할 때는 반전하여 상승할 가능성이 크다.

016 ②

인수에 관한 설명이다.

017 ④

㉠과 ㉡은 간접발행 위험부담 정도에 따른 모집주선과 총액인수에 대한 설명이고, ㉢은 발행기관에 대한 설명이다. 따라서 ㉠에는 모집주선이, ㉡에는 총액인수가, ㉢에는 인수기능이 들어가는 것이 적절하다.

018 ②

㉡ 시간외단일가매매의 매매시간은 장종료 후 16:00~18:00이다.
㉤ 장중대량매매의 호가는 정규시장 내 호가제출시점까지의 최고 · 최저가격 이내이다.

019 ④

④는 신규상장요건의 적용 특례 중 지주회사에 관한 것이다.

tip 주권의 질적 심사요건

- 영업, 재무상황 및 경영환경 등에 비추어 기업의 계속이 인정될 것
- 기업지배구조, 내부통제제도, 공시체제 및 특수관계인과의 거래 등에 비추어 경영투명성이 인정될 것
- 법적 성격과 운영방식 측면에서 상법상 주식회사로 인정될 것
- 기타 투자자 보호 및 거래소시장의 건전한 발전을 저해하지 않는다고 인정될 것

020 ①

㉠ 주식매수선택권은 당해 법인의 임직원 또는 당해 관계회사의 임직원에게도 부여할 수 있다.
㉡ 증권신고서는 금융위원회에 제출하여야 한다.

021 ④

주주배정방식의 최종발행가액은 증자시의 시가대비 발행가격 할인율이 자율화됨에 따라, 발행주체가 발행가액을 자유롭게 결정할 수 있게 되었다.

오답해설

① 일반공모방식은 청약일 전 제3거래일로부터 제5거래일까지의 가중산술평균주가를 기준주가로 하여 당해 기준주가의 70% 이상에서 발행가액을 정하여야 한다.

022 ②

㉢ 상장 신청한 주권의 1주 금액이 5,000원 미만인 경우에는 1주의 금액은 100원, 200원, 500원, 1,000원 및 2,500원 중에 하나이어야 한다.

㉤ 주권의 배당기산일이 주권의 종류별로 동일하지 않은 경우 상장을 유예할 수 있다.

023 ④

상장지수집합투자기구(ETF)의 상장에 대한 설명이다.

024 ③

고위험, 고수익의 새로운 투자수단을 제공해주는 시장으로 투자자의 자기책임원칙이 중요하다.

오답해설

① 출범과 동시에 (주)코스닥증권시장에 주문을 집중하도록 하고 낙후된 거래방식을 경쟁매매방식으로 전환하였다.

② 비정규시장(장외시장)의 매매는 상대매매의 방식이다.

④ 코스닥시장의 운영과 관련한 제 규정의 승인권한은 금융위원회의 소관이다.

tip 코스닥시장의 기능 및 특징

기능	특징
• 자금조달 기능 • 자금운용시장 기능 • 벤처산업의 육성	• 성장기업 중심의 시장 • 독립적 경쟁시장 • 금융투자업자의 역할과 책임이 중시되는 시장

025 ①

고객의 위탁매매호가가 금융투자업자의 자기매매호가보다 우선한다.

tip 개별경쟁매매시의 매매체결의 원칙

- **가격우선의 원칙** : 저가의 매도호가는 고가의 매도호가에 우선하고 고가의 매수호가는 저가의 매수호가에 우선한다.
- **시간우선의 원칙** : 동일한 가격의 호가는 호가가 제출된 시간의 선후에 따라 먼저 접수된 호가가 뒤에 접수된 호가에 우선한다.
- **위탁매매우선의 원칙** : 단일가매매시간에 접수된 호가가 동시호가인 경우에 동시호가 간에는 고객의 주문인 위탁매매가 금융투자업자의 자기매매호가에 우선한다.
- **수량우선의 원칙** : 단일가매매시간에 접수된 호가가 동시호가인 경우 수량이 많은 호가가 수량이 적은 호가에 우선한다.

026 ④

투자주의종목 지정사유가 발생하는 경우에는 매매거래 정지 조치를 하지 않는다.

tip 매매거래 정지사유 및 정지기간

정지사유	정지기간
조회공시 답변공시 기한 내 불응	조회공시 답변공시까지
불성실공시법인 지정	지정일 당일
풍문 · 보도 관련 거래량 급변 예상	정지사유에 대한 조회결과 공시 시점부터 30분이 경과한 때까지

상장폐지기준 해당	상장폐지기준 해당시부터 정리매매기간 전일까지
위조 · 변조증권 발생 확인	확인시점부터 정지사유 해소시까지
공익과 투자자 보호 등	사유 발생시부터 당해 사유 해소시까지

027 ④

채권의 발행조건에는 발행주체, 원리금 상환기관, 이자지급방법, 원금상환방법, 발행통화의 종류, 보증여부 등이 있다. 발행주체에 따른 분류에 특수채, 지방채, 국채, 회사채가 해당한다.

tip 채권의 분류

- **발행주체에 따른 분류** : 국채, 지방채, 특수채, 회사채
- **보증 여부에 따른 분류** : 담보부사채, 보증사채, 무보증사채
- **이자 및 원금지급방법에 따른 분류** : 복리채, 단리채, 복 · 단리채, 할인채, 이표채
- **만기기간에 따른 분류** : 단기채, 중기채, 장기채
- **표시통화에 따른 분류** : 자국통화표시채권, 외화표시채권
- **기타** : 자산유동화증권(ABS), 금리변동부채권(FRN)

028 ②

Dutch Auction이란 낙찰된 수익률 중 가장 높은 수익률과 낙찰가격의 최저 부분에 모든 낙찰자의 가격을 일치시키는 단일가격 경매방식을 말하는 것으로, 발행조건이 균일하다.

tip 채권의 발행방식

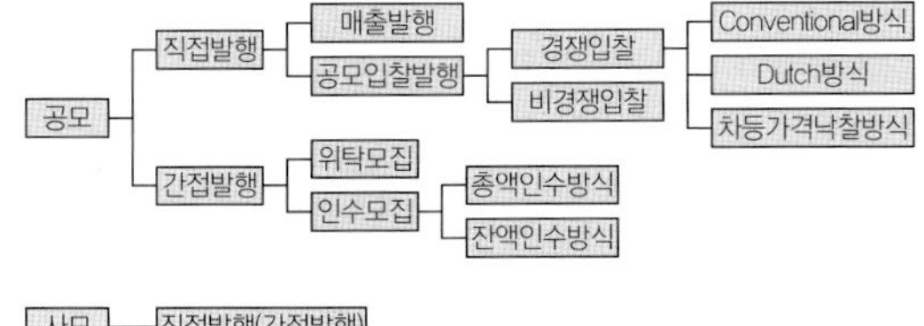

029 ④

발행주체의 자격요건 및 발행요건 등이 법으로 제한되어 있다.

tip 채권의 기본적 특성

- 발행자격의 법적 제한
- 이자확정적 지급 증권
- 기한부 증권
- 장기상환기간 증권

030 ①

채권의 매매일로부터 만기일까지의 기간을 잔존기간, 채권의 권면에 기재된 이율을 표면이율이라 하며 액면금액에 대해 연단위로 이율을 지급한다.

tip 채권관련 기본용어

- **액면가** : 채권의 권면에 표시된 금액
- **표면이율** : 채권의 권면에 기재된 이율로 액면금액에 대해 연단위로 지급하는 이자율
- **발행일** : 채권의 신규창출 기준일
- **매출일** : 실제로 채권이 신규창출된 날짜
- **만기기간** : 채권의 발행으로부터 원금상환이 이루어지기까지의 기간
- **경과기간** : 채권의 발행일 혹은 매출일로부터 매매일까지의 기간
- **잔존기간** : 기발행된 채권을 매매할 경우 매매일로부터 만기일까지의 기간
- **만기수익률** : 채권의 시장가격을 결정하는 이자율, 시장수익률, 유통수익률로 불림

031 ③

수익률 하락예상시 유통수익률이 높은 채권을 매입한다.

tip 수익률 예측전략에서의 포트폴리오 구성

구분	수익률 하락예상 시	수익률 상승예상 시
잔존기간	장기채 매입	단기채 매입
표면이자율	표면이율이 낮은 확정금리 채권(듀레이션이 긴 채권)	표면이율이 높은 확정금리 채권(듀레이션이 짧은 채권)
유통수익률	유통수익률이 높은 채권	유통수익률이 낮은 채권
이자지급조건	고금리부 채권매입	변동금리부 채권매입

032 ④

Repo거래와 채권전문 자기매매업자, 채권대차거래에 관한 설명이다. 따라서 ㉠에는 환매조건부 채권매매(RA), ㉡에는 시장조성, ㉢에는 채권대차거래가 들어가는 것이 올바르다.

033 ④

㉡ 동일한 크기의 수익률변동이 발생하더라도 채권가격의 변동률은 수익률이 하락할 때와 상승할 때가 동일하지 않다.

㉢ 표면이율이 높을수록 동일한 크기의 수익률변동에 대한 가격변동률은 작아진다.

㉤ 채권의 잔존기간이 길어질수록 동일한 수익률변동에 대한 가격변동률은 커진다.

㉥ 수의상환권은 채권발행 시 지급하기로 한 이자율보다 시장금리가 낮아질 경우 행사된다.

034 ②

코넥스시장에 상장하고자 하는 기업은 거래소가 선정한 지정자문인 중 1개사와 지정자문인 선임계약을 체결하여야 신규상장신청이 가능하며, 지정자문인은 상장예정법인의 상장적격성 심사뿐만 아니라 기업의 후견인 역할을 수행한다.

tip 지정자문인의 역할

- **상장 전** : 기업실사, 기업실사보고서 작성, 상장적격보고서 작성 및 상장적격성 심사
- **상장 후** : 금융관련법규 및 거래소규정 준수 관련 컨설팅, 공시 및 신고업무의 자문 및 대리, 기업설명회 개최 권고 및 지원, 기업현황보고서 작성 및 게시, 유동성공급호가 제출, 기타 거래소가 필요하다고 인정하는 업무

035 ①

K－OTC시장은 관리종목지정제도가 없으며, 자본이 완전잠식된 경우에는 투자유의사항으로 공시된다.

tip 투자유의사항 지정사유

- 최근 사업연도말 현재 자본잠식 상태인 경우
- 최근 사업연도의 매출액이 5억 원 미만인 경우
- 최근 사업연도의 재무제표에 대한 외부감사인의 감사의견이 부적정, 의견거절이거나 감사범위제한으로 인한 한정인 경우
- 법원에 회생절차개시를 신청한 경우, 회생사건이 계속되어 있는 경우, 법원의 회생절차개시결정 취소, 회생계획불인가 및 회생절차폐지 결정이 있는 경우
- 등록법인이 최근 2년간 불성실공시법인으로 지정된 횟수가 4회 이상인 경우
- 등록법인이 소액주주 주식분산기준에 미달하는 경우

036 ③

중소기업은행, 한국산업은행은 특수은행에 속한다.

tip 은행

- **일반은행** : 시중은행, 지방은행, 외국은행 국내지점
- **특수은행** : 한국산업은행, 한국수출입은행, 중소기업은행, 농업협동조합중앙회 · 수산업협동조합중앙회의 신용사업부문

037 ②

연금신탁은 원금 이하로 운용될 경우 은행에서 원금을 보장해 준다.

038 ①

금융투자회사는 금융투자업을 영위하는 모든회사를 칭한다. 「자본시장과 금융투자업에 관한 법률」에 따라 6가지로 분류하고 있다. 투자매매업, 투자중개업, 집합투자업, 투자자문업, 투자일임업, 신탁업으로 분류한다.

039 ②

㉡ 표지어음은 금융기관이 기업으로부터 매입(할인)해 보유하고 있는 상업어음이나 외상매출채권을 다시 쪼개거나 묶어 액면금액과 이자율을 새로 설정해 발행하는 어음이다. 따라서, 금융기관이 표지어음의 발행인 및 지급인이 된다.
㉢ 금융채는 이자지급방식에 따라 할인채, 복리채, 금리연동부 이표채로 구분한다.
㉣ 후순위채는 투자기간이 5년 이상으로 단기자금운용에는 적합하지 않다.

040 ①

㉡ 증권회사의 위탁매매업, 중개업, 모집 · 매출의 주선업, 대리업, 매매위탁의 중개 · 주선 · 대리업 등은 투자중개업에 해당한다.

041 ①

수익증권은 투자신탁을 설정한 집합투자업자가 투자신탁의 수익권을 균등하게 분할하여 표시한 것으로 수익자는 수익증권의 좌수에 따라 균등한 권리를 가지며, 고객을 대신해 투자하여 나온 수익금을 투자자들에게 지급하는 것으로 확정금리형이 아닌 실적배당형의 금융상품이다.

042 ④

랩어카운트는 자산운용방식, 투자대상, 일임의 정도 등에 따라 다양한 종류가 존재하지만, 일반적으로 일임형 랩어카운트, 자문형 랩어카운트, 펀드형 랩어카운트 등으로 구분된다.

043 ③

ELF는 중도환매가 가능하다.

오답해설

① ELD : 정기예금, ELS : 유가증권, ELF : 수익증권
② ELD는 5,000만 원까지 예금자보호대상에 포함된다.
④ ELS의 자금운용구조는 대부분 우량채권에 투자하고 일부를 주가지수옵션, 주식워런트증권, 주가지수선물 등으로 되어 있다.

044 ①

㉠ ETF는 주식과 같이 시장에서 계속적으로 거래되므로 투자자는 원하는 가격과 시간에 시장에서 매매하면 되므로 의사결정과 투자 간의 차이를 없앴다.
㉤ 거래소의 거래시간 중에 자유로이 현재가격에 매매가 가능하기 때문에 일반주식과 같이 증권사에 직접 주문을 내거나 HTS 또는 전화로 매매가 가능하다.

045 ③

원하는 펀드, 주식형, 채권형 등 한 가지를 선택하여 적립식으로 투자한다.

tip 적립식 펀드

분산투자하게 되므로 주가가 떨어지면 같은 금액으로 더 많은 주식을 사게 되고, 주가가 오르면 적은 주식을 사게 되므로 주식의 평균 매입단가를 낮추는 효과가 있고, 매월 일정한 금액으로 장기투자할 때 적합한 상품이다. 투자원금은 보장되지 않는다.

046 ③

장기적으로 인플레이션 헤지를 통해 실질가치가 보전된 보장금액을 제공하는 것이 변액보험의 개발목적이다.

047 ②

자산배분(asset allocation)의 정의이다.

048 ④

독립성의 원칙으로 하나의 자산집단은 다른 자산집단과 상관관계가 충분히 낮아야 분산투자의 효과를 얻을 수 있다.

049 ④

과거 고도 성장기에는 높은 시장성장률로 특별한 노력 없이도 수탁자산의 증대가 이어졌으나, IMF 금융위기를 겪으면서 시장성장의 둔화 및 성숙단계로 진입하여 치열한 고객확보가 요구되고 있다.

050 ③

㉣ 신규고객을 확보하는 데 드는 비용이 기존고객의 유지 및 관리비용에 비해 약 6배 정도가 더 투입된다는 것이 일반적인 영업 통계치다.
㉤ 관계마케팅은 기존고객과의 관계 관리를 통해 기존고객의 유지와 발전에 초점을 맞춘 경영전략이다.

051 ④

고객이 투자제안에 만족할 경우에도 고객의 동의를 거쳐 동의된 투자자산 배분전략에 따른 투자를 실행해야 한다.

052 ②

고객의 Needs 파악을 위한 질문의 수법에는 폐쇄형 질문(Close－end Question), 개방형 질문(Open－end Question), 확대형 질문(High－Gain Question)이 있다.

053 ②

전화는 벨이 3번 이상 울리기 전에 받아야 한다.

오답해설

① 상면 없이 전화거는 경우 초면인사 → 자신의 소개 → 전화목적 → 일정약속 → 전화클로징의 5단계에 따라 통화해야 한다.
③ 자리를 비울 때는 제2의 통신 및 연락수단을 제공해야 한다(휴대전화, 이메일 등).
④ 표준어를 사용하도록 하고, 전문용어나 외래어의 과도한 사용을 자제한다.

054 ④

④는 자본시장법에서 자본시장에 종사하는 사람들을 위한 직무윤리의 역할에 대해 이야기하고 있다.

055 ③

각 국가별로 전문가, 기업인, 애널리스트들의 견해를 반영하여 정부, 공무원들과 정치인 등 공공부분의 부패수준의 정도를 지수로 나타낸 것이다.

056 ③

직무윤리의 상당부분이 법규범화 함으로써 직무윤리에 반하는 행위가 동시에 법규범 위반으로 되어 법적 제재가 따르는 경우가 많이 있다.

057 ②

「자본시장과 금융투자업에 관한 법률」 제37조 제1항에서는 공통의 영업행위규칙에 대하여, "금융투자업자는 신의성실의 원칙에 따라 공정하게 금융투자업을 영위하여야 한다."로 규정하고 있다.

058 ①

직무윤리를 준수하여야 할 의무는 해당 업무의 담당자뿐만 아니라 소속회사와 중간감독자에게도 있다.

오답해설

② 자본시장에 몸담고 있는 자들은 상호 경쟁관계에 있기도 하지만, 공동의 목적을 지향하는 동업자의 한 사람으로서 서로 협력하여야 하는 상호협조의무를 지닌다.
③ 법은 도덕의 최소한이다.
④ 신의성실의무는 법적 의무로서의 측면과 윤리적 의무로서의 측면이 상당부분 중첩되어 있다.

059 ①

금융위원회는 법령을 위반한 사실이 드러난 금융투자업자에 대하여 재발방지를 위하여 내부통제기준의 변경을 권고할 수 있다. 직접 변경이 아니라 변경 권고임에 유의한다.

060 ①

고객이 투자판단에 필요한 충분한 정보를 가지고 투자결정을 할 수 있도록 관련 업무종사자는 투자대상의 선정 등에 관한 원칙과 투자대상 등을 고객에게 충분히 설명하여야 한다.

061 ③

Know-Your-Customer-Rule로써 고객의 재무상황, 투자경험, 투자목적, 기간 등을 충분하게 파악하여 투자의 권유가 이루어져야 한다.

062 ①

중요한 사실이 아니라면 오히려 그것을 설명함으로써 고객의 판단에 혼선을 가져줄 수 있는 사항은 설명을 생략할 수 있다.

오답해설

② 사실과 의견의 구분 의무 위반
③ 투자성과 보장 등에 관한 표현의 금지 의무 위반
④ 객관적 근거에 기초하여야 할 의무 위반

063 ④

금융투자회사는 내부통제기준 변경시 이사회의 결의를 거쳐야 한다.

오답해설

① 금융투자회사가 내부통제기준을 변경하려면 이사회의 결의를 거쳐야 한다.
② 금융투자회사는 준법감시인을 반드시 1인 이상 두어야 한다.
③ 임시직에 있는 자도 내부통제기준의 적용대상이 된다.

064 ④

근무시간 외라도 일정한 대가를 받고 참석하는 것이므로 이를 보고해야 한다.

065 ②

만일 고객에 관한 어떠한 사항이 비밀정보인지 불명확할 경우에는 일단 비밀이 요구되는 정보인 것으로 취급해야 한다. 고객의 금융거래와 관련해서는 「금융실명거래 및 비밀보장에 관한 법률」이 적용되어 법관이 발부한 영장에 의한 경우 등의 예외적인 경우를 제외하고는 금융기관 임직원이 고객의 금융거래정보를 타인에게 제공하거나 누설하는 것이 원칙적으로 금지되어 있다.

066 ④

자본시장법은 투자자 보호와 금융투자업에서의 금융혁신, 고부가가치 금융영역에서 경쟁을 촉발하도록 함으로써 우리금융투자업, 우리자본시장의 경쟁력을 높이는 것을 목적으로 하고 있다.

067 ②

투자계약증권에 대한 설명이다. 증권은 그 특성에 따라 채무증권, 지분증권, 수익증권, 투자계약증권, 파생결합증권, 증권예탁증권의 6가지로 분류된다.

068 ④

증권의 집중예탁과 이에 관련되는 결제 등 복합 서비스를 제공하는 한국예탁결제원의 업무들이다.

069 ②

장외파생상품 등 위험금융투자상품을 대상으로 하는 인가와 일반투자자를 상대로 하는 금융투자업의 경우에는 강화된 진입요건을 설정하였다.

tip 금융투자업 진입규제

- **등록제** : 투자자문업, 투자일임업
- **인가제** : 투자매매업, 투자중개업, 집합투자업, 신탁업

070 ③

자본시장법은 금융투자업자에 대하여 투자자가 노출되는 위험의 크기에 따라 진입규제방식을 차별적으로 적용하고 있다.

오답해설

① 투자자문업과 투자일임업의 경우는 금융위원회에 등록을 한 후 영업행위를 하도록 하고 있으므로 대주주 변경승인을 받을 필요는 없으나 대주주가 변경된 경우에는 이를 2주 이내에 금융위원회에 보고해야 한다.
② 투자자문업과 투자일임업에 대해서는 보다 완화된 진입규제가 적용되지만 등록은 반드시 받아야 한다.
④ 공통요건의 경우에는 위반의 정도가 경미한 경우에는 승인이 가능하다.

071 ④

투자권유대행인 외에 금융투자회사에게도 손해배상책임이 인정된다.

072 ④

신용공여는 투자매매업자 또는 투자중개업자가 증권과 관련하여 금전을 융자하거나 증권을 대여하는 방법으로 이는 증권시장에서 유동성을 공급하지만 투기를 조장할 가능성도 있기 때문에 자본시장법은 신용공여를 원칙적으로는 허용하지만, 인수업무와 관련된 일정 경우에는 금지하고 있다.

073 ①

청약의 권유대상자수에 있어서 다수의 기준은 50인 이상이다.

074 ①

사업보고서 제출대상에 포함되나 파산으로 인해 사업보고서의 제출이 사실상 불가능한 경우에는 제출이 면제된다.

오답해설

② 유통시장공시는 자본시장법하에서는 주요사항보고와 거래소 수시공시로 이원화되었다.
③ 정보의 최신성과 신속성을 확보하기 위함이다.

075 ③

주요사항보고서를 금융위원회에 제출해야 한다.

076 ①

단기매매차익 반환청구 및 반환청구에 대한 요구 및 대위청구는 이익을 취득한 날로부터 2년 이내에 행사하지 않은 경우에는 소멸한다.

오답해설

② 당해 법인이 발행한 증권, 이와 관련된 증권예탁증권 등이 있다.

③ 직원의 경우에는 원칙적으로 규제대상에서 제외하는 것으로 하되, 직무상 미공개 중요정보 접근 가능성이 있는 자를 포함한다. 다만 이들 중 증권선물위원회가 미공개 중요정보를 알 수 있는 자로 인정하는 자가 단기매매차익반환규정의 적용대상이 된다.

④ 주요주주가 매도, 매수한 시기 중 어느 한 시기에 주요주주가 아닌 경우에는 단기매매차익반환규정이 적용되지 않는다. 즉, 주요주주의 경우 매도 · 매수 양시기에 주요주주인 경우에만 단기매매차익반환의무가 생긴다.

tip 단기매매차익반환대상

- 당해 법인이 발행한 증권
- 이와 관련된 증권예탁증권
- 당해 법인 이외의 자가 발행한 것으로서 위의 증권과 교환을 청구할 수 있는 교환사채권
- 앞의 증권만을 기초자산으로 하는 금융투자상품

077 ④

금융위원회규정에서 구체적인 서식 등을 감독원장에게 위임할 수 있다.

오답해설

① 단기매매차익반환 등에 관한 규정은 자본시장법에서 다루고 있다.

② 증권관련 금융위규정은 자본시장을 규율하는 법으로서 작용한다.

③ 금융위규정은 법규명령의 일종으로 대외적으로 법적구속력을 가지고 있다.

078 ②

보증기관은 증권분석기관에 해당되지 않는다. 채권평가회사가 이에 해당된다.

079 ④

외국법인 등이 법령 또는 규정에 따라 금융위, 증선위에 제출하거나 신고하는 신청서나 신고서류 등은 한글로 작성하여야 한다. 다만, 금융위가 필요하다고 인정하는 경우에는 영문으로 제출할 수 있다.

080 ②

주권상장법인이 일반공모방식으로 유상증자를 하는 경우 청약일 전 과거 제3거래일부터 제5거래일까지의 가중산술평균주가를 기준주가로 하여 기준주가의 70% 이상에서 발행가액을 정하여야 한다.

081 ④

투자자의 주문이 주문내용과 달리 체결되었거나 체결 가능한 주문이 체결되지 못한 경우에는 당해 내용 및 처리대책을 지체 없이 투자자에게 통지하고 그 증빙자료를 3년 이상 보관 · 유지해야 한다.

082 ②

투자매매업자와 투자중개업자는 투자자 또는 거래상대방 등에게 제공하거나 투자자 또는 거래상대방으로부터 제공받는 금전 · 물품 · 편익 등의 범위는 일반인이 통상적으로 이해하는 수준(협회가 정하는 한도)을 초과할 수 없다.

083 ②

특정 금융투자상품의 매매를 권유한 대가로 권유대상 금융투자상품의 발행인 및 그의 특수관계인 등 권유대상 금융투자상품과 이해관계가 있는 자로부터 재산적 이익을 제공받는 행위는 이해상충발생 우려가 있어 금지된 투자권유행위이다.

오답해설

① 수수료 · 성과보수 관련 금지행위에 해당한다.
③ 투자자 주문정보 제3자 제공행위에 해당한다.
④ 가격공동행위에 해당한다.

084 ①

매 사업연도 개시일부터 3개월간 · 6개월간 · 9개월간 및 12개월간의 업무내용을 기술한 보고서를 작성하여 감독원장에게 제출하여야 한다.

085 ②

금융기관에 대한 검사 · 제재는 금융위원회의 기능이다.

086 ④

투자목적, 재산상황, 투자경험 등 고객정보를 파악하지 않은 일반투자자에 대하여는 투자권유를 할 수 없다.

오답해설

① 증권신고의 효력이 발생한 집합투자증권의 경우 투자설명서를 교부해야 한다.
② 녹취, 전자우편 등의 방법으로도 확인이 가능하다.
③ 장외파생상품은 거래시마다 일반투자자의 정보를 파악하여야 한다.

087 ④

금융투자상품 또는 영위업무에 대한 광고내용을 형식적으로 분리하지 않아 투자판단에 오해를 주는 행위는 금지된다.

088 ①

금융투자회사는 최근 1년간 3회 이상의 투자의견이 구체적으로 명시된 조사분석자료를 공표한 경우 최종 공표일이 속하는 월말로부터 6개월 이내에 해당 금융투자상품에 대한 조사분석자료를 추가로 공표해야 하며, 만약 더 이상 자료를 공표하지 않고자 할 경우 중단사실을 고지하여야 한다.

089 ②

②는 사후보고사항으로 변경한 후 7일 이내에 협회에 보고하여야 한다.

---

tip 사후보고

약관의 제정 및 변경이 다음의 어느 경우에 해당하는 경우 금융투자회사는 약관을 제정 또는 변경한 후 7일 이내에 협회에 보고하여야 한다.

- 약관내용 중 고객의 권리 또는 의무과 관련이 없는 사항을 변경하는 경우
- 협회가 제정한 표준약관을 그대로 사용하는 경우
- 제정 또는 변경하고자 하는 약관의 내용이 다른 금융투자회사가 이미 협회에 신고한 약관의 내용과 같은 경우
- 전문투자자만을 대상으로 하는 약관을 제정 또는 변경하는 경우

---

090 ②

발행주식총수의 3% 이상에 해당하는 주식을 가진 소수주주는 회의의 목적사항과 소집의 이유를 기재한 서면 또는 전자문서를 이사회에 제출하여 주주총회의 소집을 청구할 수 있다.

091 ①

주주와 회사채권자는 영업시간 내에는 언제나 주주명부를 열람 또는 등사할 수 있다.

오답해설

② 폐쇄기간은 3개월을 초과할 수 없으며, 그 기간 중에는 주식의 명의개서는 물론 권리변동에 관한 일체의 기재를 할 수 없다.
③ 기명주식을 발행하는 경우의 기재사항은 주주의 성명과 주소, 각 주주가 가진 주식의 종류와 그 수, 각 주주가 가진 주식의 주권을 발행한 때에는 그 주권의 번호, 각 주식의 취득연월일이다. 무기명주식을 발행한 때에는 주주명부에 그 종류, 수, 번호와 발행연월일을 기재하여야 한다.
④ 주주명부의 기준일은 권리의 행사일로부터 3개월 이내의 날로 정해야 한다.

092 ②

신주발행의 무효는 주주, 이사 또는 감사에 한하여 신주발행일로부터 6개월 내에 소(訴)만으로 주장할 수 있다.

오답해설

① 신주인수권은 예외적으로 정관의 규정에 의하여서만 제3자에게 부여할 수 있다. 이 경우에도 신기술의 도입이나 재무구조의 개선 등 회사의 경영목적달성에 필요한 경우에 한한다.
③ 신주발행 유지청구권은 모든 주주에게 인정되며, 회사를 상대로 한다. 위법행위 유지청구권이 소수주주 및 감사에 한하여 인정되는 것이다.
④ 신주발행 무효의 판결은 소급효가 없으므로, 무효판결의 확정에 의하여 장래에 있어서만 무효가 된다.

093 ②

준비금의 자본전입은 이사회의 결의가 원칙이나, 정관으로 주주총회의 결의사항으로 정할 수 있다.

오답해설

① 자본준비금은 회사의 자본거래에서 생긴 잉여금을 재원으로 하는 준비금으로, 적립한도의 상한선 없이 그 금액을 모두 적립한다.
③ 이익준비금은 매 결산기의 금전에 의한 이익배당액의 1/10 이상을 자본의 1/2에 달할 때까지 적립하여야 한다.
④ 법정준비금은 자본의 결손을 보전하고 자본전입을 하는 경우에만 사용할 수 있다.

tip 준비금의 종류

- **법정준비금** : 법률의 규정에 의하여 적립하는 것으로 재원의 성질에 따라 이익준비금과 자본준비금으로 구분
  - 이익준비금 : 매 결산기의 금전배당을 기준으로 적립하는 준비금으로서 손실의 전보와 영업상태 등의 악화에 대비하기 위한 준비자금
  - 자본준비금 : 자본거래에서 생긴 잉여금을 재원으로 하는 준비금으로서 주주의 출자의 일부 기타 자본에 준하는 성질의 특수재원을 적립함
- **임의준비금** : 회사가 자체적으로 정관이나 주주총회의 결의에 의하여 이익준비금을 적립한 다음의 잔여잉여금이나 이익준비금을 한도액까지 적립한 후 이익금 일부를 재원으로 적립하는 준비금

094 ③

소멸회사의 권리의무는 별도의 절차 없이 존속회사 또는 신설회사로 승계된다.

오답해설

① 주식회사와 유한회사가 합병하는 경우 존속회사 또는 신설회사는 주식회사나 유한회사의 어느 쪽이라도 상관없다.
② 소규모 합병을 할 때에는 이사회의 승인으로 주주총회의 승인을 갈음할 수 있다.
④ 합병에 반대한 주주라도 주식매수청구권을 행사하지 않는 한 존속회사 또는 신설회사의 주주가 된다.

095 ④

감사위원회는 감사의 법정대체기관이므로 양자가 병존할 수는 없다.

096 ①

납세의 구성요소인 과세요건으로는 납세의무자, 과세표준, 과세물건, 세율이 있다.

097 ②

과세권자에게 확정권을 부여하는 것으로 증여세와 상속세 등이 해당된다.

tip 납세의무의 확정

납세의무	내용
신고확정	납세의무자의 신고에 의해 과세표준과 세액이 확정되는 조세 예 소득세, 법인세, 부가가치세, 증권거래세 등
부과확정	과세관청의 부과처분에 의해 과세표준과 세액이 확정되는 조세 예 상속세, 증여세 등
자동확정	납세의무의 성립과 동시에 자동적으로 과세표준과 세액이 확정되는 조세 예 인지세, 원천징수하는 소득세 · 법인세, 중간예납하는 법인세, 납세조합이 징수하는 소득세 등

098 ④

의제배당이란 상법상의 이익배당은 아니지만 법인이 감자 등을 하는 경우 주주들에게 이익배당을 주는 것과 같은 경제적 이익을 주는 배당으로, 배당소득으로 과세된다. 반드시 환매금지형으로 설정, 설립하여야 한다.

099 ③

국가 또는 지방자치단체가 주권 등을 양도하는 경우, 주권을 목적물로 하는 소비대체의 경우 등은 증권거래세를 부과하지 않는다.

tip 증권거래세 과세대상

- 상법 또는 특별법에 의해 설립된 법인의 주식이나 외국법인이 발행한 주권 또는 주식예탁증서로서 증권거래소에 상장된 주식의 양도
- 주권 발행 전의 주식, 주식의 인수로 인한 권리, 신주인수권과 특별법에 의해 설립된 법인이 발행하는 출자증권의 양도
- 상법에 의해 설립된 합명회사, 합자회사 및 유한회사 사원의 지분 양도

100 ③

장외거래시의 증권거래세율은 0.43%이다.

제2회 정답 및 해설

001 ④	002 ④	003 ①	004 ②	005 ④
006 ①	007 ①	008 ④	009 ③	010 ①
011 ②	012 ③	013 ③	014 ③	015 ①
016 ①	017 ②	018 ①	019 ④	020 ②
021 ④	022 ②	023 ①	024 ①	025 ②
026 ④	027 ①	028 ①	029 ④	030 ④
031 ④	032 ②	033 ③	034 ②	035 ②
036 ①	037 ③	038 ④	039 ①	040 ①
041 ①	042 ①	043 ④	044 ①	045 ④
046 ③	047 ④	048 ④	049 ①	050 ①
051 ①	052 ④	053 ②	054 ④	055 ①
056 ①	057 ④	058 ④	059 ③	060 ②
061 ②	062 ②	063 ③	064 ①	065 ③
066 ④	067 ④	068 ④	069 ③	070 ②
071 ①	072 ①	073 ④	074 ④	075 ③
076 ①	077 ②	078 ①	079 ③	080 ③
081 ④	082 ④	083 ①	084 ④	085 ③
086 ②	087 ③	088 ②	089 ①	090 ①
091 ③	092 ③	093 ④	094 ①	095 ④
096 ②	097 ③	098 ④	099 ②	100 ④

001 ④

대부분의 경제시계열은 추세변동, 순환변동, 계절변동, 불규칙변동의 4가지 변동요소로 구성되어 있다.

tip 시계열의 변동요인

- **추세요인**(Secular Trend, T_t) : 인구증가나 기술진보 등의 장기적인 요인에 의해 발생되는 변동요인
- **순환요인**(Cyclical Movement, C_t) : 경기가 상승하거나 하강함에 따라 나타나는 변동요인
- **계절요인**(Seasonal Variation, S_t) : 1년을 주기로 매년 계절적 요인에 따른 주기적 변동요인
- **불규칙요인**(Irregular Fluctuation, I_t) : 천재지변이나 전쟁 등 일정한 기준에 의해 설명할 수 없는 단기적이고 우발적인 요인에 따른 변동요인

002 ④

협의통화(M1)는 통화의 지급결제기능을 중시하여 현금통화와 예금취급기관의 요구불예금과 수시입출식 저축성예금으로 구성된다.
시장형 금융상품은 광의통화(M2)에 포함된다.

tip 통화지표의 종류와 범위

협의통화 (M1)	현금통화+요구불예금+수시입출식 저축성예금(MMF 포함)
광의통화 (M2)	M1+만기 2년 미만의 기간물 예적금과 부금+시장형 금융상품(CD, RP, 표지어음 등)+실적배당형 금융상품(금전신탁, 수익증권, CMA 등)+금융채+기타(투신증권저축, 종금사 발행어음 등)
금융기관 유동성(Lf)	M2+만기 2년 이상의 정기예적금, 금융채+증권금융 예수금+생명보험회사(우체국보험 포함) 보험계약준비금
광의유동성 (L)	Lf+정부, 기업 등이 발행한 유동성 금융상품

003 ①

Hymans의 법칙은 조건에 의해서 작성된 선행지수를 통하여 나타나는 신호를 판단하는 방법으로서 경기국면의 변화로 경기전환점을 예측한다.

tip 선행지수를 이용한 경기전환점 예측방법

- **Neftci의 확률법칙** : 거짓신호를 줄이는 동시에 전환점 예측의 오류 가능성을 판단할 수 있는 경기예측방법
- **3연속법칙** : 선행지표의 2번 또는 3번 연속하락을 이용해 경기 정점의 신호를 파악하는 경기예측방법
- **연속신호법칙** : 선행지수증가율과 동행지수증가율의 변화를 이용해 경기전환점을 예측하는 방법
- **Hymans의 법칙** : 선행지수를 이용한 예측을 매월 실시하여, 그 결과를 경기국면에 '변화가 없다(NC)', '정점이 다가온다(P)', '저점이 다가온다(T)' 등으로 구분하는 경기예측기법

004 ②

t의 절댓값이 2 이상이면 독립변수가 종속변수를 설명하는 변수로서 의미가 있는 것으로 해석할 수 있다.

오답해설

① R^2 : 1에 가까울수록 독립변수들과 종속변수들 간에 긴밀함을 의미한다.

③ F : 값이 5 이상이면 독립변수들 간에 유의성이 있다고 본다.

④ DW : 2에 가까울수록 오차항 사이의 자기상관이 없다고 할 수 있다.

tip 거시경제계량모형 추정결과의 해석 및 검증

- R^2 : 모형에 포함된 독립변수가 종속변수의 변동을 얼마나 잘 설명하고 있는가를 나타내는 것으로써, 1에 가까울수록 독립변수들과 종속변수 간의 관계가 긴밀함을 의미함
- t : 각각이 독립변수에 대한 유의성을 검정하는 통계량으로, 절댓값이 2 이상이면 해당 변수가 유의적이라고 봄
- F : 모형 자체의 유의성을 검정하는 통계량으로, 일반적으로 값이 5 이상이면 모형에 유의성이 있다고 봄
- DW : Durbin－Watson Statistic이라 하며 2에 접근할수록 오차항 사이의 자기상관이 없음을 의미함

005 ④

추세변동과 순환변동을 분리하기 위해서는 추세변동의 추정이 필요한데, 장기이동평균법과 최소자승법이 이용된다. 장기이동평균법은 추세선의 모양은 알 수 있으나 방정식을 구할 수 없으며, 최소자승법은 추세선의 방정식까지 구할 수 있다는 특징이 있다.

006 ①

㉠ 내부시차는 정책이 결정되는 데 소요되는 시간을 말하고, 외부시차는 정책이 실제로 실물경제에 영향을 미치는 데 소요되는 시간을 말한다. 통화정책은 한국은행이 주로 정책결정을 하므로 내부시차는 짧은 대신 외부시차가 길고, 입법과정과 국회동의를 요하는 경우가 많은 재정정책은 내부시차가 긴 대신 외부시차가 짧다.

㉣ 실물적 경기변동이론에 대한 설명이다.

007 ①

이자율의 상승은 자금조달을 축소시켜 주가하락 가능성이 높아진다.

tip 물가와 주가의 관계(일반적 상황을 전제)

- **급격한 물가상승** : 금융자산 회피 → 실물자산 선호 → 주가하락
- **완만한 물가상승** : 실물경기 상승 → 기업수지 개선 → 주가상승
- **디플레이션** : 금융자산 선호 → 주가상승
- **스태그플레이션** : 기업수지 악화 → 주가하락

008 ④

자산은 유동자산과 고정자산으로 구분한다.

tip 재무상태표 작성시 구분방법

- **자산** : 유동자산, 고정자산
- **부채** : 유동부채, 고정부채
- **자본** : 자본금, 자본잉여금, 이익잉여금, 자본조정

009 ③

③은 기술적 분석의 한계이다.

tip 재무비율분석의 한계점

- 재무제표의 기본 목적이 기업의 미래이익을 예측하기 위한 것인데, 비율분석은 과거의 회계정보에 의존한다.
- 재무제표가 일정시점이나 일정기간을 중심으로 작성되어 있어서 회계기간 동안의 계절적 변화를 나타내지 못하고, 결산기가 다른 기업과 상호 비교하기가 곤란하다.
- 합리적 경영을 하고 있는 동종 산업에 속하는 기업들 사이에도 경영방침이나 기업의 성격에 따라 재무비율에 큰 차이가 있다.
- 재무비율 상호 간에 연관성이 없으며 종합적인 결론을 내릴 수 없다.
- 표준비율 설정에 어려움이 따른다.

010 ①

수익성 분석에 대한 설명이다.

tip 재무비율 분석의 요소

- **안정성** : 일정시점에서 기업의 재무상태를 측정 · 분석하여 그 기업의 재무상태에 대한 안정성 여부를 판단 · 인식하는 것이다.
- **성장성** : 기업의 규모나 경영성과 등과 관련하여 전년대비, 동기대비, 추세대비 등을 비교하여 얼마나 성장 또는 감소했는지를 분석하는 것이다.
- **수익성** : 기업이 위탁된 자본을 이용하여 일정기간 동안 어느 정도의 경영활동성과를 나타내었는가를 측정하고 그 원인을 분석하는 것이다.
- **활동성** : 기업의 자본 또는 자산의 활용도를 측정하기 위한 분석이다.
- **생산성** : 노동력, 설비 등의 경제적 자원을 어느 정도 효율적으로 이용하고 있는지 또는 부가가치의 생산과 분배상태는 적당한지를 측정 · 분석하는 것이다.
- **시장가치** : 기업의 주식가격을 주당이익 및 장부가치와 관련시켜 투자자들이 그 회사의 과거실적 및 장래전망에 대해 어떻게 생각하고 있는지를 분석하는 것이다.

011 ②

㉠ 이익성장률이 클수록 PER은 커진다.

㉡ $PBR = \frac{주당시장가치}{주당장부가치}$

㉣ 항상성장모형에서 요구수익률이 클수록 주가는 하락한다.

012 ③

그랜빌은 강세시장과 약세시장에서 일반투자자와 전문투자자는 서로 반대의 투자심리를 가지게 된다고 보았다. 약세시장 제1국면, 제2국면과 강세시장 제3국면에서 전문투자자는 공포심을 갖고, 일반투자자는 확신을 갖는다.

tip 그랜빌의 투자심리와 투자행위

시장국면 / 투자자	강세시장			약세시장		
	제1국면 (매집)	제2국면 (상승)	제3국면 (과열)	제1국면 (분산)	제2국면 (공포)	제3국면 (침체)
일반투자자	공포	공포	확신	확신	확신	공포
전문투자자	확신	확신	공포	공포	공포	확신
투자전략	–	점차 매도	매도	–	점차 매수	매수

013 ③

십자형은 시장의 매수세와 매도세가 서로 균형을 이루는 경우에 나타난다.

tip 십자형 캔들차트

- 주가가 장 중에 등락하다가 종가와 시가가 같아지는 경우를 말함
- 장족십자형은 시장이 급등락을 보인 후 종가와 시가가 같게 되는 것으로 추세가 불안정한 모습을 보임
- 비석십자형은 시가와 종가가 같게 형성된 것으로 천장권에서 신뢰도가 가장 높음(고가가 높을수록 강력한 하락전환신호)
- 상승추세에서는 추세전환신호로서 높은 신뢰도를 가짐

014 ③

ⓒ 파동의 연장은 3번 파동이나 5번 파동에서 주로 발생한다. 연장의 연장은 일반적으로 3번 파동에서 발생한다.

tip 엘리어트 파동 절대불가침의 법칙

- 2번 파동 저점이 1번 파동 저점보다 반드시 높아야 한다.
- 3번 파동이 1, 3, 5번 파동 중에서 가장 짧은 파동이 될 수 없다.
- 4번 파동의 저점은 1번 파동의 고점과 겹칠 수 없다.

015 ①

OBV는 거래량이 주가에 선행한다는 전제하에 집계한다.

tip OBV 분석의 기본법칙

- OBV선의 상승은 매입세력의 집중을 나타낸다.
- OBV선의 하락은 매입세력의 분산을 나타낸다.
- OBV선이 상승함에도 불구하고 주가가 하락하면 조만간 주가상승이 예상된다.
- OBV선이 하락함에도 불구하고 주가가 상승하면 조만간 주가하락이 예상된다.
- 강세장에서는 OBV선의 고점이 이전의 고점보다 높게 형성된다.
- 약세장에서는 OBV선의 저점이 이전의 저점보다 낮게 형성된다.

016 ①

공모는 증권을 일반투자자에게 매각하여 분산 취득시키기 위한 행위로 모집과 매출로 나누어 정의하고 있다.

tip 모집과 매출

- **모집** : 50인 이상의 투자자에게 새로 발행되는 증권의 취득의 청약을 권유하는 것
- **매출** : 50인 이상의 투자자에게 이미 발행된 증권의 매도의 청약을 하거나 매수의 청약을 권유하는 것

017 ②

주식매수선택권은 타인에게 양도할 수 없으나 상속은 가능하다.

018 ①

비상장주권의 발행인이 기업을 공개하여 일반에게 주식을 매각한 후 처음으로 거래소시장에 주권을 상장하는 것은 신규상장에 대한 설명이다.

tip 주권상장

- **신규상장** : 비상장주권의 발행인이 기업을 공개하여 일반에게 주식을 매각한 후 처음으로 거래소시장에 주권을 상장하는 것이다.
- **신주상장** : 이미 상장된 주권의 발행인이 증자, 기업합병, 주식배당, 전환사채권 행사, 예탁증서 발행 등의 사유로 새로이 주권을 발행하여 상장하는 것이다.
- **변경상장** : 당해 주권의 종목, 종류, 액면금액, 수량 등을 변경한 후 새로이 발행한 주권을 상장하는 것이다.
- **재상장** : 상장폐지된 법인이 신규상장요건보다는 완화된 요건을 적용하여 보다 용이하게 다시 상장하는 것을 말한다.
- **우회상장** : 주권비상장기업이 주권상장법인과의 합병, 포괄적 주식교환, 자산양수 등을 통해 증권시장에 상장되는 것을 말한다.

019 ④

시장조성은 상장 이후의 절차이다.

tip 상장의 준비단계

- 외부감사인 지정
- 대표주관계약의 체결
- 정관정비
- 명의개서 대행계약
- 우리사주조합 결성 및 지주관리 위탁계약
- 이사회 또는 주주총회의 결의

020 ②

거래소의 상장예비심사결과는 주권상장예비심사청구서를 접수한 날부터 45일 내에 그 상장예비심사결과를 당해 주권의 상장예비심사청구인과 금융위원회에 문서로 통지하여야 한다.

021 ④

주금을 납입하지 않고 잉여금을 자본 전입함으로써 신주를 발행하는 무상증자에 대한 설명이다.

tip 무상증자의 절차

이사회결의 및 공시(D) → 배정기준일 및 주주명부폐쇄공고(D+1) → 배정기준일(D+16) → 증자등기(D+17) → 신주배정통지 · 주권용지 교부신청(D+28) → 신주상장신청(D+29) → 주권발행 · 교부(D+38) → 신주상장(D+45)

022 ②

㉠ 상장을 신청한 종목은 당해 종목의 발행주식 전부를 상장해야하고 일부만 상장하는 것은 허용되지 않는다.

㉡ 주권 1주의 금액은 100원, 200원, 500원, 1,000원, 2,500원 중에 하나이어야 한다.

023 ①

공매도호가에 대한 설명이다. 공매도란 주식을 보유하지 않고 매도하거나 차입한 주식을 매도하는 것을 말한다.

024 ①

코스닥시장은 한국거래소가 개설, 운영 및 관리를 담당한다.

오답해설

② 매매방법은 경쟁매매방식으로 운영된다.

③ 장외시장을 금융투자협회가 조직화한 시장은 K-OTC 시장을 말한다.

④ 2003년부터 수익증권형 ETF가 거래되는 등 코스닥시장 상장법인의 주권, 투자회사, 상장지수 집합투자기구, 신주인수권이 표시된 것 등이 매매가능하므로 매매대상 증권이 한정되어 있지 않다.

tip 한국거래소

- 코스닥시장 개설, 운영 및 관리
- 코스닥시장관련 규정의 제정 및 개정
- 공시업무, 관리종목 지정, 매매거래정지 등 시장조치업무
- 상장예비심사, 주가감시 및 매매심리, 상장 및 상장폐지 승인 등

025 ②

신규상장종목의 호가범위는 평가가격의 90~200% 범위로 한다.

026 ④

코스닥시장에서는 분할재상장 및 합병재상만을 규정하고 일반재상장에 대해서는 규정하고 있지 않다.

027 ①

우리나라 유통시장은 장내거래중심이 아닌 장외거래 중심이다.

tip 유통시장의 현황

- 장외거래 중심
- 기관투자가 중심의 시장
- 국채의 지표수익률로서의 중요성 증대
- 새로운 채권 관련 상품의 도입

028 ①

㉠ 표면이자율이 높은 단기채에 투자한다.
㉡ 유통수익률이 낮은 채권을 매수한다.
㉢ 듀레이션이 짧은 채권에 투자한다.

029 ④

금융긴축으로 시중의 단기 자금사정이 악화되었을 때 자주 나타나는 수익률곡선의 형태는 낙타형 곡선이다.

tip 수익률곡선의 유형

- **상승형 곡선** : 일반적으로 금리가 낮은 수준의 안정된 금융시장
- **수평형 곡선** : 향후 수익률이 현재 수준으로 예상될 때와 하강형에서 상승형 또는 상승형에서 하강형으로 변화될 때의 일시적 현상
- **하강형 곡선** : 고금리상태의 금융시장
- **낙타형 곡선** : 자금의 일시적인 악화로 금리가 단기적으로는 높아지지만 장기적으로는 안정된다고 기대되는 상황

030 ④

표면이자율이 낮은 채권이 듀레이션이 길기 때문에 일정한 이자율 변동에 따른 채권가격 변동폭이 크다.

031 ④

거래소의 일반채권시장을 이용해 매매할 경우 당일결제가 이루어진다.

오답해설

① 신규계좌와 기존계좌를 모두 이용해 매매할 수 있다.
② 기타 소액채권의 거래는 증권회사에 소액채권 전용공동계좌가 있을 경우 이를 이용할 수 있다.
③ 채권거래는 주식거래와는 달리 채권매도시에도 증권거래세가 없다.

032 ②

듀레이션은 표면이율이 낮을수록, 잔존기간이 길수록, 시장수익률이 낮을수록 크다.

033 ③

채권가격과 만기수익률에 대한 설명이다.

034 ②

투자자가 K－OTC시장에서 지정종목의 매도주문을 내는 행위는 자본시장과 금융투자업에 관한 법률에서 정의하는 증권의 '매출'에 해당하므로, 협회에 신규지정을 하고자 하는 법인은 발행시장 공시를 해야 한다.

tip K-OTC시장 신규지정절차

외부감사 → 정관 정비 → 명의개서대행계약의 체결 및 통일규격증권 사용 → 호가중개시스템상의 소액매출신고서류 등 제출 → 신규지정신청 → 신규지정승인 → 매매 개시

035 ②

지정된 가격으로만 거래가 이루어지며 지나치게 불합리한 호가제출을 제한한다.

오답해설

① K－OTC시장의 매매거래방식은 호가중개시스템을 이용하여 호가를 집중한 상대매매방식이다.
③ K－OTC시장의 호가수량단위는 1주이다.
④ 투자자의 매매주문은 금융투자회사(투자중개업자)를 통하여 제출하여야 한다.

tip K-OTC시장의 매매제도

구분	내용
매매거래시간	09 : 00~15 : 00(시간외시장 없음)
매매방식	상대매매
호가수량단위	1주
가격제한폭	30%
위탁증거금	현금 또는 주식 100%
결제전매매	가능
수도결제	매매체결일로부터 3영업일째 되는 날(T+2)
위탁수수료	금융투자회사 자율

036 ①

새마을금고는 신용협동기구에 속한다.

오답해설

② 상호저축은행은 상호저축은행법에 의해 설립되었다.
③ 단기금융업무, 외자업무 및 리스업무 등을 주로 취급하는 곳은 종합금융회사이다.
④ 상호저축은행은 수신업무와 여신업무, 부대업무를 취급한다.

tip 비은행예금취급기관(제2금융권)

생명보험회사, 손해보험회사, 종합금융회사, 신용협동기구(신용협동조합, 새마을금고), 상호저축은행, 우체국

037 ③

저축예금은 매 3개월마다 평균예금잔액에 대해 이자를 계산한다.

오답해설

① 정기적금은 각 금융기관이 자유로이 결정한다.
② 정기예금은 월단위로 이자지급이 이루어진다.
④ 양도성예금증서는 액면금액에 대한 이자를 액면금액에서 차감하여 발행한다.

tip 이자계산방법

- **보통예금** : 결산기마다 평균예금잔액에 대하여 이자계산
- **정기예금** : 월 단위로 이자지급 또는 이자를 원금에 가산(복리)
- **주택청약예금** : 매월 이자지급식 또는 만기 이자지급식
- **저축예금** : 매 3개월마다 평균예금잔액에 대해 이자계산
- **양도성예금증서** : 액면금액에 대한 이자를 액면금액에서 차감하여 발행(할인식)
- **표지어음** : 할인식(선이자지급식)
- **금융채** : 할인채, 복리채, 이표채

038 ④

자본시장법은 규제개혁을 통해 자본시장의 효율성을 높이고, 간접금융 위주의 우리 금융시장이 균형적으로 발전하도록 한 단계 업그레이드하자는 것이다.

tip 자본시장법의 기본취지

- 동일한 금융기능을 수행하면 동일한 규율을 적용하는 기능별 규제로의 전환
- 6개 금융투자업무의 내부겸영을 허용하는 등의 업무범위 확대
- 금융투자상품을 법률의 규율대상으로 포괄, 취급 가능상품과 투자자 보호를 확대하는 포괄주의 규제로의 전환
- 투자권유 제도의 도입, 이해상충 방지체제마련, 발행공시 적용범위 확대 등 투자자 보호 강화

039 ①

연금 수령시 이자소득에 대해 5.5% 원천징수한다.

040 ①

특정금정신탁은 만기 10년 이상인 장기채권에 투자하는 경우 분리과세를 신청할 수 있는 상품이다.

041 ①

고객과 상담을 통해 여러 종류의 자산운용관련 서비스를 고객의 기호에 적합하게 제공하는 랩어카운트의 종류에 대한 설명이다.

042 ①

농어가목돈마련저축은 농 · 수협 단위조합의 상품이다.

043 ④

기초자산의 가격변동성이 클수록 콜, 풋 워런트 관계없이 모두 가격이 상승한다.

오답해설

① 주식워런트증권가격은 행사가치와 시간가치의 합으로 구성된다. 만기가 가까워지면 시간가치가 소멸되므로 프리미엄이 낮아진다.
② 콜 워런트는 기초자산가격이 높을수록, 풋 워런트는 기초자산가격이 낮을수록 가격이 상승한다.
③ 잔존기간이 길수록, 변동성이 클수록 콜 · 풋 워런트 가격이 상승한다.

044 ①

역내펀드는 엄밀히 말하면 투자대상을 해외로 확대하였을 뿐 기존의 국내펀드와 크게 다를 바 없다.

오답해설

② 역외펀드는 투자자, 역내펀드는 펀드운용자가 환위험관리 주체가 된다.
③ 환매신청 후 8~10일 정도 소요되므로 국내펀드에 비해 환매기간이 긴 편이다.
④ 해외펀드는 15.4%의 세금을 내야한다. 단, 이전에는 역내 해외펀드의 주식매매차익에 대해서 한시적으로 비과세가 적용되었다.

045 ④

사망보험은 피보험자가 보험기간 중에 사망했을 때 보험금이 지급된다. 보험기간 만료일까지 생존했을 때에는 보험금이 지급되지 않고 환급되지도 않는다.

046 ③

개인의 보험계약, 법인 퇴직보험계약은 항상 보호대상이다.

047 ④

시장의 변동성보다 나은 성과를 얻기 위해 자산시장의 단기 변동성에 대한 적극적인 대응보다는 중장기적인 자산배분이 더 나은 성과를 보인다는 인식이 확산되고 있다.

048 ④

최적자산배분을 실행하기 위한 4가지 투자전략 수립기준은 자산배분을 위한 집단의 선정기준, 자산배분을 위한 투자전략의 선택, 투자전략을 달성하는 데 필요한 모델선정 또는 구축, 분산투자의 상 · 하한선 설정이다.

049 ①

기존의 신규고객 발굴활동을 포기하자는 것이 아니라 좀 더 효과적인 기존고객 관계에 중점을 두자는 의미이다. 신규고객 발굴활동도 필수 불가결한 요소이다.

050 ①

핵심 금융서비스란 금융기관이면 반드시 제공해야 되는 서비스로 컨설팅 수행능력(③, ④)과 관리능력(②)으로 구분된다.

051 ①

㉢ 최초 고객에 대한 서비스가 중요한 이유는 가입 후 '심리적 인지부조화 현상을 최소화'시킴으로써 고객의 금융투자상품에 대한 충성도를 높여주어야 하기 때문이다.

㉣ 핵심 금융 서비스란 컨설팅 수행능력과 관리능력을 뜻한다.

052 ④

양자택일법은 상담종결 화법에 해당한다.

053 ②

②가 투자상담사의 대화 중 비즈니스 대화 및 언어표현이 적절한 예시이다.

오답해설

① 자기 자신은 꼭 '저', '제가', '저희가'라고 호칭하고, '나', '내가', '우리가'라는 호칭은 피한다.

③ 상대편이 낮은 지위라 하더라도 직함이나 직위에 '~님'을 붙여야 하고 가능하면 '~입니다'라고 분명한 존칭 어미를 쓰도록 해야 한다.

④ 허풍이나 과시를 피하고 신뢰감을 주도록 해야 한다.

054 ④

대리인문제(Agency Problem)에 대한 설명이다. 대리인문제는 대리인의 이기심과 도덕적 해이에서 비롯된다.

055 ①

윤리라운드(ER : Ethics Round)의 목표는 비윤리적인 방법에 의한 거래는 불공정한 거래에 해당하므로 윤리강령을 실천하는 기업의 제품과 서비스만을 국제거래의 대상으로 삼도록 하자는 것이다.

056 ①

직무윤리강령(총칙 : Code of Ethics)에서 행위준칙의 일반적인 기준을 제시한 것이고, 그 내용을 구체화 한 것이 직무윤리기준(각칙 : Standards of Professional Conduct)이다.

057 ④

신의성실의 원칙 위반이 법원에서 다투어지는 경우는 강행법규에 대한 위반이기 때문에, 당사자가 주장하지 않더라도 법원은 직권으로 신의칙 위반 여부를 판단할 수 있다.

058 ④

공정성 유지의무는 직무윤리강령(총칙)에 해당한다.
직무윤리기준의 실체적 규정은 기본적 의무, 고객에 대한 의무, 자본시장에 대한 의무, 소속회사에 대한 의무, 그 밖의 직무상의 의무 등이 있다.

059 ③

과당매매(Churning, Excessive Trading)는 고객과의 이해상충이 발생하는 구체적인 예로 고객 최선이익의 의무에 위배된다.

060 ②

적정성의 원칙은 파생상품과 같이 위험성이 특히 큰 금융투자상품에 대하여 적용되는 것으로 자본시장법에서 이를 도입하고 있다(「자본시장과 금융투자업에 관한 법률」 제46조의 2). 파생상품의 경우에는 Know－Your－Customer－Rule, 적합성의 원칙, 설명의무 외에 적정성의 원칙이 추가적으로 적용된다.

061 ②

금융투자회사의 위법행위로 인한 손해를 배상하는 행위는 적법하게 허용된다. ①, ③, ④ 외에 추가로 투자자가 입은 손실의 전부 또는 일부를 사후에 보전하여 주는 행위가 포함된다.

062 ②

선행매매(Front Running)와 스캘핑(Scalping)은 투자상담업무종사자의 자본시장에 대한 의무 중 불공정거래금지의 무 위반에 해당된다.

063 ③

금융위원회는 금융감독원장의 검사결과 법령을 위반한 사실이 드러난 금융투자업자에 대하여 법령 위반행위의 재발 방지를 위하여 내부통제기준의 변경을 권고할 수 있다(「자본시장과 금융투자업에 관한 법률」시행령 제31조 3항).

064 ①

필요한 경우 변호사 및 회계사 등의 외부전문가에게 자문을 의뢰한다.

065 ③

개인정보처리자는 공공기관, 법인, 단체 및 개인을 포함하며, 개인정보의 처리목적을 명확하게 하고 필요한 범위에서 최소한의 개인정보만을 적법하고 정당하게 수집하여야 한다.

066 ④

자본시장법은 규제를 일부 투자자에게만 집중함으로써 규제의 과도화에 대한 우려 없이 효율적이고 강력한 규제수단을 확보할 수 있고 규제비용의 감축효과를 볼 수 있게 되었다.

067 ④

파생상품은 선도, 옵션 또는 스왑의 어느 하나에 해당하는 투자성 있는 것을 말한다.

오답해설

① 옵션에 해당한다.
② 스왑에 해당한다.
③ 선도에 해당한다.

068 ④

투자자로부터 금융투자상품에 대한 투자판단의 전부 또는 일부를 일임 받아 투자자별로 구분하여 자산을 취득처분, 그 밖의 방법으로 운용하는 것은 투자일임업에 해당한다.

069 ③

대주주의 유지요건의 경우 재무건전성 요건이나 출자능력 요건은 그 적용이 배제되고 사회적 신용요건만 적용되는데, 그마저도 완화되었다.

tip 금융투자업의 인가절차

- **인가신청서의 제출** : 인가신청서에 금융위원회가 정하여 고시하는 사항을 기재한 일정한 서류를 첨부하여 금융위원회에 제출
- **금융위원회의 심사 및 결정** : 금융위원회는 인가신청서를 접수한 날부터 3개월(예비인가를 받은 경우에는 1개월) 이내에 금융투자업 인가 여부를 결정하고 금융투자업 인가를 받은 자는 그 인가를 받은 날부터 6개월 이내에 영업을 시작해야 함
- **조건부 인가 및 인가의 공고** : 금융위원회는 2개월 이내에 인가조건의 취소 또는 변경 여부를 결정하고, 그 결과를 지체 없이 신청인에게 문서로 통지해야 함

070 ②

내부통제기준의 내용이다.

071 ①

스캘핑(Scalping)은 증권가치에 영향을 미칠 수 있는 정보를 일반에게 공표하기 전에 먼저 그 정보에 기하여 자기계산으로 매매하는 것을 말하며, 선행매매(front－running)는 증권가치에 영향을 미칠 수 있는 고객의 주문을 처리하기 전에 먼저 자기계산으로 매도 또는 매수를 하는 것을 말한다.

072 ①

위탁받은 업무의 일부로서 ①번에서 제시한 업무 외에는 재위탁이 금지된다.

오답해설

② 금융투자업자는 이해상충이 발생할 가능성을 낮추는 것이 곤란하다고 판단되는 경우에는 매매 또는 그 밖의 거래행위가 금지된다.
③ 증권집합투자기구는 '증권' 및 관련 외국어 문자의 사용이 가능하다.
④ 정보교류차단장치가 의무화되는 업무 간에 담당 부서를 독립된 부서로 구분하지 않는 행위는 금지된다.

073 ④

자본시장법상의 공시의 상대방인 투자자는 주주명부상의 주주만 해당되는 것은 아니다.

tip 우리나라의 기업공시제도

구분	상법상의 공시	자본시장법상의 공시
공시 원칙	주주명부상의 주주에게 직접공시	공시의 상대방이 투자자
공시 목적	주주와 채권자의 권리 보호	현재와 미래의 투자자 보호
공시규제 적용	영업보고서, 감사보고서 등	국채, 지방채, 사채권, 수익증권, 증권예탁증권, 외국증권 등

074 ④

공개매수자는 공개매수조건의 변경 내지 그 밖에 공개매수신고서의 기재사항을 정정하고자 하는 경우에는 공개매수기간 종료일까지 정정신고서를 제출하여야 한다.

075 ③

규제에서 벗어나는 사각지대를 예방하는 것은 불공정거래행위의 금지로 인한 투자자 보호 강화의 측면으로 보기 어렵다.

오답해설

① 일원적인 불공정거래행위 규제
② 투자자 보호의 공백 제거
④ 투자자 보호수준의 강화

076 ①

자본 감소로 보유 주식 변동은 변동보고 의무 면제의 사유이다.

tip 변동보고 의무 면제의 사유

- 보유 주식 수가 변동되지 아니한 경우
- 주주가 가진 주식수에 따라 신주배정을 받은 경우
- 자본 감소로 보유 주식 변동
- 신주인수권이 표시된 것, 교환사채권의 교환 가격 조정으로 보유 주식 수가 증가한 경우

077 ②

증권의 모집으로 보는 전매기준의 설명이다. 청약의 권유를 받는 자의 수가 50인 미만으로서 증권의 모집에 해당되지 않더라도 해당 증권이 발행일부터 1년 이내에 50인 이상의 자에게 양도될 수 있는 경우에는 모집으로 본다.

078 ①

발행가액이 확정되어 제출하는 정정신고서는 당초의 신고서 효력발생일에 영향을 미치지 않는다.

079 ③

공개매수 해당 여부를 판단하기 위한 지분의 계산은 본인과 특별관계인까지 확대하고 있다. 특별관계자는 특수관계인과 공동보유자를 말한다.

080 ③

그 금융기관이 상호출자제한기업집단 또는 주채무계열에 속하는 경우에만 부채비율이 200% 이하이어야 한다.

081 ④

신의성실의 원칙의 중요성을 언급하고 있다.

082 ④

투자자로부터 신용거래를 수탁 받은 때에는 신용거래계좌를 설정하고 보증금으로 100만 원을 징구한다.

오답해설

① 총 신용공여 규모는 자기자본의 범위 이내이다.
② 신용공여금액의 100분의 140 이상에 상당하는 담보를 징구하여야 한다.
③ 순재산액이 100만 원에 미달하는 투자자는 신규로 신용거래를 하지 못한다.

083 ①

채권의 장외거래에 따른 결제는 매도자와 매수자가 협의하여 매매계약을 체결한 날의 다음 날부터 30영업일 이내에 행한다.

tip 투자매매업자등과 금융기관 간 채권의 장외거래의 결제

- **채권** : 예탁결제원이 작성 · 비치하는 예탁계좌부상의 계좌 간 대체
- **대금** : 한국은행, 은행, 투자매매업자 또는 투자중개업자를 통한 자금이체의 방법

084 ④

종합금융회사의 동일차주에 대한 신용공여 한도에 대한 설명이다. 종합금융회사는 동일차주에 대하여 그 종합금융회사의 자기자본의 100분의 25를 초과하는 신용공여를 할 수 없다.

085 ③

경영실태 평가항목은 자본의 적정성, 수익성, 위험관리, 내부통제 등 4개 부문별로 구분 평가한다.

086 ②

협회의 표준투자권유준칙은 투자자 보호를 위한 최저 기준을 제시함으로써 법 시행초기 혼선을 방지하는 기능을 담당한다.

tip 표준투자권유준칙 주요 내용

- **고객정보 제공** : 일반투자자는 투자권유 전에 투자경험과 위험선호도 등에 관한 정보를 받음
- **고객성향 분류** : 금융투자회사는 고객의 투자성향을 분석하여 고객을 일정 그룹으로 분류
- **투자권유** : 금융투자회사는 고객의 투자목적 및 투자성향에 등에 적합한 금융투자상품을 선별하여 권유
- **설명의무** : 고객에게 투자권유시 금융투자상품의 내용, 투자위험 등을 설명하고 고객이 이해하였음을 확인받음

087 ③

영업수익이 1천억 원 이하인 경우 100분의 3과 10억 원 중 큰 금액으로 한다.

088 ②

이해관계인 보유분을 합하여 100분의 5 이상 100분의 10 미만 보유시에는 다른 금융투자회사와 공동으로 주관업무를 수행하여야 한다.

오답해설

① 금융투자회사의 임원이 발행회사의 주식 등을 100분의 1 이상 보유시 주관회사 제한

③ 금융투자회사가 발행회사의 주식 등을 100분의 5 이상 보유시 주관회사 제한

④ 발행회사 및 발행회사의 이해관계인이 금융투자회사의 주식 등을 100분의 5 이상 보유시 주관회사 제한

089 ①

분쟁조정위원회는 위원장 1인을 포함하여 15인 이내의 위원으로 구성된다.

tip 분쟁조정의 절차

위원회 회부(신청사건 접수일로부터 30일 이내) → 조사(사실조사 또는 관련 자료의 수집) → 당사자 등의 의견청취 → 조정결정(신청사건이 회부된 날로부터 30일 이내) → 조정결정 등의 통지 → 조정의 성립 또는 재조정신청

090 ①

무액면주식에는 권면액이 표시되지 않고 주권에 주식의 수만 기재된다. 회사의 자본금은 액면주식을 무액면주식으로 전환하거나 무액면주식을 액면주식으로 전환하더라도 자본금을 변경할 수 없다.

091 ③

이사회의 승인이 없으면 자기 또는 제3자의 계산으로 회사와 거래를 할 수 없다.

092 ③

회사가 성립한 후 2년 경과시 주주총회의 특별결의와 법원의 인가를 얻어서 주식을 액면미달의 가액으로 발행할 수 있다.

093 ④

자본준비금의 적립은 액면초과액, 감자차익금, 합병차익금 등 회사의 자본거래에서 발생한 잉여금으로 한다.

오답해설

① 이익준비금에 관한 설명이다.
② 이익준비금으로 먼저 자본결손의 전보에 충당하고, 부족한 경우 자본준비금으로 충당한다.
③ 자본결손의 전보와 자본전입을 위한 사용이 가능하다.

094 ①

우리나라의 경우 종전에는 회사 설립시 정관상 발행예정주식 총수의 4분의 1 이상을 발행하도록 하여 확정자본제도와 수권자본제도를 혼용하는 형태로 운영되어 왔으나 현행 상법상에는 이러한 제한이 없어 수권자본제도에 가까운 형태를 취하고 있다고 볼 수 있다.

095 ④

대표소송권 · 유지청구권 · 회계장부열람권은 직접적인 감독권이며, 재무제표승인권은 간접적인 감독권이다.

---

tip 이사의 업무집행에 대한 소수주주의 감독방법

이사의 책임은 회사가 추궁하여야 하고 법령 또는 정관에 위반한 행위는 회사가 사전에 중지시켜야 하지만 이사 간의 특수관계로 인하여 행하지 못하는 경우가 많다. 그러므로 상법은 소수주주가 회사의 기관인 지위에서 회사를 위하여 유지청구권, 회사대표권, 이사해임청구권, 회계장부열람청구권 등의 감독권을 행사할 수 있다.

---

096 ②

소멸시효의 중단사유는 납세고지, 독촉, 교부청구, 압류이다.

097 ③

심사청구는 해당 처분이 있은 것을 안 날로부터 90일 이내에 국세청장에게 해야 한다.

098 ④

증여세의 최고세율은 50%이다.

오답해설

① 상속세와 증여세의 세율은 동일하다.
② 상속세의 신고기한은 상속일로부터 국내 거주자는 6개월, 국외거주자는 9개월 이내이다.
③ 증여자산 공제액은 10년 이내에 공제받은 금액을 합계한 금액으로 한다.

099 ②

미달 납부한 경우 미달세액의 10%를 가산하여 징수한다.

오답해설

① 납세의무자는 매월 분의 증권거래세 과세표준과 세액을 다음 달 10일까지 신고 · 납부하여야 한다.
③ 매매거래가 거래소에서 성립된 경우, 그 양도시기는 양도가액이 결정되는 때이다.
④ 국가 및 지방자치단체가 주권 등을 양도하는 경우 증권거래세는 비과세된다.

100 ④

취득세의 자진신고기한은 취득한 날로부터 60일 이내이다.

오답해설

① 과점주주란 주주와 특수관계자의 지분을 포함하여 지분의 합계액이 당해 법인의 발행주식총액 또는 지분을 50% 이상을 보유한 자를 말한다.
② 취득세의 자진신고기한 위반시에는 당해 산출세액의 20%에 상당하는 신고불성실가산세가 부과된다.
③ 국가, 지자체 등은 취득세 과세대상이 아니다. 취득세의 과세표준은 취득당시의 가액으로 하며, 원칙적으로 취득자가 신고한 부동산의 취득가액이다.

제3회 정답 및 해설

001 ④	002 ④	003 ②	004 ①	005 ④
006 ④	007 ④	008 ④	009 ④	010 ②
011 ③	012 ④	013 ③	014 ③	015 ①
016 ③	017 ③	018 ④	019 ②	020 ③
021 ③	022 ③	023 ①	024 ③	025 ②
026 ④	027 ③	028 ①	029 ②	030 ④
031 ②	032 ②	033 ①	034 ①	035 ③
036 ④	037 ①	038 ①	039 ②	040 ②
041 ②	042 ④	043 ③	044 ①	045 ②
046 ②	047 ②	048 ③	049 ①	050 ②
051 ③	052 ②	053 ④	054 ①	055 ②
056 ②	057 ④	058 ②	059 ③	060 ④
061 ④	062 ③	063 ①	064 ②	065 ④
066 ②	067 ②	068 ④	069 ①	070 ④
071 ①	072 ②	073 ①	074 ②	075 ②
076 ④	077 ③	078 ②	079 ③	080 ③
081 ①	082 ②	083 ③	084 ④	085 ①
086 ②	087 ②	088 ③	089 ③	090 ②
091 ②	092 ④	093 ①	094 ②	095 ①
096 ①	097 ②	098 ④	099 ④	100 ①

001 ④

전년동기대비 증감률과 단순평균법은 계절변동의 추정에 사용되는 방법이다.

tip 경제통계 변동조정의 종류

- **계절변동조정** : 전년동기대비 증감률, 단순평균법, 이동평균법, X－12 ARIMA모형
- **불규칙변동조정** : MCD 이동평균법
- **추세변동조정** : 장기이동평균법, 최소자승법

002 ④

거시경제계량모형은 적절한 추정기법에 의해 연립방정식 모형이 추정되었을 때 추정된 모수값과 내생 · 외생변수값을 이용하여 분석대상기간에 대해 각 내생변수에 대한 값을 구하는 과정으로서 모형의 적합도 평가, 정책효과분석, 내생변수의 미래치 예측에 사용된다.

tip 시뮬레이션 분석의 목적

- **모형의 적합도 평가** : 연립방정식의 시뮬레이션 분석을 통해 실제값과 시뮬레이션 결과치를 비교하여 추정된 모형이 실제 데이터를 얼마나 잘 추적하는가를 평가
- **정책효과분석** : 모수값이나 외생변수의 값에 변화를 주고 내생변수에 미치는 효과를 분석하여 정책대안별 효과를 파악해 정책결정에 이용
- **내생변수의 미래치 예측** : 시뮬레이션 과정을 미래에까지 계속함으로써 독립변수의 미래치에 대한 가정하에 내생변수의 미래치 예측

003 ②

신용경로는 통화정책의 효과가 은행대출규모에 영향을 미쳐 실물경제에 파급되는 과정을 말한다.

tip 통화정책의 파급경로 종류

- **신용경로** : 은행대출규모의 조절이 민간기업의 생산활동 및 투자계획에 영향을 줌으로써 은행의 신용배분이 실물경제에 영향을 미치는 과정
- **금리경로** : 통화정책이 금융시장 내에서 단기금리, 장기금리 및 은행금리로 순차적으로 파급되는 과정과 전반적인 금리변화가 소비, 투자 등 실물부문으로 파급되는 과정
- **자산가격경로** : 민간 순자산가치의 변화로 인해 가계의 소비 및

투자가 변화하게 되고 그 결과 실물부문에 영향을 미치게 되는 경로
- **환율경로** : 투자자들이 국내통화표시 금융자산과 해외통화표시 금융자산을 선택하는 과정에서 발생하는 것으로, 통화량이 증가로 인한 금리의 변화가 환율을 변화시켜 실물경제에 영향을 미치는 과정

004 ①

재고순환지표는 선행종합지수, 광공업생산지수는 동행종합지수, 상용근로자수는 후행종합지수에 해당한다.

오답해설

② 동행－후행－선행
③ 선행－후행－동행
④ 선행－선행－선행

tip 경기종합지수의 구성지표

- **선행종합지수** : 구인구직비율, 소비자기대지수, 기계류내수출하지수, 건설수주액, 재고순환지표, 장단기금리차, 종합주가지수, 국제원자재가격지수, 수출입물가비율
- **동행종합지수** : 광공업생산지수, 비농림어업취업자수, 건설기성액, 내수출하지수, 소매업판매액지수, 서비스업생산지수, 수입액
- **후행종합지수** : 상용근로자수, 도시가계소비지출, 생산자제품재고지수, 회사채유통수익률, 소비재수입액

005 ④

자산가격경로에 의하면 확장적 통화정책의 경우 채권수익률의 하락이 주식가격의 상승을 유도하면서 소비자지출이 증가하게 된다.

tip 통화정책의 파급경로

통화당국에 의한 통화정책이 금융시장의 각종 가격변수 및 수량변수의 변동을 통해 최종적으로 물가, 성장 등 실질부문에 영향을 미치게 되는 일련의 과정

006 ④

㉡ 기업경기실사지수는 단기 예측수단이다.
㉢ 선행구성지표를 이용한 경기전환 예측방법이다.
㉣ 후행구성지표에 해당한다.

007 ④

㉠ 환율의 인하는 수입증가, 수출감소의 요인이 된다.
㉣ 국제수지의 흑자가 커지면 달러유입으로 환율이 인하된다.

tip 환율과 주가의 관계

- **환율하락** : 수출감소 · 수입증가 → 수익성 악화 → 주가하락
- **환율상승** : 수출증가 · 수입감소 → 수익성 향상 → 주가상승

008 ④

시장이 변화하는 원인을 알 수 없는 것은 기술적 분석의 한계이다.

tip 기본적 분석의 한계

- 내재가치의 다양성 · 적정성 여부
- 분석에 소요되는 시간

009 ④

이자보상비율은 높을수록 좋다.

오답해설

① 유동비율은 유동자산을 유동부채로 나누어 계산하며, 200% 이상이 이상적이다.
② 재고자산회전율은 매출액을 재고자산으로 나누어 계산한다. 이 비율이 높으면 판매활동이 활발하고, 비율이 낮으면 판매활동에 문제가 있는 것이다.
③ 납입자본이익률, 총자본이익률, 자기자본이익률, 매출액순이익률은 수익성 지표이다.

010 ②

주가매출액비율(PSR : Price Sales Ratio)이란 주당순이익을 사용하는 PER은 당해 연도에 수익이 나지 않고 이익이 음(−)인 경우에는 비율을 구할 수 없으며, 이익이 너무 높거나 낮으면 주가수익비율을 통해 올바른 분석을 할 수가 없다. 하지만 기업의 순수한 영업활동의 결과인 매출액은 기업의 영업성과를 객관적으로 잘 나타내 주고 음(−)이 나오는 경우는 거의 없기 때문에 PER의 약점을 보완해 줄 수 있다.

tip 시장가치비율 분석

- 주당순이익=당기순이익/발행주식수
- 주가수익비율=주가/주당순이익
- 토빈의 q=자산의 시장가치/추정 대체비용
- 주가매출액비율=주가/주당매출액

011 ③

분석의 융통성 문제는 기술적 분석의 한계점에 해당한다. 기술적 분석은 투자가치를 무시하고 시장변동에만 집착하여 시장이 변화하는 원인을 분석할 수 없다는 한계점이 있다.

tip 기본적 분석의 한계

- 내재가치의 다양성 여부
- 내재가치의 적정성 여부
- 분석을 하는데 시간이 오래 걸림

012 ④

엘리어트 파동에서 각각의 파동은 충격파동과 조정파동으로 분류하는데 충격파동은 전체시장의 움직임과 같은 방향으로 형성되는 파동으로 1, 3, 5번 파동이 해당한다. 1번에서 5번까지 상승국면이 끝나고 하락국면이 시작된다.

tip 엘리어트 파동의 종류

파동의 구분	국면의 구분	파동의 종류
충격파동	상승국면	1번 파동, 3번 파동, 5번 파동
	하락국면	a파동, c파동
조정파동	상승국면	2번 파동, 4번 파동
	하락국면	b파동

013 ③

삼선전환도와 10% 플랜 병용법은 주가만을 상자모양으로 나타내며, 이큐−볼륨차트는 주가(상자의 위, 아래선)와 거래량(상자의 폭)을 하나의 상자에 나타내는 방법이다.

tip 이큐−볼륨차트의 작성 방법

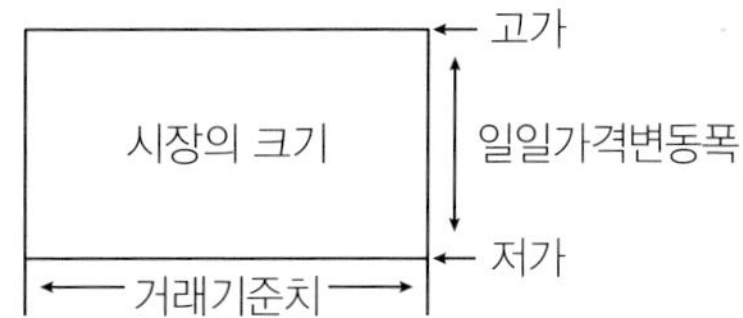

- 고가, 저가, 거래량을 하나의 모형으로 나타내어 이를 연결한다.
- 거래기준치=일일거래량/기본 단위

014 ③

주가가 천장국면에 진입하면 주가가 상승함에도 불구하고 거래량은 감소하는 경향을 보인다.

오답해설

① 거래량이 감소추세에서 증가추세로 전환하면 앞으로 주가는 상승할 것으로 예상된다.
② 거래량이 증가추세에서 감소추세로 전환하면 앞으로 주가는 하락할 것으로 예상된다.
④ 주가가 바닥국면에 진입하면 주가가 하락함에도 불구하고 거래량은 증가한다.

tip 이동평균선을 이용한 매매방법

- **한 가지 이동평균선의 이용** : 주가가 이동평균선을 상향돌파하면 매수, 하향돌파하면 매도하는 방법
- **두 가지 이동평균선의 이용** : 주가가 장 · 단기이동평균선 위에 있을 경우는 매수시점, 반대의 경우는 매도시점으로 보는 방법
- **세 가지 이동평균선의 이용** : 상승추세시 단기이동평균선이 중 · 장기이동평균선을 상향돌파할 때는 매수신호, 하락추세시 단기이동평균선이 중 · 장기이동평균선을 하향돌파할 때는 매도신호로 보는 방법

015 ①

반전형 패턴에는 삼봉형, 원형모형, V자형, 확대형 등이, 지속형 패턴에는 삼각형 모형, 깃대형, 다이아몬드형, 쐐기형, 직사각형 모형 등이 있다.

tip 지속형 패턴분석

- **삼각형 모형** : 대칭삼각형 모형, 직각삼각형 모형
- **깃대형** : 상승깃대형(주가상승), 하락깃대형(주가하락)
- **다이아몬드형** : 상승추세가 가속화되는 막바지에 나타나는 반전패턴으로 주가상승 시 거래량이 증가하고, 주가하락 시 거래량이 감소
- **쐐기형** : 상승쐐기형(주가하락), 하락쐐기형(주가상승)
- **직사각형 모형** : 상승직사각형 모형, 하락직사각형 모형

016 ③

상법상 주식의 금액은 균일해야 하며, 1주의 금액은 100원 이상으로 해야 한다.

tip 주식의 종류

- **보통주** : 회사의 이익, 이자의 배당, 잔여재산의 분배에 관해 그 표준이 되는 주식
- **우선주** : 이익배당, 잔여재산의 분배 등에 있어 다른 종류의 주식에 대해 우선적 지위가 부여된 주식
- **후배주** : 이익배당, 잔여재산의 분배 등에 있어 다른 종류의 주식에 비해 열등한 지위에 있는 주식
- **혼합주** : 이익배당, 잔여재산의 분배 등에 있어 어떤 권리는 보통주보다 우선하고 다른 권리에 대해서는 열등한 지위에 있는 주식
- **액면주** : 주식의 액면가액이 기재된 주식
- **무액면주** : 주식의 액면가액이 기재되지 않은 주식
- **기명주** : 주주의 성명이 주주명부 및 주권에 기재된 주식
- **무기명주** : 주주의 성명이 주주명부 및 주권에 기재되지 않은 주식
- **의결권주** : 의결권이 부여된 주식
- **의결권제한주** : 정관이 정하는 일부사항에 대하여만 의결권이 없는 주식
- **의결권배제주** : 의결권이 부여되지 않은 주식

017 ③

간접공모방식 중 주주우선공모방식에 대한 설명이다.

tip 유상증자의 방법

- **구주주배정** : 일반적인 유상증자의 방법으로 신주인수권을 가진 기존주주에게 배정하는 방식
- **제3자 배정(연고자 배정)** : 회사가 신주발행시 제3자에게 신주인수권을 배정하는 방식
- **직접공모** : 인수인을 통하지 않고 발행회사가 직접 자기책임과 계산하에 공모하는 방식
- **간접공모**
  - 일반공모 : 구주주의 신주인수권을 완전 배제하고, 인수단이 유상증자분을 총액인수하여 불특정다수의 일반투자자에게 청약을 받는 방식
  - 주주우선공모 : 인수단이 총액인수 후 구주주와 우리사주조합에게 우선청약권을 부여하고, 청약미달분은 일반투자자를 대상으로 청약을 받으며, 청약 후 잔여주식이 있는 경우 인수단이 인수하는 방식

018 ④

권리락의 기준가격은 권리락 이전의 주식가치와 증자로 인한 권리락 이후의 주식의 가치가 같아지도록 주식가치를 조정한 가격이다.

오답해설

① 현금배당의 경우 기준가격을 조정하지 않고, 주식배당의 경우에만 기준가격을 조정한다.
② 배당락 조치일은 기준일(6.30)의 직전 매매거래일인 6월 29일이다.
③ 배당락 조치일부터 권리가 소멸한다.

tip 배당락 및 권리락기준가격

- 배당락기준가격 $= \frac{\text{배당부종가} \times \text{배당전주식수}}{\text{배당후주식수}}$
- 권리락기준가격
  $= \frac{(\text{권리부종가} \times \text{증자전주식수}) + \text{신주납입금액}}{\text{증자후주식수}}$

019 ②

공정공시에 대한 설명이다.

tip 공정공시

최근 기업의 미공개 정보의 선별적 제공에 따른 정보불균형의 문제가 확대됨에 따라 정보의 선별적 제공을 금지하여 정보의 공평성을 확보함으로써 미공개 정보를 이용한 불공정거래 이용 가능성을 예방하고 수시공시제도의 미비점을 보완하기 위한 제도

020 ③

렌덤엔드는 모든 단일가 매매시 가격 결정을 위한 호가접수시간을 정규마감시간 이후 30초 이내의 임의시간까지 연장하여, 매매체결 시점이 임의적으로 결정되도록 하는 제도이다.

오답해설

① CB는 주가가 급락시에만 발동한다.
② 정적 VI는 호가제출 시점 직전에 체결된 단일가 체결 가격을 참조 가격으로 하여, 동 참조 가격 대비 10% 이상 변동한 경우 발동된다.
④ 단일가매매시 동적 VI가 발동되면 당해 단일가 매매를 위한 호가접수시간이 2분간 연장된다.

tip 사이드카제도와 서킷브레이커제도

구분	사이드카	서킷브레이커
요건	• 코스피200지수 선물가격이 기준가격 대비 5% 이상 상승 또는 하락하여 1분간 지속 • 1일 1회에 한함(장개시 후 5분 전, 장종료 40분 전 이후에는 발동하지 않음)	• 코스피(코스닥)지수가 기준가격 대비 10% 이상 하락하여 1분간 지속 • 1일 1회에 한함(장종료 40분 전 이후에는 발동하지 않음)
효력	• 프로그램매매호가의 효력을 5분간 정지 • 신규취소 및 정정호가의 효력도 정지	• 주식시장 20분간 매매거래정지 • 신규호가 접수 거부(취소호가 가능) • 매매거래정지 해제시 10분간 단일가매매

021 ③

㉣ 거래소가 개설하는 시장은 유가증권시장, 코스닥시장, 코넥스시장, 파생상품시장이다.

022 ③

총액인수에 대한 설명이다.
잔액인수는 발행기관에 발행 및 모집사무를 위탁하고 일정기간 모집을 한 다음, 그 기간이 경과 후 모집부족액이 발생하였을 경우 그 잔량을 인수기관에 인수시키는 방법이다.

023 ①

주식결제방식은 원칙적으로 증권과 대금을 실질적으로 수수하기 때문에 실물결제방식을, 회원별, 종목별로 매도 · 매수를 차감하여 잔액이나 잔량만 수수하는 차감결제방식을, 매매당

사자 간 직접 결제하지 않고 결제기구에서 집중적으로 결제하는 집중결제방식을 채택하고 있다.

024 ③

조회공시에 대한 설명이다.

tip 조회공시

- 거래소는 유가증권의 공정한 거래와 투자자의 보호를 위하여 필요한 경우에는 코스닥시장 상장법인에 관한 풍문 및 보도의 사실 여부의 확인을 요구할 수 있다.
- 당해 법인이 발행한 유가증권의 가격이나 거래량에 현저한 변동이 있는 경우에는 중요한 정보의 유무에 대한 공시를 요구할 수 있다.
- 공시요구시점이 오전인 경우에는 당일 오후까지, 오후인 경우에는 다음 날 오전까지(매매거래정지 사유로 조회공시를 요구받은 경우에는 1일 이내) 모사전송(FAX) 등의 방법을 통해 공시내용을 거래소에 제출해야 한다.

025 ②

의결권이 없는 우선주의 경우 종목폐지를 결의하는 이사회 결의와 우선주를 보유한 주주 전원의 동의가 있어야 종목의 폐지가 가능하다.

오답해설

① 거래소는 투자자 보호를 위해 불충분하다고 판단되는 경우 상장폐지신청을 거부할 수 있다.
③ 가격제한폭이 없다.
④ 상장과 관련한 신청서 등의 허위기재를 이유로 상장폐지되는 경우는 코스닥상장 실질심사위원회의 승인이 필요하다.

026 ④

공정공시 정보제공자가 공정공시 대상정보를 정보제공대상자에게만 선별제공하는 경우 정보제공 전까지 신고하는 것이 원칙이다.

tip 공정공시 의무의 적용 예외

- 보도목적의 언론 취재에 응하여 언론사에 정보를 제공하는 경우
- 변호사, 공인회계사, 세무사, 인수계약을 한 주관회사, 대출계약한 금융기관 등 명시적인 비밀유지의무가 있는 자에 정보를 제공하는 경우
- 금융위의 허가를 받은 신용평가기관이나 S&P, Moody's 같은 외국의 신용평가기관에 정보를 제공하는 경우 등

027 ③

ⓒ Dutch방식은 단수의 낙찰수익률이 생긴다.
ⓔ 발행조건을 미리 정한 후 일정기간 내 개별적으로 투자자에게 매출하여 매도한 금액 전체를 발행총액으로 삼는 방법이다.

028 ①

금리하락이 예상되는 국면에서는 듀레이션(상환기간)이 긴 채권을 편입한다.

029 ②

유동성위험에 대한 설명이다.

tip 채권투자의 위험

재투자위험	중도 지급받는 이자를 어떠한 수익률로 재투자하느냐에 따라 채권투자에 의한 최종투자수익률에 차이가 발생하는 위험
인플레이션 위험	물가상승과의 괴리에 따른 구매력 감소 위험
채무불이행 위험	경영실적 악화에 따른 원금 및 이자지급이 불능한 위험
유동성위험	유가증권을 현금화하는 데 어려운 위험
가격변동 위험	채권투자 후 만기수익률이 상승하면 채권가격은 하락하고, 만기수익률이 하락하면 채권가격이 상승하는 위험

030 ④

㉠ 사모발행채권이 공모채권보다 발행이율이 높고 만기가 상대적으로 짧은 것이 일반적이다.
㉡ Dutch Auction방식은 직접모집방식이다.
㉤ 자본시장법에 따르면 발행을 위한 모집의 대상인원이 50인 미만이 경우에는 사모로 간주된다.

031 ②

채권의 권면에 기재된 이율로 액면금액에 대해 연단위로 지급하는 이자율을 표면금리라고 한다.

오답해설

① 액면가 : 채권의 권면에 표시된 금액
③, ④ 만기수익률 : 시장수익률, 유통수익률이라고 불리는데, 채권의 시장가격을 결정하는 이자율이다.

032 ②

채권은 AAA에서 BBB까지 투자등급으로 분류된다.

tip 채권의 신용평가등급

채권	AAA	원리금지급능력이 최상급
	AA	원리금지급능력이 우수하지만 AAA채권보다는 다소 떨어짐
	A	원리금지급능력이 우수하지만 상위등급보다 경제여건 및 환경악화에 따른 영향을 받기 쉬운 면이 있음
	BBB	원리금지급능력은 양호하지만 상위등급에 비해 경제여건 및 환경악화에 따라 지급능력이 저하될 가능성을 내포하고 있음

※ 원리금의 적기상환능력에 의해 결정되는 사채의 등급은 AAA에서 D까지 구분되며, 일반적으로 AA에서 B까지는 당해 등급 내에서 상대적 위치에 따라 (+)부호 또는 (−)부호를 첨부한다.

033 ①

㉠ 전환사채의 전환권 행사시에는 주금이 사채금액으로 대체된다.
㉣ 수의상환채권이란 채권발행자가 채권의 보유자에게 조기에 원리금을 상환할 수 있는 권리가 첨부된 채권이다.

034 ①

K−OTC시장의 정기공시 중 정기공시서류 제출대상법인에 해당하는 경우에 대한 설명이다. ㉠에는 90일이, ㉡에는 반기검토보고서가, ㉢에는 한국금융투자협회가 들어가는 것이 옳다.

035 ③

지정법인이 스스로 지정해제를 신청하고자 하는 경우에는 지정해제에 대한 주주총회를 개최하여 승인을 얻어야 한다.

036 ④

새마을금고는 예금보험가입 금융기관이 아니다. 현재 은행, 상호저축은행, 보험회사, 종합금융회사, 투자매매업 및 투자중개업의 인가를 받은 투자매매업자 및 투자중개업자 등 5개 금융권이 예금보험가입 금융기관에 해당된다.

tip 보호대상 금융상품

보호대상	비보호대상
• 보통예금, 기업자유예금, 별단예금, 당좌예금 등 요구불예금 • 정기예금, 저축예금, 주택청약예금, 표지어음 등 저축성예금 • 정기적금, 주택청약부금, 상호부금 등 적립식 예금 • 원금이 보전되는 금전신탁 등 • 외화예금	• CD, RP • 특정금전신탁 등 실적배당형 신탁 • 금융투자상품(수익증권, 뮤추얼펀드, MMF 등) • 은행발행채권 • 주택청약저축, 주택청약종합저축 등

037 ①

가계당좌예금은 신용상태가 양호한 개인 및 개인사업자로 제한되며 구체적인 자격기준 및 대출한도 등은 은행이 자율적으로 정하고 있다. 일반적으로 신용평점 결과 평점이 60점 이상인 자에 자격을 부여한다.

038 ①

기능별로 분류된 6개 금융투자업에 대해서 상호 간 겸영이 허용된다.

오답해설

② 금융투자상품의 경제적 실질에 따른 분류이다.
③ 투자자의 경제적 실질에 따른 분류이다.
④ 금융투자상품의 경제적 실질에 따른 분류에 따른 것으로 집합투자대상자산의 범위가 추상화되었다.

039 ②

재간접 펀드(Fund of Funds)는 펀드 자산을 다른 펀드가 발행한 집합투자증권에 40% 이상 투자하는 펀드를 말한다.

040 ②

리츠에서 부동산 매입시 취득세 및 등록세는 30% 감면된다.

041 ②

인덱스 펀드는 설정과 환매 시 신청과 실제 신청 · 환매까지 시차가 발생하지만, ETF는 투자자가 원하는 시간에 시장에서 매매할 수 있으므로 시차가 없다고 볼 수 있다.

tip ETF(Exchange Traded Fund)

- 상장지수집합투자기구 집합투자증권(ETF)은 특정 주가지수와 연동되는 수익률을 얻을 수 있도록 설계된 '지수연동형 펀드(Index Fund)'로서, 거래소에서 주식처럼 거래된다. 한마디로 주가지수를 사고파는 증권상품이라고 보면 된다.
- 주가지수 등락률과 똑같거나 비슷하게 수익률이 결정되도록 주식을 적절히 편입해 만든 펀드를 인덱스 펀드라고 한다. 이 펀드를 기초로 발행하는 수익증권이나 뮤추얼펀드 주식을 바로 ETF증권이라 부르는데 투자자들은 거래소나 코스닥시장에 상장되는 이 증권을 사고팔게 된다.
- 인덱스 펀드의 경우 투신사가 투자자들의 환매 요구에 응하기 위해서는 펀드에 편입된 주식을 시장에 매각해야 한다. 이들 주식이 시장에 쏟아져 나오면 해당 주식들의 주가는 떨어질 수밖에 없고, 당연히 종합주가지수도 하락하게 된다. 이는 다시 인덱스 펀드의 수익률이 떨어져 해당 펀드 가입자들의 자산손실로 이어진다. 따라서 이렇게 투자자와 시장에 부담을 주지 않으면서도 주가지수와 비슷한 수익률을 낼 수 있도록 하겠다는 것이 장점이다.
- 인덱스 펀드를 기초로 증권(ETF증권)을 만들어 이 증권을 사고팔도록 하면 주식실물거래가 없기 때문에 시장에 주는 충격을 최소화할 수 있다. 또, 투자자는 투신사 등에 환매를 요청하지 않고 주식과 같이 주가지수변동에 따른 ETF증권의 가격변동에 따라 자금을 회수할 수 있다.

042 ④

주가지수연동 금융상품을 수익실현방식에 따라 분류할 때 만기일의 주가지수가 사전에 약정한 수준 이하로만 하락하지 않으면 일정수익을 보장하는 상품은 리버스컨버터블형 상품이다.

tip 주가지수연동 금융상품의 분류

- **녹아웃형** : 주가지수 상승률이 미리 정해 놓은 수준에 단 한 번이라도 도달하면 만기수익률이 미리 정한 수준으로 확정되는 상품
- **불스프레드형** : 만기 때 주가지수 상승률에 따라 수익률이 결정
- **디지털형** : 만기일의 주가지수가 사전에 약정한 수준 이상 또는 이하에 도달하면 확정수익을 지급하고, 그렇지 못하면 원금만 지급하는 상품
- **리버스컨버터블형** : 만기일의 주가지수가 사전에 약정한 수준 이하로만 하락하지 않으면 일정수익을 보장하는 상품

043 ③

투자회사는 상법상 회사이기 때문에 운용수수료 외에도 등록세, 임원보수, 회계감사보수 등 등기비용을 투자자(주주)들이 추가로 부담해야하는 단점이 있다.

tip 계약형 집합투자기구와 회사형 집합투자기구의 비교

구분	계약형 투자신탁 (수익증권)	회사형 투자신탁 (뮤추얼펀드)
설립형태	신탁계약	집합투자기구 자체가 주식회사
발행증권	수익증권	주식
투자자의 지위	수익자	주주
관련법	신탁법, 자본시장법	상법, 자본시장법
중도환매 방법	중도환매 가능 (환매수수료징구)	주식매각을 통해 현금화 가능(환매금지형), 환매 가능(개방형)

044 ①

하나의 약관 아래 여러 개의 하위 펀드가 있는 모양이 우산 같다고 해서 엄브렐러 펀드라는 이름이 붙여졌다.

045 ②

양로보험은 보장성과 저축성을 동시에 가진 보험으로 생존보험과 사망보험이 종합된 점에서 생사혼합보험이라 부른다.

046 ②

CI(critical illness)보험은 중대한 암, 중대한 심근경색증, 중대한 뇌졸중 등의 질병과 심장판막 수술 등이 갑작스럽게 발병하여 중병상태가 계속될 때 보험금의 일부를 미리 지급받을 수 있다.

047 ②

통합적 투자관리 과정은 투자목표를 설정하고 투자전략수립에 필요한 사전 투자분석 실시 → 투자전략적 관점에서 자산배분 실시 → 투자전술적 관점에서 개별종목 선택 → 포트폴리오 수정과 투자성과의 사후통제의 단계로 이루어진다.

048 ③

시장가치 접근방법은 여러 가지 투자자산들의 포트폴리오 내 구성비중을 각 자산이 시장에서 차지하는 시가총액의 비율과 동일하게 포트폴리오를 구성하는 방법으로 전략적 자산배분 방법 중 하나이다.

tip 전술적 자산배분전략의 실행도구

- **가치평가모형** : 전술적 자산배분전략은 자산가격이 단기적으로는 균형가격 또는 적정가격에서 벗어날 수 있지만, 중장기적으로는 균형가격에 복귀한다는 가정에서 출발하기 때문에 가치평가가 제일 중요한 요소이다.
- **기술적 분석** : 자산집단의 가치평가 시 과거 일정기간 동안의 변화의 모습을 활용하는 기술적 분석방법도 실무에서 많이 사용한다.
- **포뮬러플랜** : 막연하게 시장과 역으로 투자함으로써 고수익을 지향하고자 하는 전략의 한 사례로 포뮬러플랜이 사용된다.

049 ①

경품행사, 사은품, 특별금리, 한정상품 등은 기존의 매스마케팅의 방법으로 신규고객 확보를 위한 것이다.

050 ②

현재 부채현황은 고객의 투자능력 파악에 해당된다.

tip 고객의 투자성향 파악

- **투자사실** : 현 자산운용현황, 과거 투자경험과 지식수준 정도
- **투자태도** : 선호하는 투자기간, 수익률 변동에 따른 투자위험 수

용 정도

051 ③

투자상담사의 응대는 반전을 위한 완화의 단계이다.
거절처리의 단계는 경청 → 공감 → 완화 → 반전의 순서로 이루어진다.

052 ②

ⓒ 고객의 Buying Signal이 나타났을 때가 Closing의 적절한 타이밍이다.
ⓔ 설득의 순서는 먼저 고객의 Needs에 동의하고 확인하고, 그 Needs를 만족시키는 상품의 이점을 소개해야 한다.
ⓜ 고객과의 관계형성 단계에서 필요한 핵심 기술은 고객과의 신뢰구축과 고객의 무관심 극복이다.

053 ④

투자분석 및 투자제안은 고객의 투자와 관련된 다양한 정보를 수집하는 투자정보 수집단계, 고객으로부터 수집한 정보를 기초로 분석을 하는 투자정보 분석단계, 분석을 통해 파악된 고객의 투자유형별 투자제안 단계, 금융기관이 제안한 투자안을 토대로 고객의 투자동의를 얻는 단계로 구성된다.

054 ①

마키아벨리는 군주론의 저자로서, 목적만 정당하다면 수단은 아무래도 상관이 없다는 비윤리적 견유주의(犬儒主義)를 제창한 것으로 비난을 받는 반면, 권력현실에 대한 객관적인 분석이 행해지고 있는 점에서 근대 정치학의 초석을 놓은 것으로 평가되기도 한다. 그러나 어떤 견해에 의하건 마키아벨리의 사상은 직업윤리와는 거리가 멀다.

055 ②

자본시장법에서 금융투자업자의 겸영업무 및 부수업무의 범위를 확대함에 따라 투자자 간 또는 투자자와 금융투자업자가 이해상충이 발생할 가능성이 더욱 증가하고 있어 내부통제와 직무윤리의 역할과 중요성이 더욱 커졌다고 할 수 있다.

056 ②

신의성실의무는 직무윤리 중에서 으뜸으로, 다른 윤리기준은 이에서 도출되는 것들이다.

057 ④

애널리스트 P는 "항상 해당 직무에 이론과 실무를 숙지하고 그 직무에 요구되는 전문능력을 유지하고 향상시켜야 한다."는 윤리기준과 A금융투자회사는 "금융투자업종사자가 소속된 회사 및 그 중간감독자는 당해 업무종사자가 관계법규 등에 위반되지 않고 직무윤리를 준수하도록 필요한 지도와 지원을 하여야 한다."는 윤리기준을 위반하고 있다.

058 ②

행위 당시에 고객 등의 이익을 위해 최선의 노력을 다하였다면, 설령 결과에 있어서 고객에게 이익이 생기지 않더라도 무방하다.

059 ③

금융투자업규정과 한국금융투자협회 표준투자권유준칙에 따르면 실제 투자손실의 여부는 고려대상이 아니다. ①, ②, ④와 개별 매매거래 시 권유내용의 타당성 여부를 고려한다.

060 ④

투자자료는 객관적인 사실을 기초로 하여야 하며 사실과 의견을 구분하여 설명하여야 한다. 고객의 투자설득을 위해 투자성과를 보장하는 것은 금지된다.

061 ④

해피콜 제도는 소비자가 상품 가입 후 7영업일 이내에 판매직원이 아닌 제3자가 전화를 통해 해당 상품 가입과정에서 불완전판매 여부를 확인하는 제도이다.

062 ③

P는 소속회사의 직무에 영향을 줄 수 있는 지위를 겸하거나 업무를 수행하고 있어 소속회사에 대한 직무전념의 의무를 위반하고 있으며, 사이버공간에서 별도의 투자상담업무를 수행하고 있는 것은 회사와 이해상충관계에 있다. 또한 상법에 의한 겸업금지의무에도 반하는 것으로 해임 및 손해배상의 사유가 된다.

063 ①

Know-Your-Customer-Rule의 실행순서에서 가장 첫 번째 단계는 투자권유를 원하는지의 확인이다.

tip Know-Your-Customer-Rule의 실행순서

투자권유를 원하는지 확인 → 일반투자자 여부 확인 → 투자목적, 투자경험, 재산상황 확인 → 파악 정보를 서명 등 방법으로 확인 → 확인받은 내용을 지체없이 투자자에게 제공

064 ②

직무윤리의 위반이 되는 동시에 법위반으로 되는 경우, 사법적 제재로 당해 행위의 실효(失效)에 대한 설명이다.

065 ④

자금세탁은 불법재산의 취득 · 처분 또는 발생원인에 대한 사실을 가장하거나 그 재산을 은닉하는 행위이자, 외국환거래 등을 이용하여 탈세목적으로 재산의 취득 · 처분 또는 발생원인에 대한 사실을 가장하거나 그 재산을 은닉하는 행위를 말한다. 자금세탁은 배치, 반복, 통합의 3단계를 거친다.

tip 자금세탁의 3단계 모델 이론

- **배치단계** : 자금세탁을 하기 위해 돈이 들어오는 단계
- **반복단계** : 복잡한 금융거래를 반복하면서 자금세탁을 하기 위해 돈이 굴러가는 단계
- **통합단계** : 자금세탁을 마치고 돈이 나가는 단계

066 ②

1단계로 일반적 정의를 시도하고, 2단계로 명시적으로 포함되는 대상을 열거한 후, 3단계로 명시적으로 배제되는 것을 규정한다.

067 ②

증권과 파생상품의 구분기준에 대한 설명이다. 원본대비 손실비율이 100% 이하인 경우를 증권, 100%를 초과하는 경우를 파생상품이라 한다.

068 ④

누구의 명의로 하든지 자기의 계산으로 금융투자상품을 매도 · 매수, 증권의 발행 · 인수 또는 그 청약의 권유 · 청약 · 청약의 승낙을 하는 금융투자업은 투자매매업에 해당한다.

069 ①

진입요건이 아니라 등록요건을 유지조건으로 규정하여 진입 시 적격성이 지속되도록 하고 있다.

tip 인가 · 등록업무단위의 구분기준

금융투자업, 금융투자상품, 투자자라는 3가지 사항을 구성요소로 하는 금융기능을 중심으로 정해진다. 예를 들어 일반투자자(투자자)를 상대로 하는 증권(금융투자상품)의 투자자문업(금융투자업)을 영위하는 업무 단위를 선택하거나 전문투자자를 상대로 하는 장외파생상품(금융투자상품)의 투자일임업(금융투자업)을 영위하는 업무단위를 선택하거나, 이 2가지 업무단위를 모두 선택할 수 있다.

070 ④

재무 · 경영건전성기준과 관련된 내용들이다.

071 ①

증권시장이나 파생상품시장을 통해 거래를 하는 경우 투자자의 이익침해 가능성이 거의 없으므로 자기계약금지 규정이 적용되지 않는다.

오답해설

② 임의매매는 금지되며 위반 시 형사처벌된다.
③ 매매형태의 명시는 문서에 의하건 구두에 의하건 상관없다.
④ 자본시장법 개정(2013.5.28.)에 따라 시장매매의 의무가 폐지되고 최선집행의무가 신설되었다.

072 ②

자본시장법은 단일 계약에 의해 금전, 증권, 부동산, 무체재산권 등 여러 유형의 재산을 함께 수탁 받아 종합하여 수탁할 수 있는 제도를 규정하고 있는데, 이를 "종합재산신탁"이라고 한다.

073 ①

유통시장의 공시는 투자자의 유가증권 취득, 처분에 필요한 정보를 제공하기 위한 제도로 정기공시, 수시공시, 공정공시, 기타공시 등이 있다.

074 ②

주권상장법인의 주식 등을 대량(5% 이상) 보유(본인과 그 특별관계자가 보유하게 되는 주식 등의 수의 합계가 5% 이상인 경우)하거나, 그 보유비율의 1% 이상 변동된 경우 및 보유목적이 변경된 경우 그 변동내용을 5일 이내에 금융위원회와 거래소에 보고해야 한다.

오답해설

① 보고의무자는 본인과 그 특별관계자가 보유하게 되는 주식 등의 수의 합계가 주식 등의 총수의 5% 이상 보유한 자이다.
③ 보고대상증권은 주권상장법인이 발행한 의결권 있는 주식과 그 밖에 대통령령이 정하는 증권이 해당된다.
④ 대량보유보고서 또는 대량변동보고서는 금융위원회와 거래소에 제출하여야 한다.

075 ②

이사와 같은 회사의 내부자가 자신의 지위를 통하여 취득한 미공개의 중요한 정보를 이용하여 회사의 증권을 거래하는 행위를 하는 경우, 이를 '내부자거래'라고 한다.

오답해설

① 공개매수는 주가에 중대한 영향을 미치는 거래이기 때문에 그 정보를 이용한 내부자거래가 행해질 가능성이 높으므로 공개매수인의 내부자를 대상회사의 내부자와 같이 보고 규제하고 있다.
③ 종래 규제대상에서 제외된 예탁증권(DR), ELW, ELS 등과 같은 파생결합증권과 타인이 발행한 당해 법인의 주식에 대한 call option 또는 put option의 매매도 규제대상에 포함된다.
④ 공개매수자는 공개매수와 관련한 미공개 중요정보 이용행위 규제 대상자이다.

076 ④

통정매매(matched orders), 가장매매(wash sale)의 경우는 위장거래에 의한 시세조종에 해당된다.

077 ③

청약권유대상자의 수에서 제외되는 자는 ㉠ 발행인의 재무내용이나 사업을 잘 이해할 수 있는 자, ㉡ 발행인의 사업성을 잘 알 수 있는 특별한 연고자이다. 기관투자자는 ㉠에 해당하며, ㉡에는 최대주주, 5% 이상 주주, 임원 및 우리사주 조합원, 계열회사 및 그 임원이 해당된다. 우리사주 조합원은 해당되지만 직원은 해당되지 않음을 주의해야 한다.

078 ②

상장주권의 의결권 행사를 자기 또는 제3자에게 대리하게 할 것을 권유하는 등의 행위를 하는 자는 피권유자에게 권유 이전이나 그 권유와 동시에 위임장 용지와 참고서류를 교부해야 한다.

tip **위임장용지 기재사항**

- 의결권피권유자가 의결권을 대리행사하도록 위임한다는 내용
- 의결권권유자 등 의결권을 위임받는 자
- 의결권피권유자가 소유하고 있는 의결권 있는 주식 수와 위임한 주식 수
- 주주총회의 각 목적사항과 목적사항별 찬반 여부
- 주주총회 회의 시 새로 상정된 안건이나 변경 또는 수정 안건에 대한 의결권 행사 위임 여부와 위임내용
- 위임일자와 위임시간
- 위임인의 성명과 주민등록번호(법인인 경우 명칭과 사업자등록번호)

079 ③

외부평가기관이 합병당사회사에 그 자본금의 100분의 3 이상을 출자하고 있거나 합병당사회사가 그 외부평가기관에 100분의 3 이상을 출자하고 있는 경우에는 해당 합병에 대한 평가를 할 수 없다.

080 ③

준법감시인은 대표이사는 물론 감사(감사위원회)에게도 아무런 제한 없이 보고할 수 있어야 한다.

081 ①

경상비용에 위험값을 적용하여 산출하면 운영위험액이 과도하게 산출되는 종전의 방식이고, 이를 개선하여 영업별 영업이익에 위험값을 적용하는 것으로 제정되었다.

082 ②

투자자예탁금의 범위에 속하는 것은 조건부예수금, 집합투자증권투자자예수금, 위탁자예수금, 장내파생상품거래예수금이 있으며 청약자예수금은 투자자예탁금의 범위에 속하지 않는다.

tip **의무예치액 산정 및 예치기한**

- **의무예치액** : 각 예치금의 100% 이상에 해당하는 금액의 합계액
- **예치기한** : 영업일별 단위로 산정하여 영업일 또는 다음 영업일까지 예치기관에 예치 또는 신탁해야 함

083 ③

외국인 1인의 종목별 주식취득한도를 계산함에 있어 외국법인의 본점과 지점은 합하여 하나의 외국인으로 본다.

084 ④

주식위험액, 금리위험액, 수익증권위험액, 외환위험액, 옵션위험액 등을 시장위험액이라 하고, 신용집중위험액은 신용공여집중위험액, 주식보유집중위험액, 콜론집중위험액 등이다.

085 ①

환매조건부 채권매매대상 유가증권은 국채, 지방채, 특수채, 상장등록법인이 모집 · 매출한 사채, 금융기관이 보증한 보증사채권 등이다.

086 ②

투자경험은 월말 평균잔고 기준으로 5천만 원 이상 보유한 경험이 있어야 한다. 위의 조건을 모두 갖추어야 하는 것은 아니고 ①+②, ②+③, ②+④ 중 하나의 요건을 충족해야 한다.

087 ②

금고 이상의 형을 선고받고 그 집행이 종료되거나 면제된 후 5년이 경과하지 않은 자는 채용이 금지된다.

tip 채용금지

- 다른 금융투자회사와의 근로계약관계가 종료되지 않은 자
- 금융투자회사로부터 징계퇴직 처분을 받거나 퇴직 후 징계퇴직 상당의 처분을 받은 자로서 해당 처분일부터 5년이 경과하지 않은 자
- 금고 이상의 형을 선고받고 그 집행이 종료되거나 면제된 후 5년이 경과하지 않은 자

088 ③

인수회사는 청약증거금을 담보로 제공할 수 없다.

오답해설

① 청약증거금이 납입금에 미달하고 납입기일까지 납입하지 않을 경우 인수회사가 인수금액의 비율에 따라 주식을 인수해야 한다.

089 ③

감봉은 회원의 직원에 대하여 권고할 수 있는 제재이다.

tip 회원의 임직원에 대하여 권고할 수 있는 제재

협회는 회원사의 임직원에 대하여는 회원사에 대하여 다음에 해당하는 제재를 권고만 할 수 있으며, 직접 제재는 할 수 없다.

- **임원** : 해임, 6개월 이내의 업무집행정지, 경고, 주의
- **직원** : 징계면직, 정직, 감봉, 견책, 주의

090 ②

기명주식의 양도는 명의개서하지 않으면 회사에 대항하지 못한다.

오답해설

① 액면주식의 1주의 금액은 100원 이상이다.
③ 상환주식의 상환은 이익에 의한 주식의 소각이므로 주식이 소각되더라도 자본은 감소되지 않는다.
④ 우리 상법에서는 액면주식만 인정되고, 무액면주식의 발행은 허용되지 않는다.

091 ②

주주총회에 대한 조사보고의무는 감사의 의무이다.

tip 이사의 의무

- 충실의무
- 경업금지의무
- 회사의 기회 및 자산유용금지
- 자기거래금지의무
- 비밀유지의무
- 이사회 보고의무
- 손해보고의무

092 ④

신주인수권부사채 이익 · 이자배당의 효력발생시기는 신주발행가액 납입을 한 때가 속하는 영업연도 말이다.

오답해설

① 주주명부의 폐쇄기간 중에도 전환권의 행사가 가능하나, 의결권은 행사할 수 없다.
② 회사가 전환사채를 발행한 때에는 납입완료일로부터 2주간 내에 본점의 소재지에서 전환사채의 등기를 하여야 한다.
③ 다만, 신주인수권을 행사하려는 자의 청구가 있는 때에는 신주인수권부사채의 상환에 갈음하여 그 발행가액으로 주금납입을 의제할 수 있다. 신주발행가액 전액을 납입해야만 주주가 된다.

093 ①

중간배당은 금전 외에 현물로 배당하는 것만이 가능하다.

tip 주식배당의 요건

- **배당가능이익의 존재** : 당해 연도에 영업에서 생긴 배당가능이익이 있어야 한다.
- **주식배당의 한도** : 이익배당총액의 2분의 1을 초과하여 할 수 없다.
- **수권주식수의 보유** : 정관의 발행예정주식의 총수 가운데 미발행주식이 남아 있는 범위 내에서만 할 수 있고, 그렇지 않은 경우에는 먼저 정관을 변경하여 그 수권주식수를 증가시켜야 한다.

094 ②

신주발행유지청구권은 단독주주권이다(상법 제424조).

tip 단독주주권과 소수주주권

- **단독주주권** : 의결권, 설립무효판결청구권, 총회결의 취소판결청구권, 총회결의무효판결청구권, 감자무효판결청구권, 신주발행유지청구권, 정관 등의 열람권, 재무제표 등의 열람권
- **소수주주권** : 주주총회소집청구권, 업무 · 재산상태검사청구권, 회계장부열람청구권, 위법행위유지청구권, 대표소송제기권, 이사 등 해임청구권, 주주제안권, 집중투표청구권, 해산판결청구권

095 ①

원시정관에 정관불변경의 규정이 있는 경우에도 정관변경은 가능하다.

오답해설

② 자본은 정관의 기재사항이 아니므로 자본의 증감은 이사회 결의사항이다.
③ 공증인의 인증은 불필요하다.
④ 필요적 기재사항이나 임의적 기재사항이나 구별 없이 정관의 변경은 주주총회 특별결의가 필요하다.

096 ①

2차 납세의무자에는 청산인과 잔여재산을 분배받은 자, 납세의무 성립일 현재의 무한책임사원과 과점주주 중 실질적 권리자 또는 사실상의 지배자, 법인, 사업양수인이 해당된다.

tip 제2차 납세의무

납세의무자의 계산으로 체납처분을 하여도 체납세액에 미달하는 경우 납세의무자와 법정관계에 있는 자가 그 부족을 부담케 하는 세법상의 고유한 이행책임

097 ②

미등기 양도자산이나 주식은 장기보유특별공제에 해당되지 않는다.

오답해설

① 양도는 등기나 등록과는 관계없다.
③ 주식의 양도가액과 취득가액은 실지거래가액이 원칙이고, 예외적으로 기준시가를 적용할 수 있다.
④ 상장주식, 협회등록주식을 대주주가 장내에서 양도할 경우 양도소득세가 과세된다.

098 ④

과세표준이 50만 원 미만인 때 부과하지 않는다.

099 ④

코스닥 시장과 K－OTC에서 양도되는 주권에 대한 증권거래세율은 0.43%이다.

tip 증권거래세율

- 유가증권시장 : 0.08%
- 코넥스시장 : 0.10%
- 코스닥시장, K－OTC : 0.23%
- 상기 외의 주권 : 0.43%

100 ①

과점주주가 아닌 주주 또는 사원이 주식이나 지분을 매입하여 과점주주가 된 경우에는 해당일 현재의 주식소유비율이 과세대상이 된다.

tip 과점주주의 취득세 납세의무자

구분	비율
과점주주가 아닌 주주 또는 유한책임사원이 주식 또는 지분을 매입 · 취득하여 과점주주가 최초로 된 경우	해당일 현재의 소유 주식비율
과점주주 또는 사원의 주식소유비율이 증가한 때	증가한 주식소유비율
과점주주 또는 사원의 주식소유비율이 감소한 후 5년 이내에 그 비율이 증가한 경우	해당일 현재의 주식소유비율 – 감소 전 주식소유비율

좋은 결과 있길 SISCOM이 응원합니다.